World Book 190

Ève curie

MADAME CURIE

퀴리부인

에브 퀴리/안응렬 옮김

동서문화사

디자인 : 동서랑 미술팀

퀴리부인
차례

머리글

마리 퀴리의 생애에는 드라마틱한 이야기들이 셀 수 없이 많다. 그녀의 삶은 마치 하나의 전설과 같아 사람들에게 교훈과 감동을 주고 있다.

다른 나라의 지배를 받는 조국의 가난한 집안에서 태어난 마리는 아름다운 여자였다.

숭고한 하늘의 뜻에 떠밀리듯 조국 폴란드에서 파리로 유학을 떠났지만, 그녀를 기다리고 있는 것은 기나긴 고독과 험난한 세월이었다. 그러나 그녀는 그녀와 마찬가지로 재능 넘치는 한 남성을 만난다. 그리고 그와 결혼했다. 두 사람의 행복은 그 무엇에도 견줄 수 없었다.

불모지를 일구는 심정으로 오랫동안 심혈을 기울여, 마리 퀴리 부인과 피에르는 마법과 같은 신비로운 물질인 라듐을 발견했다. 이 라듐의 발견은 새로운 과학과 철학을 낳았을 뿐만 아니라 인류를 위협하는 무서운 질병을 치료하는 새로운 길도 열어주었다.

그런데 과학자로서의 명성을 온 세계에 알리기 시작한 그때 불행의 그림자가 마리를 덮쳤다. 둘도 없는 파트너인 남편을 한순간에 죽음의 마수에 빼앗겨버린 것이다. 그녀는 깊은 마음의 상처를 받고 몸져눕기도 했지만 마침내 일어나 홀로 연구를 계속해 나아갔다. 그리고 과학사에 길이 남을 눈부신 업적을 혼자서 이루어냈다.

그 뒤로 마리는 오로지 사람들을 위해 일했다. 제1차 세계대전 때는 자기 몸도 돌보지 않고 부상자를 헌신적으로 간호했다. 남은 수명이 얼마 남지 않았을 때는 세계 곳곳에서 모여든 제자들, 미래의 과학자들에게 자신의 지식과 조언을 아낌없이 나누어 주었다.

부와 명예와 사치에는 관심이 없던 그녀는 온 힘을 다 쏟아붓고 나자 사명을 마친 듯이 세상을 떠났다.

신화와 다름없는 그녀의 일생은 장식이 필요 없다. 나는 확신할 수 없는 일화는 모조리 배제했다. 중요한 문장은 한 자도 고치지 않았고, 옷 색깔 하나도 내 맘대로 꾸며내지 않았다. 여기에 쓰인 사건과 말은 모두 실제로 일어난 일이며, 사람들이 직접 한 말이다.

자료를 모으는 과정에서 폴란드의 친척들에게 큰 신세를 졌다. 특히 어머니 마리 퀴리의 언니이자 누구보다 다정한 친구였던 도우스카 부인은 귀중한 편지를 보여주시고 어머니의 어린 시절 이야기도 해주셨다. 어머니가 직접 쓰신 이력 메모와 개인적인 서류, 공개한 산더미 같은 원고, 아무리 감사해도 모자랄 프랑스와 폴란드의 어머니 친구들이 들려준 이야기와 편지. 또한 내 언니 이렌 졸리오퀴리와 형부 프레데릭 졸리오의 기억과 추억, 그리고 나 자신의 추억을 통해 최근의 어머니 모습까지 묘사할 수 있었다.

나는 어머니 퀴리 부인의 위대한 업적과 화려한 생애보다도 더 빼어난 어머니의 내면을 독자에게 전하고 싶다. 그것이 나의 바람이다. 어머니 인생 드라마는 눈 깜짝할 사이에 스쳐지나가고 말 것이다. 나는 그보다 독자들이 그 밑바탕에 있는 인간의 불변성을 봐주기 바란다. 끈질긴 노력과 눈부신 지성을. 모든 것을 내어주면서 아무것도 소유하거나 받지 않는 헌신을. 눈부신 성공을 맛보고 역경을 겪으면서도 결코 때 묻지 않았던 순수한 영혼을.

그러한 영혼을 아주 자연스럽게 갖고 있었으므로, 마리 퀴리는 둘도 없는 천재라는 절대적인 명성이 가져다주는 이익에도 눈길을 주지 않았다.

세상이 바라는 모습에 어머니는 고민했다. 천성이 소극적인 탓도 있어서, 영예를 얻은 사람이 무심코 드러내는 태도—대중적인 친근함, 기계적인 붙임성, 의도적인 엄격함과 표면적인 겸손을 어머니는 마지막까지 한 번도 보이지 않았다.

어머니는 유명인다운 태도와는 평생 인연이 없었다.

내가 태어났을 때 어머니는 37세였다. 그리고 어머니를 이해할 만큼 내가 자랐을 때에는 이미 고령의 유명한 여성이 되어 있었다. 하지만 나는 이 '유명한 여성과학자'라는 표현이 무척 어색하기만 하다. 아마도 마리 퀴리의 의식 속에 자신이 유명인이라는 자각이 없었기 때문이리라. 어머니는 언제나, 내가 태어나기 훨씬 전에 꿈을 좇던 가난한 학생 마리아 스쿼도프스카로 살았다.

마리는 마지막까지도 꿈 많은 여학생 같았다. 오랜 기간의 눈부시고 흔들림 없는 경력은 그녀를 크게 만들지도 작게 만들지도 않았다. 신성화하지도 타락시키지도 않았다. 마지막 날까지, 무명이던 햇병아리 시절처럼 상냥하고 내성적이지만 완고하며, 모든 것에 호기심을 가지고 있었다.

그러한 어머니의 마지막 길을 나라의 야단스런 위인용 장례로 모시는 것은 고인에 대한 모독이 아닐까 한다. 그녀는 여름 꽃이 피는 전원의 묘지에 잠들었다. 이제 막 작별을 고한 그 삶이 다른 수많은 사람들과 조금도 다르지 않다는 듯이 장례는 조용하고 소박하게 치러졌다.

"퀴리 부인은 모든 저명인사 가운데 명예에 물들지 않은 유일한 사람이다."

아인슈타인의 말이다.

자신의 놀라운 운명을 생각도 못한 채 가버린 그녀의 생애를 자연스럽게 따라가며, 그 영원한 학문의 세계를 글로 잘 표현할 수 있을까 걱정이 앞선다.

E.C.

제1부

마냐

일요일이라 노볼리스키 거리에 있는 학교는 정적에 싸여 있었다. 정문에는 빗장이 질러져 있고, 그 위의 돌로 된 벽에는 러시아어로 '남자 중학교'라는 글자가 새겨진 나무판이 걸려 있다. 둥근 기둥에 둘러싸인 현관홀은 오래된 사원처럼 보인다. 길고 나지막한 2층 건물에도 인기척은 없다. 햇빛이 밝게 비치는 교실이 죽 이어진 건물 안에는, 아이들이 칼로 머리글자 따위를 새겨 놓은 책상이 줄지어 서 있다. 저녁기도를 재촉하는 성모교회 종소리가 울려 퍼지고, 이따금 거리에서 짐수레나 드로슈카(_{마차}^{영업용})를 끄는 빠르지만 여유로운 말발굽소리가 들려올 뿐이다. 철책으로 둘러싸인 앞뜰에는 먼지를 뒤집어쓴 채 꽃을 활짝 피운 가느다란 라일락 나무 네 그루가 코를 찌르는 그 달콤한 향기로 나들이옷을 입고 놀러 가는 사람들을 뒤돌아보게 한다. 이제 막 5월이 지났는데 날씨가 꽤 덥다. 폴란드 수도 바르샤바의 여름 태양은 살을 에는 한겨울 추위 못지않게 위압적이고 강렬하다.

그런데 귀를 기울여보니, 아까부터 무엇인가가 일요일의 평화를 깨뜨리고 있다. 교사 왼쪽 건물, 이 학교 물리교사이자 부장학관인 블라디슬라프 스쿼도프스키 씨가 사는 1층에서 요란한 소리가 새어나온다. 쇠망치로 뭔가를 마구 두드리는 소리, 쌓아올린 물건이 무너지는 소리, 날카로운 고함 소리. 그리고 또다시 쇠망치 두드리는 소리……. 누군가 폴란드어로 짧게 명령했다.

"헬라, 총알이 떨어졌어!"

"탑이야, 유제프! 탑을 겨눠!"

"마냐, 비켜!"

"난 지금 나무토막을 나르고 있잖아!"

"아, 아아아!"

쌓아올린 나무토막들이 요란한 소리를 내며 반들반들한 마룻바닥 위로 와르르 무너졌다. 탑이 온데간데없이 사라져 버렸다. 호령 소리가 점점 더 커지고 총알이 이리저리 마구 튀었다.

전쟁터는 창 밖으로 학교 안뜰이 바라보이는 사각형의 넓은 방이다. 네 모퉁이에는 어린이 침대가 하나씩 놓여 있다. 다섯 살부터 아홉 살까지의 아이들 넷이 이 방에서 시끄럽게 떠들면서 전쟁놀이에 빠져 있었다.

쌓기나무토막들은, 휘스트와 페이션스라는 카드놀이를 좋아하는 작은아버지가 크리스마스 저녁에 스쿼도프스키 씨네 아이들에게 선물한 것이다. 그러나 그는 자기가 선물한 집짓기놀이 장난감이 전쟁놀이에 쓰이리라고는 상상도 못했으리라.

유제프, 브로냐, 헬라, 마냐도 처음 며칠 동안은 커다란 상자 안에 있는 설명서대로 얌전히 성을 쌓고 다리를 놓고 교회를 지으며 놀았다. 하지만 눈 깜짝할 사이에 집을 짓는 받침대와 기둥들은 다른 더 재미있는 놀이도구로 바뀌고 말았다. 짧고 둥근 떡갈나무 기둥은 대포로 둔갑하고, 작은 나무토막들은 포탄이 되었으며, 건축기사들은 어느새 장군이 되어 전쟁을 지휘하고 있었다.

유제프는 마룻바닥에 엎드려 포복 자세로 조금씩 나아가며 머릿속에 그린 작전대로 적진을 향해 대포를 접근시켰다. 치열한 전투가 한창일 때는 그 건강하고 앳된 얼굴은 진짜 군대를 이끄는 장군처럼 진지했다. 맏아들인 그는 넷 가운데 가장 아는 게 많았고, 유일한 사내아이였다. 나머지는 모두 여자애들이다. 다들 일요일에만 입는 둥근 깃이 달린 나들이옷을 입고 앞에는 레이스 장식이 달린 수수한 빛깔의 앞치마를 두르고……

아니, 이런 설명은 바람직하지 않다. 여자애들도 아주 잘 싸웠기 때문이다. 유제프와 동맹 관계인 헬라의 눈이 야성적으로 빛났다. 헬라는 자기가 아직 여섯 살 반밖에 되지 않은 게 분해서 견딜 수 없었다. 자기도 나무토막을 더 멀리, 더 힘껏 던지고 싶은데 맘대로 되지 않았다. 여덟 살이라 포동포동하고 기운 좋은 브로냐가 못내 부러웠다. 브로냐는 금발을 휘날리면서 두 창문 사이에 서서 자기 군대를 적으로부터 방어하느라 여념이 없었다.

브로냐 곁에서 한쪽으로 돌아간 앞치마를 두른 작은 부관이 군대와 군대 사이를 이리저리 뛰어다니며 열심히 총알을 줍고 있다. 볼을 발갛게 물들인 그 꼬마부관은 너무 소리를 지르고 웃어대느라 입술이 바싹 말라 있다.

"마냐!"

어린 소녀는 깜짝 놀라 움직임을 멈추었다. 앞치마에 싸서 안고 있던 나무 토막들이 마룻바닥 위로 우르르 떨어졌다.

"응?"

스쿼도프스키 씨네 다섯 아이 가운데 가장 나이가 많은 조시아가 방에 들어왔다. 아직 열두 살이지만 동생들 앞에서는 어른처럼 보인다. 고개를 움직이자 은백색 머리칼이 어깨 위에서 경쾌하게 춤춘다. 아름답고 정열적인 얼굴에, 회색 눈동자는 꿈결처럼 부드럽다.

"엄마가, 많이 놀았으니까 이제 그만 하고 오라셔."

"그럼 브로냐 언니는 어떡해…… 내가 총알을 날라다 줘야 하는데."

"엄마가 빨리 오라고 하셨어."

잠시 망설이다가 마냐는 이내 큰언니의 손을 잡고 당당하게 방을 나섰다. 다섯 살짜리에게 전쟁놀이는 힘에 부쳤던 것이다. 너무 지치고 힘들어서 마냐는 전쟁놀이를 그만둬도 그리 불만스럽지 않았다. 옆방에서 그녀의 애칭을 차례차례 부르는 자상한 목소리가 들려왔다.

"마냐……마뉴샤…… 사랑스러운 안츄페치오……."

폴란드 사람은 애칭을 부르기 좋아한다. 스쿼도프스키 씨네 집에서도 맏딸 조피아는 '조시아'였다. 브로니슬라바는 '브로냐', 헬레나는 '헬라', 유제프는 '유지오'라고 불렀다.

온 집안의 귀염둥이 막내딸 마리아는 누구보다 많은 애칭을 갖고 있었다. 가장 흔하게 부르는 이름은 '마냐'지만, 조금 더 애정을 담은 '마뉴샤'와 갓난아기 때부터 재미삼아 부르던 '안츄페치오'라는 이름도 있다.

"안츄페치오, 머리칼이 엉망이잖니. 얼굴도 새빨갛고."

어머니는 가늘고 창백한 두 손으로 풀어진 앞치마의 리본을 다시 묶어주고, 뒷날 세계적인 과학자가 될 마냐의 고집스러워 보이는 얼굴에 흘러내린 짧은 곱슬머리도 매만져 주었다. 그제야 어린 마냐는 전쟁놀이의 흥분이 조금씩 가라앉았다.

마냐는 어머니를 무척 좋아했다. 이 세상에 어머니만큼 아름답고 자상하고 현명한 사람은 없다고 믿었다.

스쿼도프스카 부인은 시골 영주 집안의 맏딸로 태어났다. 그녀의 아버지

펠릭스 보그스키는 폴란드에서는 흔히 볼 수 있는 하급귀족인 소지주였다. 그는 자기가 가진 땅만으로는 살아갈 수 없어서 다른 부유한 집안의 재산관리인으로 일했다. 그는 연애결혼을 했다. 자신보다 가문이 좋은 가난한 귀족 여자한테 첫눈에 반해서 그녀 집안의 반대를 물리치고 그녀와 몰래 결혼식을 올려버렸다. 하지만 세월이 흐르자 사랑에 불타던 젊은이는 추위를 잘 타는 소심한 노인이 되었고, 그의 사랑하는 아내는 꼬장꼬장한 할머니가 되었다.

이 부부는 여섯 자녀를 두었는데, 그중 스쿼도프스카 부인이 가장 머리도 좋고 성격도 좋았다. 그녀에게서는 슬라브인 특유의 기질을 찾아볼 수 없었다. 변덕스럽지 않고 불안정하거나 극단적인 면도 없었다. 그녀는 바르샤바의 프레타 거리에 있는 학교에서 일류 교육을 받았다. 그리고 자신도 교육에 몸을 바치기로 결심하고 모교에서 교편을 잡았으며 나중에는 그 학교 교장이 되었다.

1860년에 블라디슬라프 스쿼도프스키 교사가 그녀에게 청혼을 했다. 그는 조금도 나무랄 데 없는 훌륭한 아내를 맞이했다. 그녀는 가난했지만 좋은 가문에서 태어났고 무척 겸손하면서도 활동적이었다. 그녀 앞에는 확고한 미래가 펼쳐져 있었으며, 음악에도 소질이 있어 피아노를 잘 치고, 고혹적인 목소리로 그 시절 유행하던 로망스를 감미롭게 잘 불렀다.

무엇보다도 그녀는 아름다웠다. 결혼할 무렵의 사진을 보면, 반듯한 이목구비에 풍성하고 반드르르한 머리카락을 단정하게 땋아 올린 모습이 아주 매력적이다. 눈썹은 초승달 같고, 가늘고 긴 눈꼬리는 이집트 여인을 떠올리게 한다. 비밀을 감추고 있는 듯한 회색눈동자가 부드럽고 그윽하다.

사람들은 그 두 사람을 보고 아주 잘 어울리는 한 쌍이라고 말했다. 스쿼도프스키 집안은 외세의 침략으로 조국 폴란드가 식민지로 전락하자 몰락한 소지주 가문이었다. 조상들의 땅인 스쿼디 지방은 바르샤바에서 북쪽으로 백 킬로미터쯤 떨어진 곳에 있는 농촌인데, 그곳에서 나고 자란 인척 관계의 몇몇 가족이 스쿼도프스키라는 이름을 쓰기 시작했다. 그 시절의 관습에 따라 영주는 자기 땅의 소작인들이 영주의 문장(紋章)을 쓸 수 있도록 허용했다.

본디 스쿼도프스키 집안은 조상대대로 농사를 짓고 살아왔지만 세월이 지날수록 땅도 점점 척박해져 갔다. 18세기에 블라디슬라프 스쿼도프스키의 직계조상은 수백 헥타르의 땅을 소유하며 편하게 살았고, 그 자손들도 풍족하게 사는 데 별 어려움이 없었다. 그러나 젊은 스쿼도프스키의 아버지 유제프 때부터 사정이 달라졌다. 그는 불행한 처지를 극복하고 자랑스러운 가문의 이름을 빛내고자 학문에 뜻을 두었다. 혁명과 전쟁으로 순탄치 않은 길을 걸으면서도, 이윽고 그는 동부 대도시 루블린의 남자 중학교 교장이 되었다. 이 집안에서 처음으로 지식인이 나온 것이다.

보그스키 집안과 스쿼도프스키 집안은 가족이 매우 많았다. 스쿼도프스키 집에서는 여섯, 보그스키 집에서는 일곱 자녀가 모두 부모의 둥지를 떠났다. 농사를 짓는 이도 있고 초등학교 선생님, 변호사, 수녀가 된 사람도 있으며, 괴짜로 통하는 사람도 집안마다 하나씩 있었다.

스쿼도프스카 부인의 형제 가운데 한 사람인 헨릭 보그스키는 못 말리는 딜레탕트(예술이나 학문을 직업이 아니라 취미로 하는 사람)였다. 그는 자기가 천재이며 위험한 일에도 소질이 있다고 믿었다.

스쿼도프스키 교수의 형제인 즈디슬라프 스쿼도프스키는 태평한 낙천가인 데다 무모한 성격이었다. 그는 페테르부르크에서 학생으로 있다가 폴란드 동란 때 군인이 되었고, 툴루즈에 망명해 있을 때는 남프랑스의 시인이 되었으며, 조국으로 돌아와서는 지방의 공증인이 되는 등 끊임없이 파산과 성공을 되풀이했다.

두 집안에는 공상적이고 엉뚱한 사람과 착실한 사람, 방랑하는 기사와 현자가 두루 있었다. 마리 퀴리의 부모님은 그 가운데에서 현자에 속했다.

그녀의 아버지는 자기 아버지를 본받아 페테르부르크 대학에서 고등과학교육을 받고 바르샤바로 돌아와 수학과 물리를 가르쳤다. 어머니는 바르샤바의 양갓집 자녀들이 다니는 기숙학교를 운영하며 명성을 얻었다.

마리 가족은 8년 동안 프레타 거리에 있는 학교 2층에서 살았다. 매일 아침 스쿼도프스키 선생님은 창문마다 발코니가 달려 있고 안뜰이 바라보이는 그들의 집에서 일터로 나설 때면, 맞은편에 있는 교실에서는 이미 첫 수업을 기다리는 어린 소녀들이 즐겁게 재잘거리는 소리로 와자글했다.

1868년에 블라디슬라프 스쿼도프스키는 노볼리스키 거리에 있는 중학교 교사 겸 부장학관으로 발령을 받았다. 그러자 아내는 새로운 생활을 준비해야 했다. 남편은 새 직무와 함께 가족이 함께 살 수 있도록 학교 안에 있는 관사도 제공받았다. 하지만 그곳으로 이사하면 지금처럼 기숙학교를 운영하면서 다섯 아이를 키우기란 도저히 불가능했다. 스쿼도프스카 부인은 아쉬움이 남았지만 기숙학교를 다른 사람에게 넘기고 프레타 거리를 떠났다.

그보다 몇 개월 앞선 1867년 11월 7일 마리 퀴리, 마냐가 태어났다.

"안츄페치오, 자니?"

마냐는 엄마의 발 밑에 있는 낮은 의자에 웅크리고 있다가 고개를 가로저었다.

"아뇨, 엄마. 아직 안 자요."

스쿼도프스카 부인은 가녀린 손가락으로 어린 딸의 얼굴을 다시 한 번 가볍게 어루만졌다. 마냐는 엄마가 이렇게 해 줄 때가 가장 기뻤다. 하지만 아무리 지난날을 떠올려 봐도 마냐는 엄마한테 다정한 입맞춤을 받아 본 기억이 없다. 하지만 깊은 생각에 잠긴 엄마 옆에 몸을 둥글게 말고 앉아, 아주 작은 몸짓과 말, 미소, 따스한 눈길을 느끼며, 무한한 애정이 자신을 지켜주고 자신의 앞날을 축복해 줄 것이라고 생각하면 말할 수 없이 행복했다.

하지만 엄마가 어째서 이런 습관을 갖게 되었는지, 왜 고독 속에 스스로 갇혀 사는지, 마냐는 그 이유를 아직 몰랐다.

스쿼도프스카 부인은 결핵이라는 무서운 병에 걸려 있었던 것이다. 처음 증세가 나타난 것은 마냐가 태어났을 때였다. 그 뒤로 5년 동안 진찰과 치료를 수없이 받아왔지만 병세는 좋아지지 않았다.

하지만 용감한 가톨릭교도인 그녀는 언제나 말쑥하게 몸단장을 하고 주부로서 부지런히 일하며 아픈 내색은 조금도 하지 않았다. 또한 그녀는 스스로 엄격한 규칙을 정했다. 식구들과 절대 같은 그릇을 쓰지 않고, 아이들에게 뽀뽀를 하지 않는 것 등이었다. 때문에 아이들은 엄마의 무서운 병에 대해 거의 알지 못했다. 어느 방에선가 간헐적으로 마른기침 소리가 들려오고, 아버지의 얼굴에 근심스런 그림자가 드리워지고, 언제부턴가 저녁기도에 "우리 어머니에게 건강을 되돌려 주세요"라고 한 마디 덧붙이기 시작했다는 것밖에 이해하지 못했다.

엄마는 일어서서 자기에게 달라붙어 있는 아이의 손을 부드럽게 떼어냈다.

"그만 놓으렴, 마뉴샤. ……엄마는 할 일이 있단다."

"조금 더 있으면 안돼요? 저기……책 읽고 싶은데……."

"그보다는 뜰에서 노는 게 어떠니? 날씨가 아주 좋구나!"

책 이야기를 하면서 마냐는 괜스레 쭈뼛거리며 볼을 새빨갛게 붉혔다.

작년 여름 시골에 갔을 때 브로냐는 혼자만 알파벳 공부를 하는 게 싫어서 여동생 마냐를 앉혀놓고 '학교놀이'를 하기로 했다. 그리고 몇 주 동안은 두 꼬마는 글자가 적힌 카드를 가지고 놀았다. 알파벳 순서가 엉망진창일 때도 많았다.

그러던 어느 날 아침, 브로냐가 부모님 앞에서 아주 쉬운 책을 더듬더듬 읽는 것을 듣고 답답해진 마냐가 언니한테서 책을 빼앗아들고 첫 문장을 술술 읽어버렸다.

처음에는 사람들이 잠자코 듣고 있는 것이 기분 좋아서 마냐는 정신없이 계속 읽었다. 그러다가 갑자기 깜짝 놀랐다. 엄마와 아빠가 어안이 벙벙한 얼굴을 하고 있고, 브로냐는 볼이 통통 부어 있었다. 마냐는 잘 알아들을 수 없는 말을 몇 마디 우물거리다가, 결국 참지 못하고 울음을 터뜨렸다.

영특한 신동은 어느새 네 살짜리 꼬마로 돌아와서는 닭똥 같은 눈물을 뚝뚝 흘리면서 열심히 잘못을 빌었다.

"잘못했어요……잘못했어요! 일부러 그런 게 아니에요……나쁜 짓 하려고 한 게 아니라……브로냐 언니도 나쁘지 않아요. 그냥 책이 너무 쉬워서……."

마냐는 책 읽는 법을 익혀서 꾸중을 들을지도 모른다고 지레짐작한 것이다.

그 일이 있고 나서부터 마냐는 더욱더 능숙하게 글을 읽을 줄 알았다. 하지만 갑자기 눈부시게 발전하지는 않았다. 부모님이 마냐에게 되도록 책을 주려고 하지 않았기 때문이다. 신중한 교육자인 부모님은 어린 딸이 지적으로 조숙해지는 것을 원하지 않았다.

집안 구석구석에 커다란 글자가 쓰인 그림책이 있었는데, 마냐가 그것을 보려고 손을 뻗을 때마다 어머니와 아버지는 "마냐, 집짓기놀이 할래? 인형은 어딨지? 노래 좀 불러주겠니?"라고 말하며 마냐를 책에서 떼어놓곤 했다. 오늘도 어머니는 "뜰에 나가 노는 게 어떻겠니?" 하고 관심을 다른 곳에 두도록 했다.

마냐는 조금 전에 들어온 문을 흘끗 돌아다보았다. 벽 너머로 나무토막이

바닥에 떨어지는 소리며 여전히 큰 소리로 떠들어대며 난리법석을 피우는 소리가 다 들려왔다. 도저히 같이 산책할 사람이 없을 것 같았다. 부엌도 사정은 마찬가지였다. 쉴 새 없이 수다가 이어지고 부뚜막에 불을 지피는 소리가 들려왔다. 가정부들은 저녁식사 준비를 하고 있었다.

"조시아 언니를 불러올게요."

"그러렴."

"조시아 언니! 조시아 언니!"

조시아와 마냐는 서로 손을 잡고 매일 술래잡기를 하는 좁은 체조실을 가로질러 학교 건물을 따라 걸어서, 벌레 먹은 나무문을 열고 널찍한 학교 뜰 안으로 들어섰다. 군데군데 풀이 나 있는 잔디밭과 토담에 둘러싸인 나무들에서 희미한 흙내음과 풀내음이 풍겨 왔다.

"조시아 언니, 또 다 같이 즈볼라에 가?"

"좀 더 있다가. 7월이 되면 갈 거야. 근데 너 즈볼라를 기억하니?"

마냐는 기억력이 아주 좋았다. 작년 여름 언니들과 함께 몇 시간씩이나 물놀이했던 물살 빠른 강, 물장구를 치고, 속치마며 앞치마가 새카매지도록 진흙을 개어 몰래 '비누'를 만들어서 그것을 자기들만 아는 판자 위에 올려놓고 햇볕에 말리던 일……

커다란 보리수 고목에는 때때로 사촌과 친구들이 일고여덟 명씩 올라가 놀았는데, 팔 힘이 약하고 다리가 짧아 올라가지 못하는 '꼬맹이' 마냐도 나무 위로 끌어올려 주었다. 굵은 나뭇가지에는 차갑고 빳빳한 양배추 잎이 둘러져 있고, 작은 가지들이 겹쳐져서 생긴 오목한 곳에도 양배추 잎이 잔뜩 깔려 있었다. 서늘한 이파리 위에는 구스베리 열매라든가 부드러운 당근, 버찌 같은 간식을 숨겨 두었다.

그리고 마르키 마을. 찌는 듯이 더운 헛간에서 유제프가 구구단을 외우고, 여럿이서 마냐를 볏단 속에 파묻으며 놀았다. 사륜마차를 몰면서 유쾌하게 채찍을 휘두르시던 스타쉬포프스키 할아버지, 그리고 크사베리 작은아버지의 멋진 말도 또렷하게 기억하고 있었다.

도시에서 자란 마냐의 형제자매들에게 여름휴가는 매일매일이 즐거움의 연속이었다. 그 많은 친척들 가운데 도시에서 사는 사람은 마냐네 가족뿐이고, 어느 지방에 가든 폴란드 땅을 갈면서 살아가는 스쿼도프스키와 보그스키 집안 친척들이 있었기 때문이다. 그들은 호화로운 대저택에 살진 않았지만 여름에 중등학교 교사와 그 가족이 머물 만한 방은 가지고 있었다. 덕분에 대단한 신분은 아니었지만, 마냐는 바르샤바 주민들이 곧잘 가는 '피서지'에서 따분하게 머무르며 휴가를 보내 본 적이 없었다.

여름이 되면 학자 부부의 딸인 마냐는 건강한 시골소녀가 되었다. 아니, 그녀의 핏줄을 타고 흐르는 깊은 본능에 따라 시골소녀로 되돌아갔다.

"뜰 맨 끝까지 달리기 시합할까? 틀림없이 내가 이길 거야."

엄마 역할을 톡톡히 하는 조시아가 경쾌하게 외쳤다.

"달리기 싫어. 재미있는 얘기 해줘."

조시아는 그 누구보다도 얘기를 재미있게 했다. 하지만 중학교 교사인 아버지와 어머니도 조시아보다 잘하지 못했다. 조시아는 풍부한 상상력으로 동화와 옛날이야기에 살을 붙여 마치 유명한 작가가 책을 다시 쓴 것처럼 훌륭한 이야기를 만들어냈다. 또한 짧은 연극을 지어서 동생들 앞에서 멋진 연기를 보여주기도 했다. 어린 동생들은 눈을 동그랗게 뜨고 이야기에 열중했다. 마냐도 재능 있는 조시아가 환상적인 모험 이야기를 해 주면, 아직 다섯 살밖에 안 된 꼬마가 이해하기 어려운 줄거리라도 큰 소리로 웃거나 무서워서 벌벌 떨면서도 이야기에 빠져들었다.

마냐와 조시아는 머지않아 다시 집으로 향했다. 학교 건물이 가까워지자 조시아는 조심스럽게 목소리를 낮추었다. 마냐에게 들려주던 이야기가 끝나려면 아직 한참 멀었는데도 둘은 약속이나 한 듯이 입을 꾹 다물고 학교 오른쪽에 있는 건물을 지나갔다. 창문마다 빳빳하고 두꺼운 레이스 커튼이 쳐져 있었다.

창문 너머에는 스쿼도프스키 가족이 누구보다 싫어하고 두려워하는 교장 이바노프 씨가 살고 있었다. 그는 학교라는 좁은 세계에서 러시아 황제의 식민통치를 대표하는 인물이었다.

1872년 그 무렵 폴란드는 러시아의 통치 아래에 있었으므로 지적·정신적으로 예민한 지식인들이 살기란 몹시 고통스러웠다. 그래서 지식인들은 폴란드 사회의 어느 계층보다도 러시아의 지배를 괴로워하며 저항의식을 키워갔다.

이웃나라의 탐욕스런 군주들이 기울어가는 폴란드를 멸망시키려 한 지 꼭한 세기가 된다. 그 동안 독일·러시아·오스트리아는 세 번이나 고통에 신음하는 이 땅을 분할하여 각각 자기네 영토로 만들어 버렸다.

폴란드인들은 압제자에 맞서 과감히 봉기했지만 허사였다. 오히려 그들을속박하는 사슬을 더욱 옥죄었을 뿐이었다. 1831년에는 혁명이 거세게 일어났지만 이것 역시 실패로 끝났다. 러시아 황제인 니콜라이 1세는 러시아령폴란드에 잔인한 복수를 명령했다. 애국자들은 투옥되었으며, 많은 사람들이 재산을 몰수당하고 외국으로 쫓겨났다.

1863년 폴란드인들은 또다시 혁명을 기도했지만 결과는 이번에도 참혹했다. 혁명군은 창과 낫, 나무막대기를 들고 러시아군의 기병총 부대에 맞섰다. 절망적인 전투는 일 년 반 동안이나 이어졌지만, 결국 바르샤바 성벽 위에 다섯 개의 교수대가 세워지고 주동자들의 시체가 매달려 비참한 최후를맞이했다.

그 뒤로 러시아는 멸망하지 않으려는 폴란드를 굴복시키기 위해 더욱 교묘한 수법을 쓰기 시작했다. 쇠사슬에 묶인 반역자들이 눈 덮인 시베리아로향할 무렵, 러시아에서는 경찰관, 교사, 관리 등 폴란드를 러시아화하기 위한 임무를 띤 사람들을 폴란드로 잇따라 파견했다. 그들의 사명은 폴란드인을 감시하고, 그들의 종교를 박해하며, 수상한 신문이나 책은 발행을 금지시키고, 폴란드어 사용도 점차적으로 폐지하는 등 한마디로 폴란드 국민의 영혼을 말살하는 일이었다.

한편 그에 대한 저항세력도 조직되었다. 폴란드인은 지금까지의 참혹한경험을 통해, 무력으로 자유를 되찾고 싶어도 당장은 힘들다는 사실을 깨달았다. 지금은 때를 기다려야 했다. 기력과 희망을 잃지 않도록 주의하며 몸을 숙이고 기다리기로 했다.

투쟁은 새로운 국면을 맞았다. 새로 등장한 영웅들은 "조국을 위해 죽는행복이여!" 하고 외치면서 쓰러진 루도비크 나르붓처럼, 낫을 들고 카자크병사들 앞으로 돌격하는 죽어가는 전사가 아니었다. 그들은 새로운 세대의가치관을 지닌 지식인, 예술가, 성직자, 교사들이었다. 그들은 제정 러시아가 아직까지는 허용하고 있는 직장을 지키며 저마다의 위치에서 젊은 세대를 몰래 키움으로써 동포들을 계몽했다. 그러기 위해서라면 위선적인 언동도 마다않고 어떤 굴욕도 견디는 용기를 보였다.

폴란드의 여느 중등학교에서나 거짓으로 꾸며낸 공손한 태도 뒤에는 피정복자와 정복자, 억압당하는 교사와 첩자인 교장의 뿌리 깊은 적대관계가 형성되어 있었다. 스쿼도프스키와 이바노프 교장도 그러한 관계이다.

노볼리스키 거리의 이바노프 교장은 특히 위험한 인물이었다. 폴란드 아이들에게 러시아어로 수업을 해야 하는 교사들의 괴로움은 조금도 헤아리지 않고, 때로는 간살을 부리고 때로는 난폭한 비난을 서슴없이 퍼부으며 손바닥 뒤집듯 태도를 바꾸었다.

그는 학식과는 거리가 멀면서도 이상하게 의욕만은 넘쳐서, 이따금 저학년 학생들이 무심코 쓰는 '폴란드 어법'을 찾아내기 위해 아이들의 답안지와 숙제를 거듭 조사했다. 스쿼도프스키 교사가 어느 날 한 아이를 변호하느라 조용히 이런 말을 한 다음부터 두 사람 사이에는 심상치 않은 냉기가 감돌았다.

"이바노프 교장선생님, 그 학생이 글을 틀리게 쓴 건 무심코 나온 실수일 뿐입니다. 선생님도 러시아어를 잘못 쓰는 일이 있지 않습니까? 그것도 꽤 자주 말입니다. 선생님도 일부러 틀리게 쓴 것이 아니듯이 그 학생은 일부러 잘못 쓴 게 아니라고 생각합니다만⋯⋯."

산책을 마치고 돌아온 조시아와 마냐는 아버지의 서재로 조용히 들어갔다. 아버지는 어머니에게 작은 목소리로 그 이바노프 이야기를 하고 있었다.

"지난주에 2학년 학생들이 저희들의 간절한 소원을 이루어 달라며 교회에서 미사를 올린 일을 기억하오? 미사 비용도 자기들이 한 푼씩 모아서 마련한 모양이던데, 그렇게까지 할 만큼 간절한 그 소원이 무엇인지는 신부님께도 말하지 않았다는구려. 그런데 어제 꼬마 바진스키가 내게 모든 사실을 다 털어놓았소. 아이들은 이바노프의 딸이 장티푸스에 걸렸단 얘기를 듣고, 밉살스런 교장의 딸이 어서 죽도록 미사를 올렸다지 뭐요. 신부님이 이 사실을 알면 자기가 저지른 엄청난 일에 무척 낙담하실 거요!"

스쿼도프스키 씨는 자못 유쾌해 보였지만, 그보다 열렬한 가톨릭 신자인 아내는 웃을 수 없었다. 그녀는 일을 하려고 몸을 구부렸다. 좀처럼 보기 드문 일이었다.

스쿼도프스카 부인은 가죽 자르는 가위와 송곳을 들고 구두를 만들고 있었다. 지금의 그녀에게는 어떤 일도 어울리지 않을 것 같지만, 어머니이자 환자라 어쩔 수 없이 집에만 있게 되자 부인은 구두 만드는 일을 배웠다. 덕분에 지금은 아이들이 금방 망가뜨리고 마는 구두도 가죽 값만으로 해결할 수 있었다. 생활은 그리 넉넉지 않았다.

"이 구두는 네 것이란다, 마냐. 어때? 아주 예쁠 것 같지?"

마냐는 엄마의 기다란 손가락이 구두창을 잘라내고 실로 꿰매는 것을 잠자코 바라보았다. 아버지가 마냐 곁으로 와서 앉았다. 좋아하는 안락의자에 깊숙이 몸을 파묻었다.

마냐는 아버지 무릎 위로 기어 올라가 정성스레 묶은 넥타이를 풀고는, 빙그레 웃음을 띤 그의 볼과 살집 있는 턱을 따라 난 갈색 수염을 만지작거리고 노는 것을 좋아했다.

하지만 지금은 별로 내키지 않았다. 어른들이 하는 얘기는 늘 따분하기만 했다. 이바노프가 어떻고, 경찰이 어떻고, 차르^(러시아 황제)가……, 국외추방이……, 음모가……, 시베리아가…….

마냐는 태어나서부터 거의 매일 이런 말을 들어왔으므로 어렴풋하게 왠지 모를 두려움을 느꼈다. 그녀는 본능적으로 자리를 피함으로써 그 단어들의 뜻을 제대로 이해할 기회를 뒤로 미루었다.

아이다운 공상에 잠겨, 마냐는 자리에서 일어났다. 속삭이듯이 가만가만 얘기를 나누는 두 사람의 따뜻한 목소리 사이로 이따금 가죽을 자르는 가위소리며 못을 박는 둔탁한 망치소리가 섞였다. 그 소리를 한 귀로 흘려보내면서 마냐는 방 안을 이리저리 돌아다니다 자기가 특별히 아끼는 물건 앞에서 흥미 가득한 얼굴로 걸음을 멈추었다.

이 서재는 집에서 제일 훌륭한 방이다. 마냐는 그 방이 아주 마음에 들었다. 프랑스제 마호가니 책상과 붉고 튼튼한 벨벳으로 덮인 왕정복고풍 안락의자를 보고 있으면 존경스럽기까지 했다. 어쩜 가구들이 이렇게 예쁘고 반짝반짝 빛이 날까! 나중에 마냐가 더 커서 학교에 들어가면 서랍이 잔뜩 달린 스쿼도프스키 씨의 커다란 책상 한 구석에 그녀의 자리도 마련될 것이다. 아이들은 매일 오후 그 책상에 모여 함께 숙제를 하는 것이 일과였다.

방 안쪽 벽에는 묵직한 금빛 액자 속에 엄숙한 가톨릭 주교의 초상화가 걸려 있는데 식구들은—식구들 사이에서만—이탈리아 화가 티치아노가 그린 작품이라고 했다. 하지만 마냐는 그런 것에는 관심이 없었다. 그보다는 커다란 책상 위에 놓인, 녹색 공작석이 반짝반짝 빛나고 가운데가 불룩하게 나온 추시계에 눈이 갔다. 그리고 작년에 사촌오빠가 이탈리아 팔레르모에서 가지고 온 둥근 탁자도 마음에 들었다. 그 탁자는 표면이 바둑판처럼 생겼는데 칸마다 대리석 무늬가 다르게 되어 있다.

마냐는 루이 18세의 온화한 얼굴이 둥근 장식선 안에 그려진 푸른 세브르 도자기(프랑스의 명품 도자기) 찻잔이 놓여 있는 장식장을 얼른 피해—식구들이 만지면 안 된다고 하도 주의를 줘서 마냐는 그 찻잔이 두려울 정도였다—자기가 제일 좋아하는 보물들 앞에서 걸음을 멈추었다.

그녀의 보물 가운데 하나는 벽에 걸려 있는 정밀한 기압계이다. 하얀 문자판 위에 금빛 바늘이 반짝거린다. 아버지는 언제나 정해진 날에 아이들이 지켜보는 가운데 기압계를 정성스럽게 닦고 눈금을 정확하게 맞춰 놓았다.

또 하나는 단이 여러 개 있는 유리장이다. 유리장 안에는 눈이 휘둥그레질 만큼 예쁜 기구들이 잔뜩 진열되어 있었다. 유리관, 간단한 저울, 광물 표본, 금박을 입힌 검전기 등 얼마 전까지 스퀘도프스키 씨가 수업 때마다 교실에 가지고 가던 것들이다. 그러나 정부 명령으로 과학시간이 줄어들자 그 유리장 문은 굳게 닫힌 채 열리지 않았다.

마냐는 보기만 해도 황홀한 이 물건들이 대체 어디에 쓰는 것인지 상상도 할 수 없었다. 다만 전에 까치발로 서서 넋을 잃고 그 물건들을 바라보고 있자 아버지가 그 이름만은 가르쳐 주었다.

물리 실험 기구.

'이상한 이름이야.'

하지만 마냐는 그 이름을 잊지 않았다. 애당초 그녀는 무엇 하나 잊어버리는 일이 없었다. 괜히 기분이 좋아진 마냐는 지금도 콧노래를 부르듯 그 이름을 되뇌어 보았다.

"물리 실험 기구."

암울한 나날

"마리아 스쿼도프스카."

"네."

"스타니스와프 아우구스트는 어떤 사람이었죠?"

"스타니스와프 아우구스트 포니아토프스키는 1764년에 폴란드 국왕으로 선출되셨습니다. 현명하시고 교양도 높으셔서 예술가와 작가를 보호하셨습니다. 그리고 국력을 약하게 하는 사회와 제도의 결함을 발견하고 그 대책을 마련하기 위해 고심하셨습니다. 다만 불행히도 용기가 부족하셨습니다……."

자리—높게 난 창문 너머로 눈 덮인 사스키 공원 (바르샤바 구시가지에 있는 공원) 의 잔디밭이 펼쳐져 있는 창가의 세 번째 자리—에서 일어나 또랑또랑한 목소리로 대답하는 학생은 언뜻 보면 다른 아이들과 특별히 다른 점이 없다. 남색 바탕에 풀 먹인 하얀 옷깃이 달린 교복을 입고 단추를 끝까지 단정하게 채운 모습이 열 살 난 소녀에게는 조금 불편해 보인다. 언제나 건강하게 흐트러져 있던 '안츄페치오'의 금발머리도 작은 귀 뒤로 잡아당겨 땋아 내려 작은 리본으로 묶었다. 그러자 의지가 엿보이는 당당한 얼굴까지 어쩐지 평범해 보인다.

옆자리에 앉아 있는 마냐의 언니 헬라도 둥글게 말고 다니던 영국식 머리를 땋아 내렸다. 마냐보다 머리 색깔이 짙고 숱이 많다. 몸에 딱 맞는 교복과 청결을 으뜸으로 치는 간소한 머리모양은 시코르스카 부인이 운영하는 사립기숙학교의 교칙이었다.

교단에 서 있는 안토니나 투팔스카 선생의 복장도 검소했다. 검은 비단 블라우스와 와이어로 형태를 잡은 옷깃은 유행과는 거리가 멀었으며 애당초 미인도 아니었다. 그러나 땅딸막하고 촌스럽게 생겼지만 호감 가는 인상이었다. 수학과 역사를 가르치는 투팔스카 선생—학생들은 '투프시아'라고 불렀다—은 학생지도도 겸하고 있었다. 직무상 그녀는 독립심이 강하고 완고한 '작은 스쿼도프스카 양'을 엄격하게 대해야 했다.

그러나 마냐를 바라보는 그녀의 눈빛에는 사랑이 가득 담겨 있었다. 동급생보다 두 살이나 어린데도 이토록 우수한 학생이 어찌 기특하지 않겠는가. 그녀는 무얼 가르쳐도 술술 익혔고, 수학과 역사와 문학, 독일어, 프랑스어, 교리문답 등 모든 과목에서 성적이 가장 우수했다.

교실에 침묵이 감돌았다. 아니, 침묵 이상의 무언가가 묵직하게 감돌았다. 역사시간에는 여느 수업시간보다 열띤 공기가 가득했다. 흥분한 젊은 애국자 스물다섯 명과 투프시아의 눈빛에서 정열이 불타올랐다. 오래 전에 죽은 국왕에 대해 마냐는 묘하게 열띤 말투로 잘라 말했다.

"불행히도 용기가 부족하셨습니다."

그다지 붙임성을 찾아볼 수 없는 선생과 그녀가 폴란드어로 폴란드 역사를 가르치는 영리하고 얌전한 학생들은 마치 의기투합하여 음모를 꾸미는 것처럼 보였다.

그때였다. 별안간 층계참에서 벨이 사정없이 울려대자 그들은 진짜 공모자처럼 화들짝 놀랐다.

길게 두 번, 짧게 두 번.

벨소리에 맞춰 격렬하면서도 조용하게 동요가 일어났다. 투프시아는 벌떡 일어나서 흩어진 자기 책들을 모았다. 다른 학생들도 재빨리 책상 위에 놓인 폴란드어 교과서와 공책을 모아 몸놀림이 날랜 다섯 학생의 앞치마에 쑤셔 넣었다. 다섯 학생은 기숙사 침실로 이어진 문으로 재빨리 사라졌다. 여기저기서 의자를 끌어당기고 책상 뚜껑을 조용히 열고 닫았다. 나갔던 다섯 학생이 숨을 몰아쉬며 돌아와 자기 자리에 앉자마자 교실 문이 천천히 열렸다.

황금색 바지에 번쩍번쩍 빛나는 단추가 달린 남색 제복으로 몸을 꽉 조인 바르샤바 사립학교 장학관 호른베르크 씨가 들어왔다. 머리를 짧게 깎은 뚱뚱한 남자다. 기름기가 번지르르한 얼굴에, 눈이 금테안경 뒤에서 날카롭게 빛나고 있었다.

장학관은 아무 말 없이 학생들을 쭉 둘러보았다. 장학관을 뒤따라온 시코르스카 교장이 그의 옆에 서서 태연한 척 학생들을 바라보았다. 그러나 속으론 얼마나 불안했을까.

오늘은 시간 여유가 거의 없었다. 수위가 벨을 울리자마자, 호른베르크 씨가 안내인보다 먼저 층계참까지 와서 교실로 불쑥 들어온 것이다. 아, 이 순간을 무사히 넘길 수 있을까.

다행히 한숨을 놓았다. 25명의 여학생은 손가락에 골무를 끼고 고개를 숙인 채 네모난 천에 예쁜 단춧구멍을 만들고 있었다. 책상 위에는 가위와 실패가 나와 있다. 투프시아는 관자놀이의 혈관이 살짝 부풀어 오르고 얼굴이 상기되어 있었지만, 러시아어로 인쇄된 두꺼운 책이 보란 듯이 교탁 위에 펼쳐져 있었다.

"이 학교에서는 일주일에 두 시간씩 바느질을 가르칩니다."

시코르스카 교장이 러시아어로 침착하게 말했다.

호른베르크 씨는 투팔스카 선생 옆으로 다가갔다.

"아까까지 누가 큰소리로 책을 읽고 있었는데, 무슨 책입니까?"

"크릴로프의 《우화》입니다. 오늘부터 읽기 시작했습니다."

투프시아는 침착함을 되찾고 대답했다. 얼굴색도 평소대로 돌아오고 있었다.

아무렇지 않다는 듯 호른베르크는 가장 가까이 있는 학생의 책상 뚜껑을 열었다. 안에는 아무것도 없었다. 공책도 책도 없었다.

정성껏 단춧구멍을 만들던 학생들은 조심스럽게 바늘을 천에 꽂고 손을 멈추었다. 팔짱을 끼고 미동도 없이 앉아 있었다. 하얀 옷깃과 수수한 색의 제복을 입어 모두 똑같아 보이는 25명의 앳된 얼굴이 갑자기 어른스럽고 딱딱하게 굳은 표정을 지었다. 가슴속의 두려움과 계략과 증오를 억누르고 있는 것이다.

호른베르크는 투팔스카 선생이 권한 의자에 난폭하게 걸터앉았다.

"아무 학생이나 한 명 지명해 주시오."

세 번째 자리에 앉은 마리아 스쿼도프스카는 딱딱하게 굳은 작은 얼굴을 본능적으로 창 쪽으로 돌렸다. 소리로 낼 수는 없었지만 그녀는 마음속으로 기도하고 있었다.

'하느님, 제발 제가 지명되지 않게 해주세요. 제발요.'

그러나 마냐는 자신이 지명될 것을 잘 알고 있었다. 학생들 가운데에서 공부를 가장 잘하고 러시아어도 유창했으므로 정부에서 장학관이 나오면 거의 언제나 마냐가 지명되었다.

"마리아 스쿼도프스카."

이름이 불리자 마냐는 일어섰다. 갑자기 더워진 것 같았다. 아니, 추운 듯

온몸에 소름이 돋고, 치욕스러움에 심장이 죄어드는 듯하다.

"기도문을 외워 보거라."

호른베르크가 거만하게 명령했다.

마냐는 감정 없는 목소리로 정확하게 '하늘에 계신 우리 아버지'를 암송했다. 러시아 황제가 생각해 낸 가장 교활한 모욕 가운데 하나가, 폴란드 아이들에게 그리스도교 기도문을 매일 러시아어로 외우게 하는 것이었다. 폴란드인의 신앙을 존중해주는 척하면서 실은 그것을 짓밟는 행위였다.

교실에 다시 침묵이 흘렀다.

"예카테리나 2세 이후 우리의 신성한 러시아제국을 통치하신 황제의 존함은?"

"예카테리나 2세, 파벨 1세, 알렉산드르 1세, 니콜라이 1세, 알렉산드르 2세……."

장학관은 매우 흡족해 했다.

'이 아이는 머리가 좋군. 억양도 아주 훌륭해. 꼭 상트페테르부르크에서 태어났다고 해도 믿겠어.'

"황제 일가의 존함과 존호는?"

"황후폐하, 차레비치 알렉산드르 전하, 대공 전하……."

마냐가 줄줄이 외우자 호른베르크의 얼굴에 웃음이 떠올랐다.

'좋아. 아주 훌륭해!'

그의 눈에는 마냐의 괴로운 심정도, 반항심을 드러내지 않으려고 딱딱하게 굳어 있는 표정도 보이지 않았다. 볼 생각조차 없었다.

"황제의 존호는?"

"폐하이십니다."

"나의 칭호는?"

"각하이십니다."

자잘한 계급 이름을 물으며 장학관은 기뻐했다. 그에게는 산술이나 문법보다 그것이 더 중요했다. 그는 단순히 재미삼아 한 가지 더 물었다.

"우리를 통치하시는 분은 누구지?"

시코르스카 교장과 투팔스카 선생은 타는 듯한 눈빛을 감추기 위해 손에 든 출석부를 뚫어져라 내려다보았다. 대답이 바로 나오지 않자 호른베르크는 강한 투로 다시 물었다.

"우리를 통치하시는 분은?"

"러시아제국 황제 알렉산드르 2세 폐하이십니다."

하얗게 질린 얼굴로 마냐가 겨우 대답했다.

문답이 끝났다. 장학관은 의자에서 일어나 가볍게 고개를 숙이고는 시코르스카 교장을 따라 옆 교실로 향했다.

투프시아 선생이 겨우 고개를 들었다.

"이리 오렴, 스쿼도프스카."

마냐는 자리에서 일어나 선생님한테로 갔다. 투프시아 선생은 말없이 그녀의 이마에 입을 맞추었다. 순식간에 교실에 생기가 되살아나자 폴란드 소녀 마냐는 끝내 울음을 터뜨렸다.

"오늘 장학관이 왔어요. 장학관이 왔었다고요."

수업이 끝나자 소녀들은 저마다 학교로 마중 나온 엄마와 유모에게 오늘 있었던 사건을 얘기했다. 외투를 껴입고 모피 망토까지 둘러 뚱뚱해진 어린 학생들은 첫눈이 내린 거리에서 재빨리 흩어졌다. 누구라도 작은 소리로 속삭였다. 한가하게 거니는 사람들, 가게 앞에 서서 구경하는 사람들이 어쩌면 경찰의 앞잡이일지도 모르기 때문이었다.

스쿼도프스카 자매를 마중 나온 숙모 미하워프스카—루치아 숙모—에게 헬라도 숨을 몰아쉬며 오늘 아침에 있었던 일을 이야기했다.

"호른베르크 씨가 마냐에게 질문했어요…… 마냐는 아주 훌륭하게 대답했어요…… 하지만 끝나자마자 막 울었어요……그 장학관은 다른 교실에서도 잔소리 한마디 못했대요."

성격이 활발한 헬라는 목소리를 낮추고 쉴 새 없이 지껄였다. 마냐는 말없이 숙모 곁에 딱 붙어서 걸어갔다. 장학관의 질문에 대답한 지 이미 몇 시간이 지났지만, 마냐의 마음은 아직 진정되지 않았다. 갑작스런 당혹감과 거짓말, 그렇다, 자신의 양심에 거짓말을 해야 하는 그 굴욕적인 수업참관이 마냐는 견딜 수 없을 만큼 싫었다.

호른베르크의 시찰 때문에 오늘은 자기의 서글픈 삶이 더욱 무겁게 느껴졌다. 순수하던 어린 날을 떠올려 보았지만 아무 효과도 없었다. 그 뒤로 스쿼도프스키 집안에는 불행이 차례차례 덮쳐와, 마냐에게 지난 4년은 악몽과 다름없었다.

먼저, 스쿼도프스카 부인이 조시아를 데리고 니스로 요양을 하러 간 것이다.

"요양해서 병이 나으면 엄마는 완전히 건강해지실 거야."

모두가 그렇게 말했지만, 1년 뒤 돌아온 엄마의 얼굴은 주름이 깊어지고 폭삭 늙어서 완전히 다른 사람 같았다.

그리고 1873년 가을, 휴가를 마치고 돌아오자 슬픈 운명이 기다리고 있었다. 새 학기를 준비하기 위해 가족들을 데리고 노볼리스키 거리로 돌아온 스쿼도프스키 씨의 책상에 공문서가 한 통 놓여 있었다. 당국의 명령으로 봉급을 삭감하고 부장학관 지위를 박탈하며 관사도 몰수한다는 내용이 적혀 있었다. 좌천된 것이었다.

교장 이바노프가 자기 말을 듣지 않는 부하에게 보복을 한 것이다. 두 사람의 싸움은 이바노프의 승리로 끝났다.

몇 번이나 이사를 다닌 끝에 스쿼도프스키 가족은 노볼리스키 거리와 카르멜리카 거리의 모퉁이에 있는 아파트에 자리를 잡았다. 그러나 생활은 점점 더 빠듯해졌다. 스쿼도프스키 씨는 처음에 자기 제자 두어 명을 하숙시켰는데, 하숙생이 점차 5명이 되고 8명이 되더니 결국 10명으로 불어났다. 그는 학생들에게 잠자리와 식사를 제공하고 특별교습도 해 주었다. 집안이 방앗간처럼 소란스럽고 어수선해져서, 단란했던 가족의 모습은 차츰 사라져 버렸다.

그런데 생활이 어려워진 것은 스쿼도프스키 씨가 감봉되어서도, 리비에라에 요양을 가 있는 아내에게 체재비를 보내야 했기 때문도 아니었다. 늘 신중하던 스쿼도프스키 씨가, 됨됨이가 바르지 않은 한 매형의 꾐에 넘어가 '일확천금을 벌 수 있다'는 말만 믿고 증기 제분소에 투자했다가 전재산이나 다름없는 3만 루블을 사기당했기 때문이다.

그는 그 일로 무척 괴로워했다. 한 치 앞도 보이지 않는 앞날을 걱정하며 극도의 불안감에 시달렸다. 가정을 가난에 빠뜨리고 딸들의 결혼자금마저 날려 버린 자신의 경솔함을 끊임없이 자책했다.

마냐가 처음으로 잔혹한 불행을 겪은 것은 지금으로부터 2년 전인 1876년 1월이었다. 하숙생 한 명이 장티푸스에 걸렸는데 그것이 브로냐와 조시아에게 전염된 것이다. 말할 수 없이 끔찍한 나날이 몇 주나 이어졌다. 이쪽 방에서는 엄마가 기침을 참기 위해 안간힘을 쓰고 있었고, 저쪽 방에서는 두 언니가 고열에 시달리며 신음하고 있었다.

그러던 어느 수요일, 아버지가 유제프와 헬라와 마냐를 불러서 맏언니인 조시아에게 데리고 갔다.

조시아는 새하얀 옷을 입고 관 속에 누워 있었다. 머리는 짧게 깎았지만 가지런히 손을 모으고 창백한 얼굴로 웃고 있는 듯한 모습이 무척 아름다웠다.

마냐로서는 처음으로 죽음이 무엇인지 알게 된 것이었다. 그리고 수수한 검정 외투를 입고 처음으로 장례식에 참석했다.

병이 다 낫지 않은 브로냐는 침대 위에서 엉엉 울었고, 마찬가지로 병든 몸으로 밖에 나갈 수 없는 스쿼도프스카 부인은 이 창문에서 저 창문으로 옮겨 다니며 카르멜리카 거리를 조용히 지나가고 있는 딸의 운구 행렬을 바라보았다.

"애들아, 오늘은 다른 길로 돌아서 가자. 더 추워지기 전에 사과를 사둬야 해."

아름답고 마음씨 착한 루치아 숙모는 조카들을 데리고 인적이 없는 11월 오후의 사스키 공원을 경쾌하게 가로질렀다.

숙모는 기회만 있으면 온갖 구실을 만들어서 폐결핵을 앓는 엄마가 초췌하게 누워 있는 답답한 집에서 아이들을 데리고 밖으로 나와 산책을 하였다. 조카들에게 병이 옮겨지기라도 하면 큰일이었기 때문이다. 헬라는 얼굴색이 좋았지만 마냐는 창백하고 기분도 우울해 보였다.

공원을 빠져나온 세 사람은 마냐가 태어난 곳인 바르샤바의 구시가지로 들어섰다. 그곳의 거리 풍취는 신시가지보다 훨씬 재미있고 아름다웠다. 구시가 광장에는 눈이 하얗게 쌓인 경사진 지붕과, 그 아래로 여러 가지 조각이 장식된 회색 벽을 드러낸 집들이 길게 늘어서 있었다. 집들은 성자의 얼굴을 조각해 넣거나, 처마 끝을 돌림띠로 꾸미고, 여관과 상점은 동물 실루엣으로 간판을 대신했다.

차가운 공기를 뚫고 여기저기서 교회 종소리가 아름답게 울려 퍼졌다. 그 종소리는 마리아 스쿼도프스카의 어린 시절을 떠올리게 했다. 마냐는 성마리아 성당에서 세례를 받고 도미니코 교회에서 첫 성체를 받았다. 그날은 잊을 수 없는 날이었다. 마냐와 사촌 언니인 헨리에타는 서약대로 성체의 빵을 이에 닿지 않고, 또 스치지도 않도록 조심스럽게 받아먹었다. 세인트폴 교회에는 언니들과 함께 가끔 독일어 설교를 들으러 갔었다.

바람 부는 휑뎅그렁한 신 시가지도 마냐에게는 낯익은 장소이다. 스쿼도프스키 가족은 학교 관사에서 나온 뒤 1년 동안 그곳에서 살았다. 그 시절 마냐는 매일 아침 엄마와 언니들과 함께 노트르담 예배당으로 갔다. 예배당은 외관이 특이해서 사람들의 눈길을 끌었다. 수백 년의 세월을 거쳐 온 붉은 바윗돌로 만들어졌으며, 네모난 탑과 계단형 건물이 강을 굽어보며 비스듬하게 우뚝 솟아 있었다.

루치아 숙모를 따라 헬라와 마냐는 오랜만에 예배당 안으로 들어갔다. 고딕 양식의 두꺼운 문을 지나 어둑한 건물 안으로 몇 발자국 걸어가다가 마냐는 온몸이 후들거려 주저앉았다. 전에 왔을 때와 조금도 다르지 않다고 생각하니 가슴이 아팠다. 전에 함께 왔던 조시아 언니는 이미 어디에도 없고, 그토록 신앙심 깊은 엄마도 하느님의 보살핌을 받지 못해 같이 오지 못한다.

마냐는 하느님을 향해 간절한 마음으로 기도를 올렸다. 그녀가 세상에서 가장 사랑하는 사람의 생명을 지켜달라고 비탄에 빠져 필사적으로 그리스도에게 기도했다. 그 대신에 자신의 생명을 바치겠다고 맹세했다. 마냐는 엄마를 구할 수만 있다면 죽음도 두렵지 않았다.

마냐 옆에서 루치아 숙모와 헬라도 고개를 숙이고 낮은 소리로 기도했다.

기도가 끝나자 세 사람은 밖으로 나와 강가로 이어지는 울퉁불퉁한 계단을 내려갔다. 눈앞에 펼쳐진 드넓은 비스바와 강은 기분이 좋은 풍경이 아니었다. 누르께한 황토색 물이 소용돌이치며 작은 섬처럼 강 중턱에 남겨진 모래 언덕을 씻어 내리고, 욕조와 세탁조를 실은 바닥이 평평한 배를 제멋대로 흔들고 있었다.

여름이면 사람들이 떠들썩하게 몰려드는 기다란 회색 외륜선도 지금은 조용히 웅크리고 있다. 사과를 파는 배 주변에만 활기차 보였다. 배 두 척이 닻을 내리고 있다. 가늘고 뾰족하게 생긴 커다란 운반용 배들은 배 둘레가 전부 강물에 잠겨 있다.

양가죽을 몸에 두른 선장이 지푸라기를 걷어내고 그 속에 있는 사과를 보여준다. 얼지 말라고 잔뜩 뒤덮어 놓은 부드러운 지푸라기 밑에서 단단하고 빛깔 고운 새빨간 사과가 눈부신 자태를 드러낸다. 수백 수천 개의 싱싱한 사과들은 비스바와 강 상류에 있는 아름다운 카지미에시 마을에서 몇날 며칠 동안 강물을 타고 이곳까지 흘러온 것이다.

"내가 고를래. 내가 사과를 고를 거야."

헬라는 큰소리로 외치며 머플러를 풀고 어깨에서 가방을 내려놓았다. 마냐도 곧 헬라 언니를 따라했다.

집안행사로 되어 있는 사과 사는 일만큼 두 소녀를 즐겁게 하는 일은 없었다. 둘은 사과를 하나씩 집어 들고 요리조리 꼼꼼히 살펴본 다음 버드나무 상자 안에 집어넣었다. 썩은 것이 나오면 비스바와 강을 향해 힘껏 던진다. 동그랗고 새빨간 사과가 강물 위로 잠시 떠올랐다가 서서히 가라앉는 것을 눈으로 좇는다. 이윽고 상자가 가득 차면 두 소녀는 가장 예쁘고 맛있어 보이는 사과를 하나씩 들고 배에서 내린다.

그런 뒤에 냉큼 한 입 베어 물면 차가운 사과가 시원한 소리를 낸다. 두 사람이 그 사과를 맛있게 먹어치우는 동안 루치아 숙모는 값을 흥정하고, 근처에서 어슬렁거리는 주근깨가 가득한 개구쟁이들 가운데에서 이 중요한 식량을 집까지 옮겨 줄 아이를 고른다.

오후 다섯 시다. 간식시간이 끝나자 하녀들이 커다란 식탁 위를 정리하고 등잔불에 불을 붙인다. 지금부터는 공부시간이다. 두세 명씩 한 방을 쓰는 하숙생들은 자기네 방으로 돌아갔다. 스쿼도프스키 씨의 아이들만이 공부방으로 바뀐 식당에 남아 저마다 공책과 책을 펼친다. 곧이어 몇 년 동안 이 가족을 이끌어온 단조로운 음악이 여기저기서 들려왔다. 라틴어 시구와 역사의 연호, 수학 문제 등을 큰 소리로 더듬더듬 읽는 사람은 언제나 정해져 있었다.

공부방 한쪽에서 한숨과 신음소리가 흘러나온다. 공부는 너무 어려웠다. 모국어로는 수학과 과학의 증명을 완벽하게 이해하는데, 공용어—다시 말할 필요도 없겠지만—인 러시아어로 풀려고 하면 아무리 애를 써도 이해하지 못하는 학생도 있다. 스쿼도프스키 씨는 절망하는 아이들을 다독여주느라 여념이 없었다.

그런데 어린 마냐만은 이런 고통을 몰랐다. 그녀는 기억력이 너무 좋았다.

친구들은 그녀가 두 번밖에 읽지 않은 시를 술술 외는 것을 보고 무슨 속임수가 있다고 생각했다. 그들은 "숨어서 몰래 외우고 왔지?" 하고 마냐를 비난하기도 했다. 숙제도 다른 아이들보다 훨씬 일찍 끝내는 마냐는 남는 시간에 어려워하는 아이들을 곧잘 도와주었다.

하지만 사실 마냐는 오늘처럼 책 읽을 때가 더 좋았다. 큰 식탁에 팔꿈치를 괴어 양손을 이마에 대고 엄지손가락으로 귀를 막는다. 소리를 지르면서 복습하는 헬라의 목소리에서 벗어나기 위해서였다. 그러나 마냐는 이내 독서에 마음을 빼앗겨 방안에서 무슨 일이 일어나는지조차 전혀 알지 못했다.

이런 천성적인 집중력은 평범하고 건강한 아이들에게는 이상하게 보이는 법이다. 언니와 친구들은 그런 마냐의 모습이 아주 재미있었다. 브로냐와 헬라는 하숙생들과 짜고 책읽기에 몰두해 있는 여동생 앞에서 일부러 시끄러운 소리를 내 보았지만, 마냐는 눈길조차 주지 않았다.

두 사람은 좀더 교묘한 장난을 꾸몄다. 오늘은 루치아 숙모의 딸 헨리에트까지 있었으므로 장난기가 더욱 발동했다. 세 아이는 꼼짝도 하지 않는 마냐 곁으로 살금살금 다가가서 그녀 주위에 의자를 쌓아 올렸다. 양쪽에 두 개, 뒤에 한 개, 그 위에 두 개, 마지막으로 꼭대기에 한 개. 그러고는 살며시 물러나 공부하는 척하면서 마냐가 움직이기를 기다렸다.

시간이 꽤 흘렀지만 마냐는 조금도 눈치채지 못했다. 소곤거리는 말소리와 소리를 죽여 킥킥거리는 웃음소리에도, 머리 위에 드리워진 의자 그림자도 소용이 없었다. 그렇게 거의 30분 동안 불안정한 피라미드의 위협 아래 놓여 있었다.

드디어 읽던 장(章)이 끝나자 마냐는 책을 덮고 고개를 들었다. 순간 급히 만든 피라미드가 엄청난 소리를 내면서 무너졌다. 의자들이 방바닥에 나뒹굴었다. 헬라는 탄성을 질렀다. 브로냐와 헨리에트는 마냐가 달려 들까봐 얼른 몸을 피했다.

그러나 마냐는 조용했다. 화를 내지도 않고, 자신을 위협했던 장난을 함께 즐거워하지도 않았다. 마냐의 옅은 회색 눈동자는 꿈속 세상에서 갑자기 끌려나오는 바람에 깜짝 놀란 몽유병자 같았다. 의자에 세게 부딪친 왼쪽 어깨를 문지르며 마냐는 바닥에 떨어진 책을 주워들고 옆방으로 가버렸다. 언니들 앞을 지날 때 딱 한 마디 했다.

"한심해!"

그 침착한 말투가, 언니들은 마음에 들지 않았다.

그러나 현실 세계와 완벽하게 단절된 이런 시간이, 어린 마냐에게는 무엇보다도 소중했다. 마냐는 학교 교과서는 물론 시, 모험이야기, 아버지의 서재에서 가져온 전문서 등을 닥치는 대로 읽었다.

그러면 잠시나마 시커먼 망령들이 없는 머나먼 곳으로 떠날 수 있었다. 그곳에는 러시아 첩자도, 호른베르크 장학관도 없다. 고된 일에 녹초가 돼버린 아버지의 얼굴과 시끄럽고 부산스러운 집, 캄캄한 새벽에 졸린 눈을 비비며 일어나 이불이 자꾸만 미끄러져 떨어지는 합성피혁 소파에서 빠져나와야 하는 매일아침의 일도 잊을 수 있다. 아이들은 식당을 침실로도 쓰고 있었으므로 하숙생들이 밥을 먹을 수 있도록 자리를 비켜줘야 했다.

마냐는 두려움도 잊을 수 있었다. 압제자에 대한 두려움, 종교상의 두려움, 그리고 병과 죽음에 대한 두려움. 마냐는 본능적으로 묵직하고 답답한 '주변의 공기'에서 달아나려고 했다.

그렇지만 그것은 한순간의 안식에 지나지 않았다. 제정신이 든 순간부터 모든 것이 되살아난다. 가장 먼저 엄마의 병이 떠오른다.

그렇게 아름다웠던 엄마가, 지금은 숨 쉬는 망령에 지나지 않았다. 엄마가 기운을 차리도록 끊임없이 위로하고 격려하는 말을 건넸지만, 엄마에 대한 무한한 동경과 지극한 사랑으로도, 절절한 기도로도 서서히 다가오는 끔찍한 상황을 막아낼 수 없다는 사실을 마냐는 알고 있었다.

스쿼도프스카 부인도 이미 자신의 마지막을 각오하고 있었다. 부인은 마음의 준비가 끝날 때까지 기다려 달라고, 그리고 가족의 생활이 엉망이 되지 않게 해달라고 간절히 기도했다.

1878년 5월 9일, 부인의 바람에 따라 의사 대신 신부님이 왔다. 독실한 기독교신자였던 부인의 괴로움을 덜어 줄 수 있는 사람은 이제 신부님밖에 없었다. 아직 어린 네 아이의 양육을 사랑하는 남편한테 모두 떠맡기고 가는 괴로움, 엄마 없는 아이들의 앞날, 특히 이제 겨우 열 살인 마뉴샤의 앞날을 염려하며 찢어지는 마음을 다른 누가 헤아려줄 수 있겠는가.

그래도 그녀는 가족들 앞에선 늘 온화했다. 죽음을 맞이하는 부인의 얼굴은 성스러울 정도로 아름다웠다. 헛소리를 하거나 마음의 평정을 잃는 일 없이, 그녀의 바람대로 조용히 숨을 거두었다. 남편과 자식들은 깨끗하게 정돈된 방에서 침대를 둘러싸고 임종을 지켜보았다. 이미 죽음의 그림자가 드리워진 회색 눈동자에 슬픔이 어리며, 너무 큰 고통을 주어서 미안하다고 말하는 것처럼 슬픔으로 일그러진 다섯 얼굴을 차례차례로 바라보았다.

있는 힘을 다해 한 사람 한 사람에게 작별인사를 하고 나자 목소리가 서서히 잦아들었다. 그녀 안에 남아 있는 생명의 불꽃은 이제 몸짓 하나, 말 한마디밖에 허락하지 않았다.

그녀는 무섭게 떨리는 손으로 가족들에게 신의 가호가 함께하기를 빌며 성호를 그었다.

그리고 차츰 멀어져 가는 남편과 아이들을 바라보며 한숨과 함께 마지막 말을 내뱉었다.

"모두 사랑해요."

검은 상복을 입은 마냐는 카르멜리카 거리에 있는 아파트 안에서 슬픔을 꾹 참으며 정처 없이 어슬렁거렸다. 브로냐 언니가 죽은 엄마 방을 갖게 되어, 이제 소파에서 자는 사람은 헬라 언니와 자기뿐이라는 사실이 조금도 와닿지 않았다. 아버지가 서둘러 고용한 가정부가 그 방에 매일 들락거리며 하녀들에게 지시를 내리고, 하숙생들의 식단을 짜고, 아이들이 옷 입는 모습을 멀거니 감시했다. 스쿼도프스키 씨도 남는 시간을 모두 아이들을 위해 썼다. 하지만 아무리 애를 써도 엄마의 빈자리를 채울 수는 없었다.

이리하여 마냐는 폴란드인으로나 개인으로서 산다는 것이 얼마나 잔혹한 일인지를 일찌감치 깨달았다. 조시아가 죽고 스쿼도프스카 부인도 세상을 떠나자, 마냐는 둘도 없는 어머니의 사랑과 언니의 보살핌을 모두 잃었다. 한 번도 푸념하지 않았지만 그녀는 그렇게 방치된 채 차츰 어른이 되어 갔다.

그러나 자부심 강한 마냐는 운명에 조금도 굴복하지 않았다. 일찍이 엄마와 함께 왔던 가톨릭성당에서 혼자 무릎을 꿇자 커다란 분노가 솟아올랐다.

아무런 까닭 없이 자기에게 무서운 불행을 차례차례 안겨주고, 자신으로부터 쾌활함과 온화함은 물론 즐거운 공상 세계까지 모조리 빼앗아간 신에게, 더는 이전과 같은 사랑을 담아 기도할 수가 없었다.

소녀시절

어느 집이나 집안의 오랜 역사를 살펴보면 온 식구가 화려하게 꽃을 피우는 시기가 있다. 어떠한 이유에선지, 한 세대가 빼어난 재능과 왕성한 활동력을 발휘하거나 뛰어난 미모를 자랑하고 사회적 성공을 거두는 등 앞 세대나 그 다음 세대보다 특출하게 승승장구하는 때가 있다는 말이다.

숱한 불행을 겪었지만 스쿼도프스키 가족에게도 그 시기가 찾아왔다. 머리 좋고 활기 찬 다섯 아이들 가운데 조시아를 잃었지만, 남은 네 아이들은 폐결핵으로 세상을 뜬 어머니와 과로로 늘 지쳐 있는 아버지에게서 태어났어도, 나름대로 모두 대단한 의지력을 지니고 있었다. 그들은 불행을 이겨내고 장벽을 뛰어넘어 모두 비범한 인물이 될 것이다.

1882년 햇살이 눈부시게 쏟아지는 봄날 아침, 식탁에 둘러앉은 그들의 모습도 반짝반짝 빛이 난다. 키가 늘씬하게 크고 아름다워 누가 보더라도 이 집에서 가장 '미인'인 열여섯 살 헬라. 환한 얼굴에 꽃같이 싱싱한 피부가 돋보이는 환한 얼굴에 금발이 물결치는 브로냐. 스키 선수 같은 탄탄한 체구를 학생복으로 감싼 장남 유제프.

그리고 마냐……마냐는 건강미가 넘쳤다. 몸에 딱 맞는 제복 밑으로 살집이 조금 오른 몸매가 드러나 있다. 그녀는 나이가 가장 어리므로 숙녀다운 아름다움을 찾기에는 아직 이르지만, 언니들과 마찬가지로 건강하고 명랑한 얼굴에 폴란드인 특유의 투명한 피부와 색이 옅은 머리카락, 맑은 눈동자를 지니고 있다.

세 자매 가운데 밑의 두 아이만 제복을 입고 있다. 시코르스카 사립학교의 우등생인 헬라는 남색 제복, 공립학교의 아주 우수한 학생인 열 네 살의 마냐는 갈색 제복을 입었다. 브로냐는 금메달을 받는 영예를 누리며 마냐가 다니는 여학교를 작년에 졸업했다.

브로냐는 이제 어엿한 숙녀였다. 그녀는 까다로운 가정부 대신에 집안일을 돌보았다. 가계를 계산하고, 얼굴과 이름만 바뀔 뿐 여전히 있는 하숙생들을 감독하기도 했다. 브로냐는 어른처럼 머리를 틀어 올리고 치마 뒷부분을 크게 부풀리고, 옷자락에 주름 장식이 있고 작은 단추가 몇 개나 달린 기다란 원피스를 입었다.

유제프도 역시 금메달을 받고 남자 중학교를 졸업하여 의과대학에 진학했다. 여동생들은 그가 자랑스러웠지만 한편으론 몹시 부러웠다. 일찍부터 지적인 야망에 불타는 세 자매는 여자에게 입학을 허가하지 않는 바르샤바 대학의 규칙이 원망스러웠다. 그래서 오빠가 '러시아황제의 대학' 이야기를 할 때마다 황홀해 하며 귀를 기울였다. 하지만 그 학교의 실상은, 야심가인 러시아인과 그들에게 아첨하는 폴란드인들이 가르치는 시시한 대학에 지나지 않았다.

네 사람은 쉴 새 없이 지껄여대면서도 손으로는 부지런히 입에 음식을 나르고 있었다. 빵과 버터, 크림과 잼이 삽시간에 없어졌다.

"오빠, 오늘은 댄스 연습하는 날이야. 파트너로 오빠가 필요하니까 잊지 마."

헬라는 중요한 이야기도 잊지 않고 꺼냈다.

"브로냐 언니, 내 드레스도 다림질만 잘 하면 아직 괜찮을까?"

"다른 옷이 없으니 그걸로 괜찮아야지."

브로냐가 세상일에 통달한 사람처럼 말했다.

"네가 학교에서 돌아오면 3시에 같이 봐줄게."

"드레스는 뭐든 다, 아주 예뻐!"

마냐가 한 마디 한다.

"너도 그런 걸 아니? 아직 조그만 게."

남매는 저마다 자리에서 일어났다. 브로냐는 식탁을 정리하고, 유제프는 공책을 옆구리에 끼고 사라졌다. 헬라와 마냐는 앞 다투어 부엌으로 달려갔다.

"내 빵! ……내 '세르델키'^(폴란드 소시지)에……버터는 어딨어?"

방금 아침식사를 그렇게 잔뜩 했는데도 두 사람은 다음에 먹을거리를 챙기느라 여념이 없다. 11시 휴식시간에 학교에서 먹을 간식을 도시락에 넣고 있는 것이다.

작은 빵에 마늘 맛이 일품인 폴란드 명물 세르블라 소시지 두 개와 맛있는

'세르델키'와 사과 하나.

마냐는 불룩해진 도시락 주머니를 챙기고, 책가방을 멨다.

"어서 서둘러! 친구들이 다 가버리겠다."

벌써 문을 열고 나서면서 헬라가 놀려댄다.

"아직 여덟시 반이라 괜찮아. 다녀오겠습니다."

계단에서 마냐는 하숙생 둘을 따라 잡았다. 마냐만큼 서두르지는 않았지만 그들도 남자중학교에 등교하는 길이다.

마리아 스쿼도프스카의 소녀시절은 중학교, 기숙학교, 학교라는 단어들에 둘러싸여 있다. 아버지 스쿼도프스키 씨는 중학교에서 아이들을 가르친다. 브로냐는 여자중학교를 졸업했고, 마냐는 지금 중학교에 다니고 있으며, 조셉은 대학에, 헬라는 시코르스카 부인의 기숙학교에 다니고 있다. 게다가 집도 어떻게 보면 학교나 다름없다. 마냐는 세상에는 선생과 학생밖에 없으며, 단지 배운다는 유일한 이상만이 지배하는 커다란 학교와 같다고 자연스럽게 생각했을 것이다.

그들은 음침한 카르멜리카 거리를 떠나 레슈노 거리로 이사한 뒤로는 전처럼 하숙생들에게 시달리지 않았다. 집도 꽤 산뜻했다. 정면에는 회색 비둘기가 속삭이듯 우는 조용한 뜰과 담쟁이덩굴에 뒤덮인 발코니도 있었다. 2층도 제법 넓어서 하숙생들과는 따로 떨어져 가족들끼리만 방 네 개를 쓸 수 있었다.

레슈노 거리는 널찍한 도로 양쪽에 훌륭한 저택이 늘어서 있는 고급 주택가였다. 러시아풍의 분위기는 조금도 없었다. 집 맞은편에 있는 칼뱅파 교회며, 리만스카 거리의, 둥근 기둥을 몇 개나 세운 프랑스풍 건물까지 모든 것이 화려한 서양문명에 물들어 있다. 이것은 나폴레옹이 폴란드에 깊은 애정을 보였던 흔적으로 지금도 그대로 이어져 오고 있다.

가방을 메고 마냐는 자모이스키 백작의 저택인 '푸른 궁전'으로 서둘러 갔다. 정문을 피해 커다란 청동사자상이 지키고 있는 오래된 정원에 들어섰다. 그런데 정원에 아무도 없자 마냐는 갑자기 당황하며 멈춰 섰다.

"마뉴사, 잠깐만 기다리렴. 지금 카샤가 내려가고 있어."

"아, 안녕하세요, 아주머니. 고맙습니다."

2층 창문에서 짙은 검정색 머리를 땋아서 말아 올린 프시보로프스카 부인이 동그란 볼에 생기 있는 눈빛을 한 마냐를 자애롭게 내려다보고 있었다. 부인은 자모이스키 백작의 도서담당관의 아내이며, 딸 카쟈는 2년째 마냐의 둘도 없는 친구이다.

"학교가 끝나면 간식 먹으러 오렴. '퐁치키(_{폴란드})' 만들어줄게. 네가 좋아하는 아이스코코아도 있단다."

"맞아, 간식 먹으러 꼭 와야 해."

카쟈가 계단을 내려와 마냐의 팔을 붙잡으며 외친다.

"빨리 가자, 마냐. 늦겠다."

"응, 카쟈. 나도 막 사자 고리를 올려둘까 생각하던 참이었어."

마냐는 매일 아침 카쟈를 만나러 온다. 카쟈도 저택의 둥근 천장 아래에서 마냐가 오기를 기다린다. 카쟈가 그 자리에 없으면 마냐는 청동사자상의 입에 달려 있는 묵직한 고리를 위로 올려 코에 걸어놓고 학교로 향한다. 그러면 카쟈는 그 고리를 보고 마냐가 이미 다녀 간 것을 알고는 그녀를 따라잡기 위해 서두른다.

카쟈는 매우 매력적인 아이다. 훌륭한 부모 밑에서 사랑받으며 행복하게 자라 성격이 발랄한 중산층 가정의 딸이다. 그리고 프시보로프스키 부부는 마냐도 자기 딸처럼 귀여워하며 그녀에게 조금이나마 엄마의 빈자리를 채워주려고 애썼다.

하지만 마냐와 카쟈가 아무리 같은 갈색 제복을 입었다 해도 차림새를 자세히 살펴보면, 한쪽은 매일 아침 엄마가 머리를 빗겨주고 리본을 매어 주는 행복한 아이이고, 다른 한쪽은 아직 열네 살 반이지만 바빠서 아무도 신경써 줄 틈이 없는 집안에서 자란 아이라는 것을 이내 알아볼 수 있었다.

둘은 팔짱을 끼고 좁다란 자비아 거리를 걸어갔다. 어제 간식시간 이후로 둘은 서로 얼굴을 마주할 시간이 없었으므로 할 얘기가 아주 많았다. 화제는 주로 크라쿠프 교외거리에 있는 자기네 학교 얘기였다.

시코르스카 기숙학교를 다니면서 철저하게 폴란드식 교육을 받은 그들이 러시아 정신이 절대적으로 지배하는 공립학교에 진학한 것은 엄청난 변화였다. 하지만 공립여학교가 아니면 정식 졸업장을 받을 수 없으므로 어쩔 수 없는 선택이었다.

마냐와 카쟈는 러시아 교사들을 놀림거리로 삼으면서 울분을 풀었다. 특히 지긋지긋한 독일어 교사 파스퇴르 메덴크와 소름이 돋을 만큼 싫은 학생 지도교사인 마이에르 선생이 주로 도마 위에 올랐다.

키가 작고 기름이 번지르르한 갈색 머리에 스파이처럼 소리가 나지 않는 슬리퍼를 신은 마이에르 선생은 독신여성이었으며 마냐 스쿼도프스카의 공공연한 적이었다. 마이에르 선생은 마냐의 모든 점이 탐탁지 않았다. 자기 생각을 꺾지 않는 완고한 성격부터 주의를 들을 때 보이는 '사람을 바보 취급하는 듯한 엷은 비웃음'까지.

"마리아 스쿼도프스카에게는 무슨 말을 해도 소용없어. 벽에다 완두콩을 던지는 것과 똑같아!"

마이에르 선생은 벌레 씹은 표정으로 탄식한다. 특히 그녀는 '단정하지 않고 칠칠치 못해 보이는' 마냐의 곱슬머리가 도무지 마음에 들지 않았다. 한 번은 제멋대로 자란 마냐의 머리카락을 빗으로 박박 빗어 '독일 아가씨'처럼 세 갈래로 땋아주었다. 하지만 허사였다. 몇 분도 지나지 않아 부드러운 머리카락은 마냐의 생기 있는 얼굴 주위에서 다시 춤추고 있었다. 그리고 마치 뭔가에 홀린 듯 천진스런 눈동자로 지도교사의 반들반들한 머리띠를 뚫어져라 쳐다보았다.

"그런 식으로 아랫사람을 내려다보듯 선생님을 보면 못써요!"

마이에르 선생님은 화가 나서 버럭 소리를 지른다.

"하지만 어쩔 수 없는걸요."

지도교사보다 머리 하나만큼 키가 더 큰 마냐가 조심성을 잃고 대답한다. 날이면 날마다 신경질적인 독신교사와 구속당하는 것을 싫어하는 학생의 싸움은 끊이지 않았다. 그중에서 가장 심한 사건이 작년에 일어났다. 마이에르 선생이 불시에 교실에 들어와 보니, 러시아 황제 알렉산드르 2세의 암살 사건을 축하하며 마냐와 카쟈가 기쁨을 감추지 못하고 덩실덩실 춤을 추고 있었다. 갑작스런 죽음으로 온 러시아 제국은 침통한 눈물을 흘리고 있을 때였다.

정치적 압제가 야기하는 가장 가슴 아픈 산물은, 억압받는 민족의 가슴속에 난폭함을 키운다는 사실이다. 마냐와 카쟈는 자유로운 사람들은 알 수 없는 깊은 원한을 품고 있었다. 둘 다 천성적으로 온화하고 상냥한 성격임에도 그녀들은 어떤 특수한 정신—증오를 미덕으로, 복종을 비겁으로 여기는 노예 정신 속에서 살고 있었다.

반면에 사랑해도 되는 대상에는 정신없이 달려들었다. 그녀들은 수학을 가르치는 젊고 잘생긴 글라스 선생과 자연과학을 가르치는 슬로사르스키 선생의 말은 하나부터 열까지 무조건 따르며 거의 신처럼 숭배했다. 그들은 폴란드인—같은 편인 것이다.

하지만 러시아인이라도 미묘한 감정을 불러일으키는 사람도 있었다. 한 학생에게 상으로 혁명 작가인 네크라소프의 시집을 말없이 주는, 속을 알 수 없는 미키에신 선생 같은 사람이 그랬다.

학생들은 깜짝 놀라면서도 어색하나마 적군이 연대감을 나타내고 있음을 느꼈다. 신성한 러시아 제국이라도 황제의 충실한 하인만 있는 것은 아니었다.

마냐의 교실에서는 폴란드인, 유대인, 러시아인, 그리고 독일인이 함께 공부했지만, 겉으로는 아무런 불화도 일어나지 않았다. 젊음과 학문상의 건강한 경쟁심 속에는 민족과 사상의 차이가 끼어들 틈이 없었다. 그녀들이 서로 학업을 돕고 쉬는 시간에 함께 어울려 노는 모습을 보면 완전히 융화된 것처럼 보일 정도였다.

그러나 학교 밖으로 나오면 저마다 자신들의 애국심, 자신들의 말과 종교로 돌아간다. 박해당하는 폴란드인은 다른 나라 학생들보다 거드럭거리며 떼를 지어 집으로 돌아갔다. 또한 간식도 자기들끼리만 모여서 먹었다. 러시아나 독일 아이들과 함께 간식을 먹는다는 것은 생각할 수조차 없었다.

이러한 배타성은 그녀들의 마음속에 모순을 낳기도 했다. 겉으로 드러내지는 않았지만 그녀들은 신경과민에 걸리거나 날카로운 양심의 가시에 찔려 무척 괴로워했다. 외국 아이들에게 느끼는 우정과 압제자가 가르치는 과학이나 철학 강의를 듣고 느끼는 무의식적인 기쁨, 무엇보다 처음부터 증오해야 할 '공립학교'의 교육을 받고 있다는 사실 자체로 큰 죄를 짓는 것 같았다.

지난 여름에 마냐 스쿼도프스카는 카쟈에게 편지로 부끄러운 듯이 가슴에 담아둔 말을 털어놓았다.

카쟈, 그래도 나는 학교가 좋아. 이런 나를 바보라고 생각하겠지만 그래도 사실이야. 나는 학교가 아주 좋아. 나는 방금 그걸 깨달았어. 여름방학이라 혼자 외로워서 그런다고는 생각하지 말아줘. 난 지금 조금도 쓸쓸하지 않으니까. ……이제 곧 다시 학교로 돌아간다고 생각해도 마음이 조금도 무겁지 않지 뭐야. 앞으로 남은 2년이라는 시간이 전처럼 긴 것 같지도 않고, 끔찍하거나 괴롭지도 않아.

먀냐는 '내가 가장 좋아하는 바르샤바'라고 부를 만큼 고향 바르샤바를 좋아했는데, 틈만 나면 찾아갔던 와젠키 공원과 사스키 공원은 그녀가 가장 좋아하는 장소였다.

공원 철문을 지나 마냐와 카쟈는 재판소로 이어지는 오솔길로 들어섰다. 겨우 두 달 전까지만 해도 둘은 고무장화를 신고 질척거리는 커다란 흙탕물 속을 일부러 밟고 다녔다. 장화 속으로 물이 들어오지 않도록 조심하면서도 장화 끝까지 웅덩이에 발을 들이밀었다. 이윽고 계절이 바뀌어 물웅덩이가 마르자 둘은 다른 장난을 시작했다. 단순한 놀이지만 눈물이 나올 만큼 재미있었다. 예를 들면 '초록'이라는 말을 쓰지 않는 놀이인데, 질문하는 사람이 아무리 유도를 해도 대답하는 사람은 절대로 '초록'이라는 단어를 말하지 않는 것이었다.

"나하고 공책 사러 갈래? 표지가 초록색인데 아주 예쁜 걸 봤어."

마냐가 대수롭지 않다는 듯 말하기 시작했다.

그러나 카쟈는 쉽게 걸려들지 않았다. '초록'이라는 말을 듣자 그녀는 주머니 속에 넣어 두었던 초록색 벨벳 조각을 꺼낸 뒤 마냐의 코앞에 들이대, 자기의 '패배'를 막았다. 마냐는 포기한 척하고 어제 했던 역사수업으로 화제를 돌렸다. 그 역사 선생은, 폴란드는 한 지방에 지나지 않으며, 폴란드어는 방언일 뿐이고, 폴란드 사람은 그토록 사랑받았던 황제 니콜라이 1세를 슬픔에 겨워 죽게 했다고 말했던 것이다.

"그런데 그 선생님, 너무 대담한 말을 하는 바람에 영 거북한 눈치였어. 눈알은 허공을 맴돌고 그 얼굴 표정하며, 안 그래?"

"맞아. 초록색으로 변하더라."

카쟈는 그만 불쑥 '초록'이란 말을 해 버렸다.

그 순간 카쟈의 눈앞에서 연초록빛 마로니에 잎사귀가 흔들렸다. 둘은 모래 장난을 하고 뛰어다니며 노는 아이들 옆에서 배를 움켜잡고 웃어댔다.

그들은 사스키 지방재판소의 가느다란 기둥 아래를 지나 드넓은 광장을 가로질렀다. 그때 갑자기 마냐가 비명을 질렀다.

"기념비를 지나치고 그냥 왔어. 빨리 다시 돌아가자!"

카쟈도 이내 발길을 돌린다. 덜렁대다가 용서받지 못할 실수를 저지른 것이다.

사스키 광장—지금의 피우스츠키 원수광장—중앙에는 네 마리 사자상으로 둘러싸인 화려한 첨탑이 있는데, 비면에 러시아어로 이런 글귀가 새겨져 있다. '황제의 충실한 신하인 폴란드인에게.' 이것은 조국 폴란드를 배반하고 압제자와 손을 잡은 매국노에게 러시아 황제가 준 선물이었다. 그러나 애국자에게 기념비는 증오의 대상이며, 그 앞을 지날 때는 언제나 침을 뱉는 것이 관례로 되어 있었다. 만일 깜빡 잊고 지나칠 때는 반드시 다시 돌아가 그 의무를 수행해야 했다.

둘은 의무를 훌륭하게 완수하고 다시 이야기꽃을 피웠다.

"오늘밤에 오빠하고 언니들이 댄스연습을 하는데 보러 올래?"

"응, 갈래. 마냐, 우리는 언제쯤 그들 사이에 낄 수 있을까? 우리도 왈츠라면 근사하게 출 줄 아는데."

카쟈는 안타까운 듯 한숨을 쉬었다.

그 무렵 여학생들은 학교를 졸업하고 '사회에 나올 때'까지는 춤을 출 수 없었다. 지금은 여학생들끼리 연습을 하거나, 학교의 무용 선생님에게 카드리유나 폴카, 마주르카, 오베레크를 막 배우기 시작한 단계이다. 매주 스췌도프스키 네에서 서로 친한 젊은 남녀가 모여 댄스연습을 할 때면 마냐와 카쟈는 한쪽 구석에서 조그만 의자에 앉아 부러워하며 바라볼 뿐이었다.

청년들이 그녀들에게 댄스를 청하러 오기까지는 아직 학교생활을 몇 달 더 해야 한다.

아무런 장식이 없는 커다란 학교 건물이 한길 건너편에 보인다. 학교 옆에는 아름다운 성모교회 예배당이 있다. 수수한 건물들 사이로 이탈리아 르네상스기의 화려한 건물이 섬처럼 둥둥 떠 있는 듯하다.

벌써 다른 친구들은 학교 안으로 들어가고 있었다. 파란 눈에 몸집이 작은 부르프가 보이고, 코가 낮은 독일아이인 아냐 로테르트도 보였다. 이 학생은 학급에서 마냐 다음으로 공부를 잘했다. 그리고 레오니 크니카도 있었다.

그런데 크니카에게 무슨 일이 있었던 걸까? 울었는지 눈이 퉁퉁 부어 있고, 늘 깔끔하던 복장도 오늘은 적당히 걸쳐 입고 나온 모양새다.

마냐와 카쟈의 얼굴에서 웃음기가 사라졌다.

"어떻게 된 거야, 크니카? 무슨 일 있었어?"

홀쭉한 크니카의 얼굴은 핏기가 없이 창백했다. 그녀는 떨리는 목소리로 겨우 띄엄띄엄 말했다.

"우리 오빠가……음모에 가담하고 있었는데……밀고 당했어……3일 전부터 행방도 알 수 없고…….

크니카는 흐느끼며 말을 이었다.

"내일 아침에 교수형 당한대."

마냐와 카쟈는 충격을 받았지만 곧 크니카를 둘러싸고 이것저것 물어보며 위로해 주었다. 그때 갑자기 마이에르 선생님의 가시 돋친 목소리가 들려왔다.

"자, 여러분. 수다 그만 떨고 어서 서둘러요!"

마냐는 두려움에 떨며 말없이 자리에 앉았다. 조금 전까지 음악과 무도회를 꿈꾸었는데, 지금은 막 시작된 지리수업이 먼 곳에서 들려오는 소음처럼 웅웅거리는 가운데 유죄 선고를 받은 젊은이의 애국에 불타는 얼굴만이 머리에 가득 떠올랐다. 그리고 교수대와 집행인과 밧줄이…….

그날 밤 열다섯 살 된 어린 학생 여섯 명이 댄스연습을 쉬고 레오니 크니카의 방에서 같이 밤을 새웠다. 마냐는 헬라와 브로냐를, 카쟈와 그녀의 여동생 울라를 불러와 가엾은 친구 옆에서 새벽을 기다렸다.

그들은 그렇게 분노와 슬픔을 나누었다. 슬픔으로 가슴이 찢어지는 듯한 친구의 통통 부은 눈두덩을 찬물로 식혀주고, 뜨거운 차를 끓여주는 등 여러 모로 신경을 써 주었다. 시간은 너무 느리면서도 너무나 빨리 흘러갔다. 네 사람은 제복도 갈아입지 않은 채였다.

이윽고 어슴푸레한 새벽빛이 새파랗게 질린 소녀들의 얼굴을 비추었다. 마지막 순간이 다가온 것이다. 모두 바닥에 무릎을 꿇고 앉아 기도를 올리며 공포로 얼어붙은 얼굴을 두 손으로 감쌌다.

학업금메달이 하나, 둘, 셋……. 스쿼도프스키 집에 세 번째 금메달을 가지고 온 사람은 1883년 6월 12일에 학교를 졸업한 마냐였다.

푹푹 찌는 더위 속에서 성적우수자들의 이름이 불리고, 축사 연설과 악대의 축하 연주가 이어졌다. 교사들의 축사가 끝나고 러시아령 폴란드 교육국장 아푸친 씨의 힘없는 악수를 받은 마냐는 경건한 경례로 화답했다.

관습에 따라 검정 옷을 입고 가슴에 장미꽃을 꽂은 마냐는 친구들과 작별 인사를 나누고 매주 편지를 쓸 것을 약속했다. 상품으로 받은 러시아어 사전을 가슴에 안고는 들으라는 듯이 "이런 거 꼴도 보기 싫어"라고 큰소리로 말했다. 마지막 날인데 무엇이 두렵겠는가. 마냐는 크라쿠프 교외거리에 있는 중등학교에 영원히 안녕을 고하면서 자신을 자랑스러워하는 아버지 곁으로 돌아왔다.

마냐는 정말 부지런히 공부했다. 그래서 스쿼도프스키 씨는 그녀의 장래를 결정하기에 앞서 1년 동안 시골에서 지내는 게 좋겠다고 생각했다.

꼬박 1년의 휴가! 사람들은 그동안 이 천재 소녀가 자기 천직을 깨우치고 남몰래 과학책을 읽고 연구하며 지내는 모습을 떠올릴지도 모르겠다. 그러나 그와는 정반대였다. 모든 것이 신비롭기만 한 소녀시절, 마냐는 신체의 변화와 더불어 얼굴이 아름답게 변했고 갑자기 생활습관이 게을러졌다. 교과서는 거들떠보지도 않고, 그녀의 인생에서 처음이자 마지막으로 느긋하게 여유를 마음껏 즐겼다.

교사의 딸로 태어난 소녀의 이야기에 짧지만 아름다운 전원생활이 끼어 있었던 것이다.

마냐는 카쟈에게 이런 편지를 쓰기도 했다. "지금은 이 세상에 기하와 대수가 존재한다는 사실조차 믿어지지 않아. 지금은 둘 다 모두 잊어버렸어."

마냐는 몇 달 동안 바르샤바와 학교에서 멀리 떨어진 시골 친척집에서 지냈다. 그곳에서 형식적인 식비만 내고 지내면서 아이들의 공부를 적당히 봐주었다. 그리고 사는 재미에 푹 빠져 있었다.

얼마나 느긋하고 여유로운 시간인가! 그리고 얼마나 발랄하고 젊음이 빛나던 날들인가! 마냐는 암울했던 유년시절보다도 훨씬 더 생기에 가득 찬 나날을 보냈다.

산책을 하고 낮잠을 자며 펜을 드는 일조차 거의 없었지만, '친애하는 작은 악마'라든가 '사랑하는 카쟈!' 등으로 시작한 편지에서는 더없이 만족스런 나날을 글로 옮겼다.

마냐로부터 카쟈에게

요즘은 어린 남자아이에게 프랑스어를 한 시간씩 가르치는 것 말고는 아무 일도 하지 않아. 시작했던 자수도 그만두었거든……. 정해진 일과도 없어서 열 시에 일어날 때도 있고 네다섯 시(물론 오후가 아니라 아침이야)에 일어날 때도 있어. 제대로 된 책 한 권도 읽지 않고, 기껏해야 시시한 소설이나 들춰보고 있어. 졸업증서를 받고 어른이 되어 자긍심과 분별력이 생겼을 텐데, 지금은 내가 믿어지지 않을 만큼 바보가 된 느낌이야. 이따금 혼자서 웃음을 터뜨릴 때도 있는데, 완전히 얼빠진 이 생활이 너무 만족스러워!

이곳 아이들과 숲을 한 바퀴 돌기도 하고, 굴렁쇠 굴리기와 배드민턴(이건 잘 못하겠더라), 술래잡기와 주사위놀이 등 어린애 같은 놀이를 많이 해. 또 이곳에는 산딸기가 많이 나서 5그로슈만 내면 혼자 실컷 먹을 만큼 살 수 있어. 깊고 큰 접시에 넘치도록 담아주거든. 하지만 이제 그 계절도 끝나버렸어……. 요즘 식욕이 너무 왕성해서 고민이야. 위가 늘어나서 돌아가서도 대식하는 습관이 없어지지 않으면 어쩌지?

그네도 자주 탔어. 하늘 높이 올라가도록 아주 힘차게 굴러. 강에서 멱도 감고, 햇불을 들고 가재를 잡기도 해. 매주 일요일에는 마차를 타고 미사를 드리러 갔다가, 끝나면 사제관에 인사를 드리러 가. 사제는 두 분인데, 두 분 다 아주 익살스럽고 재미있는 분이라서 함께 얘기하면 정말 즐거워.

며칠 전에는 즈볼라에 다녀왔는데, 마침 배우 코타르빈스키 씨가 와 있어서 아주 즐거웠어. 그는 노래를 여러 번 불러주고 시를 낭송해주고, 장난을 치고, 우리에게 구스베리 열매를 많이 따주기도 했어. 그래서 우리는 그가 떠나는 날 개양귀비와 패랭이꽃과 수레국화를 엮어서 커다란 화환을 만들어 마차가 떠나는 순간 그걸 던져주었지. "코타르빈스키 만세! 만세!" 하고 외치면서 말이야. 그는 그 꽃을 받아서 머리에 썼고, 나중에는 가방에 넣어서 바르샤바까지 가지고 돌아간 것 같아. 아아! 즈볼라에서의 생활은 하루하루가 정말 재미있었어. 언제나 손님이 많고, 자유와 평등과 독립이 있는 곳이야. 너는 상상도 못할 거야…… 돌아오는 길에는 랑세트가 얼마나 짖어대는지 무슨 일이 생긴 줄만 알았다니까…….

랑세트는 스쿼도프스키 집안에서 중요한 역할을 하고 있다. 이 갈색 포인터는 훈련만 잘 시키면 훌륭한 사냥개가 되었겠지만, 마냐와 두 언니와 유제프는 랑세트를 사냥개로 훈련시키는 데 전혀 관심이 없었다. 안아 주고, 쓰다듬어 주고, 응석도 언제든지 받아주고, 먹이도 충분히 주기 때문에 랑세트는 쑥쑥 자라서 아무에게나 버릇없이 굴었다. 집안의 가구를 망가뜨리고 화병을 엎어놓고, 사람이 먹는 간식을 가로채서 먹기도 하고, 손님이 오면 환영의 표시로 달려들질 않나, 모자나 장갑 따위를 깜빡 잊고 현관에 놓아두기라도 하면 너덜너덜해지도록 물어뜯어 놓았다. 하지만 아무리 나쁜 장난을 해도 랑세트는 주인들의 사랑을 듬뿍 받았다. 그들은 여름휴가 때마다 서로 이 폭군을 데려가려고 안달이었다.

느긋하게 지낸 이 1년 동안 마냐는 학문에 대한 열의가 잠시 식은 대신 평생 이어질 열정을 갖게 되었다. 산과 들, 바로 자연에 대한 애정이었다. 여기저기 시골을 돌아다니며 계절의 흐름과 변화를 지켜보면서 그녀는 친척들이 흩어져 사는 폴란드 땅의 아름다움에 눈이 휘둥그레졌다.

즈볼라는 저 멀리 지평선 말고는 아무것도 보이지 않는 넓고 조용한 땅이다. 자비에프시체에 살고 있는 크사베리 작은아버지는 목장에서 쉰 마리쯤의 혈통 좋은 말을 사육하고 있었다. 마냐는 사촌 오빠에게서 반바지를 빌려 입고 자주 말을 탔다. 빨리 걷는 연습을 하거나 달리기도 하면서 마냐는 훌륭한 기수가 된 기분으로 말을 탔다.

또 끝없이 이어진 카르파티아 산맥을 보았을 때도 마냐는 감격했다. 하얗게 눈 덮인 산봉우리들이며 검고 곧게 자란 전나무 숲을, 평원에서 자란 마냐는 경이로운 눈으로 바라보았다. 블루베리 나무로 뒤덮인 좁은 길을 가로질러 산을 오르던 기억도, 나무조각품이 아주 훌륭했던 산속 나무꾼의 오두막도, 봉우리와 봉우리 사이로 보이던 작은 호수도 마냐는 평생 잊지 못할 것이다. 얼음처럼 차갑고 투명하나 그 호수는 마치 사람 눈동자 같은 푸른빛을 띠고 있어서, 이름도 '바다의 눈'이라고 불렸다.

마냐는 겨울을 나기 위해 여기서 그리 멀지 않은 갈리치아 지방의 국경 스칼브미에스 마을로 갔다. 그곳에는 공증인을 하고 있는 즈디슬라프 작은아버지의 활기찬 가정이 있었다.

작은아버지는 명랑한 낙천가이고 작은어머니는 소문난 미인이며, 세 딸은 언제나 웃음을 달고 사는 쾌활한 말괄량이들이었다. 그러니 마냐는 지루할 틈이 없었다.

매주 손님을 맞거나, 코앞까지 다가온 축제 준비를 하며 집안은 늘 떠들썩했다. 작은아버지 내외는 사냥할 준비를 하고, 딸들은 과자를 굽고, 방 안에 처박아 두었던 재봉틀을 꺼내 '크리크' 때 입을 화려한 의상과 리본을 서둘러 만들었다.

'크리크'란 무엇인가? 무도회라고 하기에는 설명이 조금 부족한데, 말하자면 사육제 때 사람들을 열광의 도가니로 몰아가는 동화 속 여행 같은 것이다.

한밤중에 모포로 덮은 썰매 두 대가 눈 속을 뚫고 출발했다. 모포 밑에는 가면을 뒤집어쓰고 크라쿠프 지방 농부의 딸로 변장한 마냐와 세 사촌동생이 웅크리고 있다. 옆에서 멋들어진 민족의상풍 옷을 입고 횃불을 든 젊은이들이 말을 타고 그녀들을 호위했다. 횃불들이 전나무 숲 사이사이에서 어른거리자 바이올린 연주자를 태운 썰매가 다가왔다. 꽁꽁 얼어붙은 밤이 점차 바이올린 선율로 가득 찼다. 바이올린은 마을의 유태인 네 명이 연주했다. 그들은 앞으로 이틀 밤낮 동안 바이올린으로 왈츠와 마주르카와 크라쿠프 민요를 연주할 것이다. 사람들은 되풀이되는 가락을 합창했다. 열광적인 연주에 화답하듯 썰매가 자꾸자꾸 몰려들었다. 울퉁불퉁한 길과 눈이 핑핑 돌 것 같은 꽁꽁 언 내리막에서도 음악대는 한순간도 바이올린을 켜는 손을 멈추지 않았다. 마지막 목적지에 닿을 때까지 그들은 의기양양하게 이 환상적인 파랑드르^(민속무용) 행렬을 이끌어 나갔다.

시끌벅적한 음악대는 썰매에서 내려 잠들어 있는 집마다 대문을 두드린다. 그러면 집주인이 놀란 시늉을 하며 일어나 그들을 맞이한다. 잠시 뒤 악사들은 그 집 식탁 위에 올라가 연주를 시작하고 횃불과 촛불 아래서 즉석 무도회가 시작된다. 그리고 며칠 전부터 준비해 둔 음식들을 차려낸다.

그러다가 신호를 하면 집은 텅 비어 버린다. 가면을 쓴 사람도, 집주인과 음식과 말과 썰매도 모두 사라진다. 파랑드르에 참여하는 사람들이 점점 많아진다. 길게 줄을 지어 숲을 가로질러서 다음 집, 그 다음 집을 차례차례 들러 점점 무리를 늘리며 앞으로 나아간다. 그 사이에 태양이 뜨고 또 진다. 바이올린 연주자들은 한숨 돌릴 짬도, 춤추다 지친 사람들과 같이 아무 헛간에서 눈을 붙일 틈도 거의 없다.

이틀째 밤, 썰매를 탄 떠들썩한 일행이 '진짜 무도회'가 열리는 마을의 가장 큰 저택 앞에 닿으면 바이올린 연주자들은 득의만만한 얼굴로 힘차게 크라쿠프 민요를 연주하기 시작한다. 사람들은 우아하게 춤을 추기 위해 자리를 잡는다.

그리고 자수를 놓은 하얀 모직 옷을 입은 한 청년이 가장 춤을 잘 추는 아가씨에게 손을 내민다. 그 아가씨는 재기발랄한 열여섯 살 소녀, 마냐 스쿼도프스카였다. 부풀린 실크 소매가 달린 벨벳 블라우스를 입고, 왕관처럼 둥글게 땋아 올린 머리에 색색이 화려한 리본을 달아 길게 늘어뜨린 마냐의 모습은 말 그대로 축제 옷을 입은 산의 요정처럼 아름다웠다.

마냐는 그때의 감격을 브로냐에게 전했다.

지난주 토요일에 사육제의 즐거움을 실컷 맛볼 수 있었어. 루니에프스키 씨 집에서 크리크가 있었는데, 그렇게 재미있는 일은 다시는 없을 거야. 평범한 드레스를 입고 춤을 추는 평범한 무도회에서는 그렇게 열광적으로 흥분하고 쾌활한 기분이 들지는 않으니까.

우리는 부르진스카 부인과 함께 아주 일찍 도착했어. 그래서 나는 즉석 미용사가 돼서 크리크를 준비하는 여자들 모두의 머리를 인두로 매만져 주었어. 아주 능숙하게 말이야.

도중에 여러 가지 예상치 못한 일들도 있었어. 행방불명되었던 악사들을 다시 찾기도 하고, 썰매 하나가 뒤집혀 버리기도 했어.

그리고 촌장님(프노 씨)이 오셔서 내가 '크리크의 여왕'으로 뽑혔다면서 왕으로 뽑힌 청년을 소개해 주셨어. 크라쿠프 출신인데 아주 말쑥하게 생긴 미남이었어.

크리크는 처음부터 끝까지 꿈만 같았어. 아침 8시에 해가 높이 뜨면 처녀들이 마주르카를 추는데, 그때 입었던 옷도 정말 예뻤어! 우아하게 '오베레크'도 추었어. 이젠 나도 완벽하게 '오베레크'를 출 수 있게 됐지!

춤을 정말 많이 췄는데, 왈츠가 시작되면 남자들이 줄을 서서 기다렸어. 숨을 돌리려고 잠깐 자리를 비우면 그들은 문 앞까지 나와서 나를 기다릴 정도였어.

어쨌든 내 평생 이렇게 즐거운 순간은 처음이었어. 이 축제는 언제까지나 내 소중한 추억으로 남겠지. 그리고 나중에 결혼할 때는 크리크 축제 같은 크라쿠프식 결혼식을 올리기로 숙모와 약속했어. 물론 반 농담이지만, 그렇게 하는 것도 무척 재미있을 것 같아.

마법의 가루를 뿌린 듯한 이 휴가도 드디어 막바지를 향하고 있었다.

1884년 7월 마냐가 바르샤바의 집으로 돌아온 지 얼마 되지 않아 한 귀부인이 스쿼도프스키 씨를 찾아왔다. 스쿼도프스카 부인의 옛 제자로 지금은 프랑스로 시집가서 드 프루리 백작부인이 된 폴란드 여성이었다. 부인은 스쿼도프스키 씨의 딸들에게 아직 휴가 계획을 잡지 않았다면 두 달쯤 예정으로 자신의 시골 별장에 놀러 오라고 초대했다.

마냐는 카쟈에게 편지를 썼다.

일요일이었는데, 정거장에 말을 대기시켜 놓았다는 전보가 와서, 헬라와 나는 월요일 밤에 떠났어. 이렇게 켐파에 온 지도 벌써 몇 주일이 흘렀어. 우리의 생활을 좀더 자세히 알려주고 싶지만 지금은 단지 이곳 생활이 멋있다고만 말해 둘게.

켐파는 나레프 강과 비에브자 강이 만나는 지점이므로 수영을 하거나 보트 타기에 안성맞춤이야. 보트 타기는 무척 재밌어. 노를 젓는 법도 배웠는데 지금은 제법 능숙해졌어. 수영장도 아주 근사해.

우리는 머릿속에 떠오르는 일들을 닥치는 대로 하면서 지내. 밤인지 낮인지도 모르고 춤을 추거나 바보 같은 짓들을 해서 이러다가 정신병원에 붙들려 가는 건 아닌가 싶다니까.

이 편지는 조금도 과장이 아니다. 굽이치며 반짝반짝 빛나는 두 줄기 강물에 둘러싸인 아름다운 저택에 장난기 어린 천진한 바람이 불고 있었다.

마냐와 헬라의 방에서 내다보면 물과 녹음이 끝없이 이어져 있다. 포플러와 버드나무를 심은 완만한 둑도 보인다. 물이 불어나면 강이 순식간에 둑을 넘어 논밭으로 범람한다. 그러면 일대가 평온한 호수가 되어 하늘을 조용히 비춘다.

헬라와 마냐는 곧 켐파 집안 아이들의 우두머리가 되었다. 이 집 주인들은 재미있는 태도를 보였다. 부부가 함께 있을 때면 어린아이들이 일으킨 소동이나 실수에 잔소리를 하고 혼을 냈지만, 혼자 있을 때는 상대방이 모르게 아이들의 장난에 가담하거나 모른 척하곤 했다.

오늘은 뭘 하고 놀까? 말을 탈까, 숲을 거닐며 버섯이나 배를 딸까? 그런 일은 너무 따분하다. 마냐는 드 프루리 부인의 오빠인 장 모뉘쉬코 씨에게 이웃마을까지 산책하러 갔다 오라고 부탁했다. 그러고는 그가 집을 비운 사이에 다른 아이들의 도움을 받아 그의 방 안에 있는 물건들—침대, 탁자, 의자, 가방, 옷 등 하나도 남김없이 몽땅 대들보에 걸어놓았다. 불쌍한 모뉘쉬코 씨는 집에 돌아오면 어둠 속에서 허공에 매달린 가재도구와 한바탕 씨름을 해야 했다.

아이들은 중요한 손님을 위해 마련한 호화로운 간식거리에도 장난을 쳤다. '아이들' 몫은 없다는 것을 알자 손님들이 정원을 구경하는 사이에 잘 차려진 진수성찬을 순식간에 먹어치워 버렸다. 그리고 어질러진 식탁 위에는 드 프루리 백작부인을 본뜬 배불뚝이 인형을 잽싸게 만들어서 놓아두고 달아났다.

범인들이 어디로 갔지? 오늘은 또 어딜 가야 찾을 수 있지? 날이면 날마다 범인 추격전이 벌어진다. 아이들은 장난을 치고는 유령처럼 모습을 감추어 버렸다. 방에 있나 하면 정원 안쪽 풀밭에 누워 잠을 자고 있고, 산책을 하고 있나 생각하면 지하실과 부엌에서 상자 채로 훔쳐온 구스베리 열매를 먹고 있다. 새벽 5시에야 겨우 조용해졌나 했더니 방은 텅 비어 있고, 마냐와 헬라는 이미 아이들과 함께 해가 뜨자마자 강으로 수영하러 나선 뒤였다.

아이들이 말을 듣게 만드는 방법은 하나밖에 없었다. 댄스나 수수께끼 놀이 같은 재미있는 놀이를 약속하는 것이다. 드 프루리 백작부인은 이 수법을 되도록 많이 활용했다. 그래서 8주 동안에 무도회가 세 번, 시골풍 축제가 두 번, 소풍과 뱃놀이가 여러 차례 열렸다.

기운 넘치는 장난꾸러기 아이들은 너그러운 백작 부부를 무척 좋아했다. 때로는 친구처럼 대해주는 부부에게 비밀얘기를 털어놓기도 했다. 부부도 그들이 기뻐하는 모습을 보는 것만으로도 무척 기뻤다. 조금 지나칠 때도 있지만 그 기쁨은 어디까지나 순수했다.

또한 아이들은 부부의 결혼 14주년 기념일을 축하하기 위해 몰래 계획을 꾸몄다. 먼저 대표로 두 사람이 채소로 만들어 무게가 50킬로그램이나 되는 거대하고 아름다운 화환을 들고 부부 앞으로 간다. 그렇게 두 사람을 불러와 공들여 천을 늘어뜨린 공중덮개 아래에 앉힌다. 엄숙한 침묵 속에서 가장 나이 어린 소녀가 나와서 축시를 낭송했다.

그 시는 마냐가 방안을 성큼성큼 걸어다니며 머리에 떠오르는 대로 지었으며, 마지막 구절은 다음과 같다.

성왕 루이의 축일을 맞이하여
소인들 삼가 산책가기를 바라나이다
부디 소인들에게도
늠름한 남자들을 불러주소서
귀하신 두 분을 본받아
되도록 빨리
되도록 서둘러
소인들도 주의 제단에 오르겠나이다

소원은 바로 이루어졌다. 백작부인은 이내 성대한 무도회를 열기로 했다. 부인은 과자며, 촛불이며, 화환을 주문하고 마냐와 헬라는 그날 밤 입을 옷을 궁리했다.

하지만 형편이 넉넉하지 못해 마냐와 헬라는 1년에 무도회 옷과 외출복 한 벌씩 총 두 벌밖에 갖지 못하며, 그것마저도 재봉사를 불러다 하루 만에 급하게 만들어야 하므로 눈부시게 치장하기란 쉬운 일이 아니었다. 하지만 두 자매는 갖고 있는 돈을 모아 작전을 짰다.

마냐의 옷에 달려 있는 레이스는 이미 낡아서 색이 바랬지만 바탕감인 푸른색 공단은 아직 꽤 쓸 만했다. 그래서 시내에 나가서 얇은 푸른색 모슬린을 가장 좋은 것으로 사서 레이스 대신 공단 위에 덧씌웠다. 그리고 여기저기에 리본과 매듭을 달았다. 산양 가죽으로 만든 무도회용 갈색 구두도 사고, 정원에 나가 가슴과 머리를 장식할 꽃도 따왔다.

성 루이 축일 저녁, 악사들이 악기의 음률을 맞추는 동안 눈이 부실 만큼 아름답게 치장한 헬라는 벌써 화려하게 꾸민 집안 여기저기를 돌아다니고 있었다. 마냐도 거울을 보고 마지막 점검을 한다. 모든 것이 나무랄 데 없다. 화사한 모슬린도 아름답고, 갓 따온 꽃도 생기 있는 얼굴과 잘 어울린다. 새 무도회용 구두도 귀엽고 예쁘다. 하지만 나중에 그 구두는 새벽녘에 방구석 어딘가에 처박아버렸다. 춤을 너무 많이 춰서 밑창이 다 닳아 버렸기 때문이다.

수십 년이 지난 뒷날 나의 어머니 마리는 즐거웠던 이 무렵의 일을 이따금, 상냥하지만 어딘가 체념한 듯한 목소리로 얘기해주곤 했다. 나는 반세기 동안 위대한 업적과 스트레스로 지치고 쇠약해진 어머니의 얼굴을 바라보았다. 그리고 어머니에게 그 엄숙한 사명을 주기에 앞서, 썰매를 타고 '크리크'의 광기 어린 소동에 뛰어들고 하룻밤 만에 무도회용 구두가 닳아 없어질 만큼 놀 수 있게 해준 운명에 감사했다.

사명

이제까지 나는 유년시절과 소녀시절의 마냐 스쿼도프스카를, 학교생활과 여가생활 양면에서 낱낱이 묘사했다. 그녀는 건강하고 성실하며 감수성이 풍부하고 명랑했다. 또한 정이 많았다. 그녀를 가르친 선생님들은 "훌륭한 재능을 타고난" 아이라고 입을 모아 말했다. 마냐는 틀림없이 우수한 학생이었다. 그러나 그녀가 동시대 아이들과 비교해볼 때 특별히 빼어났던 것은 아니다. 그녀의 천재성을 증명하는 징후는 아직 나타나지 않았던 것이다.

지금부터는 그녀의 새로운 면을 얘기하고자 한다. 숙녀로 성장한 마냐의 또 다른 얼굴을 살펴볼 텐데, 그 이야기는 지금까지보다 훨씬 묵직하고 엄숙하다. 마냐의 인생에서 사랑하는 사람들이 차례로 멀어져 가고, 그리운 추억만이 마지막 날까지 가슴속에 남게 된다. 우정도 조금씩 형태가 달라졌다. 기숙학교와 중등학교를 졸업하자, 겉으로 보기에는 그토록 단단했던 친구들과의 우정도 얼굴을 보기 힘들어지자 이내 빛이 바래기 시작했다.

마냐의 운명은 이제 자애와 이해와 존경이 가득한 두 인물 사이에서 굳어져 간다. 바로 그녀의 가장 가까운 가족인 아버지와 브로냐 언니이다.

여기서는 이 두 사람을 친구이자 스승으로 모시고 명철한 두뇌로 미래를 건설해 가는 마냐의 모습을 그려보려고 한다.

대부분의 사람들이 터무니없는 희망을 품는 것과 달리 미래의 마리 퀴리의 꿈은 얼마나 신중했는지 모른다.

1년 2개월의 긴 휴가로 충분히 쉰 마냐는 9월에 바르샤바로 돌아왔다. 가족은 그녀가 어린 시절을 보낸 중학교 근처로 이사와 있었다.

생활형편이 크게 변하여 레슈노 거리를 떠나 다시 노볼리스키 거리로 이사했다. 스쿼도프스키 교사는 학교에서 계속 근무하기는 했지만, 나이가 들어 이제 하숙생은 받지 않았다. 따라서 마냐가 돌아온 집은 전보다 훨씬 작고 친밀하며 소박한 집이었다. 자연스레 사색하고 공부하기에 더없이 좋은 환경이었다.

스쿼도프스키 씨를 처음 보면 가장 먼저 엄격한 사람이라는 인상을 받는다. 30년간 중학교 교육에 종사한 경력이 있으므로 아무리 뚱뚱하고 키가 작아도 나름의 위엄을 갖추고 있었다. 언제나 깨끗하게 손질한 수수한 옷차림에 군더더기 없는 태도, 무게 있는 말투 등 어딜 보나 그는 전형적인 공무원 타입이었다. 그의 생활과 행동 하나하나에 그 나름의 질서가 있었다. 편지를 쓸 때는 단정한 필체로 논리적인 문장을 적었으며, 휴가를 맞아 아이들을 데리고 소풍을 갈 때도 꼼꼼하게 계획을 짰다. 계획한 일정에 맞추어 유명한 볼거리를 놓치지 않고 찾아다니면서, 풍경의 아름다움과 명승고적의 역사적인 의의를 자세히 설명해주었다.

그것은 교육자에게 흔히 나타나는 습관이기도 하지만, 마냐는 아버지의 이런 성격을 알아차리지 못했다. 그녀는 다만 아버지를 진심으로 사랑했다. 아버지는 마냐의 보호자이자 스승이었고, 마냐는 아버지가 모르는 것이 없다고 믿었다.

사실 스쿼도프스키 씨는 거의 모든 것을 알고 있었다. 이름 없는 평범한 교사 가운데 이토록 해박한 지식을 가진 사람을 유럽의 어디에서 찾을 수 있을까? 집에서는 어렵사리 가계를 꾸려나가는 가장이었지만, 틈만 나면 고생해가며 신간서적을 구입해 최신 과학지식을 쌓는 일을 게을리 하지 않았다. 화학과 물리학의 진보 현황을 알아두는 것은 매우 당연한 일이었다. 또한 그리스어를 읽고, 폴란드어와 러시아어는 기본이며 프랑스어·영어·독일어로 말하는 것도 당연하게 여겼다. 그뿐만 아니라 시와 산문 같은 외국의 명작을 폴란드어로 번역했으며, 검정과 초록색 표지의 대학노트에는 '기념일을 맞이하여 친구에게' '결혼을 축하하며' '나의 옛 제자들아'로 시작하는 자작시도 정성스레 적어놓았다.

매주 토요일 밤이면 스쿼도프스키 씨는 네 아이들과 함께 문학으로 이야기꽃을 피웠다. 그들은 김을 내뿜고 끓어오르는 사모바르^(러시아의 전통 주전자)를 둘러싸고 앉아 담소로 밤이 깊어가는 줄도 몰랐다. 아버지는 시를 읊거나 책을 낭독하고, 아이들은 황홀하게 귀를 기울인다. 이마가 벗겨지고, 투박하고 온화한 얼굴에 잿빛 수염을 기르고 있는 교사는 화술이 아주 뛰어났다.

토요일마다 과거의 명작이라는 명작이 친애하는 아버지의 목소리를 타고
마냐의 귀로 흘러들어왔다. 그 목소리는 옛날이야기와 여행담을 전해주고,
《데이비드 코퍼필드》(영국 작가 찰스
디킨스의 장편소설) 같은 원서를 그 자리에서 폴란드어로 술술
번역하여 들려주었다. 그리고 지금은 오랜 세월 학교에서 강의하느라 조금
갈라진 목소리로 성인이 된 아이들에게 낭만파 작가들의 작품을 읽어주고
있다. 폴란드의 낭만파 시인은 저항시인인 스워바츠키, 크라신스키, 미츠키
에비치 등이었다. 그 작품 가운데에는 러시아 황제가 금서로 지정하여 비밀
리에 인쇄된 것도 있었다. 그는 해어져서 너덜거리는 책장을 넘기며 장편시
《판타데우슈》의 영웅적인 긴 대사와 《코르디안》의 비통한 시를 낭랑하게 읊
어주었다.
 마냐는 그런 저녁시간을 평생 잊지 못했다. 아버지 덕분에 그녀의 지성은
다른 소녀들이 누릴 수 없는 고도의 지적인 분위기 속에서 쑥쑥 자라났다.
마냐는 자식들의 삶이 재미있고 풍요로워지도록 이처럼 감동적인 노력을 하
는 아버지에게 깊은 애정을 느꼈다. 겉으로는 아무렇지 않은 척하지만 그 안
에 숨겨진 스쿼도프스키 씨의 마음고생을 알기에 아버지에 대한 애틋한 마
음이 더 컸다. 아내를 먼저 떠나보낸 남편의 깊은 슬픔. 허세 부리는 상관
밑에서 하찮은 사무에 악착같이 매달려야만 하는 하급관리의 비통함. 그리
고 많지 않은 재산을 투기로 날려 버린 일에서 아직도 벗어나지 못하는 아버
지의 죄책감과 회한.
 때로는 그런 마음을 억누르지 못해 한탄하기도 했다.
 "아아, 그 돈을 모두 잃다니! 너희에게 훌륭한 교육을 시켜주고, 여행과
외국유학도 보내주고 싶었는데…… 내가 다 날려 버렸어! 이제는 돈도 없어
서 너희에게 힘이 되어줄 수가 없구나. 도와주기는커녕 앞으로 너희한테 폐
끼칠 일만 남았지. 너희들이 앞으로 어떻게 살아갈지……."
 교사는 아이들의 장래를 걱정하며 괴로운 한숨을 쉬었다. 그리고 아이들
을 바라본다. 무의식적으로 아이들의 얼굴에서 그렇지 않다고 말하는 명랑
한 기색을 찾으며 다시 힘을 얻는다.
 아이들은 곁에 있다. 정성스레 보살피는 화분이 공기를 온화하게 만드는
작은 서재에, 의지가 강해보이는 네 아이의 이마와 건강한 미소가 석유램프
를 둘러싸고 있다. 네 아이의 옅은 파란색과 회백색의 생생한 눈빛에서 그는

똑같은 열의와 희망을 읽을 수 있었다. 그 눈동자는 이렇게 말하고 있었다.

"우리는 젊어요. 우리는 강해요."

스쿼도프스키 씨가 그렇게 고민하는 것은 어쩔 수 없었다. 아이들의 장래가 걸려 있는 중대한 시기인데, 그 누구의 상황도 순조롭지는 않았기 때문이다.

문제는 명확했다. 머지않아 몇 푼 안 되는 연금으로 바뀔 교사 봉급은 집세를 내고 식비와 가정부의 급료를 지불하기에도 빠듯했다. 따라서 유제프, 브로냐, 헬라, 마냐는 이제부터 스스로 생활비를 벌어야 했다.

그들은 교육자의 아이들인만큼 제일 먼저 가정교사를 하기로 했다. '의학부 학생이 개인지도 해드립니다', '산술, 기하, 프랑스어 가르침. 여학교 졸업. 수업료 저렴.' 이런 광고를 내며 스쿼도프스키 가족은 바르샤바에서 출장 지도를 하는 몇 백 명이나 되는 가정교사 대열에 들어섰다.

충분한 보상이 따르는 일은 아니었다. 마냐는 열여섯 살 반밖에 안 된 어린 나이에 벌써 가정교사의 피로와 굴욕을 맛보았다. 비가 오나 날이 추우나 시내를 가로질러 부지런히 돌아다녀야 했다. 가르치는 아이들은 대체로 고집이 세거나 게으름뱅이들이었다. 부모들도 태평해서, 문틈으로 황소바람이 부는 현관에서 하염없이 기다리게 했다. "스쿼도스프카 양, 조금만 기다리세요. 15분쯤 있으면 딸이 돌아올 거예요." 또한 월말이 되어도 몇 푼밖에 안 되는 수업료 지급을 깜빡하는 부모도 있다. 아침부터 목이 빠지도록 기다렸던 돈인데!

겨울이 깊어갔다. 노볼리스키 거리에서의 삶은 여전히 어둡고, 나아질 기미가 보이지 않는다.

마냐는 일기에 이렇게 썼다.

집에는 아무런 변화가 없다. 나무들은 모두 잘 자라며, 철쭉이 꽃을 피웠다. 랑세트는 카펫 위에 엎드려 잔다. 내가 염색해 둔 드레스를 가정부 그치아가 새 옷처럼 수선하고 있다. 아주 예쁘고 번듯한 옷이 될 것이다. 브로냐 언니 옷은 벌써 다 끝났는데, 아주 잘 만들어졌다. 요즘은 아무에게도 편지를 쓰지 않는다. 시간도 없고, 그보다는 돈이 없다. 아는 사람을 통해 우리 이야기를 들은 한 부인이 가정교사 자리를 의뢰하러 왔다. 그런데 브로냐가 한 시간에 반 루블이라고 하자 바로 돌아가 버렸다.

그렇다면 마냐는 부지런하고 양식이 있지만 결혼자금이 없어서 돈을 벌기 위해 지도할 학생 수를 늘리려고 고심하는 여자가 되었을까? 아니다. 마냐는 단지 필요에 의해 가정교사라는 힘들고 번거로운 일에 묵묵히 뛰어들었지만, 그녀에게는 남모르는 열렬한 바람이 있었다. 그런 시대와 환경에서 자란 다른 폴란드 젊은이들처럼 마냐의 마음에도 꿈이 타오르고 있었다.

먼저, 젊은이들의 공통된 꿈, 곧 민족부흥의 꿈이었다. 조국 폴란드에 헌신하려는 의지는, 그들의 인생계획에서 개인적인 야심이나 결혼·연애보다 우위에 있었다.

어떤 이는 목숨을 건 격렬한 투쟁을 꿈꾸었고, 어떤 이는 여론을 조성하여 사람들을 이끌고자 했다. 또 종교적인 신봉을 꿈꾸는 이도 있었다. 러시아정교를 받드는 압제자에 맞서, 가톨릭교는 그 자체로 마음의 안식처이자 저항세력이었기 때문이다.

마냐는 그런 종교적인 꿈에는 관심이 없었다. 단지 습관적으로 평범하게 신자로 지내기는 했지만, 그녀의 신앙은 어머니의 죽음으로 크게 흔들린 뒤로 차츰 희미해졌다. 어릴 때에는 신앙심이 깊은 어머니의 영향을 많이 받았지만, 6, 7살 이후로는 미온적인 신자이자 자유사상가였던 아버지의 영향을 크게 받았다. 따라서 지금은 유년시절의 신앙이, 어떤 높고 위대한 것을 숭배하고 싶다는 막연한 욕구로 남아 있을 뿐이었다.

마냐의 친구 가운데에는 혁명적 애국자도 있었으므로, 그녀는 깊은 생각 없이 그들에게 여권을 빌려주기도 했다. 하지만 스스로 테러에 가담한다든지, 황제나 바르샤바 총독의 마차에 폭탄을 투하하는 일은 꿈꾸지 않았다. 그 무렵 지성인들 사이에서는 '공허한 환영'을 떨쳐버리자는 운동이 활발히 펼쳐졌다.

아무 도움도 되지 않는 비분강개는 떨쳐버리자는 것이 이 운동의 취지이다. 지금은 국가의 자치 획득을 위해 무턱대고 돌진할 때가 아니다. 지금 가장 중요한 일은 오직 한 가지. 폴란드에 지적자본을 확립하여 러시아 당국이 일부러 우매함 속에 가두려 하는 민중을 계몽하는 일이다.

이러한 진보주의에 그 무렵 철학이 합류하면서 특이한 흐름이 나타났다.

유럽에서는 이미 몇 년 전부터 오귀스트 콩트와 허버트 스펜서 같은 실증주의자가 새로운 사고법을 만들어냈다. 동시에 파스퇴르, 다윈, 클로드 베르나르 같은 이들의 업적으로 수학·물리학·천문학 등 정밀과학의 중요성이 크게 부각되었다.

바르샤바에서도, 아니, 바르샤바에서는 더더욱 사람들이 낭만파 작품을 멀리하게 되었다. 한동안 감수성과 예술 세계는 경멸의 대상이 되기도 했다. 극단적인 젊은이들은 화학이나 생물학을 문학보다 우위에 두고 작가 대신 과학자를 숭배하기에 이르렀다.

그러나 자유로운 국가에서는 당당하게 발전할 수 있는 이러한 사상도, 폴란드에서는 지하로 숨어들었다. 정신적 독립을 표명하면 이내 의혹에 가득 찬 눈길이 쏟아졌기 때문이다.

마냐 스쿼도프스카는 바르샤바로 돌아온 지 얼마 되지 않아 열렬한 '실증주의자'들과 교제하게 되었다. 특히 피아세츠카라는 여자에게 큰 영향을 받았다. 금발에, 비쩍 마르고, 딱할 만큼 못생긴 26, 7세의 여학교 교사이다. 그녀는 근대의 새로운 학설에 푹 빠져 있으며, 정치운동을 하다가 얼마 전 대학에서 쫓겨난 노르블린이라는 대학생을 사랑하고 있었다.

처음에는 머뭇거리며 피아세츠카와 거리를 두었던 마냐는 머지않아 그녀의 대담한 사상에 완전히 빠져들고 말았다. 그리하여 언니 브로냐와 헬라, 친구 마리아 라코프스카와 함께 '이동대학' 강의에 참석해도 된다는 허락을 받았다.

강사가 해부학, 자연과학, 사회학 등을 강의하며, 교양을 넓히고자 하는 젊은이들에게 무상으로 이루어졌다. 강의는 피아세츠카의 집이나 다른 누군가의 집에서 비밀리에 이루어졌다. 8명에서 10명쯤인 학생들은 공책에 필기를 하고, 저마다 가지고 있는 소책자와 논문을 교환했다. 그러나 어디서 작은 소리만 나도 그들은 깜짝 놀라 일어났다. 경찰에게 발견되기라도 하면 모조리 감옥행이었다.

40년 뒤, 마리는 그때의 일을 이렇게 회상한다.

사회에 눈을 돌렸던 지적인 동료들과 향학열에 불타던 모임의 분위기는 지금도 내 마음속에 또렷하게 남아 있다. 활동수단도 빈약했고, 충분한 결과도 거둘 수 없었다. 그러나 나는, 그 시절 우리를 이끌던 사상이 진정한 사회적 진보를 이끌어내는 유일한 것이었다고 지금도 믿고 있다. 개인이 성장하지 않으면 좀더 나은 세계를 만들 수 없다. 그러므로 저마다가 인류 전체의 생활 속에서 자기 책임을 스스로 깨닫고, 자신의 완성을 위해 노력해야 한다. 우리의 의무는, 각자 자기의 특기를 살려 사람들을 돕는 것이기 때문이다.

'이동대학'이 중학교를 졸업한 젊은이들의 교육을 보강하는 역할만 한 것은 아니다. 이동대학에서 배운 사람들은 점차 가르치는 사람으로 돌아섰다. 피아세츠카에게 자극을 받은 마냐도 서민층 여성들을 교육하기 시작했다. 공장의 여성노동자들에게 책을 읽어주거나, 그들에게 도서관을 만들어주기 위해 폴란드어 책을 하나 둘씩 모으기 시작했다.

17살의 어린 소녀가 이 일에 얼마나 몰두했는지는 상상하기 어렵지 않다. 마냐는 어린 시절을, 신비로운 우상과 다름없었던 아버지의 물리실험기구 앞에서 보냈다. 아버지는 과학이 '유행'하기 전부터 마냐에게 과학에 대한 격렬한 호기심을 물려주었다. 그러나 젊고 혈기 넘치는 마냐는 그것만으로 만족하지 않고, 좀더 넓은 세상을 향해 스스로 뛰어들었다. 우리에게도 오귀스트 콩트를! 우리에게도 사회적 진보를!

마냐는 단순히 수학이나 화학을 배우는 데 만족하지 않고 기존 질서를 개혁하고자 했다. 대중을 계몽하고자 했다. 진보적 사상과 고결한 혼을 두루 갖춘 그녀는 순수한 의미의 사회주의자였다.

하지만 바르샤바의 사회주의 학생단체에는 가입하지 않았다. 마냐는 사상이 구속당하는 것을 원치 않았고 당파성을 싫어했다. 또한 폴란드를 사랑하는 마음이 강해 마르크스주의와 국제주의도 멀리했다. 마냐는 무엇보다도 조국에 봉사하고 싶었다.

마냐는 그러한 꿈 가운데 어느 하나만 선택해야 한다는 사실을 아직 몰랐다. 조국애와 인류애와 학문에 대한 동경이 뜨거운 열정 속에서 모두 한 덩이로 뒤엉켜 있었다.

이러한 주의주장이나 사회적·정치적 흥분 속에서 살면서도 마냐는 기적적으로 사랑스런 여자아이의 풍모를 잃지 않았다. 그녀가 받은 엄격하고 고상한 교육과 지금도 그녀를 따뜻하게 지켜보고 있는 모범적이고 조신한 사람들 덕분에 그녀가 극단으로 치닫는 일은 없었다. 마냐의 가슴속에는 타고난 자존심이 있으며, 열정과 기품도 두루 지니고 있었다. 그녀는 평생 동안 과격하게 반항하거나 자유주의를 빙자한 방종에 빠진 적이 한 번도 없었다. 마냐는 결코 은어를 입에 올리지 않았고, 담배 같은 것을 피워 볼 생각조차 하지 않았다.

마냐는 시내를 돌아다니며 아이들을 가르치고, 공장에서 강의하고, 해부학 비밀강의를 끝내고 나서 조금이라도 여유가 생기면 방에 틀어박혀 책을 읽거나 글을 썼다. '시시하고 바보 같은' 소설을 읽던 시기는 어디로 가버렸는지, 지금 그녀는 도스토예프스키, 곤차로프, 볼레스와프 프루스의 《해방된 여성들》을 탐독하고 있다. 이 책은 마냐처럼 지식 습득에 열을 올리는 폴란드 소녀들의 이야기이다.

그녀의 공책에는 아주 욕심이 많고 자신의 다양한 재능에 어찌할 바를 모르는 소녀의 정신세계가 그대로 드러나 있다. 열 쪽에 걸쳐 연필로 정성스레 그린 라퐁텐의 우화의 삽화. 독일과 폴란드의 시. 《상투적인 거짓말》에 관한 막스 노르다우의 단편(斷片). 크라신스키, 스워바츠키, 하이네. 르낭의 《예수 그리스도전》에서 세 쪽쯤 발췌한 내용. 그중에는 이런 구절도 있었다.

"그분만큼, 평생 동안 세속적인 허영보다 인류의 이익을 우선시한 사람은 없다."

그리고 러시아 철학논문과, 루이 블랑의 글 한 구절과 브랑데스의 글 한 쪽. 꽃과 동물 데생. 다시 하이네, 그리고 마냐가 폴란드어로 번역한 뮈세, 쉴리 프뤼돔, 프랑수아 코페의 시.

멋 부리는 것을 경멸하여 탐스러운 금발머리를 싹둑 잘라 남자 같은 머리를 한 이 '해방된 여성'은, 한편으로는 남몰래 한숨을 쉬며 다음과 같이 사랑스럽지만 다소 진부한 시구를 옮겨놓기도 했다.

내 마음을 표현한다면, 내가 당신을 사랑한다고 고백한다면
파란 눈 갈색 머리칼의 당신은 무어라고 대답할까요?

마냐는 '안녕! 쉬종'이나 '깨진 꽃병' 같은 시도 정말 좋아한다는 사실을

완고한 동료들에게는 말하지 않았을 것이다. 어쩌면 그녀 자신도 인정하지 않았을지도 모른다. 수수한 차림새와 아주 짧게 깎아버린 고수머리 때문에 어린아이처럼 보이는 마냐는 동료들과의 모임과 강의와 토론 등으로 바삐 뛰어다녔다. 동료들 앞에서는 아스니크의 격정적인 시를 낭독했다. 그 시는 모임의 신조가 되었다.

　　진리의 빛을 찾아라
　　알려지지 않은 새로운 길을 찾아라
　　……인간의 눈길이 세상 끝까지 닿더라도
　　신성한 경이는 사라지지 않는다
　　……시대는 언제나 꿈을 품고
　　어제의 몽상은 과거 속에 버린다
　　그대여, 지식의 횃불을 높이 들어라
　　과거의 성과에 새로운 오늘을 더하여
　　미래의 전당을 수립하자

　마냐는 브로냐와 의좋게 찍은 사진을 마리아 라코프스카에게 주면서 사진 앞에 다음과 같은 헌사를 썼다.

　'이상적 실증주의자에게, 두 실증적 이상주의자로부터.'

　이 두 '실증적 이상주의자'는 머리를 맞대고 몇 시간이나 자기들의 장래 계획을 세우느라 골머리를 앓았다. 그러나 여자라는 이유만으로 대학 문을 열어 주지 않는 이 도시에서 어떻게 공부를 계속해야 하는지는, 아스니크나 브랑데스도 가르쳐주지 않았다. 한 시간에 반 루블인 개인교습을 하면서 재산을 모을 수 있는 마법 같은 방법도 알려주지 않았다.
　특히, 따뜻한 성격의 마냐는 가슴이 아팠다. 그녀는 집안의 막내지만 오빠와 언니들의 장래에 책임을 느꼈다. 다행히 유제프와 헬라는 그다지 걱정스럽지 않았다. 유제프는 의사가 될 것이고, 아름답고 명랑한 헬라는 교사가 될지 성악가가 될지 망설이면서도, 청혼까지 물리치며 매일 성악연습을 하고 교직면허까지 땄다.

하지만 문제는 브로냐다. 브로냐를 어떻게 도와야 할까? 학교를 졸업한 뒤로 집안일은 오롯이 그녀 몫이 되었다. 식료품을 사고 식단을 짜고 잼을 조리는 일까지 모두 도맡았으므로 지금은 어엿한 주부가 되어 버렸다. 그러나 브로냐는 자기가 한낱 주부라는 현실에 한탄하고 있었다.

마냐는 언니의 고민을 잘 알고 있었다. 브로냐의 꿈은 파리에 가서 의학공부를 하고 폴란드로 돌아와 시골에서 의사가 되는 것이었다. 그래서 부지런히 저금을 하고 있지만 유학하려면 돈이 많이 든다. 대체 앞으로 몇 달, 몇 년을 더 기다려야 하는 걸까?

브로냐의 초조함과 낙담은 옆에서 보아도 금세 알 수 있어서 마냐는 자신의 원대한 꿈까지 잊을 만큼 언니를 걱정했다. 마냐도 '약속의 땅'을 꿈꾸었다. 마냐는 수천 킬로미터나 떨어져 있는 프랑스의 소르본대학에 유학해서 지식에 대한 갈망을 해소하고, 귀중한 수확을 얻어 바르샤바로 돌아와 사랑하는 폴란드 동포들에게 지식을 나눠주는 교육자가 되고 싶었다.

마냐와 브로냐의 사이는 혈육 이상으로 각별했다. 어머니가 돌아가신 뒤로 브로냐가 대신 엄마노릇을 해왔으므로, 사이좋은 네 남매 가운데에서도 두 자매는 유독 서로를 아꼈고, 마음이 맞았다. 성격이 다른 점도 서로의 모자란 부분을 채우는 데 도움이 되었다. 마냐는 현실적이고 경험 많은 언니를 믿고 따르며 온갖 사소한 문제까지 상담했다. 정열적이지만 내성적인 동생은 언니에게 늘 감사하고 보답해야 한다는 마음을 갖고, 아낌없는 우정을 나누어주었으므로 브로냐에게도 더할 나위 없는 이야기 상대였다.

어느 날, 브로냐가 종이쪽지에 숫자를 적으며 아직 생기지도 않은 돈을 미리 계산하고 있을 때 마냐가 단도직입적으로 얘기를 꺼냈다.

"언니, 나 전부터 생각해 온 일이 있는데, 아버지한테도 이미 말씀드렸어. 그래서 말인데, 어떻게 하면 좋을지 해결책을 찾았어."

"해결책이라니?"

마냐는 언니에게 다가갔다. 언니가 승낙할지 어떨지 확신이 서지 않는다. 신중하게 말해야 했다.

"언니, 지금까지 모은 돈으로 파리에서 얼마나 살 수 있어?"

"여비와 1년 학비 정도지 뭐. 하지만 의학부는 5년이잖니."

브로냐는 조급해 하며 대답했다.

"응. 그런데 언니, 한 시간에 반 루블짜리 가정교사 노릇만 하다간 우린 평생 파리에 가지 못할 거야. 안 그래??"

"그래서?"

"그러니까 우리 둘이 공동작전을 펴는 거야. 혼자서는 아무리 열심히 일해도 유학비를 마련할 수 없지만, 내 방법대로만 하면 언니는 가을이면 벌써 파리로 가는 기차를 타고 있을 거야. 몇 달 안 남았어."

"마냐, 제정신으로 하는 말이니?"

"당연하지. 잠자코 들어 봐. 처음에는 언니 돈을 쓰는 거야. 그 다음엔 내가 여기서 어떻게든 돈을 마련해서 보내줄게. 아버지도 도와주실 거야. 그러면서 나는 내 유학경비도 모을 생각이야. 언니가 의사가 되어 돌아오면 이번에는 내가 파리로 가고 언니가 나를 도와주는 거지."

브로냐의 눈에 눈물이 번졌다. 이 얼마나 고마운 생각인가! 그러나 마냐의 설명에 이해가 되지 않는 부분이 있었다.

"글쎄……. 그런데 어떻게 네 생활비와 내 학비를 동시에 부담하면서 거기다가 저금까지 하겠다는 거니?"

"바로 그래!"

마리는 경쾌하게 대답했다.

"그러니까 이 방법이 효과가 있는 거야. 나, 어느 집에 들어가서 입주 가정교사가 될 생각이야. 그러면 먹고 자는 것도 해결되고 세탁비도 들지 않는데다가 1년에 400루블은 벌 수 있어. 어쩌면 더 벌지도 모르고. 그러면 다 해결되지 않겠어?"

"마냐…… 사랑스런 마냐!"

브로냐가 감격한 것은, 마냐가 하녀나 다름없는 입주 가정교사 일을 하겠다고 해서가 아니다. 훌륭한 '이상주의자'인 브로냐도 동생과 마찬가지로 사회적 편견을 경멸했다. 그게 아니라, 언니를 빨리 유학 보내고 싶은 마음에 자기가 뒤에 남아서 마음에도 없는 일을 하며 5년이나 기다리겠다고 스스로 결심한 그 마음씀씀이가 고마운 것이다. 그래서 브로냐는 반대했다.

"왜 내가 먼저 가야 해? 왜 그 반대로 하지 않아? 너는 재능이 아주 뛰어나. 나보다 머리도 좋고. 너라면 눈 깜짝할 사이에 성공할 수 있을 텐데 왜 내가 먼저 가겠니?"

"언니, 말도 안 되는 소리 하지 마. 언니는 스물이고 나는 이제 열일곱이잖아. 언니는 줄곧 언니 일을 하지 못했고, 나한테는 시간이 아직 많이 남아 있어. 아버지도 같은 생각이셔. 언니가 동생보다 먼저 가는 게 당연하잖아? 게다가 언니가 의사가 되면 나한테 돈을 많이 줄 수 있잖아? 내가 얼마나 기대하고 있는데! 우린 이제야 겨우 효율적이고 현명한 일을 하려는 거라구."

1885년 9월 어느 날 아침, 직업소개소 대기실에서 한 젊은 처녀가 조용히 차례를 기다리고 있다. 그녀는 두 벌밖에 없는 외출복 가운데 수수하고 단정한 것을 입었다. 색 바랜 모자 밑으로, 몇 달 전부터 기르기 시작해 핀으로 겨우 고정시켜 둔 화사한 고수머리가 보인다. 입주 가정교사가 되려면 아무리 '실증주의자'라도 머리가 길어야 한다. 단정하고 평범하게, 보통사람 같은 모습을 해야 한다.

문이 열렸다. 깡마른 한 부인이 실망스러운 얼굴로 대기실을 가로질러 나가면서 마냐에게 잘 있으라는 몸짓을 한다. 마냐처럼 일자리를 구하러 온 사람이다. 두 사람은 조금 전까지 이 대기실의 유일한 가구인 등받이 의자에 나란히 앉아 짧게 애기를 나누고 서로에게 행운을 빌었다.

마냐는 일어섰다. 갑자기 긴장되었다. 들고 있던 얇은 서류뭉치를 자기도 모르게 꾹 쥐었다. 방에 들어서자 작은 사무용 책상 앞에 뚱뚱한 부인이 앉아 있었다.

"희망하는 일은 뭐죠?"

"입주 가정교사를 하고 싶어요."

"이력서 갖고 오셨나요?"

"네, 가정교사를 한 적이 있습니다. 이것이 제가 가르친 아이들 부모님이 써주신 증명서이고, 이것은 제 학업수료증입니다."

직업소개소의 여자 소장은 전문가의 눈으로 마냐의 서류를 살펴보았다. 매우 주의 깊게 살피더니 고개를 들고 흥미롭다는 듯이 앞에 앉아 있는 여자아이를 바라보았다.

"독일어·러시아어·프랑스어·폴란드어·영어를 완벽하게 구사한다고요?"

"네. 영어는 다른 것보다 조금 모자라지만, 공식 교육과정대로 각 교과를 가르칠 수 있습니다. 중등학교는 금메달을 받고 졸업했습니다."

"그래요…… 보수는 어느 정도?

"입주해서 1년에 400루블이요."

"400루블."

소장은 표정 하나 바꾸지 않았다.

"아버지는 어떤 일을 하시죠?"

"학교 선생님이십니다."

"알겠습니다. 고용희망자를 조회해 보지요. 아마 잘 될 거예요. 그런데 나이는 어떻게 되죠?"

"열일곱입니다."

마냐는 얼굴이 빨개졌지만 기운을 내려는 듯 미소를 짓고 서둘러 덧붙여 말했다.

"곧 열여덟 살이 돼요."

여소장은 훌륭한 '영국식 서체'로 구직자 카드를 작성했다.

'마리아 스쿠도프스카. 경력 우수. 재능 풍부. 입주 가정교사 희망. 보수 연 400루블.'

그러고는 여소장은 마냐에게 이력서를 되돌려주었다.

"자, 이제 끝났습니다. 그럼 자리가 나는 대로 연락드리죠."

가정교사

마냐가 사촌언니 헨리에타 미하워프스카에게. 1885년 12월 10일

그리운 헨리에타 언니. 언니와 헤어진 뒤로 나는 마치 죄수처럼 지내고 있어. 전에 얘기한 대로 나는 B라는 변호사 집에서 일하게 되었어. 나라면 철천지원수라도 이런 지옥에서 살게 하진 않을 거야! 결국 B 부인과의 사이가 너무 냉랭해져서 더 참지 못하고 B 부인에게도 그렇게 말해 버렸어. 부인도 나를 더는 견딜 수 없었던 모양인지, 다행히 서로 잘 이해했어.

이 집은 손님이 오면 꼭 프랑스어—말도 안 되는 엉터리 프랑스어지만—로 말해. 청구서는 하나같이 반년이나 내지 않으면서 돈은 시궁창에 갖다 버리듯이 낭비하는 부잣집이야. 그러면서 또 램프 석유값은 아낀단 말이야. 일하는 사람이 다섯 명이나 있고, 주인 부부는 겉으로는 자유주의를 가장하고 있지만 실제로는 손쓸 방법이 없을 만큼 어리석은 사람들이야. 상냥한 말투로 다른 사람을 험담하는 말만 해. 그것도 차마 입에 담을 수 없는 지독한 말만.

여기 와서 인간이란 어떤 존재인가에 대해 조금 알게 되었다는 게 그나마 내가 얻은 수확이야. 소설 속에나 나올 법한 사람이 실제로 있다는 걸 알았고, 금전적으로 타락한 사람과는 결코 사귀지 말아야 한다는 걸 배웠어.

매우 신랄한 내용이다. 악의가 무엇인지 모르는 마냐가 이 편지를 쓰고 있는 모습을 생각하면, 반대로 그녀가 얼마나 세상물정을 모르고 순진한 환상을 품고 있는지 알 수 있다. 마냐는 유복한 폴란드인의 집에서 상냥한 부모와 착한 아이들을 만나게 되기를 기대했다. 그렇게 되면 마음을 터놓고 그들을 가족처럼 사랑하리라 생각했다. 하지만 그런 기대는 산산이 부서졌다.

그 시절 마냐의 편지를 읽어보면 그녀 주위에 있던 사람들이 얼마나 훌륭했는지 간접적으로 알 수 있다. 물론 아무리 지식인이라도 별 볼일 없는 사람을 만날 일은 있다. 그러나 비겁하고 욕심 많고 파렴치한 사람은 거의 보질 못했다. 마냐가 태어난 집안에서는 야비하고 추악한 말을 한 마디도 들은 적이 없었다. 가족 간의 다툼이나 야비한 욕설은 스퀴도프스키 가족들에게는 소름끼칠 만큼 추악한 것이었다. 그러므로 마냐가 어리석고 야비하고 품위 없는 언행을 보고 얼마나 놀라고 분개했을지 쉽게 짐작할 수 있다.

또한 이 일은 우리의 마음속에 남아 있는 의문을 풀어주는 열쇠가 될 것이다. 어째서 마냐는 자신의 사명과 천재성을 좀더 일찍 발견하지 못했을까. 왜 주변 사람들은 마냐에게 가정교사를 시키는 대신 일찌감치 파리로 유학을 보내지 않았는가.

그 까닭은, 똑같이 우수하고 뜻이 높으며 열심히 공부해서 학위와 금메달을 받은 형제가 셋이나 있는 특별한 집안에서는, 미래의 마리 퀴리도 특별하게 보이지 않았기 때문이다. 평범한 환경이었다면 그녀의 재능은 순식간에 사람들의 이목을 끌었을 것이다. 그러나 스퀴도프스키 집에서는 한 지붕 아래서 유제프와 브로냐와 헬라와 마냐가, 재능과 학식이 풍부한 사람들끼리 서로 경쟁하고 있었다. 그래서 부모형제도 그중에서 누구 하나가 천재라고는 아무도 눈치채지 못했으며, 그 눈부신 재능에 감복한 사람도 없었다. 마냐의 재주가 오빠나 언니들과는 다르다고 알아챈 사람도 없었으며 마냐 본인조차도 전혀 모르고 있었다.

마냐는 자신을 가족과 비교할 때면 비굴할 정도로 겸손했다. 그러나 부르주아 가정에 가정교사로 들어오자 그녀의 우수함이 찬란하게 빛나기 시작했다. 마냐 스스로도 그 사실을 느꼈으므로 매우 기뻤다. 집안과 부의 특권은 거들떠보지도 않고 평생 그런 것을 추구해 본 적도 없는 이 소녀는 자기가 태어난 집과 자신이 받은 교육에 커다란 자부심을 느꼈다. 그녀가 '주인'을 비판하는 내용을 보면 조금의 경멸과 함께 천진한 자부심이 나타난다.

이 첫 경험을 통해 마냐는 인간에 대한, '돈 때문에 타락한 사람들'에 대한 철학적인 교훈을 얻었을 뿐만 아니라, 브로냐에게 말한 계획을 대대적으로 바꿀 필요가 있음을 깨달았다.

그녀가 바르샤바에서 일을 구한 것은 친한 사람들이 있는 익숙한 거리를 떠나지 않고도 나름대로 돈을 모을 수 있다고 기대했기 때문이다. 자기가 사는 도시에 머무는 것이 신참 가정교사에게는 얼마나 든든한 일인지 모른다.

집이 가까우니 아버지와 매일 이야기도 할 수 있고, 이동대학 동료들과도 계속 만날 수 있었다. 또한 잘만 하면 자기 공부도 하고 저녁 강의에 출석하는 일도 가능할 터였다.

그러나 희생은 다른 희생을 부른다. 그 중간이란 없다. 마냐는 그나마 손쉬운 운명을 택했지만 대신 돈을 만족스럽게 벌지 못했고 오히려 지출이 많았다. 급료는 자잘하게 나가는 생활비로 어느새 바닥이 나서 월말에 저축할 수 있는 돈이 몇 푼 되지 않았다. 하지만 그녀는 브로냐를 도와줄 돈까지 마련해야 했다. 브로냐는 마리아 라코프스카와 함께 파리로 떠나 라탱 지구에 정착해 검소한 생활을 하고 있었다. 게다가 아버지도 퇴직을 눈앞에 두고 있었다. 이제는 아버지도 보살펴 드려야 한다. 어떻게 해야 좋을까?

마냐는 길게 생각하지 않았다. 2, 3주 전에 시골에서 꽤 보수가 좋은 가정교사 자리가 났다는 소문을 들었다. 그래, 그거야! 마냐는 알지도 못하는 먼 시골로 가서 새로운 도전을 하기로 결심했다.

몇 년씩 그리운 부모형제와 떨어져 홀로 쓸쓸하게 살아야 하지만 어쩔 수 없다. 보수도 좋고, 그런 시골이라면 돈 쓸 일도 없을 것이다.

"그렇게도 드넓은 자연 속에서 살아가기를 좋아하면서, 왜 진작 이 생각을 못했을까?"

사촌언니에게 자신의 결심을 전하며 그녀는 이렇게 썼다.

헨리에타 언니, 앞으로 얼마 동안은 자유롭지 못할 것 같아. 조금 망설였지만 1월 1일부터 연 500루블을 받기로 하고 가정교사로 프워츠크 시에 가기로 결심했어. 얼마 전에 한 번 거절했었는데 생각 끝에 결국 결정했어. 지금까지 있던 가정교사가 마음에 들지 않아서 나한테 와 달라고 한 거야. 하지만 내가 그 사람보다 마음에 들지는 모르겠어.

1886년 1월 1일. 집을 떠나는 그날은 지독히 춥고 우울하여 마냐의 생애에서 가장 고통스러운 날들 가운데 하나였다. 그녀는 아버지에게 밝은 목소리로 작별인사를 하고 다시 한 번 가는 곳의 주소를 가르쳐 드렸다.

쉬추키, 프샤뉘시 경유, Z 씨 댁, 마리아 스퀴도프스카.

마냐는 기차에 몸을 싣고 한 번 더 아버지의 조그마한 체구를 눈으로 좇으며 미소를 지었다. 갑자기 처음 느껴보는 고독감이 온몸에 밀려왔다. 태어나서 처음으로 그녀는 혼자가 되었다.

열여덟 살 소녀의 마음이 심하게 요동치기 시작했다. 낯선 사람들의 집으로 덜컹거리며 그녀를 싣고 가는 기차 속에서 그녀는 불안과 두려움에 떨었다.

'이번 주인도 먼젓번 사람들 같으면 어쩌지? 내가 없는 동안 아버지가 편찮으시기라도 하면 어떡해? 다시 아버지를 만날 수 있을까? 내가 엄청난 실수를 하는 것은 아닐까?'

그녀는 객실 창가에 등을 기대고 앉아 꼬리를 물고 떠오르는 의문에 괴로워했다. 닦아도 다시 흐르는 눈물을 또 훔치며 마냐는 석양에 물든 눈 덮인 드넓은 평야가 자꾸만 뒤로 달아나는 모습을 바라보았다.

기차로 세 시간, 그렇게 고요하고 외로운 겨울 밤하늘 아래 곧게 뻗어 있는 시골길을 썰매로 네 시간 달렸다. Z 씨 부부는 토지 관리인으로, 바르샤바에서 북쪽으로 100킬로미터 떨어져 있는 차르토리스키 공작가의 토지 일부를 개간하고 있었다. 꽁꽁 언 밤길을 달려 온 마냐는 부부의 집에 닿자 너무 피로해서, 키 큰 주인과 무표정한 부인, 그리고 호기심 가득한 눈으로 그녀를 바라보는 아이들의 눈망울을 마치 꿈이라도 꾸는 것처럼 멍하게 바라보았다.

그들은 뜨거운 차를 내주고 친절한 말로 그녀를 맞이했다. 부인이 마냐를 2층 방으로 안내하고 내려가자 마냐는 또다시 초라한 가방과 함께 홀로 덩그러니 남았다.

마냐가 사촌언니 헨리에타에게. 1886년 2월 3일

······Z 씨 부부네 집에 온지 벌써 한 달······ 새로운 환경에도 그럭저럭 익숙해졌어. 지금까지는 무척 기분 좋게 지내고 있어.

Z 씨네 가족은 모두 좋은 사람들이야. 브론카라는 맏딸과 사이가 좋아서 하루하루가 참 즐거워. 내가 가르치는 안지아란 여자아이는 이제 열 살이 되는데, 착하긴 하지만 응석꾸러기야. 하지만 완벽하기를 바랄 수는 없겠지.

이곳 사람들은 아무 일도 하지 않고 노는 것만 생각해. 이 집에서도 브론카와 나는 그런 놀이에 잘 끼지 않으므로 마을에서 웃음거리가 되고 있는가봐. 이쪽에 온 지 일주일째부터 이미 나에 대해 이러쿵저러쿵 말들이 많았어. 아직 아는 사람도 없고 해서 카르바체 무도회에 가자는 걸 거절했는데, 거기가 이 지역의 소문의 중심지였던 거야. 하지만 안 가길 잘했어. Z 씨 부부가 그 무도회에서 돌아온 게 오후 1시였거든. 요즘은 체력에 자신도 없는데 큰일 날 뻔했지 뭐야.

이곳에서도 1월 6일 공현제(公現祭) 밤에는 무도회가 열렸어. 이 때에는 다양한 사람들을 관찰할 수 있어서 정말 재미있었어. 풍자만화에 나올 법한 손님들이 꽤 많았거든. 젊은 사람들은 별로 재미없었어. 아가씨들은 화려하게 차려입고 남자들 눈길만 끌려고 하거나 아니면 입을 꼭 다문 거위 같은 사람들뿐이야. 지적인 사람도 있는 것 같기는 해. 하지만 아직까지는 브론카 Z 양이 교양이나 인생을 이해하는 태도를 보더라도 단연 으뜸이야.

가정교사 일은 하루 7시간이야. 안지아에게 4시간, 브론카에게 3시간. 좀 많지만 어쩔 수 없지. 내 방은 이층에 있는데, 넓고 조용해서 기분 좋은 방이야. 이 집에는 자녀가 많아서 마치 아이들의 견본시장 같아. 세 아들은 바르샤바로 유학을 갔어. 하나는 대학에 들어갔고, 나머지 둘은 기숙학교에 있어. 집에는 열여덟 살인 브론카와 열 살인 안지아, 세 살짜리 스타시, 6개월 된 아기 말피나 이렇게 넷이 남아 있어.

스타시는 매우 재미있는 아이야. 하루는 유모가 하느님은 어디에나 계신다고 말하니까 스타시가 그 조그만 얼굴을 찡그리며 이렇게 묻지 뭐야.

"그럼 그 사람이 나를 잡아가? 나를 물어뜯어?"

스타시 덕분에 집안에 웃음이 끊이질 않아.

마냐는 창가에 놓인 책상 위에 잠깐 펜을 놓고 발코니로 나갔다. 얇은 옷 밑으로 선뜩한 추위가 밀려왔다. 눈앞에 펼쳐진 풍경에 또 웃음이 난다. 마냐는 시골에 있는 집이라기에 순박한 경치와 목장, 숲 등을 상상하며 이곳에 왔다. 그런데 처음 방 창문을 열었을 때 눈에 들어온 것은 하늘 높이 솟은 공장 굴뚝이었다. 굴뚝에서 나오는 시커먼 연기가 하늘을 집어삼키고 있었다.

주위 몇 킬로미터 안에는 숲이나 목장이 없다. 사방을 둘러보아도 드넓은 사탕무밭이 단조롭게 이어져 있을 뿐이었다. 가을이 되면 흙으로 뒤범벅된 하얀 사탕무가 달구지에 실려 제조공장으로 운반된다. 농민들이 파종하고 김을 매어 수확한 것들은 모두 그 공장으로 들어간다. 빨간 기와로 지어진 어둠침침한 공장 주위에는 이엉으로 엮은 집들이 하나둘씩 들어서서 크라시니에츠라는 작은 마을을 이루었다. 마을의 강까지도 공장을 지나고 있어 맑고 깨끗한 물이 공장으로 흘러들어가면 더러운 거품을 일으키는 탁류가 되어 나온다.

Z 씨는 신기술을 잘 알고 있는 유명한 농업가로, 200헥타르의 사탕무밭을 관리하는 한편 제조공장 주식의 대부분을 가지고 있었다. 그래서 그의 주요 관심사는 언제나 공장이며, 이는 다른 사람들도 역시 마찬가지였다.

그러나 이 설탕공장이 사실 대단하지는 않았다. 이 지방에는 몇 십 개의 공장이 있으므로 Z 씨에게 아무리 중요한 공장이라 해도, 지역적으로 보면 어디에나 있는 아주 평범한 공장에 지나지 않았다. 쉬추키의 영지 또한 얼마 되지 않았다. 광대한 농지가 펼쳐져 있는 이곳에서 200헥타르는 대단치 않은 규모였다.

따라서 Z 씨네는 부유했지만 큰 부자는 아니었다. 그들의 집은 근처의 농가보다야 훌륭했지만 아무리 잘 봐준다 해도 저택이라고는 할 수 없었다. 오히려 낡은 별장에 가까웠다. 낮은 이층의 바로크식 건물로, 수수하고 거칠게 발라놓은 벽에 경사진 지붕을 이었으며, 나무줄기로 얽은 선반과 틈새로 바람이 들어오는 유리로 된 일광욕실이 전부였다.

그 집에서 딱 한 군데 아름다운 곳은 정원이었다. 여름이 되면 초록빛 잔디가 융단을 깔아놓은 것 같고 색색의 관목이 꽃을 피웠다. 잘 다듬어진 물푸레나무 산울타리와 그 울타리에 둘러싸인 크로케 경기장도 온통 녹색으로 뒤덮여 눈부시게 아름답다고 한다.

집 반대편에는 과수원이 있다. 그리고 그 맞은편에는 빨간 지붕을 얹은 헛간과 마구간과 외양간이 모두 네 채가 서 있다. 그 안에는 말이 40마리, 암소가 60마리 있다. 그리고 그 앞에는 사탕무밭이 지평선까지 이어져 있었다.

마냐는 창문을 닫으며 생각했다.

'이 정도면 썩 나쁘지 않아. 확실히 공장은 보기에 좀 그렇지만 공장 덕분에 이런 시골이라도 다른 곳보다 활기가 있는걸. 바르샤바를 오가는 사람도 끊이지 않고, 공장 기사와 감독들도 나쁜 사람들 같지는 않아. 게다가 무엇보다 거기서는 잡지와 책을 빌릴 수도 있으니까. Z 부인은 좀 까다롭지만 근본이 나쁜 사람은 아니야. 가정교사인 나를 언제나 신경써주지 않는 건 아마 자기도 옛날에 가정교사를 해봤기 때문일 거야. 게다가 돈이 생각보다 빨리 모이고 있어. Z 씨는 좋은 분이고, 맏딸 브론카는 천사처럼 착하고 다른 아이들도 뭐 그럭저럭 괜찮아. 그러니 나는 행복한 거야!'

방 한쪽 벽면을 거의 다 차지하고 있는 커다란 도기 스토브에 양손을 쬐고 나서 마냐는 다시 편지를 쓴다. 문 저편에서 "마리아 선생!" 하고 주인 부부가 볼일이 있어 도도하게 부르는 소리가 들릴 때까지.

고독한 젊은 가정교사는 여기저기에 편지를 많이 썼다. 답장이 받고 싶고 도시 소식도 알고 싶어서이리라. 시간은 느릿하게 흘러갔다. 몇 시간이나 아이들의 공부를 봐주고 의무적인 오락 상대로서 재미없는 일들을 매일같이 해야 하는 월급쟁이 생활의 나날을 마냐는 친한 사람들에게 자세하게 써 보냈다.

아버지, 유제프, 헬라와 그리운 브로냐에게도. 그리고 학교 친구인 카쟈 프시보로프스카와 사촌언니 헨리에타에게. 헨리에타는 결혼해서 르바프라는 시골에 살고 있지만 여전히 단호한 '실증주의자'였으므로, 마냐는 자신의 생각과 낙담과 희망을 떠오르는 대로 써서 보냈다.

마냐가 헨리에타에게, 1886년 4월 5일

……가정교사 생활에도 이제 익숙해져서 평범한 나날을 보내고 있어. 아이들의 공부를 봐주고 나도 틈틈이 책을 읽고. 하지만 끊임없이 손님이 와서 계획이 어그러지므로 생각만큼 잘 되진 않아. 짜증이 날 때도 많고. 무엇보다 안지아는 공부를 방해하는 무언가가 나타날 때마다 뛸 듯이 기뻐하는 아이인지라 나중에 아무리 알아듣게 타일러도 소용이 없어.

오늘도 그 애가 일어날 시간인데도 계속 자려고 해서 아침부터 한바탕 옥신각신 했어. 나중에는 그냥 내가 조용히 손을 잡고 침대에서 끌어냈어. 속이 부글부글 끓었어. 이런 사소한 일이 얼마나 나를 괴롭히는지 언니는 아마 상상도 못할 거야. 사소한 소동일 뿐인데 이런 일이 있고 나면 몇 시간은 기분이 나빠져 버려. 그렇지만 내가 여기서 질 순 없지!

……이곳 사람들 이야기를 해달라고? 이곳 사람들은 뒤에서 쑥덕거리 느라 바빠. 애깃거리래야 이웃사람들에 대한 소문이나 무도회와 여러 모 임에 대한 것들뿐이야. 춤에 관해서라면 이 지방 여자들을 따라올 사람은 없을 거야. 누구든 나무랄 데 없이 일품이야. 성격 좋고 지적인 여자들도 있긴 하지만 교육으로 그 지성을 갈고닦은 사람은 없을 거야. 게다가 이 지방의 축제는 규모가 클 뿐더러 끊임없이 열리므로 아무리 좋은 머리를 타고 나도 그저 그렇게 산만해져 버리는 것 같아.

남자들 가운데에도 상냥하거나 지적인 사람은 거의 없어. 남자나 여자 나 '실증주의'니 '노동문제'니 하는 말이 무슨 뜻인지 전혀 모르는 것 같 아. 그 단어를 들어 본 적이 있는 사람조차도 말이야. 하기야 그런 사람은 몇 없지만.

Z 씨네 사람들은 비교적 교양이 있어. Z 씨는 좀 구식이기는 하지만 양 식도 풍부하고 사물에 대한 이해가 빨라서 생각이 깊고 호감이 가는 사람 이야. 부인은 선뜻 다가가기 힘든 사람이지만 요령만 알면 좋은 사람이야. 나를 퍽 귀여워해 주는 것 같아.

내 생활은 얼마나 모범적인지 꼭 보여주고 싶을 정도야. 일요일과 축일 에는 빠지지 않고 교회에 가. 절대 두통이나 감기를 구실로 집에 혼자 남 아 있거나 하지 않아. 나는 여자들의 고등교육을 주장하는 말을 입에 올리 지 않고, 가정교사답게 늘 말조심하면서 지내.

부활절에는 며칠 예정으로 바르샤바에 갈 생각이야. 집에 갈 생각만 하 면 뛸 듯이 기뻐. 소리 지르고 싶은 걸 겨우 참고 있어.

마냐는 조금 자조적인 투로 자신의 그 모범적인 생활을 묘사했다. 그러나 그녀는 참신하고 독창적인 사람이라 그런 인습에 사로잡힌 생활을 오래 견 디지 못했다. 그녀의 내부에 있는 '실증적 이상주의자'가 가치 있는 일을 하 고 세상과 맞서려는 강한 욕구를 불태우고 있었기 때문이다.

매일 흙탕물이 튀는 길에서 초라한 차림에 엉클어진 머리와 지저분한 얼 굴을 한 농가의 아이들을 보면서 마냐는 계획을 하나 세웠다.

이 쉬추키의 마을에서 자신이 신봉하는 진보사상을 실천하면 어떨까? 작 년에도 그녀는 '민중을 계몽'하기를 꿈꾸지 않았던가. 그 절호의 기회가 저절로 굴러들어온 것이다. 마을 아이들은 대부분 글자를 읽을 줄 모른다. 학교에 다니는 아이가 몇 있기는 하지만 거기서도 러시아어 알파벳을 배우는 것이 고작이다. 몰래 폴란드어 비밀 교육을 해서 미래를 짊어질 그들의 젊은 두뇌에 모국어의 아름다움과 조국 역사의 훌륭함을 가르쳐준다면 얼마나 좋을까?

마냐는 자신의 생각을 브론카에게 알렸다. 브론카는 이내 눈을 반짝이며 자기도 돕겠다고 했다. 마냐는 감격한 브론카를 진정시키며 말했다.

"그렇지만 잘 생각해야 해. 만일 밀고당하면 시베리아로 유배될지도 몰라."

그러나 용기만큼 전염이 빠른 것도 없다. 브론카의 눈에는 이미 열의와 결심이 반짝이고 있었다. 이제 집주인의 허락을 얻어 비밀리에 농부들의 집에 알리는 일만 남았다.

마냐가 헨리에타에게, 1886년 9월 3일

……잘 하면 여름휴가를 받을 수 있겠지만 가고 싶은 곳도 없고 해서 그냥 쉬추키에 있을 생각이야. 카르파치아 산 같은 데에 놀러가서 돈을 쓰고 싶지 않거든. 나는 여전히 안지아를 몇 시간씩 봐주고 브론카와 함께 책을 읽기도 해. 그리고 어느 직공 아들이 상급학교에 진학할 수 있도록 매일 한 시간씩 공부를 가르치고 있어.

게다가 요즘에는 브론카와 함께 하루에 두 시간씩 농가 아이들도 가르치고 있어. 학생들이 10명이나 되어서 거의 작은 교실 같은 느낌이야. 아이들은 모두 의욕에 불타 열심히 하지만 어떤 때는 이 일이 무척 힘들어. 그렇지만 조금씩 공부한 효과가 나타나고 때로 순식간에 훌쩍 성장하는 모습을 보면 보람을 느껴.

어쨌든 그래서 하루 종일 무척 바빠. 그리고 혼자서 내 공부도 조금씩 하고 있거든.

마냐가 헨리에타에게, 1886년 12월

……농가의 학생이 18명으로 늘었어. 물론 모두 한꺼번에 오는 건 아니야. 그러면 내가 감당하기에 힘들거든. 하루에 두 시간씩 수업하는데, 수요일과 토요일은 시간을 좀더 써서 쉬지 않고 다섯 시까지 이어서 해. 이

렇게 할 수 있는 건, 내 방이 이층에 있고 정원에 따로 올라오는 외부계단이 있기 때문이야. 이 교습이 내 다른 일들을 방해하지만 않는다면 누구에게도 폐를 끼치지 않아. 어린 아이들을 가르치는 건 내게 아주 큰 즐거움이며 위로가 돼.

안지아가 더듬거리며 교과서를 읽는 것을 들어주고, 브론카의 공부를 봐주며, 바르샤바에서 갓 돌아온 그녀의 새로운 학생 유레크가 책상 위에 엎드려 자지 않도록 감시하는 것만으로는, 마냐는 만족하지 않았다.

주인집 아이들 공부가 끝나면 마냐는 발걸음도 가볍게 자기 방으로 올라가, 작게 울리는 신발소리와 함께 맨발로 삐걱거리는 계단을 밟고 올라오는 작은 발자국 소리에 귀를 기울이며 학생들이 오기를 기다렸다.

마냐는 아이들이 편하게 글씨쓰기 연습을 할 수 있는 긴 탁자 하나와 의자 몇 개를 빌렸다. 그리고 저금할 돈을 쪼개어 아이들이 쓸 공책과 펜대도 샀다. 아이들은 곱은 손으로 펜대를 잡기가 영 쉽지 않은 것 같았다.

석회를 대충 바른 넓은 방에 아이들이 7, 8명쯤 모이면, 마냐와 브론카는 교실의 질서를 잡고 어려운 단어의 철자를 쓸 줄 몰라 코를 훌쩍거리며 쩔쩔매는 학생들을 돕느라 정신없이 바빴다.

검정색 옷을 입은 금발의 마냐 주위로 밀치락달치락하며 몰려드는 아이들은 가정부나 소작인, 제당공장 직원의 아들딸로, 제대로 씻지도 않은 아이들이 많았다. 그다지 좋은 냄새가 나진 않았다. 그중에는 주의력이 부족하거나 고집이 센 아이들도 있다. 그래도 아이들 대부분은 초롱초롱하게 눈을 빛내며 읽고 쓰는 마법 같은 능력을 배우려는 순수하고 열정적인 욕구를 보인다.

이윽고 그 한순간의 작은 목표가 이루어지는 순간이 찾아온다. 하얀 종이 위에 커다랗게 쓴 검은 글자가 갑자기 뜻을 갖게 된다. 그러면 아이들은 무척 자랑스러워했다. 이따금 수업을 보러 와서 방 뒤쪽에 서 있던 까막눈 부모들도 깜짝 놀라 감탄한다. 마냐도 이 광경을 보면서 벅찬 감격을 느낀다.

마냐는 그들 속에 아무렇게나 방치되어 있는 위대한 열정과 생활에 쫓겨 미처 발견하지 못한 재능을 생각했다. 그리고 이 커다란 무지의 장벽 앞에서 자신이 얼마나 작고 무력한지를 뼈저리게 느꼈다.

인내의 나날

아이들은 '마리아 선생님'이 자신들의 무지를 고민하고 있는 줄은 꿈에도 몰랐다. 가르치는 대신 다시 학생으로 돌아가 배우고 싶어 한다는 것을 그들이 알 리가 없었다.

마냐가 지금 자기 방 창가에서 사탕무를 공장으로 나르는 마차를 바라보고 있을 때에도, 베를린이나 비엔나, 빈, 페테르부르크, 런던에서는 수없이 많은 젊은이들이 수업을 받고 강의를 듣거나, 연구소·박물관·병원에서 일하고 있다. 특히 그 파리의 소르본 대학에서는 다들 생물학·수학·사회학·화학·물리학을 배우고 있다.

마냐 스쿼도프스카는 다른 어떤 나라보다 프랑스에 가서 공부하고 싶었다. 그 시절 프랑스의 명성은 눈이 부실 만큼 찬란했으며, 베를린이나 페테르부르크는 폴란드를 억압하는 압제자들이 통치하는 곳이다. 하지만 프랑스 사람들은 자유를 사랑하고, 모든 감정과 신앙을 존중하며, 억압 받고 쫓겨 온 사람들은 어느 나라에서 오건 가리지 않고 받아들였다. 대체 마냐는 언제쯤 파리로 가는 기차를 탈 수 있을까? 그러한 행복이 그녀에게도 찾아오기는 할까?

마냐는 이미 그런 희망을 잃어버렸다. 지적인 정열과 꿈은 지금도 그대로지만 숨 막히는 1년 동안의 시골 생활이 마냐의 꿈을 서서히 잠식하고 있었다.

냉정히 생각해 보면 자신이 지금 어떤 상황에 처해 있는지 뚜렷이 보인다. 하지만 그곳에서 빠져나올 방법이 도무지 보이지 않는다. 바르샤바에는 이제 곧 그녀의 도움을 받아야 할 아버지가 계시다. 파리에는 스스로 돈을 벌 수 있을 때까지 아직 몇 년을 더 공부해야 할 브로냐가 있다. 그리고 이곳 쉬추키에는 가정교사를 그만둘 수 없는 마냐 스쿼도프스카가 있다. 이전에는 이곳에서 가정교사를 해서 돈을 모을 수 있다고 생각했던 계획도 지금은 쓴웃음만 나올 뿐이다. 너무나도 어린애 같은 계획이었다. 쉬추키 같은 곳에서는 그리 쉽게 탈출할 수 있는 길이 없었다.

이 천재 소녀는 강철 같은 정신의 소유자가 아니었다. 세상의 높은 벽에 부닥쳐 낙담하고 고민하는 열아홉 살 처녀에게서 확고한 신념 같은 것은 찾아볼 수 없었다. 하지만 모순된 모습을 보이기도 했다. 모든 것을 체념해 버린 듯이 행동하면서도, 실제로는 이대로 시골구석에 묻혀 살지 않겠다고 각오를 다지며 혼자서 온 힘을 다해 싸우고 있었다.

마냐는 매일 밤 늦게까지 책상 앞에 앉아 공장 도서실에서 빌려 온 사회학과 물리학 책을 읽었다. 또한 아버지와도 열심히 편지를 주고받으며 수학 지식도 부지런히 쌓아갔다. 그녀를 부추긴 것은 스스로도 어쩔 수 없는 본능이 아니었을까.

그 노력이 얼마나 막연하고 암담한지를 생각하면, 마냐가 중간에 그만두지 않고 끈기 있게 공부를 이어 간 것은 정말 놀라운 일이다. 이런 촌구석에서 이끌어주고 도와주는 사람 하나 없이 자기가 원하는 지식을 향해 무작정 캄캄한 미로를 손으로 더듬어 나간 것이다. 그 지식이래야 이미 시대에 뒤처진 교과서에 나와 있는 개략 정도에 지나지 않았다. 미로 속을 헤매는 그녀의 모습은 자포자기하여 다시는 책을 읽지 않겠다고 교과서를 던져 버리는 농부 아이들의 모습과 다를 바 없었다. 그러나 마냐는 농부 같은 끈기를 발휘해 노력을 멈추지 않았다.

40년 뒤에 그녀는 이렇게 회고했다.

나는 사회학이나 과학과 마찬가지로 문학에도 비슷하게 흥미를 갖고 있었다. 하지만 이러한 공부를 통해 내가 정말로 좋아하는 것이 무엇인지 발견하려고 노력한 결과 수학과 물리학 방면으로 나아가기로 결심했다.

그러나 독학을 하는 데는 어려움이 많았다. 여학교에서 받은 과학교육의 수준은 프랑스대학 입학시험을 치르기에는 턱없이 낮았다. 그래서 나는 닥치는 대로 책을 긁어모아 읽으며 내 나름대로 모자란 부분을 채워보고자 했으나 큰 효과는 없었다. 그래도 자주적으로 공부하는 습관을 기를 수 있었고, 이 시기에 쌓은 지식이 나중에는 꽤 많은 도움이 되었다.

다음은 쉬추키에서 지낸 그녀의 일상을 얘기하는 편지다.

마냐가 헨리에타에게, 1886년 12월

……해야 할 일들이 많은데도 오전 8시부터 11시 반까지, 오후 2시부터 7시 반까지 전혀 시간이 나지 않는 날이 며칠씩 있어. 11시 반부터 2시까지는 산책을 하고 점심을 먹어. 차까지 마시고도 안지아가 얌전히 있으면 함께 책을 읽거나 얘기를 나누곤 해. 아이들을 가르칠 때에도 늘 손에서 놓지 않고 있는 내 책을 읽을 때도 있어. 밤 9시부터는 특별한 일로 방해를 받지 한 않는 계속 내 책을 읽을 수 있어.

공부할 시간을 좀더 갖고 싶어서 아침 6시에 일어나려고 애쓰고는 있는데 매일같이 하기는 좀 힘들더라. 안지아의 대부라는 온후한 노인이 지금 이 집에 묵고 있어. 그분을 즐겁게 해드리기 위해 나는 Z 부인이 시키는 대로 그분께 체스를 가르쳐달라고 부탁해야 했어. 카드놀이를 할 때도 머릿수를 맞추기 위해 나까지 끼어야 했고. 그러다보니 책 읽을 시간은 점점 줄어들기만 해. 요즘 읽고 있는 책은 이거야.

1. 다니엘의 물리학. 제1권은 다 읽었어.
2. 스펜서의 사회학(프랑스어판)
3. 폴 베르의 해부학 및 생리학(러시아어판)

나는 한 번에 여러 가지를 같이 읽어. 한 가지만 공부하면 그렇지 않아도 혹사당하는 소중한 두뇌를 더욱더 지치게 만들기 때문이야. 그렇게 해도 내용이 머리에 들어오지 않을 때는 대수와 삼각법 문제를 풀어. 그러면 자연스레 집중이 되고 기분도 상쾌해지거든.

파리에서 브로냐 언니가 편지를 보내왔는데, 딱하게도 시험 때문에 매우 힘든 가봐. 공부도 많이 해야 하고 건강도 별로 좋지 않대.

……내 장래 계획? 별로 없어. 아니 그보다는 너무나도 평범하고 단순해서 딱히 말로 설명할 게 없어. 어떻게든 지금 이 순간을 헤쳐 나가다가 그래도 안 되면 이 세상에 안녕을 고하는 거야. 그러면 주변에 큰 피해를 주지도 않고, 사람들이 내 죽음을 안타까워하는 마음도 대개의 경우처럼 머지않아 사라질 테니까.

이것이 지금의 내 계획이라고 할 수 있어. 내게 사랑이라는 열병을 앓아

봐야 한다고 설교하는 사람들도 있는데, 난 그럴 생각이 전혀 없어. 옛날에는 여러 계획을 많이 갖고 있었는데 지금은 연기처럼 다 날아가 버렸고, 나도 그런 것은 묻고 가두고 봉인해서 잊어버렸어. 무엇보다 사방을 둘러싸고 있는 벽은 그것을 부수려는 사람보다 언제나 훨씬 단단하니까……

마냐가 막연히 자살을 생각하고, 연애나 사랑에 환멸과 실망을 느끼는 데에는 다 이유가 있었다. 《젊은 처녀의 가슴 아픈 이야기》 같은 감상적인 책에서 수두룩하게 그려왔듯이, 실은 아주 단순하고 흔한 이야기다.

이야기는 마냐 스쿼도프스카가 아름다워진 시점부터 시작된다. 몇 년 뒤의 사진에서 볼 수 있는 놀라운 섬세함은 찾아볼 수 없지만, 사춘기 시절 그토록 동글동글하고 통통했던 소녀는 어느새 몰라 볼 만큼 아름답고 참한 처녀로 바뀌어 있었다.

피부와 머리칼에서 윤기가 흐르고, 손목과 발목은 날씬하고 사랑스러웠다. 이목구비가 아직 완전히 자리 잡진 않았지만 단호한 의지가 엿보이는 야무진 입술과, 눈썹 아래서 그윽하게 반짝이는 회색 눈동자는 뭇사람의 눈길을 끌기에 충분했다. 게다가 강하게 쏘아보는 눈빛 때문에 마냐의 눈은 한층 더 커보였다.

Z 부부의 장남 카지미에시가 축제와 긴 휴가를 즐기기 위해 바르샤바에서 쉬추키로 돌아왔다. 집에는 춤을 아주 잘 추고, 보트와 스케이트도 잘 타는 새 가정교사가 있었다. 그녀는 재기발랄하고 교양이 풍부해 이야기가 통하고, 즉흥적으로 시를 짓는가 하면 능숙하게 말을 타고 마차를 몰았다. 요컨대 지금까지 알던 젊은 여성들과는 전혀 다른 여성이었다. 카지미에시는 사랑에 빠졌다. 감수성이 풍부한 속마음을 혁신적인 사상으로 숨겨 온 마냐도 상냥한 미남 청년에게 마음을 빼앗겼다.

마냐는 아직 열아홉이 되지 않았고, 카지미에시도 그녀보다 겨우 한두 살 많았다. 하지만 두 사람은 결혼하기로 마음먹었다. 두 사람의 앞길을 가로막는 방해물은 어디에도 없어 보였다. 이곳 쉬추키에서의 마냐는 아이들의 가정교사인 '마리아 선생님'에 지나지 않았지만 모두에게서 사랑받고 있었다. Z 씨는 마냐와 함께 사탕수수밭을 가로지르며 산책을 했고, Z 부인은 마냐를 딸처럼 보살펴주었으며, 브론카는 그녀를 숭배했다. 마냐의 가족에게까지 특별한 친절을 베풀었다. 마냐의 아버지와 오빠와 언니들을 몇 번이나 초대했고, 마냐의 생일에는 꽃다발과 선물도 주었다. 따라서 카지미에시는 아무 걱정 없이 자신만만하게 부모님께 두 사람의 결혼을 허락해 달라고 말씀드렸다.

곧바로 대답이 돌아왔다. 아버지는 불같이 화를 냈고 어머니는 기절할 뻔했다. 소중한 아들이 '다른 사람' 밑에서 밥을 먹어야 하는 가난뱅이 여자와 결혼하겠다니 말이 되는가! 나중에 이 지방에서 가장 가문 좋고 돈 많은 집 딸과 결혼할 수 있는 신분인데 이 녀석이 제정신인가?

마냐를 친구처럼 대하는 것을 자랑으로 여기던 이 집안에 갑자기 넘을 수 없는 사회적 장벽이 생기고 말았다. 마냐는 훌륭한 집안에서 자라 교양 있고 머리 좋으며 사람들의 평판도 한 점 나무랄 데 없으며, 아버지는 바르샤바에서 훌륭한 사람이라고 알려져 있어도 "가정교사는 며느리로 들일 수 없다"는 그 한 마디 앞에서는 아무 소용이 없었다.

설교와 꾸중과 타이르는 말이 이어지자 카지미에시의 결심은 무너지기 시작했다. 그는 의지가 약해서 부모님의 비난과 노여움이 무서웠다.

마냐는 자신보다 못한 사람들에게 경멸당하고 상처를 받아 몸이 뻣뻣하게 굳었지만 냉정하게 침묵을 지켰다. 그리고 이 일을 다시는 생각하지 말자고 결심했다.

그러나 사랑은 야심과 같아서, 끝났다는 말 한 마디로 완전히 묻어버릴 수는 없다.

마냐는 Z 집안을 떠난다는 해결책을 선택할 수 없었다. 무엇보다 아버지를 걱정시켜 드리고 싶지 않았고, 또 한 가지 이유는 이렇게 조건이 좋은 일자리를 스스로 그만둘 수는 없었다.

지금은 브로냐의 저금도 바닥이 났으므로 의과대학 학비는 마냐와 아버지가 내주고 있었다. 마냐는 브로냐에게 매달 15루블, 때로는 20루블을 보냈다. 그녀가 받는 급료의 절반에 이르는 금액이다. 이곳을 그만두면 어디서 이만한 급료를 받겠는가? 게다가 Z 부부는 마냐를 불러 앉혀놓고 설명을 하거나 추궁하지 않았다. 그러니 꾹 참고 아무 일도 없었다는 듯이 쉬추키에 머무르는 것이 최상의 방책이었다.

이전과 같은 생활이 다시 이어졌다. 마냐는 Z씨네 가정교사로서 안지아에게 잔소리를 하고, 조금이라도 어려운 문제가 나오면 자 버리는 유레크를 흔들어 깨웠다. 농부의 자녀들을 가르치는 일도 계속했다. 이런 일이 다 무슨 의미가 있냐고 자조하면서도 마냐는 화학을 공부했다. 체스를 두고, 운을 맞춰 시를 짓고, 무도회에도 가고 산책도 했다.

나중에 그녀는 이렇게 썼다.

겨울에는 드넓은 평야가 온통 눈으로 뒤덮여 무척 아름다웠다. 나는 썰매를 타고 여기저기를 쏘다녔다. 때로는 눈이 너무 많이 내려 어디가 길인지 찾을 수도 없었다.

"길에서 벗어나지 마세요!" 내가 이렇게 외치면 썰매꾼은 "잘 알겠습니다"라거나 "걱정 마세요"라고 대답한다. 그러나 다음 순간 썰매가 뒤집어진다. 하지만 이런 소동 때문에 산책길은 더욱 즐거워진다.

……눈이 아주 많이 쌓였던 어느 해에 다 같이 눈으로 작은 움막을 지었던 일도 생각난다. 우리는 움막 안에 앉아서 아련한 장밋빛으로 물든 새하얀 설경을 바라보았다…….

마냐는 자신의 운명을 잊으려고 노력했다. 사랑에도 실패하고 학문연구의 꿈도 깨어졌으며, 가족들에게 송금하고 나면 자기에겐 아무것도 남지 않아 금전적으로도 쪼들렸다. 마냐는 영원히 빠져 나오지 못할 구렁텅이에 발목을 잡힌 것 같았다. 그녀는 가족을 생각했다. 도움을 청하거나 푸념을 하기 위해서가 아니다. 오히려 그녀는 편지를 쓸 때마다 조언을 구하고 격려를 보냈다. 적어도 가족들만큼은 그들이 소원하는 삶을 살길 바랐다.

마냐가 아버지에게, 1886년

……무엇보다도 사랑하는 아버지가 저희를 도울 힘이 없다고 슬퍼하지 않으시길 바랍니다. 그 누구도 아버지보다 저희에게 잘 해주진 못할 거예요. 저희는 아버지 덕분에 훌륭한 교육을 받았고 견실한 교양을 쌓았으며 인간으로서 부끄럽지 않을 정도의 인격을 지니게 되었잖아요? 그러니 아버지, 부디 기운 차리세요. 저희들은 잘 해나갈 거예요. 저는 아버지의 크

나큰 은혜에 언제나 감사드리고 있어요. 그 은혜에 다 보답할 수 없다는 게 제 유일한 근심이에요. 저희는 사람으로서 할 수 있는 한 아버지를 사랑하고 존경하고 있어요.

마냐가 유제프에게. 1887년 3월 9일

……내 생각엔, 몇 백 루블만 빌리면 오빠는 그런 시골에 갇혀 지내지 않고 바르샤바에 남을 수 있을 거야. 미리 부탁할게. 내가 건방진 말을 하더라도 부디 화내지 말고 들어줘. 식구들 가운데에서는 내가 오빠에게 언제나 솔직하게 말했던 걸 떠올려줘.

……오빠, 작은 마을의 의사로서는 바라는 만큼 지식을 넓히고 연구를 하기 어렵다고 누구나 생각할 거야. 시골에 파묻혀서 제대로 된 경력도 쌓지 못하고 끝날 거야. 아무리 각오가 훌륭하더라도 약국도 병원도 책도 없는 곳에서는 자연히 머리가 둔해지고 말 거야. 오빠가 그렇게 된다고 생각하면 난 너무 슬퍼.

내 꿈을 포기한 지금으로선 브로냐 언니와 오빠가 내 유일한 희망이야. 적어도 언니와 오빠만큼은 재능을 살릴 수 있는 길을 찾아가면 좋겠어. 절대로 우리 가족에게 주어진 재능을 이대로 묻어버리지 말아줘. 우리들 가운데 누구 한 사람을 통해서라도 드러나야 해. 내 처지가 유감스러운 만큼 오빠에게 거는 기대가 커…….

어쩌면 오빠가 내 얘기를 들어주지 않을 수도 있고, 너무 거창하게 말해서 조금 위축될지도 모르겠네. 나는 평소엔 이런 투로 말하거나 쓰지 않지만 이게 내 본심이야. 오빠가 의학 공부를 시작하던 때부터 늘 이렇게 생각해왔어.

그리고 오빠가 곁에 있으면 아버지가 얼마나 기뻐하시겠어? 아버지는 오빠를 정말 아끼시잖아. 우리 가운데 누구보다도 오빠를 아끼고 계셔. 만약 헬라 언니가 B 씨와 결혼하고 오빠마저 바르샤바를 떠나버리면 불쌍한 아버지는 어떻게 해? 정말로 외톨이가 되잖아. 얼마나 외로우시겠어. 하지만 오빠만 옆에 있으면 걱정 없어! 그리고 아무리 아낀다고 하더라도, 우리가 돌아갈 것을 생각해서 우리가 지낼 방은 비워 둬.

마냐가 (최근에 사산한) 헨리에타에게, 1887년 4월 4일

……그렇게 고생을 했는데도 모든 것을 잃어야 하다니 여자에겐 얼마나 큰 고통일까! 그리스도교도는 "주여, 주의 뜻대로 하소서"라고 기도하며 고통을 얼마간 덜 수 있겠지만, 그런 위로를 모든 사람이 받을 수 있는 건 아니지. 난 저렇게 기도할 수 있는 사람은 참 행복할 거라고 생각해. 하지만 이상하지. 그런 사람들이 행복하다고 인정할수록 나는 더더욱 그들과 신앙을 함께 하지 못하고, 그들과 같은 행복을 맛볼 수도 없을 거라는 생각이 들거든.

……이런 억지 이론 따위를 써서 미안해. 전에 언니가 그곳 사람들의 시대착오적인 보수성이 불만스럽다고 말해서 떠오른 생각이야. 너무 신랄하게 비판하진 말아줘. 정치면이든 사회면이든 전통에 대한 집착은 일반적으로 종교상의 전통주의에서 유래하고, 그 종교상의 전통주의는 행복한 거니까. 우리로서는 이해할 수 없더라도 말이야. 나는 사람들에게 신앙을 버리라고 할 생각은 없어. 내가 용서할 수 없는 건 위선이야. 요즘은 진정한 신앙이 드문 대신 위선이 사회 구석구석까지 퍼져 있잖아. 난 위선만큼은 딱 질색이야. 하지만 그 누구든 진실한 신앙심은 존경해. 예컨대 시야가 좁고 옹졸한 사람일지라도 말이야…….

마냐가 유제프에게, 1887년 5월 20일

내가 가르치는 안지아가 시험을 칠지 어떨지 모르지만 벌써부터 걱정이 돼서 견딜 수가 없어. 주의력이 부족하고 기억력도 나쁘거든. 유레크도 마찬가지야. 이런 아이들을 가르치고 있으면 모래성을 쌓는 기분이야. 하나를 외웠다고 생각하면 금세 어제 배운 걸 잊어버린다니까. 때로는 마치 고문을 당하는 것 같아.

게다가 내 자신의 일도 걱정이 돼서 죽고 싶을 정도야. 완전히 바보가 되어버린 것 같아. 세월은 쏜살같이 흘러가는데 앞으로 나아가는 기미는 보이지도 않아. 이 달은 '성모 마리아의 달'이라 미사를 올리기 위해서 마을 아이들을 가르치는 일도 쉬어야 했어.

하지만 내가 바라는 건 아주 사소한 거야. 그냥 사람들에게 도움이 된다는 느낌을 받고 싶을 뿐이야.

얼마 전 혼담이 깨진 헬라 얘기도 꺼냈다.

자존심에 상처를 입은 헬라 언니는 얼마나 괴로울까. ……언니는 그 집 사람들을 너무 과대평가한 거야! 가난한 집 딸은 며느리로 맞지 않겠다니, 뭐 그런 사람들이 다 있담? 누가 부탁한 것도 아닌데 왜 이제 와서 아무 죄도 없는 사람들을 모욕하고 상처를 입히는 거야?

……하다못해 오빠라도 내 기분이 나아질 좋은 소식을 좀 들려줘. 일은 잘 되고 있는지, 바르샤바에 머물기로 한 걸 후회하진 않는지 늘 걱정이 돼. 사실 그럴 필요는 없는데 말이야. 오빠라면 분명히 어려움을 잘 헤쳐 나갈 테니까. 난 오빠를 믿어. 살기 힘든 건 언제나 여자들이지. 그래도 나 역시 이대로 어둠 속에 묻혀버릴 생각은 없어.

마냐가 헨리에타에게, 1997년 12월 10일
……내가 결혼한다는 소문은 믿지 마. 근거 없는 헛소리니까. 그런 소문이 이 지방 일대는 물론 바르샤바까지 퍼지고 말았어. 나는 아무런 잘못도 없는데 나중에 골치 아픈 일이 생길까봐 걱정이야.

내 장래 계획은 아주 소박해. 작아도 좋으니 아버지와 함께 살 만한 집을 갖는 게 지금 내 꿈이야. 아버지는 내가 없어서 적적해 하셔. 내가 집에 있으면 얼마나 좋을까 하고 내가 돌아올 날만 애타게 기다리고 계시거든. 그래서 나는 다시 자립해서 우리가 살 집을 마련하기 위해 나머지 반생을 다 바칠 생각이야.

그래서 사정이 허락한다면 쉬추키를 떠나—그러려면 시간이 좀더 걸리겠지만—바르샤바로 돌아가서 기숙학교 교사가 될 거야. 그래도 모자란 건 가정교사를 해서 채울 생각이야. 내 희망은 이것뿐이야. 인생이란 건 그렇게 끙끙댈 정도로 앓을 만한 게 아니니까.

마냐가 브로냐에게, 1888년 1월 24일
오제슈코바의 소설 《니엠넌 강변》를 읽고 나니 마음이 너무 싱숭생숭해. 책 내용이 머리에서 지워지지 않아 어떻게 될 것만 같아. 우리가 꿈꾸던 모든 것들이 여기에 적혀 있었어. 우리가 상기된 얼굴로 열띠게 나누던 대화들이 그대로 이 책 속에 있는 거야. 난 세 살짜리 어린애처럼 엉엉 울어버렸어. 왜! 왜 그 꿈은 사라져버린 걸까? 나는 국민을 위해 국민과 함께 일하겠다는 큰 뜻을 품고 있었는데…… 지금은 고작 이 마을에서 열두어 명쯤 되는 아이들에게 읽기와 쓰기를 가르치는 게 고작이야. 사람들의 마음에 폴란드인으로서의 자부심을 일깨우고 사회에서 그들이 해야 할 역할을 깨우치게 하는 따위는 상상도 못해. 아아, 얼마나 한심스런 노릇이야. ……나는 이렇게 작고 시시한 인간이 되어 버렸어. 그런데 갑자기 이 책이 손에 들어와 생각지도 못한 충격을 받고 질식할 것만 같은 현실에서 조금 벗어나보니, 이제 어떻게 해야 좋을지 몰라 참을 수 없을 만큼 고통스러워.

마냐가 유제프에게, 1888년 3월 18일

그리운 오빠. 나는 이 편지에 내가 가진 마지막 우표를 붙여. 나는 지금 말 그대로 한 푼도, 정말로 한 푼도 없기 때문에 어디서 공짜 우표라도 생기지 않는 한 아마도 부활제까지는 편지를 보낼 수 없을 거야.

실은 오빠 생일을 축하하려고 펜을 들었는데, 혹시 이 편지가 늦게 도착한다면 그건 다 돈과 우표가 없었기 때문이야. 정말 괴로운 일이야. 돈을 좀 빌려 달라고 부탁하면 되는데 난 아직 그게 잘 안 되네.

……그리운 오빠, 내가 얼마나 깊은 한숨 속에서 사는지, 얼마나 바르샤바에 가고 싶어 하는지 알아? 내가 가지고 온 옷들은 다 여기저기 해져서 손을 봐야 하지만 그런 것은 아무래도 상관없어. 내 영혼도 이미 만신창이가 되어버렸어. 아아! 단 며칠이라도 좋으니 이 차갑고 데면데면한 분위기에서, 내 말과 표정, 태도까지 끊임없이 감시하고 비판하는 이곳에서 날 좀 꺼내 줘. 나는 지금 무더운 여름날 개운하게 목욕하고 싶어서 견딜 수 없을 듯한 그런 심정이야. 그럴 만한 이유는 아주 많아.

브로냐 언니한테서 오랫동안 소식이 오지 않아. 언니도 우표가 없어서 그럴 거야. 오빠, 오빠한테 우표가 한 장 남아 있다면 부탁이니 나에게 편지를 써 줘. 요즘 집안 사정이 어떤지 하나도 빠짐없이 알려줘. 아버지와 헬라 언니한테서 오는 편지는 언제나 푸념뿐이야. 정말 그렇게 모든 일이 잘 안 풀리는지 걱정스럽기까지 해. 안 그래도 여기는 여기대로 골치 아픈 일들이 많이 있거든. 말하려고만 하면 못 할 것도 없지만 그런 일 따위를 오빠에게 알리고 싶진 않아.

브로냐 언니만 아니라면 당장 Z 씨네를 떠나 다른 일자리를 알아볼 거야. 이곳의 조건이 꽤 좋기는 하지만 말이야……

마냐가 카쟈에게—얼마 전 카쟈가 약혼한다는 소식을 받고 그녀 집에 며칠 놀러가기로 했다—1888년 10월 25일

네가 털어놓은 그 어떤 얘기도 난 야단스럽다든가 우습다고 생각하지 않아. 네가 마음 쓰는 일인데 어떻게 '자매'나 다름없는 내가 남의 일처럼 생각할 수 있겠니.

난 아주 밝게 생활하고 있어. 사실은 가라앉은 마음을 웃음 속에 숨기고 있지만. 나처럼 뭐든지 강렬하게 느끼는 데다가 이런 성격을 바꾸지도 못하는 사람은 되도록 남에게 숨기는 게 좋다고 생각하기 때문이야. 하지만 이런 태도가 도움이 되느냐 하면, 전혀 그렇지 않아! 나는 늘 벌컥 화부터 내고 나중에 후회하고는 해. 그러고는 또다시 그러지 말자고 다짐하곤 하지.

이 편지를 쓰고 있는 지금도 마음이 조금 우울해. 이해해 줄 거지, 카쟈?

너는 태어나서 지금까지에서 가장 행복한 일주일을 보냈다고 하지만, 나는 이번 휴가 동안 너라면 평생 구경도 못할 만큼 견디기 어려운 나날을 몇 주씩이나 보냈어. 정말 괴로운 시간이었어. 이 싫은 기억을 진정시켜주는 단 한 가지 위안은 어쨌거나 내가 성실하고 당당하게 그 어둠 속에서 빠져나왔다는 사실 뿐이야. (나는 마이에르 선생님을 화나게 했던 그 태도를 아직 고치지 않았거든.)

내가 감상적이 되었다고 말하고 싶겠지만 걱정할 필요는 없어. 그렇게 되는 일은 없을 거야. 애초에 내 성격과는 맞지도 않고—하지만 요즘 신경질적이 된 것은 사실이야. 그 때문에 안 좋은 일도 많이 있었어. 하지만 너희 집에 갈 때는 여전히 명랑한 말괄량이로 되돌아갈 거야. 우리 둘 다 서로에게 할 얘기가 산더미처럼 쌓여 있지? 입에 채울 자물쇠라도 갖고 가지 않으면 밤이 새도록 얘기하느라 정신이 없을 거야. 너희 어머니는 예전처럼 시럽이랑 아이스코코아를 만들어 주실까?

마냐가 유제프에게, 1888년 10월

달력을 보며 우울해 하고 있어. 오늘은 편지지는 별도로 치더라도 우표가 다섯 장 필요해. 머지않아 오빠에게 말해 줄 만한 것이 다 떨어질 거야.

생각해 봐. 나는 화학을 책으로 공부하고 있어. 그런 방법으로는 효과가 거의 없는 것 알고 있지. 그렇지만 실습하고 실험할 곳이 없기 때문에 어쩔 도리가 없어.

파리에서 브로냐 언니가 작은 앨범을 보내주었어. 정말 멋져.

마냐가 헨리에타에게, 1888년 11월 25일

하루도 빠짐없이 서풍이 불어대고 비가 내리고 강이 범람하고 길은 질척거려서 내 마음도 덩달아 우울해. 오늘은 하늘이 잠잠하지만 바람이 굴뚝 안을 휘저으며 으르렁거리고 있어. 아직 얼음이 얼 기미는 보이지 않아서 스케이트 신발은 여전히 쓸쓸하게 선반에 걸려 있어. 아마 언니는 잘 모르겠지만 이런 시골에서는 얼음이 얼어서 생기는 이점이 아주 많기 때문에, 언니가 사는 갈리치아 지방에서 보수주의자와 진보주의자의 논쟁만큼이나 얼음이 아주 중요한 문제야.

내가 언니 이야기를 따분해한다고 지레짐작하지는 말아줘. 오히려 나는 사람들이 바삐 움직이는 장소가 지리적으로 틀림없이 존재한다는 사실을 알게 되어 정말 기쁘니까. 바삐 움직이면서 생각까지 하다니 말이야!

언니는 그런 움직임의 한가운데에서 살고 있지만, 내 생활은 이 오염된 물가에 사는 민달팽이나 다름없어. 하지만 다행스럽게도 머지않아 이 무기력한 세계에서 빠져나갈 수 있을 것 같아.

사람들 사이에서 살아온 지난 몇 해가 나에게 도움이 되었는지 아닌지, 다음에 만나면 언니는 어떻게 생각할까? 모두들 쉬추키에 머무는 동안 내가 육체적으로도 정신적으로도 많이 변했다고 말해. 하지만 당연하잖아. 내가 이곳에 왔을 때는 갓 열여덟이었고, 그 뒤로 많은 경험을 했으니까.

내 인생에서 가장 참담한 시기였다고 나중에 되돌아볼 만한 그런 때도 있었는걸. 더구나 나는 무슨 일이든 아주 강렬하게 느끼고 그 충격을 온몸으로 고스란히 받거든. 그래서 나는 스스로에게 용기를 불어넣어. 그러면 내 굳은 심지가 다시 살아나고 악몽에서 빠져나온 것 같은 기분이 돼. 내 철칙은 사람에게도 사건에도 굴복하지 않는다는 거야.

크리스마스 때 집으로 돌아갈 날만 손꼽아 기다리고 있어. 그것은 새로운 감동, 변화, 인생, 움직임을 바라고 있다는 뜻이기도 해. 이런 생각을 하면 이따금 거역할 수 없는 힘이 내 가슴을 짓누르는 것 같아서, 언제까지나 이런 생활에 얽매어 있지 않겠다고 다짐하며 말도 안 되는 바보짓을 저질러 버릴 것만 같아. 다행히 일이 너무 많아서 좀처럼 이런 발작을 일으킬 시간이 없지만.

올해가 이곳에서 보내는 마지막 해야. 아이들이 모두 무사히 시험에 합격할 수 있도록 나도 더 힘을 내야지.

탈출

'마리아 선생님'이 가정교사가 된 지 3년이 지났다. 열심히 일했지만 돈은 모이지 않았고, 소소한 기쁨 서너 가지와 가슴이 찢어지는 듯한 슬픔 하나만 덩그러니 남은 단조로운 3년이었다. 그러나 이제 그녀의 단조롭고 우울한 생활이 서서히 앞을 향해 움직이기 시작한다. 파리, 바르샤바, 쉬추키에서 일어난 언뜻 평범해 보이는 여러 사건들이, 마냐의 운명을 자아내는 신비한 물레바퀴를 움직이고 있었다.

스쿼도프스키 씨는 교사직을 그만두고 수입이 많은 일을 찾아다녔다. 딸들 공부를 계속할 수 있도록 도와주고 싶었기 때문이다. 1888년 4월, 그는 썩 내키지 않는 힘든 직무를 떠맡았다. 바르샤바에서 그리 멀지 않은 시투치에니스에 있는 소년원 원장이 된 것이다. 소년원은 환경이 아주 열악했지만 보수는 비교적 괜찮았으므로, 그는 자기 월급에서 일부를 떼어 매달 브로냐에게 학비로 보내주었다.

브로냐는 제일 먼저 마냐에게 이제 더는 돈을 부치지 말라고 신신당부했다. 그리고 아버지한테도 편지를 써서 매달 자신에게 보내는 40루블 가운데 8루블을 떼어서 지금까지 마냐에게 받았던 돈을 조금씩 갚아 달라고 부탁드렸다. 이때부터 마냐에게 다시 돈이 모이게 되었다.

의학생인 브로냐가 파리에서 보낸 편지에는 그녀의 근황도 적혀 있었다. 그녀는 매우 열심히 공부하고 있으며 시험도 훌륭하게 통과했고, 무엇보다 지금 사랑에 빠져 있다고 했다. 상대는 카지미에시 도우스키라는 폴란드인으로, 그녀와 같은 의학생이며 재능도 있고 인물도 좋다고 했다. 한 가지 문제는 그가 러시아령 폴란드에서의 체재가 금지되어 국외로 쫓겨날 우려가 있다는 점이었다.

1889년, 쉬추키에서는 마냐의 일이 끝나가고 있었다. 성 요한 축일이 오면 Z 씨네와 맺은 계약이 끝나는 것이다. 곧 새 일자리를 찾아야 했지만, 이미 바르샤바에 살고 있는 대실업가 F 씨의 집에서 오라는 얘기가 있었다. 마냐의 생활에 드디어 새 바람이 불기 시작했다. 그토록 바라고 바라던 새 바람이!

마냐가 카쟈에게, 1889년 3월 13일

앞으로 5주만 지나면 부활절이야…… 내게는 아주 중요한 날이야. 내 앞으로의 운명이 그날 결정될 테니까. 실은 F 씨 댁 말고 오라는 곳이 한 군데 더 있어서 망설이고 있어. 나 혼자선 결정을 내리지 못하겠어.

……어쨌든 날마다 부활절 생각만 해. 앞으로의 일로 머릿속이 가득 차서 펑 하고 터져버릴 것만 같아. 난 앞으로 어떻게 될까? 너의 마냐는 마지막 날까지 성냥개비를 쌓아올리듯 조마조마하게 가슴 졸이며 살아갈 운명인가 봐.

쉬추키여, 사탕무밭이여, 안녕…… 떠나는 사람이나 보내는 사람 모두 생글생글 상냥한―지나치게 상냥한―미소를 지으며 마리아 스쿼도프스카는 드디어 Z씨 가족에게 작별을 고했다. 자유의 몸이 되어 바르샤바로 돌아온 마냐는 고향 마을의 공기를 한껏 들이마셨다. 그리고 다시 기차에 몸을 실었다. 이번에는 음울한 발트 해 연안마을 소포트에서, 새로운 고용주와 만나기 위해서이다.

마냐가 카쟈에게, 1889년 7월 14일, 소포트에서

불안해서 한시도 마음을 놓을 수 없던 여행도 무사히 끝났어. 아무것도 도둑맞지 않았고 훔치려는 사람도 없었어. 기차를 갈아탈 때도 다섯 번 모두 제대로 탔고, 갖고 있던 '세르델키' 소시지도 남기지 않고 다 먹었어. 남은 건 작은 빵과 캐러멜뿐이야.

가는 곳에서마다 친절한 분들을 만나 그분들 덕분에 아주 편하게 올 수 있었어. 하지만 너무 친절하다보니 내 음식에까지 손을 대는 건 아닌가 걱정되어서 세르델키는 보여주지 않고 꽁꽁 숨겨 두었어!

F 씨 부부는 역까지 마중 나와 주셨어. 두 분 다 아주 상냥하시고 그 집 아이들도 나를 잘 따라. 그러니까 앞으로도 모든 일이 잘 풀릴 거야. 잘

풀리지 않으면 곤란하지!

그러나 피서지인 '쉬르츠 호텔'에서는 "늘 만나던 사람만 또 만나고, 온천 주위에서 옷 얘기 같은 아무 의미도 없는 이야기만 한다"고 마냐가 편지에 썼듯이, 그다지 재미있는 나날은 아니었던 것 같다.

날씨가 너무 춥다보니 F 부인과 남편과 그 어머니는 모두 집안에만 틀어박혀 있어. 게다가 다들 저기압이야. 할 수만 있다면 땅을 파고 들어가서 숨어 있고 싶어.

그러나 머지않아 F 씨 부부와 아이들과 가정교사는 바르샤바로 돌아왔다. 그 뒤 1년 동안은 마냐에게 비교적 평온하고 휴식 같은 나날이 이어졌다. F 부인은 무척 아름답고 고상하며 유복했다. 그녀는 모피와 보석을 엄청나게 가지고 있었다. 몇 개나 되는 옷장에는 유명 디자이너가 만든 의상이 빼곡히 들어차 있고, 응접실에는 야회복 차림을 한 그녀의 초상화가 걸려 있었다. 마냐는 여기에서, 풍족한 경제력이라는 것은 여성을 행복하게 해주는 매력도 있지만 반면에 경박한 온갖 물건들을 방관하는 자가 되게도 한다는 것을 알아간다. 하나같이 그녀 자신과는 평생 인연이 없는 것이었다.

마냐가 사치스러운 생활을 접한 것은 이때가 처음이자 마지막이었다. 마냐는 F 부인 덕분에 순조롭고 즐거운 나날을 보냈다. 부인은 '매력적인 스쿼도프스카 선생님'에게 홀딱 반해서 쉴 새 없이 마냐를 칭찬하면서, 다과회나 무도회에도 빠짐없이 데리고 다녔다.

그때 마냐에게 깜짝 놀랄 일이 벌어졌다. 어느 날 아침 파리에서 편지가 한 통 도착했다. 강의가 비는 시간에 브로냐가 모눈종이를 찢어 휘갈겨 쓴 그 편지에는, 내년에 브로냐가 결혼하면 그 집에서 같이 살자는 얘기가 적혀 있었다.

브로냐가 마냐에게, 1890년 3월, 파리에서
······생각대로 일이 잘 진행되기만 한다면 휴가 때는 틀림없이 결혼할 수 있을 것 같아. 내 약혼자는 그때쯤이면 이미 의학박사가 되어 있을 테

고, 나도 마지막 시험만 남겨두고 있을 테지. 우리는 일 년 더 파리에 있다가 내 시험이 모두 끝난 뒤에 둘이 함께 폴란드로 돌아갈 생각이야. 크게 어려운 계획은 아닌 것 같은데, 어때? 나도 이제 스물네 살이야. 아니, 내 나인 괜찮지만 그인 벌써 서른넷이거든. 그의 나이를 생각하면 결혼을 더는 늦추지 못할 것 같아.

……그래서 말인데, 마냐, 너도 이제 자신의 인생을 위해 슬슬 뭔가 해야 되지 않겠니? 올해 안에 몇 백 루블쯤만 모아 둬. 그럼 내년에는 파리로 와서 우리와 같이 살면 되고 먹고 자는 문제는 걱정 없어.

다만 소르본 대학에 입학하려면 몇 백 루블은 꼭 있어야 해. 첫해는 우리와 함께 살면 되고, 그 다음부터는 우리가 파리를 떠나더라도 아버지가 어떻게든 꼭 도와주실 거야.

난 네가 꼭 파리로 오면 좋겠어. 너무 오랫동안 너를 기다리게 했지. 너라면 틀림없이 2년 만에 졸업할 수 있을 거야. 그 점을 염두에 두고, 돈은 모아서 확실한 곳에 맡겨둬. 절대로 다른 사람에게 빌려주지 마. 곧바로 프랑으로 바꿔두는 편이 좋을지도 모르겠다. 지금은 환율이 좋은데 앞으로는 내릴지도 모르니까…….

마냐가 감격해서 "정말 행복해. 꼭 파리로 갈게" 하고 답장을 했을까? 아니, 마냐는 그러지 않았다.

몇 해 동안 집을 떠나 살면서 젊고 비범한 마냐는 신경질적으로 바뀌진 않았어도 아주 주의 깊고 우유부단한 성격이 되었다. 희생이라는 이름의 악마가 그녀를 기회가 와도 잡지 못하는 사람으로 만들어버렸다. 그녀는 아버지와 함께 살기로 약속했고, 헬라와 유제프도 도와야 하므로 파리에는 가고 싶지 않다고 생각했다! 마냐는 브로냐의 초대를 거절하는 편지를 썼다.

마냐가 브로냐에게, 1890년 3월 12일, 바르샤바에서

그리운 언니, 난 바보였어. 지금도 바보고 앞으로도 평생 그럴 거야. 요즘 유행하는 말로 하면, 나는 운이 없었고 지금도 없고 앞으로도 없을 거야.

나는 일찍이 그리스도교도가 속죄를 동경하듯 파리를 동경했어. 하지만 이미 오래 전에 그 꿈은 날아가 버렸어. 그렇다보니 지금 갑자기 그 가능성이 다시 열린다고 해도 어떻게 해야 좋을지 모르겠어.

무엇보다 아버지께 도저히 말씀드릴 수가 없어. 아버지께선 내년부터 나와 함께 살자고 말씀드렸더니 무척 기뻐하시며, 어서 그날이 오기만을 손꼽아 기다리고 계셔. 헬라 언니에게도 1년 안에 집으로 불러들일 수 있을 만큼 힘을 키우고 바르샤바에 일자리를 마련해 주겠다고 약속했어. 내가 헬라 언니 일로 얼마나 마음아파 하는지 언니는 모를 거야. 헬라 언니는 언제까지나 우리 집의 '미성년자'야. 헬라 언니를 돌보는 것이 내 의무라고 생각하고, 언니도 그러기를 진심으로 바라고 있어.

그러니까 언니, 유제프 오빠를 언니가 할 수 있는 만큼 도와줬으면 해. S 부인에게 비용을 부탁하는 일이 언니의 역할이 아니라고 생각할지 모르지만, 그렇게라도 해서 오빠가 지금 처한 곤경에서 벗어날 수 있다면 얼마나 좋겠어? 복음서에도 "두드리라. 그러면 열릴 것이다"라고 나와 있잖아? 자존심이 조금 상하겠지만 그런 거 아무려면 어때? 사랑하는 마음에서 하는 부탁은 아무도 상처 주지 않을 거야.

내가 그런 편지를 쓰는 방법만 알고 있다면 얼마나 좋을까! 어쨌든 그분에게 큰돈이 필요한 것은 아니라는 점, 오빠가 바르샤바에 머물면서 공부하기 위해 딱 2, 300루블만 있으면 충분하다는 점, 오빠의 장래가 거기에 달려 있으며, 도움을 받지 못하면 오빠의 뛰어난 재능이 쓸모없게 되어 버린다는 점을 잘 설명해줘.

이런 내용을 처음부터 끝까지 잘 설명해야 해. 단지 돈만 덜렁 빌려달라고 하면 그분도 별로 내키지 않으실 거야. 실패하면 안 되잖아? 조금은 그분에게 채근해 봐도 괜찮을 거야. 목적만 이룰 수 있다면 뭐든 상관없어. 무엇보다 그다지 큰 부탁도 아니잖아? 세상 사람들은 더 끈질긴 부탁도 잘만 하더라. 부인의 도움만 받으면 오빠는 사회에서 매우 유능한 인재가 될 거야. 하지만 만약 시골로 가버린다면 그야말로 끝장이야!

헬라 언니와 오빠와 아버지 일, 그리고 실패로 끝나 버린 내 미래에 관한 일로 괜히 언니를 슬프게 만든 것 같아. 내가 우울하고 쓸쓸하다고 해서 행복에 빠져 있는 언니한테까지 찬물을 뿌리면 안 된다는 건 알아. 하지만 우리들 가운데서 사람들이 말하는 행운을 손에 넣은 사람은 언니뿐인걸. 정말 미안해, 언니. 나 요즘 여러 가지로 마음 아픈 일만 생겨서 명랑하게 편지를 끝내질 못하겠어. 이해해 줘.

멀리 있는 언니에게 마음을 담아 키스를 보내. 다음에는 좀더 길고 즐거운 편지를 보낼게. 오늘은 특히 더 우울해서 견딜 수가 없어. 언니의 따뜻한 마음으로 나를 생각해 줘. 그럼 그 마음이 여기까지 전해질지도 몰라.

브로냐도 끝까지 자기주장을 굽히지 않았다. 하지만 안타깝게도 마냐의 고집을 꺾을 결정적인 근거가 부족했다. 여비를 주며 다짜고짜 동생을 기차에 태우기에는 브로냐가 너무 가난했다. 그래서 결국, 마냐가 F 부인 댁 약속기한을 다 채우고 난 뒤 1년 동안 바르샤바에 머물기로 결론이 났다. 소년원 일에서 해방된 아버지 곁에서 살면서 개인교습을 하여 저축을 늘려서 파리로 떠나는 것이다…….

시골의 무기력하고 정체된 분위기와, F 가의 화려하고 떠들썩한 분위기에 젖어 있던 마냐는 오랜만에 그리운 집으로 돌아왔다. 집에 돌아와 아버지 스쿼도프스키 씨와 함께 살면서 지성을 자극하는 흥미로운 대화를 나누게 되자 그녀의 마음에는 다시 원기가 용솟음쳤다. 이동대학도 그녀를 위해 다시 그 비밀스런 문을 열어주었다. 그러나 무엇보다 큰 기쁨을 안겨준 일생일대의 사건은, 마냐가 처음으로 연구소에 들어간 일이다.

연구소는 크라쿠프 거리 66번지에 있었다. 라일락 나무가 있는 정원 안쪽에 자리한 작은 2층 건물로, 줄지어 있는 작은 창문으로 햇빛이 쏟아지고 있었다.

'농공업박물관'이라는 거창한 이름을 가진 그곳은 마냐의 사촌오빠인 유제프 보그스키가 운영하는 연구소다. 연구소 이름을 애매하면서도 거창하게 붙인 것은 러시아 당국을 속이기 위해 표면상의 간판이 필요했기 때문이다. 박물관에서 폴란드 청년들에게 과학을 가르치고 있다고 누가 상상이나 하겠는가.

뒷날 마리 퀴리는 이렇게 썼다.

이 연구소에서 공부할 수 있는 시간은 거의 없었다. 대개 저녁을 먹고 난 다음이나 일요일밖에 갈 시간이 없었고, 지도자도 없이 혼자였다. 나는 물리학개론과 화학개론에 기술된 여러 가지 실험을 직접 해 보았지만, 생각지도 못한 결과가 나올 때가 많았다. 가끔은 예상외로 실험이 잘 되어 힘이 솟기도 했지만 경험 부족으로 사고를 내거나 실패를 해서 절망하는 일이 많았다. 전반적으로, 나는 첫 체험을 통해 이 방면에서는 빠른 진보란 있을 수 없고 결코 쉽게 성공할 수도 없다는 사실을 뼈저리게 깨달았다. 하지만 실험에 기초한 연구에 대한 내 관심은 점점 커져만 갔다.

전기계며 실험관이며 정밀저울을 놔두고 밤늦게 집에 돌아온 마냐는 옷을 벗고 작은 소파에 누웠다. 하지만 잠이 오지 않았다. 지금까지 겪었던 것과는 전혀 다른 흥분에 심장이 쿵쾅거려 잠을 이룰 수가 없었다. 오랫동안 안개 속에 가려져 있던 그녀의 천직이 느닷없이 모습을 드러내어 비밀스러운 명령에 따르도록 그녀를 다그치고 재촉했다.

섬세하고 아름다운 손으로 농공업박물관의 실험기기를 만지고 있으면, 유년시절의 아련한 추억들이 마법처럼 떠올랐다. 일찍이 그녀가 가지고 놀고 싶어서 참을 수 없었던, 유리문 안에 조용히 진열돼 있던 아버지의 물리실험 기기들이 또렷하게 생각났다. 마냐는 끊어졌던 삶의 실타래를 다시 묶었다.

마냐는 혼자서 열정을 불태우며 밤을 보냈지만, 낮에는 아주 평온해 보였다. 그녀는 자신의 마음을 미친듯이 긁어대는 초조함을 가슴 속에만 묻어두고 주위사람들에게 보여주지 않았다. 식구들과 함께 사는 마지막 몇 달만이라도 아버지를 완전히 행복하게 해드리고 싶었다. 마냐는 오빠의 결혼을 위해 이리저리 뛰어다니고, 헬라 언니를 위해 일자리도 찾아보았다.

어쩌면 개인적인 고민이 그녀가 떠나는 길을 가로막고 있었는지도 모른다. 마냐는 여전히 카지미에서 Z를 사랑하고 있었다. 어떤 절대적인 힘이 자기를 파리로 끌어당기고 있다고 느끼면서도 몇 년씩이나 집을 떠나 있어야 한다고 생각하면 가슴이 찢어질 듯 아팠다.

1891년 9월, 마냐가 카르파티아 산맥의 휴양지 자코파네로 휴가를 가서 카지미에서 Z와도 다시 만났을 때, 스쿼도프스키 씨는 브로냐에게 편지를 써서 마냐의 근황을 알렸다.

스쿼도프스키 씨가 브로냐에게
마냐는 한동안 자코파네에 머무르기로 했단다. 유행성 감기로 기침이 심해져서 13일 무렵에나 돌아올 수 있는 모양이야. 그곳 의사 말로는 당장 치료하지 않으면 겨울 내내 앓을 수도 있다는 구나. 참, 누굴 닮아 그렇게 덤벙대는지! 감기에 걸리지 않도록 대비하거나 계절에 맞춰 옷을 갈아입을 줄도 모르는데 누굴 탓하겠니.

그런데 마냐가 아주 우울하다는 편지를 보내왔단다. 마음속에 근심이 있는데다가 현재의 불안정한 상황이 겹쳐 걱정하고 있더구나. 장래 문제로 뭔가 비밀이 있는 것 같은데 돌아오기 전에는 나한테도 얘기해주지 않겠지. 실은 어떤 일인지 대충 짐작은 하고 있다만, 걱정해야 할지 기뻐해야 할지 나도 모르겠구나. 내 예상이 옳다면, 예전에 그 애한테 마음고생을 시킨 사람이 다시 새로운 슬픔을 주려고 하는 모양이야. 하지만 그 애가 바라던 생활을 해 나가고 두 사람이 행복해질 수만 있다면 그런 장애도 극복할 가치가 있겠지. 어쨌든 나는 아직 아무것도 모른단다.

네가 마냐를 파리로 부른 것이 마냐에게는 전혀 뜻밖이었는지 흥분이 되면서도 고민스러워 어찌할 바를 모르는 것 같더구나. 그 학문의 도시에 마냐가 얼마나 가고 싶어했는지 나도 잘 안다. 하지만 지금으로선 생각해 봐야 할 문제야. 특히 마냐가 완쾌되어 돌아오지 않으면 나는 파리로 떠나는 걸 반대할 생각이다. 파리의 겨울은 혹독해서 몸이 약한 사람에게는 무척 해롭기 때문이야. 다른 건 아무것도 생각하지 않으련다. 마냐와 헤어지는 괴로움도 생각하지 않겠다. 그런 건 나중에 거론해도 될 문제니까.

그 애한테는 기운 내라고 어제 편지를 써서 보냈단다. 마냐가 바르샤바에 머물게 되면, 개인지도 자리가 나지 않더라도 내가 1년 동안 우리 두 사람이 먹고 살 만큼은 벌 수 있을 거다.

네 남편 카지미에시는 아주 건강한 것 같아서 무척 기쁘구나. 너희 둘이 각각 서로 다른 카지미에시와 결혼한다면 그것도 제법 재미있으련만.

가엾은 스퀴도프스키 씨는 마음속으로는 가장 사랑스러운 딸 마냐를 드넓은 세계에 무턱대고 내보내고 싶지 않았던 것이다. 그래서 다른 어떤 일로, 예컨대 마냐가 카지미에시 Z와 결혼을 해서 폴란드에 눌러앉기를 바랐다.

그러나 자코파네에서 마냐와 카지미에시는 산에서 두 번 함께 산책을 하다가 결정적으로 사이가 틀어지고 말았다. 카지미에시가 지금까지 수차례나 그래왔듯이 불안감을 드러내며 머뭇거리자 마냐도 더는 참지 못하고 단호하게 말해 버렸다.

"우리의 상황을 타개할 방법을 당신이 모른다고 해서 내가 그것을 가르쳐 줄 수는 없어요!"

길지만, 미지근했던 이 사랑이야기를 엮어가면서, 마냐는 어디까지나 '긍지를 가지고 의연한 태도를 잃지 않았다'고, 나중에 스쿼도프스키 씨는 말했다.

이리하여 마냐는 자신을 붙잡아매고 있던 가느다란 줄을 싹둑 잘라 버렸다. 더는 초조한 마음을 억누르지도 않았다. 마냐는 지금까지 참고 또 참기만 했던 세월을 헤아려 보았다. 여학교를 졸업한 지 8년, 가정교사를 한 지 6년이 지났다. 그녀는 이미 모든 가능성이 활짝 열려 있는 소녀가 아니다. 나이도, 몇 주만 지나면 스물넷이 된다.

느닷없이 그녀는 브로냐에게 도움을 청했다.

마냐가 브로냐에게, 1891년 9월 23일, 바르샤바에서

……브로냐 언니, 분명히 대답해 줘. 정말로 내가 언니 집에서 살 수 있는지 말이야. 난 이제 언제든지 그쪽으로 갈 수 있어. 필요한 만큼의 돈도 갖고 있어. 그러니까 언니네가 허리띠를 바짝 졸라매지 않아도 나 하나쯤 데리고 살 수 있는지 알려 줘. 그렇게 된다면 얼마나 행복할까. 마음의 상처도 순식간에 다 나을 거야. 올여름에는 정말로 괴로운 시련을 겪었고, 아마 평생 상처로 남을 거라고 생각해. 하지만 그렇다고 해서 언니한테 폐를 끼치고 싶진 않아.

언니는 이제 곧 아이도 태어난다니까 내가 곁에 있으면 뭐라도 도움이 될지도 모르잖아. 어쨌든 언니네 사정을 알려 줘. 정말 내가 가도 좋은지, 어떤 입학시험을 치러야 하는지, 그리고 언제 학생으로 등록할 수 있는지 가르쳐 줘.

파리에 갈 수 있다고 생각하면 너무 흥분돼서 언니 답장을 받기 전에는 아무 말도 하고 싶지 않아. 부탁이니 빨리 답장을 보내 줘. 언니와 형부한테 나의 사랑을 담아 이 편지를 보내.

내가 머물 곳은 어디든 상관없어. 언니네를 방해할 생각은 전혀 없으니까. 결코 폐를 끼치거나 귀찮게 하지 않겠다고 약속해. 그러니까 언니, 부디 솔직하게 얘기해 줘.

브로냐가 전보로 답장을 하지 않은 것은 전보가 무척 비쌌기 때문이다. 마냐는 브로냐의 답장을 받고 곧바로 기차에 오르지 않은 까닭도, 우선 얼마 안 되는 저금으로 긴 여행을 위해 만반의 준비를 해야 했기 때문이다.

그녀는 갖고 있는 루블 금화를 몽땅 탁자 위에 늘어놓았다. 거기에 아버지가 얼마를 더 보태주었다. 대수롭지 않은 금액이었지만 마냐한테는 아주 귀중한 돈이었다. 그녀는 계산을 시작했다.

여권에 얼마, 기차표가 얼마…… 바르샤바에서 파리까지 3등석을 타는 경솔한 짓은 하면 안 된다.

러시아와 프랑스에서는 3등석이 가장 싸지만, 고맙게도 독일에는 4등석이 있기 때문이다. 화물차나 다름없이 객실에 칸막이가 없고 사방에 벤치가 하나씩 붙어 있을 뿐이다. 접의자를 가지고 타서 한가운데의 빈 공간에 앉으면 그럭저럭 견딜 만하다.

그리고 현실적인 브로냐의 충고도 잊지 말아야 한다. 파리에 도착해서 생각지 못한 지출로 곤란해지지 않도록 생활에 필요한 물건들은 미리 집에서 부쳐두어야 한다. 요, 이불, 시트 등 침구와 수건은 미리 보통열차 편으로 발송한다. 튼튼한 천으로 만든 옷과 속옷, 구두, 모자 두 개는 이미 긴 의자 위에 모아두었다. 그 옆에는 마리가 큰맘 먹고 유일하게 산, 크고 튼튼한 갈색 목재 짐 가방이 입을 벌리고 있다. 가방 겉에는 정성스러운 글씨체로 이름의 머리글자인 M. S.를 커다랗게 적어 넣었다.

침구류는 부쳤고 짐 가방도 맡기고 나니, 그녀의 길동무가 될 너저분한 짐 보따리만 남았다. 그 속에는 3일 동안 기차 안에서 먹을 음식과 독일 기차 안에서 쓸 접의자, 책 몇 권, 캐러멜 한 봉지, 담요 등이 들어 있다.

보따리를 차내 선반 위에 올려놓고 좁고 딱딱한 좌석을 하나 잡아두고 나서 마냐는 다시 플랫폼으로 내려섰다. 낡은 망토를 걸치고, 상기된 볼에, 회색 눈동자가 유난히 반짝거리는 마냐는 무척 젊고 생기 있어 보였다.

마냐는 갑자기 가슴이 먹먹해지며 양심의 가책을 느꼈다. 아버지를 끌어안고 죄스러운 마음에 이런저런 상냥한 말을 끊임없이 해대며 아버지를 위로했다.

"파리에 오래 있을 생각은 없어요. 2년, 길어야 3년이에요. 공부를 마치고 시험에 통과하면 바로 돌아올게요. 그러면 또 아버지와 함께 살면서 다시는 아버지 곁을 떠나지 않을 거예요.

"그래, 그러자꾸나. 어서 돌아오렴. 공부 열심히 하고, 건강 조심해라."

아버지는 딸을 끌어안고 쉰 목소리로 속삭였다.

기적소리와 바퀴소리를 요란하게 울리며 마냐를 태운 4등석 기차가 어둠을 뚫고 독일을 가로질러 달렸다.

그녀는 접의자에 쪼그리고 앉아 담요로 다리를 감쌌다. 이따금 짐이 다 있는지 세어보거나 가까이 끌어당기면서 마냐는 가슴 벅찬 기쁨을 맛보았다. 지나온 날들과 오랫동안 기다리고 기다렸던 꿈같은 출발 등을 차례로 떠올려 보았다. 그리고 앞날을 상상했다. 공부가 끝나면 바로 고향으로 돌아와서 욕심 없는 교사가 되는 미래를 그려 보았다.

아, 하지만 생각과는 전혀 다른 운명이 그녀를 기다리고 있었다! 그녀는 이 기차에 탄 순간 이미 암흑에서 광명을, 평범한 일상에서 위대한 삶을 선택한 것이다.

제2부

파리

　파리 안에서도 북쪽 끝에 있는 라빌레트에서 소르본 대학에 이르기까지는 그다지 보기 좋은 구역이 아니었다. 게다가 교통편 빠르지도 쾌적하지도 않았다. 브로냐와 그녀의 남편이 살고 있는 독일거리―오늘날의 장 조레스 거리―에는 말 세 마리가 끄는 2층짜리 승합마차가 달린다. 나선형 계단을 통해 2층석을 지나면 눈앞이 아찔해지는 '지붕석'으로 올라갈 수 있다. 이 마차를 타고 동부정거장까지 가서 다른 승합마차를 갈아타고 학교거리까지 간다.

　마냐는 전에 이동대학에 다닐 때 쓰던 낡은 서류가방을 옆구리에 끼고 '지붕석'으로 올라갔다. 바람막이는 없지만, 요금이 싸고 무엇보다 재미있는 구경거리가 많기 때문이다. 이 움직이는 전망대 꼭대기에서 겨울바람에 뺨을 빨갛게 물들인 채 몸을 내밀고 고개를 쭉 빼고는 눈을 빛내며 마을을 바라본다. 단조롭게 이어진 라파예트 거리나 평범한 상점들이 죽 늘어선 세바스트폴 거리도 그녀는 전혀 지루하지 않았다. 가게 하나하나, 잎이 다 떨어진 느릅나무 가로수, 지나가는 사람들, 먼지 냄새…… 이 모든 것이 파리였다. 드디어 파리에 온 것이다!

　파리는 얼마나 젊은 기운이 넘치는 도시인가! 뭐라고 표현할 수 없는 힘이 마냐의 가슴속에 희망을 불러일으킨다. 폴란드 처녀에게 이 해방감은 얼마나 벅찬 감동으로 다가왔는지 모른다.

　길고 힘든 여행이 끝나고 매연이 가득한 북부정거장 플랫폼에 내려선 순간, 마냐는 러시아의 지배에서 갑자기 벗어난 것을 느꼈다. 어깨가 가벼워지고 폐와 심장이 갑자기 편안해졌다. 마냐는 태어나서 처음으로 자유로운 나라의 공기를 마신 것이다. 흥분을 가라앉히지 못하고 주위를 둘러보니 모든 것이 경이로웠다. 자기 나라 말을 마음대로 지껄이며 거리를 자유롭게 거니는 사람들도, 온 세계의 책을 아무런 단속 없이 팔고 있는 서점도 모두 놀랍기만 했다.

무엇보다 가장 기적 같은 일은, 완만한 경사를 이루며 곧게 뻗어 있는 큰길이 자신을, 마냐 스쿼도프스카를 활짝 열린 대학 문 앞까지 이끌어준 점이었다. 그것도 평범한 대학이 아니다. 세계에서 가장 유명하며, 몇 백 년 전부터 이미 '세계의 축도'라도 칭송받았던 대학, 루터가 "가장 유명하고 훌륭한 학교는 파리에 있으며, 그 이름은 소르본이다"라고 말했던 바로 그 대학이다.

마치 동화 속으로 빨려 들어온 것만 같았다. 그리고 이 승합마차는, 살을 에는 칼바람을 맞으며 느릿느릿하게 움직이지만, 금발의 가난한 공주님을 초라한 집에서 꿈의 궁전으로 데리고 가는 마법의 마차인 것이다.

마차가 센 강을 건너자 황홀한 세상이 펼쳐졌다. 아침 안개에 싸인 두 줄기 강, 장엄하고 아름다운 시테 섬과 생루이 섬, 차례차례 나타나는 역사적 건조물과 광장, 그리고 왼편에는 바로 그곳, 노트르담 대성당의 첨탑이 보였다.

생미셸 거리에 들어서자 말들이 걸음을 늦추었다. 자, 여기다. 도착했다!

마냐는 가방을 들고 두꺼운 모직 스커트 자락을 움켜쥐었다. 서두르다가 무심결에 옆에 있던 손님과 부딪쳤다. 그녀는 쭈뼛거리며 프랑스어로 사과하고는, 지붕석에서 계단을 한달음에 달려 내려와 땅에 발을 디뎠다. 그리고 긴장한 얼굴로 대학의 철책문으로 달려갔다.

이 지식의 전당은 1891년에는 외관이 조금 색달랐다. 소르본 대학은 그 무렵 10년 전부터 개수공사 중이어서 건물들이 마치 허물을 벗는 커다란 뱀처럼 보였다. 새로 생긴 길고 새하얀 정면 건물 뒤로 리슐리외 추기경 시대부터 있던 낡아빠진 강당이 시끄러운 소리가 들리는 공사장 옆에 나란히 붙어 있었다. 이 공사장의 소문 때문에 학생들의 생활도 혼란스러웠다. 공사가 진척될수록 여기저기로 강의실을 옮겨야 했고, 생자크 거리에 있는 옛 민가를 사들여 임시실험실로 쓰기도 했다.

그러나 그런 것은 아무래도 좋았다. 올해도 여느 때와 마찬가지로 수위실 옆 담벼락에 걸린 하얀 게시판에 다음과 같은 벽보가 붙어 있었다.

프랑스 공화국
이과대학—제1학기
1891년 11월 3일 소르본에서 개강.

이것이야말로 무지개 빛깔로 찬란하게 빛나는 마법의 주문이었다!

마냐는 1루블씩 푼돈을 모아 강의를 들을 수 있는 권리를 얻은 것이다. 게시판에 넘칠 듯이 잔뜩 쓰여 있는 복잡한 시간표 중에서 자신이 좋아하는 강의를 들을 수 있다. 또한 '실험실' 좌석도 확보했다. 실험실에서 지도와 조언을 받을 수 있으며, 혼자서 어둠 속을 더듬던 지난날과 달리 기계를 써서 간단한 실험을 성공적으로 해낼 수도 있다. 마냐는 이제 꿈에 그리던 이과대학 학생이 되었다.

하지만 그녀는 더 이상 마냐도 아니거니와 마리아라고도 불리지 않았다. 그녀는 학교 등록용지에 프랑스식으로 '마리 스쿼도프스카'라고 썼다. 그러나 그녀의 동급생들은 음절이 많은 '스쿼도프스카'라는 외국이름을 잘 발음하지 못했고, 이 폴란드 여학생은 자기를 마리라고 부르는 권리를 누구에게도 허락하지 않았으므로 그녀는 정체를 알 수 없는 신비로운 인물이 되었다.

누구와도 다른 검소하고 금욕적인 복장, 아무에게도 마음을 열지 않는 얼굴, 가볍고 밝은 머리카락. 어둑한 복도에서 이 아가씨와 스쳐 지나가면 학생들이 놀라 뒤돌아보며 서로 물었다.

"쟤 누구야?"

그 물음에 대답하는 사람이 있다고 해도 내용은 여전히 모호했다.

"외국인이야…… 발음하기 힘든 이상한 이름인데…… 물리학 강의 때는 늘 맨 앞에 앉아……말수도 적고……."

그들은 아름답고 우아한 뒷모습이 복도 끝으로 사라질 때까지 바라보다가 한 마디 중얼거린다.

"머리카락이 참 아름답군!"

거의 은백색에 가까운 머리칼과 사랑스러운 슬라브풍의 얼굴. 소르본 학생들에게는 이후 오랫동안, 그것이 그들과 거리를 두는 한 여학우의 신분증이 되었다.

무엇보다, 이 무렵의 그녀는 젊은 남자에게 별로 관심이 없었다. 마리는 젊은 남자보다는 '최고학부의 교수'라 불리는 근엄하고 점잖은 노신사들에게 흠뻑 빠져 있었다. 그들의 비밀을 캐내어 자기 것으로 만들고 싶었던 것이다.

그들은 그 무렵 훌륭한 규칙에 따라 언제나 하얀 넥타이를 매고 검은 정장을 입고 강의를 했다. 옷에는 늘 분필가루가 묻어 있었다. 마리는 그런 엄숙한 복장과 백발이 섞인 수염을 가만히 바라보며 하루하루를 보냈다.

그저께는 리프먼 교수의 강의가 있었다. 매우 차분하고 논리적이었다. 어제는 부치 교수의 강의를 들었다. 원숭이를 닮은 교수의 얼굴 뒤에는 과학의 보물창고가 숨어 있었다. 마리는 모든 강의를 다 듣고 싶었다. 하얀 게시판에 올라와 있는 교수 스물세 명을 모두 알고 싶었다. 그녀의 격렬한 갈증은 어떤 방법으로도 달랠 수 없을 것 같았다.

처음 몇 주일을 이렇게 지내는 동안 그녀에게 생각지도 못했던 어려움이 닥쳤다. 마리는 프랑스어를 완벽하게 한다고 생각했는데 그것이 착각이었음을 깨달았다. 빠른 말투로 완전한 문장이 끊임없이 쏟아져 나오면 제대로 알아들을 수가 없었다.

또한 대학 수업을 무리 없이 따라갈 만큼 과학적 소양을 충분히 갖추고 있다고 생각했다. 그러나 시골마을 '쉬추키'에서 가정교사 시절에 독학한 지식과 아버지 스쿼도프스키 씨와 편지를 주고받으면서 얻은 지식, 그리고 농공업박물관에서 멋모르고 시도해 본 실험만으로는, 파리 고교생들이 대학입학 자격시험을 통해 얻은 확고한 지식을 도저히 따라갈 수가 없었다. 마리는 특히 수학과 물리학에서 많이 뒤떨어져 있다는 사실을 알았다.

그녀가 꿈에 그리던 '이학사(理學士)'라는 눈부신 칭호를 얻으려면 앞으로 얼마나 더 공부해야 할지 짐작조차 할 수 없었다.

오늘은 폴 아펠 교수의 강의가 있는 날이다. 그 교수는 설명이 명확하고 말투에서 생기가 흘러넘쳤다. 마리는 일찌감치 도착했다. 아직 몇몇 학생밖에 도착하지 않았다.

마리는 12월의 엷은 햇볕이 쏟아지는 넓은 계단식 강의실의 맨 앞줄, 교단 옆자리에 앉았다. 그리고 책상 위에 펜대와 회색 천으로 표지를 싼 공책을 반듯하게 꺼내놓았다. 앞으로 이 공책에 반듯한 글씨체로 필기를 해나갈 것이다.

마리는 먼저 마음을 가라앉히고 주의력을 집중한다. 주위에서 학생들이 점점 시끄럽게 떠들었지만 그녀의 귀에는 전혀 들어오지 않았다. 하지만 그 소란함도 교수가 들어오면 갑자기 조용해진다. 몇몇 교수들은 놀랄 만큼 긴장된 정숙을 이끌어냈다. 학생들은 상체를 앞으로 내밀고 지적인 작업으로 아름다운 이마를 잔뜩 찡그린 채 교수가 칠판에 써나가는 방정식을 차례차례 옮겨 적는다. 오직 열심히 배우려는 학생들의 모습만 남는다. 오로지 수학에만 집중하는 것이다.

엄숙한 정장 차림에 네모나게 수염을 기른 아펠 교수는 아주 훌륭한 선생님이었다. 차분한 목소리로 단어를 또박또박 발음한다. 알자스 지방 억양이 조금 남아 있는 그의 증명을 듣고 있으면 너무 또렷하고 세련되어서 어떤 어려움도 물리치고 온 세상을 자유자재로 누빌 것만 같았다. 그는 지식의 가장 미세한 영역에 조용하지만 힘차게 파고 들어가 숫자와 천체를 능수능란하게 다룬다. 대담한 비유를 쓰며, 위대한 소유자처럼 아주 자연스럽게 툭 던져 말한다.

"내가 태양을 집어서 던져버린다고 하면……."

폴란드에서 온 아가씨는 앉은 자리에서 황홀하게 미소 짓는다. 튀어나온 넓은 이마 밑에서 옅은 회색 눈동자가 행복하게 반짝인다. 어째서 사람들은 과학을 무미건조하다고 생각할까? 우주를 지배하는 영구불변의 법칙만큼 멋진 것이 또 있을까? 조화로운 원리와 원칙으로 맞물려 있는 신비한 현상들이나, 무질서 속에 숨어 있는 질서와 비교하면, 소설이나 동화는 참으로 공허하고 상상력이 부족하게 느껴졌다. 마치 사랑에 빠진 듯한 뜨거운 감정이 영혼 깊숙한 곳에서 용솟음쳐 나와 마리를 만물과 그 법칙과 무한한 지식의 세계로 거침없이 내몰았다.

"내가 태양을 집어서 던져버린다고 하면……."

차분하고 위엄 있는 학자의 입에서 흘러나오는 이런 말을 듣는 것만으로도, 마리는 이제껏 머나먼 고향땅에서 혼자 분투하고 괴로워한 보람이 있다고 생각했다.

마리는 더할 나위 없이 행복했다.

카지미에시 도우스키(브로냐의 남편)가 장인 스퀴도프스키 씨에게
독일거리 92번지
진찰, 오후 1시부터 3시까지
무료진찰. 월요일, 목요일 오후 7시부터 8시까지

안녕하십니까?

······저희들은 잘 지내고 있습니다. 마리 처제는 아주 열심히 공부하고 있습니다. 거의 하루 종일 소르본에 있기 때문에 저녁식사 때만 잠깐 얼굴을 봅니다. 처제는 독립심이 무척 강한 성격이라, 아버님께서 저를 정식 보호자로 삼으셨음에도 저를 조금도 존경하지 않고 제게 순종하지도 않습니다. 그뿐만 아니라 제 권위와 위엄도 헌신짝처럼 우습게 여깁니다. 조금만 더 양식이 있으면 좋겠지만, 지금까지의 경험으로 보건대 저는 교육자로서의 재능은 없나 봅니다. 하지만 우리는 서로 상대방을 잘 이해하고 있기 때문에 아무 문제없이 사이좋게 지내고 있습니다.

저는 집사람이 어서 돌아오기만을 바라고 있습니다. 집사람은 서둘러 돌아올 생각이 없는 것 같습니다만, 전 브로냐가 곁에 있으면 어쩐지 마음이 편안해서, 어서 이곳으로 돌아오면 좋겠습니다.

뒤늦게 말씀드리는 감이 있지만, 처제는 건강하고 안색도 매우 좋습니다.

이 편지는 도우스키 박사가 독일거리에 있는 집에서 자신이 돌봐주기로 한 처제에 대해 써 보낸 첫 번째 소식이다. 마침 브로냐가 몇 주 동안 폴란드에 가 있을 때였다. 편지에도 나타나 있듯이, 그는 마리가 되도록 편하게 지낼 수 있도록 배려해주었다. 브로냐는 파리에서 근근이 살아가는 폴란드인들 가운데 가장 미남이며 우수하고 재기 넘치는 사람을 남편으로 골랐다.

카지미에시 도우스키는 이제까지의 활약상을 보면 참으로 다채로웠다. 그는 페테르부르크, 오데사, 바르샤바 등지에서 학창시절을 보냈는데, 알렉산드르 2세 암살기도 사건에 연루되어 러시아에서 도망쳐 나왔다. 그 뒤 얼마간 제네바에서 혁명적인 정치이론을 펼치다가 파리로 와서 정치학연구소와 의학부에서 공부를 하여 마침내 의학박사가 되었다. 폴란드의 유복한 집안에서 태어났지만, 러시아 경찰이 프랑스 외무부로 보낸 달갑지 않은 서류 때문에 그는 프랑스에 귀화하여 파리에 살 수 있는 허가를 받지 못했다.

폴란드에서 돌아온 브로냐는 남편과 여동생에게 열렬한 환영을 받았다. 집은 유능한 주부가 돌아오기를 목이 빠지게 기다리고 있었다. 몇 시간도 안 되어, 독일거리의 가로수길을 바라보는 넓은 발코니가 달린 이 3층 아파트에 다시 예전처럼 생동감 있는 질서가 잡혔다. 맛있는 요리가 준비되었으며 방에서 먼지가 깨끗이 사라지고 시장에서 사온 꽃들이 꽃병을 장식했다. 브로냐는 집안일의 천재였다.

맨 처음 파리 중심부에서 벗어나 뷔트 쇼몽 공원 옆의 라빌레트에 집을 빌리려고 생각한 사람도 브로냐였다. 그녀는 돈을 조금 빌려서 몇 번이나 경매장을 찾아갔다. 그 덕에 어느 날 아침 아파트는 우아하고 세공이 잘 된 베네치아풍 가구와 피아노, 두툼하고 아름다운 커튼 등으로 꾸민 포근하고 멋스러운 집으로 다시 바뀌었다.

브로냐는 이러한 감각을 시간 분배에도 재치 있게 활용했다. 부부는 하나밖에 없는 진료실을 시간대별로 나누어서 썼다. 어느 시간대에는 카지미에시가 진료실을 맡아 라빌레트 지구에 많이 모여 있는 정육점 주인들을 진료했고, 다른 시간대에는 브로냐가 여자들을 진료했다. 뿐만 아니라 두 사람은 환자들을 왕진하기 위해 이집 저집 뛰어다니며 열심히 일했다.

그러나 밤이 되고 램프에 불이 켜지면 그 날의 노고는 모두 잊어버렸다. 카지미에시 도우스키는 노는 것을 무척 좋아했다. 아무리 일이 고되고, 심지어 돈 한 푼 없을 때에도 그는 활기를 잃지 않고 짓궂은 장난을 쳤다. 온종일 몸이 바스러져라 일하고 난 뒤에도 그는 가장 싼 표를 사서 극장에 갔다. 그럴 돈도 없을 때는 피아노를 쳤다. 그의 연주는 아주 멋있었다.

그러고 있으면 친구들이 놀러왔다. '도우스키의 집 문은 언제나 열려 있다'는 것을 잘 아는, 파리에 사는 젊은 폴란드인 부부들이다. 브로냐는 어느 순간 사라졌다가 다시 나타난다. 따뜻한 차를 내오고, 시럽과 차가운 물, 그리고 낮에 진료하다가 짬을 내어 브로냐가 직접 만든 과자까지 대접한다.

어느 날 밤, 마리가 아파트의 구석진 자기 방에서 책을 펴고 막 공부를 시작하려는데, 형부인 카지미에시가 갑자기 뛰어들어 왔다.

"자, 망토하고 모자를 챙겨! 빨리! 입장권을 구했어. 음악회에 가자."

"하지만……"

"하지만이 아니야. 자, 봐! 전에 처제가 말한 그 폴란드 피아니스트의 연주회야. 예매권이 거의 팔리지 않았어. 그러니 어떡해? 팔 걷어붙이고 도와줘야지. 시시한 것도 없는 것보다는 낫다는 말 있잖아. 나는 또 독지가들을 모을 테니까, 모두 함께 손바닥에서 불이 나도록 박수 치면서 분위기를 띄워주자구…… 게다가 그 사람 연주 솜씨는 아주 훌륭하거든!"

덩치가 큰 도우스키가 수염을 기른 거무스름한 얼굴에 새카만 눈동자를 쾌활하게 빛내며 말을 꺼냈다 하면 일단 따르지 않고는 못 배겼다. 마리는 책을 덮었다. 문단속을 하고 세 사람은 계단을 한달음에 뛰어 내려갔다. 그러고는 거리를 전속력으로 달려가, 멀리서 또각거리며 다가오는 승합마차에 올라탔다.

얼마 뒤 마리는 에라르 음악당에 자리를 잡고 앉았다. 역시 공연장은 사분의 삼 정도가 텅 비어 있었다. 키가 껑충하고 마른 남자가 무대에 나타나 피아노 앞으로 다가갔다. 독특하게 생긴 얼굴을 적동색 머리칼이 불꽃처럼 감싸고 있었다.

부드럽고 탄력 있는 그의 손끝에서 리스트에서부터 슈만, 쇼팽 등이 생생하게 되살아났다. 그 모습에는 묘한 기품이 서려 있었고, 영감이 가득한 그의 눈은 아득한 먼 곳을 바라보고 있었다.

마리는 감탄하며 귀를 기울였다. 오래 입어 번들번들해진 연미복을 입고 얼마 안 되는 청중 앞에서 피아노를 치고 있는 이 연주자에게는 신인 예술가의 긴장한 모습이 전혀 없었다. 오히려 황제 같고, 신 같았다.

이 음악가는 그 뒤부터 밤이 되면 곧잘 독일거리의 집에 놀러오곤 했는데, 언제나 고르스카 부인이라는 눈부시게 젊고 아름다운 여성과 함께 왔다. 그녀는 그의 연인이었고 나중에 그의 부인이 되었다.

그는 자신의 가난한 생활과 수많은 낙담과 실망, 그리고 예술가의 끝나지 않는 투쟁 등을 담담하게 이야기했다. 브로냐와 마리는, 예전에 어머니 스쿼도프스카 부인이 요양하러 갔을 무렵 열여섯 살이던 고르스카 부인을 데리고 갔던 일을 기억해 내고는 이런저런 옛날 얘기를 나누었다.

브로냐는 옛일을 떠올리고 웃으면서 말했다.

"엄마가 바르샤바로 돌아오셨을 때, 이제 다시는 당신과 함께 온천에 가지 않겠다고 말씀하셨어요. 당신이 너무 아름답기 때문이라면서요."

불꽃같은 머리칼을 가진 이 청년은 음악에 대한 뜨거운 충동을 억누르지 못하고 갑자기 말을 멈추고 피아노를 치기도 했다. 그러면 마법처럼, 도우스키의 평범한 피아노가 돌연 숭고한 악기로 변했다.

그는 모든 것에 굶주려 있는 매력적인 피아니스트였다. 사랑에 빠져 있고, 신경질적이며, 불행하고, 행복했다.

그는 나중에 천재적인 대연주자가 되어 활약했다. 또한 폴란드가 해방되어 공화국이 되자 초대 총리로 선출되었다.

그가 바로 이그나치 파데레프스키였다.

마리는 새로운 생활을 만끽했다. 무엇보다 열심히 공부했다. 그리고 대학
생활에서 맛보는 연대의식과 우정의 즐거움도 알게 되었다. 그러나 여전히
내성적이었으므로 프랑스인과 친구가 되진 못하고 늘 같은 폴란드 사람들하
고만 어울렸다.

여성 수학자 클라스코프스카와 티틴스카 양, 의사 모츠, 생물학자 대니쉬,
나중에 헬라와 결혼하여 스쿼도프스키 집안 식구가 되는 스타니스와프 샬라
이, 젊은 보이체호프스키—그는 뒷날 폴란드공화국 대통령이 된다—등이
마리의 친구들이었다. 이들은 라탱 지구의 한 귀퉁이에 자유국 폴란드를 형
성해 갔다.

그들은 가난했지만 다양한 모임을 갖고 크리스마스 때는 저녁파티를 열기
도 했다. 그때는 독지가 요리사들이 공짜로 바르샤바 요리를 만들어 주었다.
닭 볏처럼 새빨갛고 뜨거운 보르시치 수프, 버섯과 양배추 조림, 소를 채운
꼬치고기 요리, 겨자 열매를 넣은 생과자, 그리고 약간의 보드카와 차가 듬
뿍 나왔다. 때로는 연극도 했다. 풋내기 배우가 희극과 비극을 상연했다.

그날 밤의 프로그램이 인쇄된 팸플릿은 상징적인 그림으로 장식되었다.
물론 폴란드어로 되어 있었다.

'온통 눈으로 뒤덮인 벌판에 작은 오두막이 한 채 있다. 다락방에는 청운
(靑雲)의 뜻을 품은 한 젊은이가 책에 파묻혀 있는데, 산타클로스가 나타나
굴뚝으로 공부방에다 과학 사전과 교과서를 잔뜩 던져준다. 그리고 그 앞에
는 쥐가 갉아먹은 빈 지갑이 떨어져 있다.'

마리도 즐겁게 이 모임에 참가했다. 바빠서 대사를 외우고 연극을 할 시간
은 없었지만, 조각가 와신코프스키가 개최한 애국적인 모임에서는 활인화
(분장한 사람을 그림 속의
사람처럼 보이게 하는 구경거리)의 배우로 뽑혀 주역인 '쇠사슬을 끊는 폴란드'라는 역할
을 맡았다.

그날 밤 마리는 평소의 수수한 여학생과는 전혀 다른 사람이었다. 전통 튜
닉 차림에 길게 두른 국기색 베일, 어깨 위에서 풍성하게 물결치는 금발, 슬
라브인답게 광대뼈가 튀어나온 그녀의 결연한 얼굴, 주름 잡힌 새빨간 천 앞

에 선 마리는, 고향을 떠난 폴란드 사람들의 눈에는 민족의 이미지 그 자체였다.

그도 그럴 것이, 몸은 비록 조국을 멀리 떠나 있지만 마리와 브로냐의 마음은 한 순간도 바르샤바를 잊지 않았다. 그들이 집을 구한 곳도 변두리인 독일 거리로, 폴란드에서 기차를 타고 닿은 북부정거장 근처였다. 파리라는 도시 자체가 아직 모르는 곳도 많고 익숙하지 않았지만, 조국은 언제나 두 사람과 함께 있었으며, 거미줄처럼 헤아릴 수 없는 줄들이 그들과 조국을 잇고 있었다.

특히 아버지와 주고받는 편지가 가장 강하게 그들을 조국과 연결시켰다. 교양이 풍부하고 예의 바른 두 딸은 폴란드어의 정중한 표현인 삼인칭을 써서 아버지에게 편지를 썼으며, 한결같이 "사랑하는 아버지의 양손에 입을 맞춥니다"라는 인사말로 끝마쳤다. 두 사람은 연로하신 아버지에게 자신들의 생활모습을 생생히 적어 보내고 갖가지 용무와 물건을 부탁했다. 마냐와 브로냐는 바르샤바 이외의 지방에서는 마실 차 하나도 살 마음이 들지 않았고, 사실 프랑스에는 다리미 하나조차 적당한 값으로 살 만한 것이 없었다.

브로냐가 아버지에게

……평소 마시는 2.20루블짜리 차를 두 봉지쯤 부쳐주시면 감사하겠어요. 그 외에 당장 필요한 것은 없어요. 마냐도 마찬가지고요.

우리는 잘 지내요. 마냐는 건강하고 공부도 열심히 하고 있습니다. 전혀 피곤하지도 않은 모양이에요.

아버지가 브로냐에게

사랑하는 브로냐, 다리미가 마음에 든다니 다행이구나. 내가 직접 골랐는데 네가 생각한 것과 다르면 어쩌나 걱정했단다. 다른 물건들도 그렇지만 특히 이런 물건은 누구한테 부탁해야 좋을지 몰라서 남자인 내가 살 수밖에 없었단다. 이런 건 여자의 영역이라 남자들은 잘 모르잖니.

마리는 조각가의 집에서 열린 모임과, 그녀가 '쇠사슬을 끊은 폴란드'라는 연극에서 주인공 역할로 갈채를 받은 일을 아버지에게 알렸다. 그러나 아버지의 답장은 싸늘했다.

스쿼도프스키 씨가 마리에게 (1892년 1월 31일)

사랑하는 마냐, 요전에 네가 보낸 편지를 보니 가슴이 아프더구나. 네가 그런 연극 모임에 깊이 빠져 있다니 참으로 유감이다. 물론 그 자체가 나쁜 것은 아니지만, 그런 모임은 세상의 이목을 끌기 마련이란다. 파리에는 너희들의 행동을 주의 깊게 감시하며 눈에 띄는 사람들의 이름을 적어서 온갖 목적에 쓰기 위해 이곳으로 보내는 사람이 있다는 걸 너도 잘 알잖니.

이름이 적히면 아주 곤란한 상황에 처하게 될뿐더러 앞으로 직업조차 마음대로 선택하지 못할 수도 있단다. 그러니 앞으로 바르샤바에서 생계를 꾸려나가고 싶다면 그런 위험한 일에는 끼어들지 말고 얌전하게 지내도록 해라. 그 사람들 눈에 띄지 않는 곳에 물러나 있는 것이 제일 좋다. 음악회나 무도회 같은 모임은 신문사 통신원의 기사거리가 되기 쉽고, 기사가 나면 실명도 밝혀진단다.

어느 날 네 이름이 신문에 올라 있으면 내가 얼마나 슬프겠니. 그러니 전에도 편지로 몇 번이나 주의를 주었지만, 어쨌든 그런 일에는 되도록 끼지 않길 바란다.

스쿼도프스키 씨의 단호한 태도 때문인지 아니면 모임이 시시한 헛소동에 지나지 않음을 깨달은 마리의 분별력 때문인지, 어쨌든 그녀는 이내 무의미한 축제나 소동은 조용히 공부하는 것을 방해할 뿐이라는 결론을 내렸다. 그때부터 마리는 고립되었다. 그녀가 프랑스에 온 목적은 활인화에 나가기 위해서가 아니었다. 공부에 전념하지 않는다면 단 1분이라도 헛되이 버리는 시간이 아닌가.

골치 아픈 문제가 한 가지 더 있었다. 독일 거리의 집은 즐겁고 살기는 좋았지만 집중해서 공부할 만한 환경은 아니었다. 카지미에서 형부가 피아노를 치거나 친구를 불러들이고, 한창 복잡한 방정식을 풀고 있을 때 느닷없이 방문을 벌컥 열고 들어오는 일을 못하게 하기란 불가능했다. 또 의사를 찾아온 환자들이 집 안까지 거리낌 없이 들이닥치는 것을 막을 수도 없었다. 한밤중에 시끄럽게 초인종이 울리거나, 어느 정육점 주인의 아내가 해산하려한다면서 급하게 브로냐를 찾아오는 심부름꾼의 발소리 때문에 자다가도 벌떡 일어나는 일이 한두 번이 아니었다.

특히 라빌레트에서 소르본까지 통학하는데 한 시간이나 걸린다는 점이 무엇보다 불편했다. 게다가 왕복 차비도 장기적으로 보면 무시 못 할 금액이었다.

그래서 결국 가족회의를 열었고, 마리는 학교와 실험실, 도서관이 가까운 라탱 지구에 방을 얻기로 했다. 언니 부부는 마다하는 그녀에게 한사코 이사 비용을 쥐어주었고, 다음날부터 마리는 빈 다락방이 있는 하숙집을 찾으러 다녔다.

경치는 다소 살풍경했지만 애정과 용기가 활기가 가득한 도살장 지역을 떠나려니 조금 서운한 마음이 들었다. 더구나 마리와 카지미에시 도우스키는 그 동안 친남매처럼 깊은 정이 들었고, 그러한 관계는 평생 동안 이어졌다. 또한 마리와 브로냐 사이에도 이미 몇 년 전부터 세상에 다시없을 아름다운 사연이 있지 않은가. 그들에게는 헌신적으로 희생하고 서로 돕는 돈독한 우애가 있었다.

브로냐는 임신 때문에 몸이 불편한 것도 아랑곳 않고 낡은 옷가지를 챙기는 동생을 도와주었다. 이사가는 집과의 거리가 가까웠으므로 이삿짐은 손수레에 싣기로 했다. 그리고 나서 카지미에시와 브로냐는 늘 타던 승합마차의 꼭대기 2층석에서 2층석으로 갈아타면서 이 '꼬마 아가씨'를 새로 구한 그녀의 하숙방까지 데려다 주었다.

한 달에 40루블

마리는 지금까지 완전히 혼자서 생활한 적이 없었다. 독일 거리에서 지낸 몇 달은 새로운 환경에 적응하기 위한 준비기간일 뿐이었다. 그러나 이사한 뒤로 마리는 서서히 고독 속으로 빠져든다. 만나는 사람들도 그녀에게는 아무 의미 없는 벽일 뿐이었고, 대화를 나누어도 그녀를 겹겹이 에워싼 침묵을 깨뜨리지는 못했다. 마리는 앞으로 3년이 넘도록 오로지 공부에만 몰두하게 된다. 마리가 전부터 꿈꾸던 생활로, 수도사나 선교사의 생활이 완벽하다고 생각한다면 완벽하다고 볼 수 있는 생활이었다.

물론 수도사처럼 간소한 생활을 할 수밖에 없었던 점도 있다. 도우스키 부부 집에서는 방과 식사를 무료로 제공받았지만, 마리는 이제부터 스스로 벌어서 모든 비용을 대야만 했다. 더구나 마리의 수입이래야 꼼꼼하게 나눠 써야 하는 저금과 아버지가 보내 주는 얼마 안 되는 용돈이 전부였는데, 모두 합쳐봐야 한 달에 40루블밖에 되지 않았다.

여자 혼자, 그것도 외국인이 1892년도의 파리에서 어떻게 한 달에 40루블로 살아갈 수 있을까? 하루에 고작 3프랑으로 방세며 식비를 내고, 옷과 공책, 교과서를 구입하고 대학 수업료까지 내야 하는데 말이다. 경제적인 면이야말로 가장 먼저 해결해야 할 문제였다. 그러나 마리는 그 해결책을 도저히 찾을 수가 없었다.

마리가 유제프에게(1893년 17일)
내가 학교 근처에서 살기로 한 건 아버지한테 들었어. 여러 가지 이유도 있고, 특히 이번 학기는 아무래도 그래야 할 것 같아서 결정했어. 지금 이 편지도 플라텔 거리 3번지에 있는 새 하숙방에서 쓰고 있어. 작지만 혼자 살기에 딱 좋고 방세도 싼 편이야. 화학 실험실까지는 걸어서 15분밖에 안 걸리고 학교도 20분이면 가. 물론 형부와 언니의 도움이 없었다면 이렇게 조건이 좋은 방을 얻지 못했을 거야.

여기서는 독일 거리에 있을 때보다 몇 배나 더 열심히 공부하고 있어. 그곳에선 형부가 끊임없이 공부를 방해했거든. 형부는 내가 집에 있을 때면 늘 나와 즐겁게 수다를 떨어야만 직성이 풀리는 거야. 결국 그 일로 형부와 크게 싸우기도 했어. 하지만 내가 이사하고 며칠 지나자 브로냐 언니와 형부도 내가 없으니 쓸쓸하다면서 만나러 와 주었어. 우리는 내 방에서 차를 마시고 이 아파트에 함께 살고 있는 S 씨를 만나러 갔어.

올케는 약속대로 아버지를 잘 보살펴 드리고 있겠지? 너무 잘해 드려서 내 자리를 집 밖으로 완전히 밀어내 버리면 안 되는데. 아버지가 편지로 너무 올케 칭찬만 하시니까 머지않아 날 잊어버리는 건 아닐까 걱정이 되네.

한 달에 100프랑으로 생활을 꾸려 가는 학생은 마리뿐만이 아니었다. 그녀와 같은 폴란드 친구들은 대체로 그렇게 가난했다. 그중에는 생활비를 아끼기 위해 서너 명이 함께 방을 빌려서 공동으로 생활하는 경우도 있었다. 혼자서 하숙하는 사람들도 하루에 몇 시간씩 식사와 청소와 의복 수선에 시간을 들여 조금이나마 치장을 하고, 이리저리 궁리해서 방을 따뜻하게 하고 배를 채웠다. 브로냐도 전에는 이렇게 생활했는데, 특히 그녀의 요리 솜씨는 라탱 지구에서 모르는 사람이 없을 정도로 유명했다.

양쪽 모두 좋은 본보기였다. 그러나 마리는 그렇게 살고 싶지 않았다. 그녀는 되도록 조용히 지내고 싶었으므로 애당초 친구와 함께 방을 쓸 생각이 없었고, 공부하기에 바빴으므로 쾌적한 생활은 관심도 없었다. 게다가 그렇지 못할 사정도 있었다. 마리는 이미 열일곱 살 때부터 외국인 가정에서 하루에 7, 8시간씩 공부를 가르치는 가정교사 일을 해왔으므로 가사를 익힐 시간이 없었던 것이다. 브로냐가 엄마 노릇을 하며 익혔던 집안일을 마리는 전혀 배우지 못했다. 파리에 사는 폴란드 친구들 사이에서는 이런 소문이 나돌 정도였다. "스쿼도프스카 양은 요리의 기본인 수프도 못 끓인다더라."

실제로 그녀는 수프 끓이는 법을 몰랐고, 알고 싶지도 않았다. 어째서 포토푀(고기와 야채를 함께 조려 만드는 수프) 조리법이나 배우자고 귀중한 시간을 반나절이나 허비해야 한단 말인가. 그 시간이면 물리책을 몇 쪽이나 더 읽을 수 있고 실험실에서 재미있는 분석도 할 수 있는데 말이다.

마리는 자기 생활에서 갖가지 오락과 친구들과의 모임 및 기본적으로 사람들과의 접촉을 배제했다. 그러면서 마리는 물질생활은 그다지 중요하지 않으며 존재하지도 않는다고 마음속에 새겼다. 원칙을 확실하게 세운 마리는 도저히 인간의 생활이라고 보기 어려운 특이한 스파르타식 생활을 해나갔다.

마리는 플라텔 거리, 폴 루아얄 거리, 피양틴 거리 등으로 방을 옮겨 다녔는데, 그 방들은 하나같이 방세가 싼 대신 살기에는 그다지 좋지 않다는 공통점이 있었다. 처음 빌린 방은 가구가 딸린 초라한 공공주택 안에 있었다. 그곳에는 학생 부부, 의사와 근처 병영에서 근무하는 사관 등이 살고 있었다. 마리는 더 조용한 곳을 찾아 중산계급 사람들이 사는 건물 꼭대기의 허름한 다락방을 얻었다.

한 달에 15내지 20프랑으로 빌릴 수 있는 방이라고는 경사진 지붕에 바로 창이 붙어 있어 햇빛이 쏟아지는 낡고 지저분한 방들뿐이었다. 이 '천창'을 통해 네모난 하늘이 작게 보일 뿐, 난방이나 전기는 물론 수도조차 없다.

마리는 가지고 있는 모든 가재도구로 방을 꾸몄다. 폴란드에서 가져온 접이식 철제 침대와 이불, 난로, 부엌용 의자 하나, 세면기, 아주 싸게 사온 삿갓을 씌운 석유램프, 층계참에 있는 수도에서 물을 담아 올 주전자, 커피잔만 한 알코올램프가 전부였지만, 3년 동안 식사 준비를 하는 데는 충분할 것이다. 그리고 접시 2장, 나이프와 포크와 스푼이 하나씩, 찻잔, 소스용 냄비 하나, 컵 세 개와 주전자도 있었다. 도우스키 부부가 오면 폴란드 풍습대로 여기에 차를 대접했다.

요즘은 아주 뜸해졌지만 마리도 이따금씩 손님을 맞을 때가 있었다. 그러면 그녀는 방안에 지그재그로 굴뚝이 복잡하게 이어진 작은 난로에 불을 붙이고, 평소에는 옷장 대신 쓰는 커다란 갈색 트렁크를 방 가운데로 끌고 나와 식탁대용으로 썼다.

마리는 절대로 가정부를 쓰지 않았다. 한 시간만 고용해도 터무니없는 지출이 생기기 때문이다. 교통비도 쓰지 않았다. 아무리 궂은 날씨에도 마리는 소르본까지 걸어 다녔다. 석탄도 최대한 아꼈다. 겨울을 나는데 '조개탄'을 한두 자루쯤만 쓸 뿐이었다. 더구나 가까운 석탄 가게에 사러 가서, 한 양동이씩 들고 숨을 돌리느라 층계참마다 멈춰 가면서 7층 다락방까지 직접 날랐다.

석유램프도 되도록 아껴 썼다. 날이 저물면 마리는 생트 주느비에브 도서관이라는 고마운 은신처로 피신했다. 거기에는 가스등이 켜져 있었고 무엇보다 따뜻했다. 가난한 폴란드 처녀는 커다란 사각 테이블에 앉아 손으로 턱을 괴고 도서관 문이 닫히는 10시까지 열심히 공부했다. 그러면 집에 돌아와 새벽 2시까지 공부할 만큼의 석유만 있어도 충분했다. 새벽 2시가 되면 마리는 붉게 충혈 된 눈을 책에서 떼고 비로소 침대로 쓰러지듯 기어들어갔다.

집안일이 서툰 마리도 한 가지 잘하는 일이 있었다. 바느질이었다. 바느질은 시코르스카 기숙학교 시절 공작시간에 배웠는데 쉬추키에서도 아이들 공부를 봐주면서 손이라도 움직이기 위해 곧잘 하던 일이다. 그러나 싸구려 옷을 사서 새 블라우스를 만들어 입는 일은 결코 생각조차 하지 않았다. 그러기는커녕 바르샤바에 있을 때부터 입던 옷이 다 닳아 떨어지고 색이 바래도 절대로 그것을 버리지 않겠다고 맹세한 사람처럼 늘 같은 옷만 몸에 걸치고 다녔다. 물론 세탁하고 수선하는 손질 정도는 했다. 공부하다 지쳤을 때나 '휴식'이 필요할 때는 세면기에서 빨래를 했다.

마리는 추위나 배고픔 따위를 느끼는 자신이 싫었다. 석탄을 아끼기 위해 —때로는 사두는 걸 깜빡 잊어버리는 바람에—굴뚝이 지그재그로 이어진 난로에 불도 지피지 않아 손가락이 곱고 어깨가 덜덜 떨리는 것도 모른 채 숫자를 쓰거나 방정식을 풀었다. 따뜻한 수프 한 접시와 고기 한 점만 있어도 몸이 따뜻해질 터였지만 마리는 수프를 끓이는 법도 몰랐다. 식재료를 살 1프랑, 요리할 30분이 아까워서 에스칼로프(얇게 썬 고기)도 만들지 못했다.

그녀는 정육점에 거의 가지 않았고, 레스토랑은 쳐다보지도 않았다. 가격이 너무 비쌌기 때문이다. 몇 주 동안 기껏해야 버터를 바른 빵과 홍차만으로 끼니를 때웠다. 가끔 맛있는 것이 먹고 싶어지면 라탱 지구의 간이식당으로 갔다. 거기서도 달걀 두 개로 만든 요리를 먹거나, 초콜릿 한 조각, 과일이나 하나 사는 정도였다.

이처럼 무리한 생활을 거듭하자, 몇 개월 전 바르샤바를 떠날 때는 건강하고 발랄하던 그녀의 모습은 눈에 띄게 쇠약해졌다. 책상에서 일어설 때면 가끔 현기증이 났다. 겨우 침대까지 가서 침대 위에 푹 고꾸라졌다. 정신이 들면 병에 걸려서 쓰러졌다고 생각했다. 그러나 쓰러진 까닭은 몸이 쇠약해져서이며, 자신의 병명이 '영양실조'라고는 상상도 하지 못 했다.

물론 도우스키 부부에게는 자신의 생활모습을 내보이지 않았다. 만날 때마다 그들이 요리 솜씨가 늘었는지, 매일 어떤 음식을 해먹는지 물으면 대충 얼버무리고 말았다. 형부가 안색이 나쁘다고 말해도 공부를 많이 해서 그럴 거라고 잘라 말했다. 사실 마리 스스로 그렇게 믿고 있었다. 그들의 염려를 대수롭지 않게 받아 넘기고는 귀여운 조카딸을 데리고 놀았다. 마리는 조카딸을 무척 예뻐했다.

그러던 어느 날 결국 마리는 친구들 앞에서 기절하고 말았다. 한 친구가 깜짝 놀라 독일 거리의 집으로 달려가 소식을 전했고, 한 시간도 지나지 않아 카지미에시가 하숙집 계단을 뛰어 올라가 처제의 다락방으로 들이닥쳤다. 마리는 창백한 얼굴로 내일 있을 수업을 예습하고 있었다.

카지미에시는 마리를 진찰하면서 쓴 흔적도 없는 식기와 텅 빈 소스 냄비를 발견했다. 방안에 있는 먹을거리라고는 홍차 한 상자뿐이었다. 모든 상황을 알아차린 카지미에시가 묻기 시작했다.

"오늘은 뭘 먹었지?"

"오늘요? 뭐더라…… 아까 점심을 먹었는데…….'

"먹은 걸 말해 봐."

카지미에시가 단호하게 물고 늘어졌다.

"앵두하고…… 그리고…… 뭐, 이것저것 많이 먹었어요."

결국 마리는 솔직히 털어놓을 수밖에 없었다. 어제부터 그녀는 순무 한 쪽과 앵두 반 봉지를 먹은 게 고작이었다. 그리고 새벽 3시까지 공부하고 4시간 잤으며, 학교에 갔다가 집에 돌아와서 남은 순무를 전부 먹어치웠다. 그리고 결국 쓰러진 것이다.

의사인 카지미에시는 마리에게 긴 설교를 늘어놓지는 않았다. 그는 무척 화가 나 있었다. 겹친 피로와 순수한 기쁨이 어린 옅은 회색 눈동자로 그를 바라보는 마리에게, 그리고 '꼬마아가씨'를 잘 돌봐 달라는 장인어른의 부탁을 받고도 마리를 충분히 돌봐주지 못한 자신에게 화가 났다.

카지미에시는 마리에게 무조건 외투와 모자를 입히고 일주일 동안 볼 공책과 교과서를 챙기게 하고는 맥 빠진 모습으로 묵묵히 그녀를 라빌레트까지 끌고 왔다. 그리고 집에 닿자마자 브로냐에게 고함을 지르며 식사 준비를 시켰다.

20분 뒤 마리는 걸신들린 듯이 카지미에시가 처방한 약을 먹어치웠다. 먹음직스럽게 익은 커다란 비프스테이크와 파삭파삭하게 튀긴 감자 한 접시. 그러자 기적처럼 마리의 얼굴에 다시 화색이 돌았다. 그날 밤 11시에 브로냐는 마리에게 잠자리를 마련해 주고 불을 껐다.

며칠 배불리 먹고 푹 쉬자 마리는 건강을 되찾았다. 형부의 현명한 치료법 덕분이었다. 그러나 코앞에 닥친 시험 때문에 정신이 없었으므로 앞으로는 그런 경솔한 짓을 하지 않겠다고 약속하고 마리는 다시 다락방으로 돌아왔다.

하지만 다음날부터 또다시 먹는 둥 마는 둥 하는 생활이 시작됐다.

공부! 또 공부! 온통 연구에 몰두하고 진보에 도취해 있는 마리는 인류가 발견한 모든 지식을 배우고 말겠다는 열의에 불타고 있었다. 그녀는 수학과 물리와 화학을 청강했다. 실험 요령도 조금씩 터득했다.

이윽고 리프만 교수로부터 연구를 위촉받는 기쁨을 누리게 되었다. 대단한 연구는 아니지만 교수에게 마리의 손재주와 독창성을 보여 줄 수 있는 좋은 기회였다.

소르본의 물리 실험실은 천장이 높고 아주 넓었다. 내부에는 달팽이처럼 생긴 계단이 두 개 있고, 그것이 이층 복도와 이어져 있었다. 이 실험실에서 마리 스쿼도프스카는 자신의 능력을 시험했다.

그녀는 정숙하고 긴장이 가득한 분위기를, 실험실을 감싸는 '독특한 공기'를 무척 사랑했다. 이 분위기야말로 그녀가 눈을 감는 마지막 날까지 무엇보다 좋아했던 것이다.

마리는 정밀기기장치가 있는 참나무 책상 앞, 취관이 잔뜩 놓여 있고 용해시킨 물질들이 끓고 있는 실험대 앞에 언제나 서서 실험을 했다. 헐렁하고 보잘것없는 옷을 걸치고 있는 마리는 실험 장치를 열심히 들여다보고 있는 다른 남학생들과 전혀 다를 바가 없었다. 마리도 그들과 마찬가지로 이 방의 명상적인 분위기를 존경했다. 따라서 소리 하나 내지 않고, 필요 없는 말은 일체 하지 않았다.

그녀는 한 과목에서 학사학위를 받는 것만으로는 만족할 수 없었다. 그래서 물리학과 수학, 두 과목에서 학위를 받기로 결심했다.

당초의 소박한 계획이 눈 깜짝할 사이에 커졌으므로 그것을 아버지에게 밝힐 용기가 나지 않을 정도였다. 아버지는 딸이 폴란드에 돌아올 날만을 손꼽아 기다리고 있는 것이다. 그러나 이미 알에서 부화해 버린 독립심 강한 그의 작은 새는 수년 동안 순종과 자기희생을 바친 끝에 이제 서서히 스스로의 날개를 펴려 하고 있었다.

스쿼도프스키 씨가 브로냐에게(1893년 3월 5일)

……지난번 네 편지를 받고 마냐가 학사시험을 치르고 싶어 한다는 걸 처음 알았단다. 마냐는 이제까지 내가 편지로 몇 차례 물어보았건만 한 마디도 언급하지 않더구나. 그러니 시험날짜가 언제이고 합격 소식은 언제 알 수 있는지, 또 수험료와 합격 증서를 받는 데 비용이 얼마나 드는지 네가 나한테 좀 알려다오. 마냐에게 돈을 보내려면 미리 따져봐야 할 문제도 있는데다가 내 개인적인 계획도 조정해야 하거든.

……지금 살고 있는 집을 재계약하려고 생각 중이란다. 내년에 마냐가 돌아오면 함께 살기 딱 적당한 집이거든. 그 사이 마냐에게 가르칠 학생들이 조금씩 늘면 다행이고. 어쨌든 나는 내가 가진 것을 그 애와 나눌 생각이란다. 둘이 함께 힘을 합하면 무탈하게 헤쳐 나갈 수 있을 것 같구나.

마리가 아무리 부끄러움을 잘 탄다 해도 매일 얼굴을 마주치는 사람들까지 피할 수는 없었다. 마리에게 호감을 갖고 친밀감을 보이는 남학생들도 있었다. 소르본에서 외국 여학생들은 남학생들에게 '인기'가 많았다. 머나먼 타국에서, 공쿠르 형제가 '학문의 양부모'라고 말한 대학에 공부하러 온 그 아가씨들은 가난하고 대체로 우수했으므로 젊은 프랑스인들의 동정심을 불러일으켰던 것이다. 덕분에 폴란드에서 온 마리도 차츰 사람들과 친해지면서 대부분 '학구파'인 동료들이 자신을 인정하고, 친절을 보이고 싶어 한다는 사실을 알게 되었다. 그러나 그들의 친절은 때때로 도가 지나쳤다.

마리는 매우 아름다웠다. 그녀를 무척이나 좋아하는 친구 티틴스카 양이 호위를 자처할 정도였으며, 실제로 어느 날은 마리에게 말을 걸려고 끈질기게 몰려드는 남학생들을 보고 우산을 휘휘 저어서 쫓아낸 적도 있었다.

물론 마리는 그런 남자들에게는 전혀 관심이 없었으므로 티틴스카 양에게 그들의 퇴치를 맡기고, 자신은 성실하게 연구에 대한 이야기를 나눌 수 있는 동료들과 가까워졌다. 물리수업과 실험실 강의 사이사이에 그녀는 그 무렵 이미 교수였던 폴 팡르베와 나중에 프랑스 과학계의 핵심인물이 된 장 페랭, 샤를 모랭 등과 친하게 지냈다. 이들과의 우정은 그 뒤로도 오랫동안 이어졌다. 그러나 마리에게는 우정이나 연애에 할애할 시간이 없었다. 그녀의 연인은 오직 수학과 물리학이었다.

마리는 두뇌가 명석하고 이해력이 빨랐으므로 어떤 난관도 그녀 앞에서는 무릎을 꿇었다. 마리는 불굴의 의지와 완벽에 대한 광적인 집착, 믿기 어려운 끈기로 버텨나갔다. 마리는 일에 순서를 세우고 인내하면서 자신의 목표를 하나하나 정복했다. 그리하여 1893년에는 '물리학 학사시험'을 1등으로, 그리고 1894년에는 '수학 학사시험'을 2등으로 통과했다.

필수불가결한 프랑스어도 철저하게 익히기로 결심했다. 대부분의 폴란드인들처럼 부정확한 발음과 억양으로 몇 개월씩 지껄여대기보다 정확하게 프랑스어를 구사하기 위해 철자와 문법을 공부했다. 억양에도 남아 있는 폴란드어의 마지막 흔적까지 쫓아버렸다. 유일하게 'r'을 발음할 때 아주 가볍게 혀를 굴리는 습관만이 남았지만 발음은 무척 부드러웠다.

이윽고 한 달에 40루블로 살아가는 생활에도 그럭저럭 익숙해졌다. 필수 경비를 조금 아끼면, 가끔 연극을 보러 간다든지 교외로 소풍을 나가 숲에서 꺾은 꽃을 가지고 돌아오는 등 소소한 사치를 부릴 수도 있었다. 어린시절 자연을 더없이 사랑했던 소녀는 여전히 조금도 달라진 바가 없었다. 대도시에서 묻혀 지내면서도 그녀는 초목이 싹트기를 기다리고, 아주 조금이라도 시간이나 용돈에 여유가 있으면 언제든지 숲으로 달려갔다.

마리가 스쿼도프스키 씨에게(1893년 4월 16일)

지난주 일요일에는 랑시에 갔어요. 랑시는 파리 근방에 있는 매우 아름답고 즐거운 곳이에요. 라일락이며 사과나무며 모든 나무들이 온통 꽃으로 뒤덮여 있고 일대에 꽃향기가 자욱해서 숨이 막힐 지경이었어요.

파리에서는 4월 초부터 나무에 싹이 트기 시작합니다. 이맘때면 나뭇잎들이 다 나서 마로니에 나무도 꽃으로 만발한답니다. 사방이 온통 초록색으로 물들고 날씨는 마치 여름처럼 더워요. 제 방도 이미 찜통같이 덥답니다. 다행히 7월 8일이면 이 방의 임대계약이 끝나므로 시험 준비를 할 때쯤이면 이미 다른 곳에서 살고 있을 거예요.

시험이 다가올수록 시험 준비를 충분히 하지 못한 것 같아 자꾸 불안해요. 최악의 경우에는 11월까지 좀더 열심히 하면 되지만 그러면 여름휴가를 망치게 되거든요. 그것만은 피하고 싶어요. 어쨌든 운은 하늘에 맡겨야 할 것 같습니다.

무더위가 기승을 부리는 7월. 드디어 심장이 쪼그라들 듯한 시험날이다. 마리는 너무 긴장한 나머지 눈앞이 빙빙 도는 것을 느끼며 다른 서른 명의 학생들과 함께 시험장에 앉았다. 몇 분 동안 자신의 운명을 결정할 '시험문제지'가 눈에 들어오지도 않았다. 마리는 가까스로 답안을 제출하고 성적이 발표되는 날을 가슴 졸이며 기다렸다.

합격자를 발표하는 대강당에는 수험생과 가족들이 잔뜩 몰려 있었다. 합격자의 이름은 성적순으로 발표된다. 마리도 그들 사이로 살짝 끼어 들어갔다. 밀리고 부딪치면서 그녀는 시험관이 나타나기를 초조하게 기다렸다.

잠시 침묵이 흐른 뒤 드디어 합격자 발표하는 순간, 다른 모든 수험생들을 제치고 그녀의 이름, 마리 스쿼도프스카가 제일 먼저 호명되었다.

그때의 감격을 누가 짐작이나 할 수 있겠는가! 마리는 축하한다고 말하는 친구들을 남겨 두고 달아나듯 강당을 뛰쳐나왔다.

드디어 여름휴가다. 고향 폴란드로, 그리운 집으로 돌아갈 날이 온 것이다. 가난한 폴란드인이 고향으로 돌아갈 때면 지켜야 할 소소한 관습이 하나 있는데, 마리도 그 관습을 신중하게 따랐다. 먼저 몇 안 되는 살림살이를 여름휴가 중에도 파리에 방을 빌릴 수 있는 여유 있는 친구에게 맡긴다. 그리고 정든 다락방에 작별인사를 하고 반들반들 윤이 나도록 청소를 한 다음, 다시는 만날 일 없을 관리인 아주머니에게도 마지막 인사를 한다. 그리고 돌아가는 기차 안에서 먹을 간식거리도 조금 산다. 마리는 그렇게 하고 남은 돈을 들고 백화점으로 갔다. 마리는 파리에 와서 처음으로 조그만 장식품이나 스카프 등을 만지작거려 보았다.

주머니에 돈을 남기고 고향에 돌아오는 것은 수치다! 가족과 친구들에게 줄 선물을 사고 말 그대로 동전 한 닢 남지 않게 지갑 밑바닥까지 탈탈 털어서 기차에 올라야 멋진 귀향이다. 이것이 그 무렵 유행하던 귀향 규칙이었다. 얼마나 현명한 규칙인가! 철로가 뻗어 있는 2천 킬로미터 저편에는 아버지와 유제프 오빠와 헬라 언니, 그리운 고향집과 배불리 먹을 수 있는 음식, 몇 그로쉬의 돈만 주면 속옷부터 두툼한 모직 드레스까지 만들어주는 재단사도 있다.

11월에 학기가 시작되면 마리는 그 옷을 입고 다시 소르본에 나타날 것이다. 그때는 쾌활한 모습으로, 3개월 동안 폴란드 전역에 흩어져 있는 친척집에서 지내면서 영양가 있게 잘 먹어서 조금은 살이 찐 모습으로 돌아올 것이다. 하지만 새 학기가 시작되면 공부에 몰두하고 새로운 시험을 준비하느라 또다시 야위게 될 것이다.

하지만 가을이 되자 마리를 불안하게 하는 고민이 생겼다. 어디서 돈을 마련할지, 어떻게 파리로 다시 돌아갈지 걱정스러웠던 것이다. 다달이 생활비로 40루블만 쓰면서 모아두었던 돈은 벌써 바닥이 나 버렸다. 그뿐 아니라 자신을 돕느라 취미나 모든 여가생활까지 희생하고 있는 아버지를 생각하면 고개조차 들 수 없었다. 1893년의 상황은 완전히 절망적이었다. 마리는 소르본행을 단념하려고까지 했다. 그런데 그때 기적 같은 일이 일어났다.

지난해에 우산을 휘두르며 그녀의 숭배자들을 쫓아주던 티틴스카 양이 이번에도 더할 나위 없는 도움의 손길을 뻗어 준 것이다. 마리에게 훌륭한 미래가 약속되어 있음을 확신한 티틴스카 양은, 외국에서 공부를 계속하고 싶어 하는 우수한 학생들에게 제공되는 '알렉산드로비치 장학금'을 마리가 받을 수 있도록 바르샤바 시내를 여기 저기 다니면서 손을 써 주었다.

장학금은 무려 600루블! 15개월을 지내는데 충분한 돈이었다. 마리는 다른 사람을 위해서는 어떤 수고도 마다 않지만, 자신을 위해서 그런 도움을 간청하는 일은 생각지도 못했다. 특히 필요한 여러 가지 수속을 밟는 일이 내심 뻔뻔하게 느껴졌는지도 모른다. 마리는 신바람이 나서 날아갈 듯이 기쁜 마음으로 파리행 기차를 탔다.

마리가 유제프 오빠에게(1893년 9월 15일, 파리에서)

……오빠, 난 벌써 방을 구했어. 깨끗하고 그럭저럭 괜찮은 거리에 있는 아파트 7층인데, 무척 마음에 들어. 처음 빌리려고 했던 집에는 빈방이 하나도 없기 때문이었지만 여기도 상당히 만족스럽다고 아버지께 전해줘. 방에 있는 창문도 잘 잠기는 데다, 바닥도 타일이 아니라 나무라서 조금만 손을 보면 겨울에도 춥지 않을 거야. 작년에 지내던 방에 비하면 마치 궁전 같아. 방세는 1년에 160루블이라 아버지가 말씀하신 방보다 60루블이나 싸지 뭐야.

파리에 돌아와서 얼마나 기쁜지 새삼스레 말하지 않아도 잘 알지? 아버지 곁을 떠나는 건 정말 괴로운 일이지만 그래도 아버지가 건강하고 활기 있으신 것 같아서 다행이야. 어쨌든 오빠가 바르샤바에 있는 한은 내가 없어도 괜찮으실 거라고 생각해. 덕분에 양심의 가책 없이 여기 머물면서 내가 가진 모든 것을 걸어볼 수 있을 것 같아.

요즘은 수학을 집중적으로 공부하고 있어. 강의가 시작되기 전에 미리 해두고 싶거든. 그리고 일주일에 세 번씩 오전 중에, 내가 합격한 시험을 이제부터 치르려고 하는 프랑스 친구들에게 가르치고 있어. 이 일은 너무나 익숙하고 전처럼 피곤하지 않으니까 아버지께 그만두라는 말씀은 하지 마시라고 전해줘.

오늘은 지금부터 나의 작은 둥지를 꾸밀 생각이야. 그리 대단한 것은 못하지만 어쩔 수 없지. 뭐든지 스스로 해야 하니까. 사람을 쓰면 비용이 비싸게 들거든. 이제부터 가구를 들여놓을 거야. 허풍이나 한번 떨어보려고 가구라고 했지만, 모두 합쳐봐야 20루블 어치도 안 돼.

머잖아 유제프 보그스키 오빠한테 편지를 써서 실험실에 대해 몇 가지 물어볼 생각이야. 어쩌면 그것에 따라 내 앞날이 결정될 지도 몰라.

마리가 유제프 오빠에게(1894년 3월 18일)

……내 일상을 자세히 말하긴 좀 어려워. 하루하루가 똑같이 되풀이되기 때문에 재미라곤 하나도 없다고 생각해. 하지만 나는 그 단조로움이 싫지 않아. 안타까운 점은, 하루가 눈 깜짝할 사이에 지나가 버린다는 거야. 무얼 했는지도 잘 모른 채 언제나 남은 일들만 자꾸 눈에 띄지 뭐야. 내가

이 공부를 좋아하지 않았다면 아마 버텨내지 못했을 거야.

오빠의 박사 논문이 통과되길 바라. ……생각해 보건대, 인생은 그 누구에게도 편하진 않은 것 같아. 하지만 중요한 건 인내심을 갖고 무엇보다 자신을 믿을 것! 사람은 누구나 크건 작건 나름의 재능을 타고났고, 그 재능은 무슨 일이 있어도 꽃을 피워야 한다고 믿어야 해. 어쩌면 우리가 전혀 기대하지 않은 그 순간에 오히려 일이 잘 풀릴지도 모르는 거잖아?

알렉산드로비치 장학금은 분명 신의 은총이었다. 마리는 고집스럽게 이 600루블을 아끼고 아껴서 오랫동안 쓰려고 했다. 조금이라도 더 오래 이 천국과도 같은 대학 강의실과 실험실에 남아 있고 싶었기 때문이다.

그리고 몇 년 뒤, 프랑스 공업진흥협회에서 과학기술 연구를 의뢰 받은 연구자 마리는 그 첫 수입으로 저금을 시작했다. 그리고 600루블이 모이자 그 돈을 들고 알렉산드로비치 재단의 비서를 찾아갔다. 장학금을 고스란히 돌려주는 경우는 전례가 없었으므로 비서는 눈을 동그랗게 뜨고 마리를 쳐다보았다.

마리는 장학금을 신뢰의 표시인 장기신용대출로 받았던 것이다. 그녀의 올곧은 신념에 따르면 그 돈을 갚지 않는 것은 도덕과 의리를 배반하는 일이었다. 그 돈이 다른 가난한 여학생의 생명줄이 될 것이기 때문이다.

여기에, 그 무렵의 생활을 그리워하며 어머니 마리가 폴란드어로 쓴 짧은 시가 있다. 어머니가 활짝 웃으며 유쾌하고 즐겁게 해준 말들과 곧잘 들려주던 이야기들이 되살아난다. 그리고 어머니가 언제나 고이 간직하던 작은 사진 한 장, 담대한 눈과 굳은 각오가 담긴 턱이 돋보이는 여학생 시절의 사진을 바라볼 때마다, 나는 어머니가 어려움 속에서도 오로지 앞만 보고 달리던 그 시절을 다른 어떤 때보다 더 사랑했음을 느낄 수 있다.

배움의 길을 가는 소녀에게
청춘은 왜 이리도 빨리 스쳐가는가
소녀를 둘러싼 젊은이들
항상 새로운 격정에 불타

오로지 쾌락만을 추구하지만
소녀만이 조심스럽게 고독에 산다
홀로 초라한 다락방 책상 앞에 앉으면
가슴속 불꽃이 타오르고
마음은 아득히 높은 곳으로 내달린다
그러나 축복의 나날을 마치고
소녀는 지금 과학의 나라를 떠나려 한다
일용할 빵을 구하기 위해
잿빛 인생길로 발걸음을 옮긴다
그리고 번민에 갇힌 영혼은
언제나 그리운 마음의 고향
지붕 아래 다락방으로 돌아간다
남몰래 애쓰던 날들
지금도 눈부신 추억이 머무는 그곳

훗날 마리는 다른 여러 가지 인생의 기쁨을 맛보았다. 그러나 한없는 애정에 둘러싸였던 날이나 승리와 영광의 날에도, 이 영원한 여학생은 가난 속에서 오로지 공부에만 매진하던 그 시절과 같은 자부심과 만족을 느끼진 못했다. 마리는 가난한 자신이 자랑스러웠다. 낯선 이국땅에서 누구의 도움도 받지 않고 생활하는 자신이 대견했다. 한밤중에 초라한 방안에서 램프 하나만 켜 놓고 공부할 때, 마리는 미미한 자신의 운명이 그녀가 감탄해 마지않은 위대한 사람들과 시공을 넘나들며 보이지 않는 끈으로 이어져 있다는 느낌을 받았다. 그녀와 마찬가지로 엷은 어둠이 드리운 좁은 방에 틀어박혀 세상과 단절된 채 정신을 단련하며 아무도 발을 들여놓은 적이 없는 무한한 지식의 세계로 비상하고자 하는 위대한 학자들과 동행하는 듯한 생각이 들었다.

소르본에서 보낸 이 4년이 마리 퀴리에게 가장 행복했던 시절이었을 뿐만 아니라, 그녀에게는 늘 기대해왔던 인간 사명의 최고봉에 가장 가깝고 완전한 시절이었다.

인간은 젊고 고독하며 연구에 몰두해 있을 때는 '생활이 풍족하지 않아도' 충분히 살아갈 수 있다. 아니, 그 자체가 최고의 생활이다. 남다른 정열을 소유한 28세의 폴란드 여성 마리는 수많은 부자유와 감내하기 어려운 모든 것들, 초라한 생활까지도 숭고하게 받아들이는 힘을 지니고 있었다. 훗날 연애 감정과 모성애, 아내와 어머니로서의 근심과 걱정이, 그리고 끝없이 밀려오는 복잡다단한 일들이 마리를 언제까지나 영감에 사로잡힌 소녀로 내버려 두지 않았지만, 인생에서 가장 가난했던 그 시절에 그녀는 어린아이처럼 이런 것에 무관심했다. 마리는 머릿속에 있는 다른 세계에서 새털처럼 가볍게 비행하고 있었던 것이다. 그곳이야말로 마리에게는 유일하고 순수한 진짜 세계였다.

하지만 이런 모험의 세계가 늘 경이롭지만은 않았다. 갑자기 모든 것이 혼란에 빠지기도 하고 때로는 손쓸 방도가 없을 만큼 예상을 뛰어넘은 사건이 일어나기도 했다.

도저히 견디기 힘든 피로와 다른 사람의 간호가 필요한 잔병치레 등이 그것이었다. 그밖에도 눈앞이 아찔해지는 재난이 있었다. 한 켤레뿐인 신발이 너덜너덜해져서 도저히 새 신을 사지 않고는 버틸 수 없게 된 것이다. 덕분에 몇 주일치 생활비에 큰 차질이 생겨 식비와 램프 등유 값을 대폭 줄여야 했다.

겨울이 길어져 7층 다락방이 꽁꽁 얼어붙은 적도 있었다. 마리는 너무 추워서 한잠도 자지 못하고 덜덜 떨기만 했다. 사두었던 석탄은 이미 다 떨어진 것이다. 하지만 그런 것쯤은 대수로운 일도 아니다. 바르샤바에서 태어난 마리가 파리의 추위쯤에 질 수는 없었다.

마리는 다시 램프에 불을 붙였다. 방안을 휘 둘러보고는 커다란 트렁크를 열어 옷을 있는 대로 다 꺼냈다. 그러고는 그것을 껴입을 수 있을 만큼 껴입고 다시 침대로 들어갔다. 남은 옷들과 속옷은 이불 위에 덮었다. 그래도 추우면 팔을 뻗어 의자를 끌어당겨 옷 위에 올려놓았다. 그 무게로 따뜻하다고 느끼는 것이다.

그리고 난 뒤에야 마리는 잠을 청했다. 의자와 옷가지들이 떨어지지 않도록 조심조심 몸을 움직이면서.

한편 방 한쪽 구석에 있는 물병에서는 서서히 얼음이 두껍게 얼어가고 있었다.

피에르 퀴리

마리의 인생 계획에는 연애도 결혼도 없었다.

이는 그다지 이상한 일이 아니다. 첫사랑에 실패하고 상처 입은 가난한 처녀는 다시는 그 누구와도 사랑하지 않으리라 맹세했다. 특히 지적인 야심에 불타고 있던 이 슬라브계 여학생은 자기에게 주어진 일들을 완수하기 위해서라면, 여자에게는 굴레이자 큰 행복도 없이 불행해질 뿐인 결혼생활을 포기하는 일이 오히려 쉬웠다. 어느 시대에서든 위대한 화가나 음악가가 되고자 갈망하는 여성은 사랑과 모성애 같은 세속적인 가치에 그다지 큰 무게를 두지 않았다.

마리는 마음속에, 과학에 대한 열정이 지배하는 더할 나위 없이 엄숙한 세계를 세웠다. 물론 그 세계에는 가족에 대한 애정과 압제에 허덕이는 조국에 대한 사랑도 있었다. 그러나 그것이 전부였다. 그 밖에는 어떤 것도 존재하지 않았다. 이것이 파리에 혼자 살면서 소르본의 강의실과 실험실에서 매일 젊은 남성들과 얼굴을 마주하는 28세 젊은 여성의 다부진 각오였다.

마리는 꿈을 이루겠다는 강한 집념 속에서 가난에 쫓기고 혹독한 실험과 연구에 혹사당했다. 심심할 틈이 없는 만큼 그로 인한 부작용도 없었다. 그녀의 자부심과 내성적인 성격, 그리고 경계심이 마리를 보호해 주었다. Z가(家) 사람들에게 혼인을 거절당한 뒤로 결혼자금이 없는 가난한 여성은 남성의 헌신과 애정을 받을 수 없다고 단정하게 되었다. 그러한 이론과 괴로운 반성을 통해 굳은 결의를 다진 그녀는 독립된 자아만을 추구하기로 했다.

그런데 세상으로부터 단절된 듯 무미건조하게 지내던 폴란드 출신의 천재 여성에게 아주 특별한 사건이 일어났다. 프랑스의 한 천재 과학자가 이 폴란드 여성을, 만나기도 전부터 무의식 안에서 그녀를 기다리며 홀로 지내왔다니, 이것이야말로 놀라운 일이 아닌가.

노볼리스키 거리의 집에서 마리가 소르본대학에 다니며 공부할 날을 꿈꾸고 있을 무렵, 피에르 퀴리는 이미 소르본대학에서 물리학상의 중요한 발견들을 수없이 이루어 낸 상태였다. 대학에서 집으로 돌아오면 그는 일기에 다음과 같이 침울한 말을 써놓았으니, 이 얼마나 기이한 인연인가!

……여자는 우리들보다 훨씬 더 인생을 사랑한다. 그래서 천재적인 여성은 드물다. 그래서 우리가 신비한 사랑에 이끌려 자연을 거스르는 쪽으로 빠져들려고 할 때, 또 우리 마음을 움직이는 인간적인 것과는 거리가 먼 일들에 우리의 모든 생각을 집중하고자 할 때, 우리는 여성이란 존재와 싸워야만 하는 것이다. 어머니는, 그로 인해 아이들에게 패기가 없어지더라도 무엇보다 아이들의 사랑을 요구한다. 마찬가지로 사랑에 빠진 여자는 자기 애인을 독차지하고 싶어 하며 한 순간의 연애를 위해 천부적인 재능을 희생하는 일도 마다하지 않는다. 그러나 이 싸움은 거의 대부분 불공평하다. 왜냐하면 여성은 인생과 자연이라는 이름으로 우리를 되돌려 놓으려는 유리한 입장에 서 있기 때문이다.

이 일기를 쓴 지 몇 년이 지나, 과학탐구에 몸과 마음을 던진 피에르 퀴리는 젊고 아름다운 여성들을 만날 기회가 몇 번이나 있었다. 하지만 그 누구와도 결혼하지는 않았다. 그는 이미 35세였지만 아직 사랑하는 여성을 만나지 못했다.

그러던 어느 날, 그는 우연히 오랫동안 방치해 두어 잉크색도 바래버린 일기장을 넘기면서 옛 생각을 다시금 읽어 보았다. 은밀한 기대와 아쉬움이 가득한 구절이 그의 눈길을 사로잡았다.

"……천재적인 여성은 드물다."

내가 방에 들어갔을 때 피에르 퀴리는 발코니로 이어지는 유리문 옆에 서 있었다. 그는 서른다섯 살이었지만 내 눈에는 아주 젊어 보였다. 나는 그의 밝은 눈매와 키가 크고 어딘지 모르게 소탈해 보이는 분위기에 마음이 끌렸다. 차분하게 생각하면서 속삭이듯 말하는 말투와 솔직한 태도, 진중하면서도 생기 있고 차분한 미소에 믿음이 생겼다. 대화를 나누기 시작하자 이내 친근한 공기가 흐르기 시작했다. 과학에 대한 질문을 했을 뿐이지만 그의 의견을 듣는 것이 참으로 즐거웠다.

이 글은 1894년 초 마리가 처음으로 피에르를 만났을 때를 떠올리며 간단하고 솔직하게 쓴 것이다.

그 무렵 폴란드인이며 프라이브르크대학의 물리학 교수 유제프 코발스키 씨가 부인과 함께 파리에 신혼여행을 왔다. 그의 부인과 마리는 쉬추키에 있을 때부터 알고 지내던 사이였다. 신혼여행 겸 학술연구차 파리에 왔으므로 코발스키 씨는 강연을 하기도 하고 물리학회 모임에 참석하기도 했다. 그는 파리에 도착하자마자 마리의 소식을 묻고 연락을 했던 것이다. 그리고 이런 저런 근황을 물어보았다.

마리는 마침 프랑스 공업진흥협회로부터 일을 위촉받아 그 때문에 고생이 많다고 얘기했다. 각종 철강의 자기성질에 대한 연구로 이미 리프만 교수의 실험실에서 조사를 시작했지만, 철을 분석하고 금속 견본을 분류하려고 해도 좁은 사무실에는 필요한 장비를 다 넣을 수가 없어서, 어디에서 실험해야 좋을지 모르겠다고 했다.

"그럼 이렇게 하지."

유제프 코발스키 씨는 잠시 생각한 뒤에 말했다.

"내가 좋은 사람을 알고 있네. 르몽 거리의 물리화학학교에 근무하는 우수한 학자야. 아마 그라면 장소를 제공해 줄 수 있을 걸세. 자네에게 좋은 조언도 해 줄 테고. 어쨌든 내일 밤 저녁식사 후에 우리 집에 와서 차라도 한 잔 하게. 그 젊은이한테도 오라고 말해 둘 테니. 그래, 이름을 가르쳐 줘야지. 그 사람은 피에르 퀴리라고 하네."

신혼인 코발스키 부부가 묵고 있던 작은 방에서 보낸 그 조용한 밤에 프랑스 물리학자와 폴란드 여성물리학자 사이에는 깊은 공감이 생겨났다. 피에르 퀴리는 중후한 성격과 무심한 듯한 상냥함이 어우러진 독특한 매력이 있었다. 그는 키가 컸다. 유행에 좀 뒤떨어진 옷은 조금 헐렁했지만 그에게 아주 잘 어울렸다. 그는 타고난 우아함을 지닌 사람이었다. 길고 섬세한 손가락과 뻣뻣한 구레나룻 때문에 작은 얼굴이 좀 길어 보이지만, 표정이 단정하고 차분해 보이는 눈이 매우 아름다웠다. 눈빛은 깊고 맑았으며, 모든 것을 초월한 듯했다. 피에르는 성품이 겸손해 좀처럼 큰소리로 말하는 일이 없었지만 그의 천재적인 지성과 뛰어난 재능은 누구도 따르지 못했다. 고도의 지성이 윤리적인 성품과 늘 일치하지는 않는다. 그러나 피에르 퀴리는 인간성의 표본이라고 할 만큼 우수하고 숭고한 정신을 지녔다.

그가 말이 없는 젊은 외국 여자에게 처음 느낀 호감은 곧 강렬한 호기심으로 바뀌었다.

스쿼도프스카 양은 참으로 놀라운 사람이었다. 이 처녀는 폴란드인으로, 소르본에서 수업을 들으려고 머나먼 바르샤바에서 파리까지 왔다. 작년에 일등으로 물리학 학사시험을 통과했고, 이제 곧 수학 학사시험도 치를 예정이다. 그녀의 회색 눈동자 속에 감춰진 불안은 철강의 자기를 연구할 장치를 어디에 설치해야 좋을지 몰라 걱정하기 때문이었다.

처음에는 일상적인 대화를 나누다가 차츰 피에르 퀴리와 마리 스쿼도프스카는 학문적인 대화를 나누기 시작했다. 마리는 겸손한 태도로 여러 가지 질문을 하며 피에르의 설명에 귀를 기울였다. 피에르도 마리에게 여러 가지 계획을 이야기했다. 특히 요즘 흥미롭게 법칙성을 연구하고 있는 결정학의 다양한 현상을 설명했다. 그는 그 무렵 그 문제를 연구하고 있었다. 피에르는 생각했다. 학문용어와 복잡한 공식을 쓰면서 여성과 자신이 좋아하는 일에 대해 대화를 나눌 수 있다는 사실, 더구나 젊고 아름다운 여성이 눈을 반짝이며 얘기를 듣고 이해하며, 때로는 세세한 부분에 대해서 정확한 통찰력으로 자신의 의견을 분명하게 이야기하다니, 이 얼마나 진기하고 멋진 일인가
……!

피에르는 마리의 머리카락과 동그랗고 넓은 이마, 그리고 실험실의 산성 용액과 집안일로 거칠어진 손을 바라보았다. 결코 남에게 잘 보이려고 애교를 부리는 일이 없기에 한층 돋보이는 아름다움이 그의 마음을 설레게 했다. 피에르는 코발스키 씨가 이 젊은 아가씨에 대해 미리 얘기해 준 말들을 곰곰이 떠올려 보았다. 파리에 오기 전에 폴란드에서 몇 년이나 일을 했으며, 지금은 돈도 없이 다락방에서 혼자 생활하고 있다…….

"당신은 프랑스에 계속 머물 생각입니까?"

피에르가 자기도 모르게 불쑥 마리에게 물었다.

마리의 얼굴에 갑자기 어두운 그림자가 스쳤다. 마리는 노래하는 듯한 악센트로 대답했다.

"아뇨. 올 여름 학사시험에 붙으면 곧장 바르샤바로 돌아갈 생각이에요. 가을에 다시 돌아오고 싶지만 과연 그럴 수 있는 방법이 있을지. 나중에 폴란드에 교사 자리가 나면, 저 같은 사람도 어떻게든 조국에 도움이 되고 싶어요. 폴란드인은 조국을 버리지 못하니까요."

코발스키 부부도 그들의 대화에 가세하여 화제는 어느덧 러시아의 압제에 의한 고통스러운 속박으로 이어졌다. 세 망명자는 조국에서의 추억을 이야기하며 가족과 친지들 소식을 나누었다. 피에르 퀴리는 마리가 조국에 대한 의무를 이야기하는 것을 듣고 뜻밖이라고 생각하며 조금 실망스러웠다.

물리학에 홀린 그는 비상한 재능을 타고난 이 여성이 과학 이외의 것도 생각한다는 사실, 또 러시아제정에 맞서 자신을 바칠 계획을 세우고 있다는 사실을 도저히 이해하지 못했다.

그녀를 나중에 다시 한 번 만나보고 싶다. 그는 이렇게 생각했다.

피에르 퀴리는 어떤 사람인가?

그는 프랑스에서는 이름이 거의 알려지지 않았지만 외국에서는 이미 높은 평가를 받고 있던 프랑스의 천재 과학자였다.

그는 1859년 5월 15일 파리의 퀴비에 거리에서 태어났으며, 조부 2대에 걸쳐 의사 집안인 외젠 퀴리의 둘째 아들이다. 가족은 알자스 출신으로 신교도였다.

본디는 중산계급이던 퀴리 집안에 대를 거듭하면서 지식인과 학자가 배출되었다. 피에르의 아버지는 생계를 위해 어쩔 수 없이 의술을 업으로 삼았지만 그 역시 열렬한 과학연구의 사도였다. 그는 박물관 실험실에서 조수로 일했고 결핵 예방에 대한 논문을 발표하기도 했다.

그의 두 아들 자크와 피에르는 어렸을 때부터 과학에 흥미를 보였다. 사물에 대해 생각하기를 좋아하고 독립심이 강한 피에르는, 중학교의 규율과 조직적인 수업이 체질에 맞지 않아 학교에는 한 번도 다니지 않았다. 아버지 퀴리 의사는 아들이 너무나도 독창적이어서 학교교육으로는 능력을 이끌어낼 수 없다고 판단하고, 초기에는 자신이 직접 가르치고 나중에는 저명한 교수 바지유 씨에게 개인교습을 부탁했다.

이 자유교육이 효과를 나타내 피에르 퀴리는 열여섯 살에 이과대학 입학

자격시험에 합격했고 열여덟 살에 이과대학을 졸업하여 이학사가 되었다. 열아홉 살에는 이과대학 드장 교수의 조교로 임명되어 5년 동안 근무했다. 형 자크도 소르본에서 이학사를 취득하고 조교로 있었다. 두 젊은 물리학자는 공동연구에 힘써 '피에조 전기'라는 중요한 현상을 발견했다. 그들은 실험과 연구를 거듭하여, 미량의 전기도 정확하게 측정하여 다양한 용도로 쓸 수 있는 새로운 기계인 '수정판 피에조 전기계'를 발명했다.

그러나 1883년, 형제는 유감스럽게도 따로 떨어져 지내야 했다. 자크는 몽펠리에대학의 교수로 임명되고 피에르는 파리의 물리화학학교 실험주임이 되었기 때문이다. 피에르는 학생들의 '실험실습'을 지도하는데 꽤 많은 시간을 빼앗겼지만 그럼에도 그는 혼자서 결정물리학의 이론 연구를 계속했다. 그는 뒷날 이 연구로 근대과학의 한 기초인 대칭 원리를 발견했다.

피에르 퀴리는 또한 실험적인 연구도 계속하여 초고감도 과학천칭인 '퀴리 천칭'을 발명하여 제작했다. 또한 자기에 관한 연구에 착수하여 '퀴리의 법칙'이라는 근본법칙을 발견하여 중요한 업적을 이루었다.

그러나 이와 같은 꾸준한 노력과 빛나는 성공, 그리고 30명의 학생들을 열심히 가르친 결과로 피에르 퀴리가 15년 근무하여 1894년에 프랑스 정부로부터 받은 월급은 단돈 300프랑이었다. 공장 비숙련공의 수입과 비슷한 수준이었다.

하지만 그 무렵 영국에서 가장 유명했던 원로 과학자 캘빈 경은 파리에 오면 물리학협회에 피에르 퀴리의 연구보고를 들으러 올 뿐만 아니라, 이 젊은 물리학자에게 편지를 써서 그의 공적을 칭찬하며 면담을 요청하기도 했다.

켈빈 경이 피에르 퀴리에게 (1893년 8월)

친애하는 퀴리군

수정판 피에조 전기계를 보내주다니 정말로 깊은 감사의 뜻을 표하네. 덕분에 자네가 형과 이루어낸 실험상의 훌륭한 발견을 아주 손쉽게 관찰할 수 있겠네.

〈물리학 잡지〉 원고에 자네의 업적이 나보다 훨씬 앞서 있다고 분명히 밝혀 놓았다네. 이 원고는 10월호나 늦어도 11월호에는 반드시 게재될 걸세……

켈빈 경이 피에르 퀴리에게(1893년 10월 3일)

친애하는 퀴리군

나는 내일 밤 파리에 도착할 예정이네. 자네의 실험실을 방문하려면 이번 주 중 언제가 좋을지 알려주면 고맙겠네…….

이 방문을 기회로 두 과학자는 과학상의 여러 문제에 대해 오랜 시간 동안 의견을 나누었다. 영국의 노과학자는 명철한 두뇌가 가장 빛날 시기에 피에르 퀴리가 열악한 연구실에서 조수 한 사람 없이, 얼마 되지도 않는 보수를 받으며 일하고 있다는 사실에 놀랐다. 더구나 켈빈 경 스스로 스승이라 여기는 이 물리학자가 파리에서는 거의 이름이 알려지지 않았다는 사실에는 더욱 놀라지 않을 수 없었다.

피에르 퀴리는 단순히 주목할 만한 물리학자가 아니라 그 이상이었다. 그는 물질적으로 풍요로운 지위를 얻을 수 있도록 로비활동을 해보라는 주위의 권유에 다음과 같이 대답했다.

머잖아 어느 교수가 퇴직할 것 같으니 그 자리에 후임으로 갈 수 있도록 로비활동을 해보라는 제의를 받았습니다. 하지만 어떤 지위를 얻기 위해 로비활동을 한다는 것은 제겐 부담스럽고 불쾌한 일입니다. 저는 당국이 규정한 질서에 혼란을 가져올지도 모르는 이런 종류의 로비에 익숙하지 않습니다. 심지어 당신에게 이런 얘기를 해야 한다는 사실조차 유감스럽습니다. 이런 건전하지 못한 일에 머리를 쓰는 것만큼 인간의 정신을 갉아먹는 행위는 없다고 생각합니다.

물리화학학교 교장이 문화훈장(교육공로장) 후보에 추천했을 때도 피에르 퀴리는 정중히 거절했다.

교장 선생님께

선생님께서 저를 훈장 후보로 지사님께 거듭 추천하셨다는 얘기를 뮈제 씨에게 들었습니다.

선생님의 깊은 배려는 감사합니다만 제발 그러지 말아주셨으면 합니다. 제가 그런 영예를 받게 된다면 저는 거절할 수밖에 없습니다. 저는 어떤 훈장도 결코 받지 않겠다고 결심했기 때문입니다. 제가 많은 사람들에게 조금이라도 웃음거리가 되지 않도록 배려해주시기를 부탁드립니다.

이번 일이 저에 대한 호의에서 비롯된 것이라면, 교장 선생님께서는 제가 마음 놓고 일할 수 있는 환경을 제공해 주셨으니 이미 충분히 보여주셨습니다. 그 점은 저도 깊이 감사드리는 바입니다.

또한 피에르는 작가였다—아니, 적어도 작가가 될 소질을 가지고 있었다. 그는 매우 자유롭고 독특한 교육을 받았으므로 문체가 독창적이고 세련되면서도 힘이 있었다.

"생각하고자 하는 정신을 하찮은 소란으로 마비시키는 것."

(빅토르 위고, 《왕은 즐긴다》에서)

나같이 나약한 사람이 조그마한 일에 갈팡질팡하지 않기 위해서는 내 주위에 있는 모든 것이 움직이지 않든지, 그렇지 않으면 나 자신이 팽이처럼 윙윙거리고 돌면서 그 회전 운동의 힘을 빌려 외부의 유혹이 접근하지 못하도록 해야 한다.

하지만 내가 자신을 축으로 천천히 회전하면서 어떤 일에 달려들려고 하면 매우 하찮은 것, 말 한 마디, 이야기 몇 줄, 신문기사 하나, 손님 한 사람이 나를 붙들어 회전의(回轉儀)나 팽이가 되지 못하도록 방해한다. 그리하여 회전수가 충분한 수준에 이르러 주위의 방해물에 신경 쓰지 않고 집중할 수 있는 시기는 자꾸만 늦어지고 뒤로 밀려나는 것이다.

우리는 먹고 마셔야 한다. 자고 게으름을 피우고 사랑도 해야 한다. 다시 말해 인생에서 가장 즐거운 일들을 겪어야 하지만, 그러한 일에 휘둘려서는 안 된다. 이런 모든 일을 하면서도 우리가 몰두하고 있는 본능과 반대되는 사고가 여전히 우리의 빈약한 머릿속을 지배하여 냉철한 생각의 흐름이 끊어지지 않도록 해야 한다. 우리는 인생을 하나의 꿈으로 보고, 그 꿈을 현실로 이끌어야 한다.

피에르 퀴리는 시인이나 예술가다운 감수성과 상상력을 지니고 있었으며, 실의와 고뇌도 느꼈다. 피에르는 1881년의 일기에 다음과 같이 적었다.

나는 앞으로 어떻게 될까? 내가 진정한 나로 있는 경우는 매우 드물다. 보통 나의 일부는 잠들어 있다. 날이 갈수록 정신이 무뎌지는 느낌이다. 전에는 과학이라면 무슨 일에건 관여했지만 지금은 그런 문제에 손을 대기도 힘들어서 도무지 몰두할 수가 없다. 그밖에도 해야 할 일은 산더미처럼 많기 때문이다.

나의 가엾은 정신이여, 너는 이제 내 육체에 영향을 미치지도 못할 만큼 나약해졌단 말인가? 아, 나의 사상이여, 어째서 너는 내 불쌍한 정신을 움직이지 못하는가? 결국 너도 그렇게 하찮은 존재였단 말인가! 자존심아, 야심아, 너희들은 하다못해 나를 격려해주지도 못한단 말이냐? 이런 식의 삶을 내가 언제까지나 계속해야 한단 말이냐? 내가 가장 의지하는 것은 무엇보다 나의 상상력이다. 오직 상상력만이 내 정신을 유혹하고 나를 인도하여 구해주지 않겠는가! 그러나 그 상상력이 이미 나에게서 사라져 버린 것은 아닌지 두려워 견딜 수가 없구나……

물리학자이면서 시인인 피에르 퀴리는 마리 스쿼도프스카에게 반해버렸다. 그는 온화하면서도 끈질기게 그녀에게 접근하려고 노력했다.

먼저 그는 물리학협회의 모임에서 과학자들의 새 연구보고를 열심히 듣고 있는 마리를 두세 번 만났다. 그는 자기의 신간 저서 《물리현상의 대칭성: 전장(電場長)과 자장(磁場)의 대칭》을 경의의 표시로 마리에게 선물했다. 책머리에는 다음과 같이 썼다.

"마리 스쿼도프스카 양에게 저자의 경의와 우정을 담아서 P. 퀴리."

피에르는 또 리프만 교수의 실험실에서 베로 만든 덧옷을 입고 조용히 실험에 몰두해 있는 마리를 보았다. 그는 마리에게 집을 방문하고 싶다고 말했다.

마리는 자신의 집 주소를 그에게 가르쳐 주었다. 피양틴 거리 11번지. 그리고 우정 어린 마음으로 조심스럽게 그를 자신의 조그마한 방으로 맞아들였다. 피에르는 마리가 생각보다 훨씬 가난한 데 마음이 아팠지만, 한편으론 꾸밈없는 방의 모양새와 마리가 빚어내는 미묘한 조화를 느낄 수 있었다. 살림살이가 거의 없는 누추한 방에서 낡은 옷을 입고 과학연구에 열정을 불태우는 마리의 의지 강한 모습은 이제까지 보아온 어떤 모습보다 아름다웠다. 고행과 다름없는 고된 생활로 여윈 마리와 아무런 꾸밈없는 이 다락방은 완벽하게 잘 어울렸다.

몇 달이 흘렀다. 그 동안 피에르와 마리는 서로에 대한 존경과 신뢰의 마음을 키워갔다. 그들의 우정과 친밀감은 더욱더 깊어졌다. 피에르 퀴리는 빼어나게 총명한 이 폴란드 여성에게 완전히 사로잡혔다. 그는 마리에게 순종하고 마리의 의견에 귀를 기울였다. 머지않아 피에르는 한동안 무기력했던 자신을 추스르고 자기(磁氣)에 관한 연구를 정리하여 훌륭한 박사논문을 제출하고 박사가 되었다. 모두 마리의 격려와 원조에 힘입은 결과였다.

그러나 마리는 여전히 자유를 원했다. 마리는 피에르가 가슴에 품고 있는 중요한 말을 들을 준비가 아직 되어 있지 않았다.

그날도 두 사람은 피양틴 거리에 있는 마리의 방에 있었다. 피에르가 마리를 방문한 지 열 번째 되는 날이었을 것이다. 화창한 6월의 어느 해질 무렵, 책상 위에는 곧 닥쳐올 시험에 대비한 수학 참고서가 몇 권 놓여 있고, 그 옆에는 피에르와 마리가 산책하러 가서 꺾어온 흰 마거리트 꽃이 꽂혀 있었다. 마리는 하나밖에 없는 알코올램프로 차를 끓여 피에르에게 건넸다.

피에르는 자신이 최근에 몰두하고 있는 연구에 대해서 오랫동안 이야기를 하고 난 뒤 느닷없이 이렇게 말했다.

"마리, 우리 부모님을 한 번 만나 뵙지 않겠소? 부모님은 파리 근교의 소오에 있는 작은 집에 살고 있소. 두 분 다 아주 좋은 분입니다."

피에르는 마리에게 부모님에 대해 이야기했다.

"아버지는 키가 크고 멋없지만 아직도 파란 눈에는 생기가 가득합니다. 매우 총명하신 분이에요. 성격이 급해서 화를 잘 내기도 하지만 속정이 깊으신 분입니다. 어머니는 몸이 안 좋아서 일을 잘 하시진 못하지만 그래도 집안일에 노련한 가정주부시며 명랑하고 쾌활한 분입니다."

그는 또 형 자크와 함께 숲속을 헤매고 놀던 꿈같은 소년 시절의 추억을 이야기했다.

마리는 깜짝 놀라면서 그의 이야기에 귀를 기울였다. 어쩌면 이토록 이상하리만치 자신과 비슷한 점이 많은 걸까? 자잘한 몇 가지만 다를 뿐 소오의 집을 바르샤바의 거리로 옮겨 놓기만 하면 퀴리의 가정은 바로 스클로프스키의 가정이 되었다. 자유사상가이고 교권 반대주의자인 닥터 퀴리가 자식들에게 세례를 받게 하지 않았다는 종교적인 차이를 빼면, 피에르와 마리는 똑같이 학문적이고 어디에 내놔도 부끄럽지 않은 가정에서 태어난 것이다. 교양이 있고 과학을 사랑하며, 가족들이 사랑으로 서로 도우며 살아온 점도, 그리고 자연에 대해 열광적인 취미도 서로 똑같았다.

더욱 마음이 편해진 마리는 밝게 웃으며 폴란드 시골에서 보낸 즐거운 휴가에 대해 이야기했다. 게다가 그녀는 몇 주일 뒤 다시 그 시골로 돌아갈 생각이었다.

"하지만 10월에는 다시 돌아오시겠죠? 돌아온다고 약속해 주시오. 만약 폴란드에 그대로 남는다면 당신은 연구를 계속하지 못하게 됩니다. 당신은 과학을 버리면 안 돼요!"

평범한 격려의 말 같지만, 실은 피에르의 가슴속에 있는 깊은 고민을 그대로 드러내는 말이었다. "당신은 과학을 버리면 안 돼요"라는 말은 "당신은 나를 버리면 안 돼요"라는 뜻임을 마리는 알 수 있었다.

두 사람은 한동안 말이 없었다. 이윽고 마리는 엷은 회색빛 눈동자를 들어 피에르를 보며 여전히 망설이는 목소리로 대답했다.

"당신의 말이 옳다고 생각해요. 저도 어떻게든 다시 돌아오고 싶어요."

피에르는 몇 번이고 되풀이해서 장래의 희망에 대해서 이야기했다. 그는 마리에게 자신의 아내가 되어달라고 했다. 하지만 그것은 쉽게 결정할 문제가 아니었다. 프랑스 사람과 결혼한다는 것은 가족과 영원히 이별하는 동시에 조국 폴란드에 헌신하겠다는 계획을 포기하고, 폴란드를 버린다는 뜻이었다. 스쿼도프스카 양에게 그것은 끔찍한 배신행위였다. 그럴 수는 없었다. 아니, 그렇게 해서는 안 되었다! 나는 훌륭한 성적으로 시험을 통과했으니 어쨌든 여름에는 바르샤바로 돌아가야 한다. 그리고 그대로 계속—.

마리는 이제 우정만으로는 만족하지 못하는 낙담한 젊은 과학자를 그대로 놔둔 채 아무런 약속도 없이 바르샤바로 가는 기차에 올랐다.

그러나 피에르는 마음속으로 계속 마리의 뒤를 쫓았다. 마리가 아버지와 함께 중간에서 만나 몇 주일을 지낸다는 스위스까지, 그리고 질투가 일어나는 그 폴란드까지 뒤쫓아 가고 싶었다. 하지만 그럴 수 없었다…….

하는 수 없이 그는 멀리서나마 자신의 뜻을 끊임없이 주장했다. 여름 동안 마리가 크레타츠, 리볼라, 크라쿠프, 그리고 바르샤바 등 어디에 있든지 물리화학학교 이름이 새겨진 값싼 편지지에 조금 어린애 같은 서툰 필체로 쓰인 편지가 늘 그녀를 기다리고 있었다. 피에르 퀴리는 마리를 설득하여 다시 파리로 돌아오게 하려고 했으며, 그녀를 기다리고 있다고 되풀이해서 말했다.

진심이 가득 담긴 심금을 울리는 편지들이었다.

피에르 퀴리가 마리 스쿼도프스카에게(1894년 8월 10일)

당신의 답장을 받는 것만큼 나를 기쁘게 하는 것은 없습니다. 두 달 동안이나 당신 소식을 듣지 못한다고 생각하니 견딜 수가 없었습니다. 그런 만큼 당신이 보내준 편지는 아무리 짧아도 무척 반가웠습니다.

그쪽에서 신선한 공기를 듬뿍 마시고 10월에는 반드시 돌아오기를 바랍니다. 나는 여행을 떠나지 않고 줄곧 시골에 남아 있을 생각입니다. 하루 종일 활짝 열어젖힌 창가나 뜰에 있을 겁니다.

우리는 적어도 서로 깊은 우정을 나누자고 약속했습니다. 그렇지 않습니까? 부디 당신의 마음이 변치 않기를 기도합니다. 왜냐하면 약속이란 지키기 쉽지 않을뿐더러 강요할 일은 더욱 아니니까요. 어쩌면 우리가 각자의 꿈에 갇혀서 따로따로 살아가는 것도 아름다운 일일지 모릅니다. 당신은 애국적인 꿈에, 그리고 나는 인도적이고 과학적인 꿈에 말입니다.

그러나 나는 그중 후자만이 정당하다고 생각합니다. 다시 말해 우리에겐 사회를 바꿀 만한 힘이 없으며, 설령 그 힘이 있다 하더라도 어떻게 하면 좋을지 방법을 모릅니다. 어떤 특정한 목적을 위해 행동한다 해도 그것이 오히려 사회발전을 저해하고 좋은 결과보다 나쁜 결과를 가져오지 않는다고 누가 장담할 수 있겠습니까? 반대로 과학적인 입장에서 보면 우리는 분명히 무엇인가를 이룰 수 있습니다. 이 일은 지반이 훨씬 더 단단하며, 어떤 발견이든 아무리 작은 것이라도 확실히 남게 됩니다.

보십시오. 모든 것은 가느다란 실 한 가닥으로 이어져 있습니다…… 우리는 언제까지 친한 친구로 지내자는 약속을 했지만, 만일 1년 뒤 당신이 프랑스를 떠나 두 번 다시 만나지 못한다면 우리의 우정은 진실로 플라토

닉한 우정일 뿐이겠지요. 그보다는 당신이 나와 함께 여기에 계시는 편이 더 좋지 않을까요? 이런 질문이 당신의 미음을 불쾌하게 하리라는 걸 알고 있으니 앞으로 다시는 꺼내지 않겠습니다. 게다가 어느 모로 보나 나 같은 사람은 당신에게 어울리지 않는다는 걸 잘 알고 있습니다…….

실은 프라이부르크에서 우연히 당신과 만나게 해 달라고 청할 생각이었습니다. 그러나 당신은 하루밤에 머물지 않을 것 같고—그렇죠? —그 하루도 분명히 우리의 친구인 코발스키 씨한테 붙잡혀 있겠죠.

당신의 헌신적인 P. 퀴리

당신이 답장을 주신다면, 그리고 10월에는 돌아올 거라는 말로 절 안심시켜 준다면 더없이 기쁘겠습니다. 편지는 직접 소오로 보내주시면 더 빨리 받아볼 수 있습니다. 주소는 다음과 같습니다.

센 현(縣) 소오, 사블롱 거리 13번지, 피에르 퀴리.

피에르 퀴리가 마리 스쿼도프스카에게(1894년 8월 14일)

당신 뒤를 쫓아가지 않기로 마음을 정했습니다. 하루 종일 망설였습니다만 결국 이런 소극적인 결론에 이르렀습니다. 처음 당신의 편지를 읽었을 때는, 내가 가는 것을 당신이 그리 달가워하지 않는다는 느낌을 받았습니다. 그러나 다시 읽어보니 당신이 사흘 정도 함께 지내지 않겠느냐고 친절하게 청하고 계시다는 걸 알았습니다. 그래서 나는 곧바로 당신 곁으로 달려갈 생각이었습니다. 하지만 불현듯 당신의 상황도 생각하지 않고 무작정 쫓아가는 것이 어쩐지 부끄러워졌습니다. 게다가 당신 아버님께도 실례일 것 같아 마음을 접었습니다. 내가 함께 있으면 틀림없이 아버님은 기분이 유쾌하지 않으실 테고, 당신과 함께 산책하시는 즐거움을 깨뜨리게 될지 모르기 때문입니다.

그런데 이제 돌이킬 수 없는 지금에 와서야 떠나지 않은 것이 후회됩니다. 사흘이라도 함께 지낸다면 서로의 우정을 더 돈독히 하여 두 달 반이나 떨어져 있는 동안 서로를 잊지 않게 할 수 있는 기회가 됐을지도 모르는데 말입니다.

당신은 운명론자입니까? 사순절의 일을 기억하고 있나요? 나는 혼잡한 군중 속에서 별안간 당신을 놓치고 말았죠. 우리의 우정도, 예컨대 우리 둘 가운데 누구도 그것을 원하지 않는다 하더라도 갑자기 그렇게 끊어질 것 같은 생각이 들었습니다. 나는 운명론자가 아닙니다만 우리 성격으로 보아 왠지 그러한 결말을 맞이할 듯한 예감이 들어 견딜 수가 없습니다. 나는 시기적절하게 행동하지 못하는 사람이니까요.

그러나 당신에게는 그 편이 좋을지도 모릅니다. 어째서 내가 당신을 프랑스에 붙잡아 두고 조국과 가족으로부터 멀리 떼어놓으려 하는지 내 스스로도 잘 모르겠습니다. 그런 희생 대신에 내가 당신에게 해줄 수 있는 것은 아무것도 없는데 말입니다.

당신은 완전히 자유롭다고 말하지만, 내가 볼 때는 당신이 조금 자만하고 있는 것 같습니다. 우리는 모두 다소나마 애정의 노예이고 사랑하는 사람들이 갖는 편견의 노예입니다. 더구나 우리는 생활비를 벌어야 하므로, 그 결과 기계의 톱니바퀴처럼 살아야만 합니다.

가장 괴로운 건 우리를 둘러싸고 있는 '사회'의 편견입니다. 우리는 자신의 강하고 약한 정도에 따라서 전적으로든 일부든 그 편견에 따르고 있습니다. 너무 따르지 않으면 짓밟혀 버리고 그렇다고 지나치게 따르면 비굴해져서 자기혐오에 빠지게 됩니다. 나는 10년 전에 내가 가졌던 생각이나 조건들을 이미 멀리 버렸습니다. 그 시절에는 무슨 일에나 과격해야 하고 우리를 둘러싸고 있는 모든 것에서 결코 물러서서는 안 된다고 믿었습니다. 자신의 장점과 마찬가지로 자신의 결점도 솔직하게 말해야 한다고 믿었습니다. 옷을 입을 때도 노동자들과 똑같이 푸른색 셔츠만 고집했습니다.

그러나 당신도 보시다시피 이제 나는 나이를 먹었고 무척 나약해져 버렸습니다.

당신이 부디 행복하시기를 바랍니다.

당신의 헌신적인 벗 P. 퀴리

피에르 퀴리가 마리 스쿼도프스카에게 (1894년 9월 7일)

……짐작하겠지만 당신의 편지를 받고 불안에 떨고 있습니다. 나는 당신이 10월에 다시 파리로 오시기를 진심으로 바랍니다. 만일 당신이 올해

안에 돌아오지 않으시면 나는 무척 괴로울 겁니다. 내가 당신에게 꼭 돌아오라고 하는 건 벗으로서의 이기심 때문만이 아닙니다. 프랑스에 계셔야 연구도 더 잘될 테고 또 좀더 확실하고 유익한 일을 할 수 있다고 믿기 때문입니다.

……어떤 사람이 돌로 쌓은 벽을 무너뜨리겠다고 갑자기 자신의 머리를 부딪치고 있는 모습을 상상해 보십시오. 당신은 그 사람을 어떻게 생각하십니까? 어쩌면 그 행위가 아주 훌륭한 관념에서 우러나온 것일 수도 있지만, 사실 우습고 어리석은 행동입니다.

어떤 종류의 문제는 전체적인 해결만을 요구할 뿐, 지금은 이미 부분적인 해결로는 모자란다고 생각합니다. 그리고 사람은 막다른 골목에 몰리면 죄를 지을 수도 있다고 생각합니다. 나는 또한 이 세상에 정의가 존재하지 않고 가장 강력한, 혹은 가장 경제적으로 유력한 구조가 더 우위를 차지할지도 모른다고 생각합니다.

한 인간이 노동으로 기진맥진해 있으면서도 여전히 가난에 허덕이는 것은 차마 눈뜨고 보지 못 할 일입니다. 그렇다고 이런 일이 없어지지는 않겠지요. 없어진다면, 아마 인간을 하나의 기계로 보면서 무리하게 쓰는 것보다 적정 수준으로 가동시키는 게 더 유리하다는 다소 경제적인 논리에서 나온 결과겠죠.

당신이 내 이기심을 잘 이해할 수 있는 얘기가 있습니다. 내가 스무 살 때였습니다. 아주 불행한 일이 생겨서 내가 사랑하던 소꿉친구를 잃었습니다. 그 무렵 끔찍한 상황을 당신에게 자세히 말할 용기는 없습니다만……, 그 뒤로 나는 밤낮으로 한 가지 일만 생각했습니다. 나 자신을 괴롭히면서 오히려 어떤 즐거움까지 느꼈습니다. 그리고는 마치 신부처럼 절제된 생활을 하며 지내며 앞으로는 사물에만 흥미를 느끼며 개인적인 일이나 타인의 일에 절대 신경 쓰지 않겠다고 맹세했습니다. 그래도 나는 인생을 이런 식으로 포기하는 것이 단순한 속임수에 지나지 않으며, 내가 혹시나 그런 식으로 불행을 잊으려 하는 것은 아닌지 스스로에게 물어보았습니다.

당신 나라에는 통신의 자유가 보장됩니까? 나는 그게 아주 의심스럽습니다. 그래서 다음부터는 비록 순수하게 철학적인 내용일지라도 괜한 오해를 사서 당신에게 폐를 끼칠 우려가 있는 논의는 하지 않는 편이 좋겠다고 생각합니다.

마음이 내키면 사블롱 거리 13번지로 편지를 주십시오.

당신의 헌신적인 벗 피에르 퀴리

피에르 퀴리가 마리 스쿼도프스카에게 (1894년 9월 17일)

지난번에 당신이 보낸 편지를 읽고 당신이 괴로워하고 갈팡질팡하는 마음이 고스란히 느껴져 무척 걱정했습니다만, 바르샤바에서 보낸 편지를 보니 다시 평정을 되찾은 것 같아 안심했습니다. 당신의 사진은 아주 마음에 듭니다. 사진을 내게 보내 주다니 얼마나 멋진 발상인지요. 마음 깊이 감사드립니다.

드디어 당신이 파리로 돌아오신다니 정말로 기쁩니다. 우리는 어떤 일이 있어도 결코 떨어지지 않는 친구가 되었으면 합니다. 당신도 그렇게 생각하시죠?

당신이 프랑스 사람이라면 곧바로 여학교나 여자사범학교의 선생이 될 수도 있습니다만, 그런 직업에 관심이 있으신지요?

당신에게 끝없이 헌신적인 벗 P. 퀴리

당신 사진을 자크 형한테 보여주었습니다. 혹시 내가 잘못한 것은 아닌지요? 형은 당신이 아주 멋지다고 했습니다. 그리고 또 이런 말도 했습니다. "빈틈없는 사람 같군. 고집도 있겠는걸."

10월이 되었다. 피에르 퀴리의 가슴은 행복으로 부풀었다. 약속대로 마리가 파리로 돌아온 것이다.

소르본 강의실과 리프만 교수의 실험실에서 다시 그녀의 모습을 볼 수 있었다. 그러나 그녀는 라탱 지구에 살지 않았다. 마리는 프랑스에 머무는 것은 올해가 마지막이라고 생각하고 있었다. 브로냐가 샤토당 거리 39번지에 새롭게 연 진료소 옆방을 마리에게 내어 주었기 때문이다. 도우스키 부부는 여전히 라빌레트에 살았고 브로냐는 낮에만 샤토당 거리에 왔으므로 마리는 조용히 공부할 수 있었다.

이 침침하고 조금 음산한 방에서 피에르는 다시 애정을 호소하기 시작했다. 그 역시 마리 못지않게 고집이 셌다. 그는 장래의 아내가 될 사람과 똑같은, 혹은 그보다 더 완전하고 순수한 신념을 가지고 있었다. 피에르에게는 과학만이 삶의 유일한 목적이었다. 그래서 그의 사랑은 심적인 충동과 정신의 본질적인 갈망이 뒤섞여 믿을 수 없을 만큼 강했다. 말하자면 피에르는 정열적인 충동뿐 아니라 과학자로서도 절실하게 필요했으므로 마리에게 열중했다.

그는 자기가 행복할 수 있다면 세상 사람들이 일반적으로 말하는 행복까지 희생할 각오가 되어 있었다. 그는 마리에게 제안을 한 가지 했다. 자신에겐 충분히 논리적이지만 언뜻 느끼기에는 괴상하고 마리에게 접근하기 위한 책략으로도 볼 수 있었다.

"만일 당신이 나에게 애정을 느끼지 않는다면 순수하게 친구로서 무프타르 거리에 있는 아파트에서 함께 연구하지 않겠소? 그 아파트는 정원으로 유리창이 나 있으며 두 채로 독립되어 있소."

"아니면—목적을 이루려면 그만한 희생을 감수해야 하므로—만일 나 피에르 퀴리가 폴란드에 가서 일자리를 구한다면 마리가 결혼해 주지 않겠소? 처음에는 프랑스어를 가르치다가 어떻게든 함께 과학연구에 종사하는 방법을 찾을 수 있을 게요."

예전에 폴란드의 한 시골 귀족의 집에서는 거들떠도 보지 않던 입주가정 교사에게 이 뛰어난 천재 과학자가 머리 숙여 애원하고 있는 것이다.

마리는 브로냐에게 자신의 복잡한 심정을 고백했다. 또한 피에르가 폴란드까지 같이 가겠다는 말까지 했다고 전했다. 마리는 그와 같은 희생을 요구할 권리가 자기한테는 없다고 생각했지만, 그래도 피에르가 그렇게까지 자신을 생각해 주자 마음이 흔들렸다.

한편 피에르는 마리가 도우스키 부부에게 자신의 이야기를 했다는 사실을 알자, 이번에는 부부를 공략하기 시작했다. 이미 두세 번 만난 적이 있는 브로냐를 찾아가서 완전히 자기편으로 만들어버린 것이다. 피에르는 브로냐를 마리와 함께 소오의 자기 집으로 초대했다. 닥터 퀴리 부인, 즉 피에르의 어머니는 브로냐를 따로 불러서 여동생을 설득해 달라고 수차례나 간절히 부탁했다.

"우리 피에르만큼 착한 남자는 이 세상에 없어요." 피에르의 어머니는 거듭 말했다. "동생에게 망설이지 말라고 말해줘요. 그 애와 결혼하면 다른 어떤 남자하고 결혼하는 것보다 훨씬 행복할 거예요."

하지만 완고한 폴란드 처녀 마리는 그로부터 열 달이 지나고 나서야 피에르와 결혼하기로 결심한다.

참다운 슬라브 '지식인'인 마리는 인생과 자신의 의무에 대한 수많은 신념으로 머리가 꽉 차 있었다. 그 신념은 건전하고 훌륭하기도 했지만 아주 단순하기도 했다. 더구나 피에르가 전부터 알고 있었듯이 마리가 특출한 여성인 까닭은 이런 신념 때문이 아니다.

교양 있는 많은 폴란드 동포들처럼 마리가 간직하고 있던 신념은 사실 피에르에게는 그리 중요하지 않았다. 그의 마음을 끌어당기고 매혹한 것은 학문에 대한 마리의 헌신이며 그가 알아본 그녀의 천재성과 용기, 그리고 기품이었다. 이 얌전한 처녀에게는 위대한 남성들에게서 흔히 볼 수 있는 천부적인 재능이 있었던 것이다.

피에르 자신도 오랜 경험을 통해 그 불합리성을 깨닫기 전까지는 수많은 신념을 가지고 있었다. 그는 결코 결혼하지 않겠다는 맹세까지 했었다. 물론 그에게 폴란드처럼 헌신해야 할 조국은 없었지만, 과학에 바치는 인생과 결혼은 결코 양립할 수 없다고 생각했다. 젊은 날의 열렬한 사랑이 비극으로 끝나자 그는 껍질 속으로 숨듯 자신에게 관심을 보이는 여성들을 피해왔다. 다시는 사랑을 하고 싶지도 않았다. 이런 신념 덕분에 그는 평범한 결혼을 하지 않고, 특출한 여자, '자신을 위해 태어난' 마리를 기다릴 수 있었다.

이제는 신념에 사로잡혀 최대의 행복과 멋진 연구 협력자를 놓치는 어리석은 짓은 하지 않을 것이다. 젊은 아가씨이며, 폴란드 여성이며 물리학자인 마리가 그에게 없어서는 안 될 존재가 된 것이다. 그는 그중 어느 하나가 아니라 셋, 모두를 손에 넣고 싶었던 것이다.

피에르는 이 모든 얘기를 스쿼도프스카 양에게 조용히 설명했다. 또한 애정이 담긴 말을 하고 매일 그녀를 찾아오는 성실함을 보였다. 피에르 퀴리는 이처럼 매력적인 태도를 보이며 고독한 여인을 조금씩 자신의 여자로 만들어 갔다.

1895년 7월 14일에 마리의 오빠 유제프가 바르샤바에서 편지를 보냈다. 스쿼도프스키 집안의 애정 어린 결혼 승낙을 전하는 내용이었다.

……네가 퀴리 씨와 약혼했다는 소식 들었다. 너는 나뿐 아니라 그 누가 보아도 마음씨가 곱고 인품이 반듯한 사람이니까, 네가 마땅히 누려야 할 참 행복과 기쁨을 퀴리 씨 곁에서 찾기를 진심으로 바란다.

난 네 생각대로 하길 참 잘했다고 여긴다. 공정한 사람이라면 어느 누구도 널 비난하지 못 할 거야. 난 너를 아주 잘 아니까 네가 언제까지나 폴란드의 영혼을 잃지 않고, 마음으론 계속 우리 가족으로 살 거라고 굳게 믿는단다. 우리들 또한 늘 너를 사랑하고 가족으로 여기는 마음은 변치 않을 거야.

……네가 폴란드로 돌아와서 평생을 남을 위해 헌신하고 지나치게 예민한 의무감에 희생되기보다 파리에서 행복하게 만족하면서 사는 편이 훨씬 좋을 거야. 앞으로는 무슨 일이 있든 되도록 서로 자주 만나도록 노력하자꾸나.

……사랑하는 마냐, 너에게 축하의 키스 세례를 보낸다. 그리고 다시 한 번 너의 행복과 기쁨과 성공을 빈다. 네 약혼자에게도 안부 전해다오. 퀴리 씨를 우리 집안의 새 식구로 맞이하게 되어 무척 기쁘며 나의 진실한 우정을 보낸다고도 전해주렴. 마찬가지로 퀴리 씨도 나에게 우정을 느끼길 바란다.

너를 진심으로 사랑하는 오빠 유제프

며칠 뒤 마리는 친구 카쟈에게 편지를 보내 자신의 중대한 결심을 알렸다.

마리가 카쟈에게

이 편지가 도착할 때쯤이면 너의 마냐는 이름이 바뀌어 있을 거야. 작년에 바르샤바에서 이야기했던 그 남자하고 결혼하기로 했어. 앞으로는 계속 파리에서 살아야 한다는 점이 무엇보다 가슴 아프지만 달리 어떻게 할 방법이 없어. 우리는 서로가 운명의 끈으로 단단히 묶여 이제 헤어진다는 건 꿈도 꾸지 못 할 정도야.

무엇보다도 모든 일이 2, 3일 전에 갑자기 결정됐으므로 지금까지 너에게 편지조차 쓰지 못했어. 꼬박 1년을 고민했지만 어떻게 해야 좋을지 도저히 모르겠단 뭐야. 그리고 이제야 겨우 여기 파리에서 결혼하고 살아간다는 생각에도 익숙해져서 안정을 찾기 시작했어. 앞으로는 아래 주소로 편지를 보내주기 바라.

로몽 거리 42번지, 물리화학학교 내 퀴리 부인

이것이 내 새로운 이름이야. 남편 될 사람은 이 학교의 교수로 일하고 있어. 내년에는 남편에게 나의 조국을 알려주기 위해 폴란드에 함께 갈 생각이야. 그때는 틀림없이 내 사랑하는 '동생'에게 남편을 소개해 줄게. 너도 그가 마음에 들면 좋겠어.

7월 26일, 마리가 샤토당 거리의 집에서 맞이하는 마지막 아침이 밝아왔다. 매우 화창한 날씨였다. 마리는 무척 생기 있고 아름다웠다. 일찍이 학교 친구들은 본 적도 없는 생생한 무언가가 그녀의 얼굴에서 빛나고 있었다. 오늘은 스퀴도프스카 양이 퀴리 부인이 되는 날이기 때문이다.

마리는 탐스럽고 풍성한 머리를 틀어 올리고 웨딩드레스를 입었다. 그 옷은 독일 거리에 살고 있는 카지미에시 도우스키의 나이 드신 어머니가 준 선물이었다.

"드레스는 이 평상복 한 벌밖에 없어요." 마리는 형부의 어머니에게 말했다. "만일 옷을 주신다면 검소하고 실용적인 것으로, 결혼식이 끝나면 실험실에도 입고 다닐 수 있는 것으로 주세요."

브로냐는 당쿠르 거리에 사는 재봉사에게 부탁해서 짙은 남빛 드레스와 옅은 남색 줄이 있는 블라우스를 마리에게 지어 주었다. 그 옷을 입은 마리는 더욱 아름답고 젊어 보였다.

모든 면에서 여느 결혼식과도 조금 색다른 결혼식이 마리는 무척 마음에 들었다. 이 결혼식에는 하얀 웨딩드레스는 물론 금반지나 피로연도 없었다. 피에르는 자유사상가였고 마리도 오래 전부터 교회에 나가지 않았으므로 종교적인 의식도 생략했다. 공증인조차도 필요 없었다. 두 사람 모두 재산이라고는 없었기 때문이다. 오직 사촌이 보내준 축의금으로 결혼식 전날 산 반짝이는 자전거 두 대밖에는 아무것도 없었다. 그들은 이 자전거로 여름휴가 동안 프랑스의 시골로 여행을 다닐 계획이었다.

예의상 오는 사람이나 호기심 또는 시기하는 마음으로 오는 사람은 한 사람도 없는 아름다운 결혼식이었다. 소오의 면사무소와 사블롱 거리의 피에르의 집 정원에 온 하객으로는 브로냐와 카지미에시, 몇몇 절친한 대학 친구들, 그리고 멀리 바르샤바에서 온 헬라와 스쿼도프스키 씨가 참석했다. 스쿼도프스키 씨는 닥터 퀴리에게 체면을 차리기 위해 되도록 정확하고 세련된 프랑스어로 이야기를 해야 한다는 생각에 무척 긴장하고 있었다.

하지만 먼저 감격에 넘치는 목소리로 진심에서 우러나오는 말이 튀어나왔다.

"우리 마리는 무척 사랑스런 아입니다. 이 아이는 태어나서 지금까지 한 번도 내게 걱정을 끼친 일이 없었어요."

결혼식에 가기 위해 피에르가 마리를 마중하러 왔다. 그들은 뤽상부르 역에서 기차를 타고 가족들이 기다리고 있는 소오에 갔다.

눈부신 햇살 속에서 그들을 태운 합승마차는 생미셸 거리를 달리고 있었다. 그 두 사람은 마차 꼭대기에서 눈에 익은 마을을 바라보았다.

소르본대학 이과대학 입구를 지날 때 마리는 인생의 반려가 될 피에르의 팔을 꼬옥 잡고 그를 바라보았다. 조용하게 빛나는 차분한 눈동자가 마리의 시선에 응답했다.

신혼 생활

두 사람의 신혼생활은 활기차게 시작되었다.

피에르와 마리는 새로 산 자전거를 타고 일드프랑스 지방을 여행했다. 자전거 짐받이 위에는 비가 많이 오는 여름에 빼 놓을 수 없는 고무 입힌 짧은 우비 두 장과 옷가지 몇 벌이 가죽 끈으로 묶여 있었다.

점심때에는 숲 속의 널찍한 공터에서 보드라운 풀을 깔고 앉아 빵과 치즈, 복숭아와 앵두로 식사를 했다. 밤이 되면 부부는 보이는 대로 아무 여관 앞에서 자전거를 세웠다. 그리고 걸쭉하고 뜨거운 수프를 먹고 색 바랜 벽지를 바른 침실로 안내 받는다. 벽에 두 사람의 그림자가 촛불이 움직이는 대로 흔들흔들 춤을 춘다. 농촌의 적막한 밤에 오직 두 사람만 존재하는 듯하다. 멀리서 들려오는 개 짖는 소리, 비둘기가 낮게 우는 소리, 암고양이의 열에 뜬 신음소리, 마룻바닥이 삐걱거리는 소리만이 이따금 적막을 깨뜨릴 뿐이었다.

잡목림이나 바위산을 구경하고 싶을 때는 자전거에서 내려서 걸어 다녔다. 피에르는 자연을 무척 좋아했는데, 그와 같은 천재에게는 오랫동안 조용히 산책하는 시간이 꼭 필요했을 것이다. 걸음을 걷는 일정한 박자가 학문적인 사색에 도움이 되었으리라.

그는 밖으로 나오면 하다못해 정원이라도 걷지 않고는 못 배겼다. 애당초 '휴양'이 불가능한 사람이다. 피에르는 또 여정을 미리 정해두는 틀에 박힌 여행을 매우 싫어했으며, 시간관념도 없었다. 왜 사람은 밤이 아닌 낮에 걸어야 하는가? 어째서 식사시간은 일정하게 정해져 있는가?

어렸을 때부터 피에르는 새벽이고 밤이고 상관없이 내키면 곧바로 길을 떠나는 버릇이 있었다. 그리고 돌아오기까지는 사흘이 걸릴지 한 시간이 걸릴지 자신도 몰랐다. 하지만 그처럼 형과 함께 자유롭게 여행하던 날들은 지금도 그의 가슴 속에 멋진 추억으로 또렷하게 남아 있었다.

파리에서 나를 괴롭히는 온갖 귀찮은 일에서 벗어나 고마운 고독 속에 지내면서 나는 얼마나 즐거웠던가…… 그렇다. 나는 숲속에서 지낸 밤과 쏜살같이 흘러간 낮을 후회하지 않는다. 만일 나에게 시간이 있다면 그곳에서 내가 꿈꾸었던 모든 공상을 실컷 이야기해 보고 싶다. 향긋한 풀내음으로 가득 찬 상쾌한 골짜기와 비에브르 강물이 가로지르는 시원하고 촉촉하며 아름다운 풀숲, 홉이 기둥처럼 우거진 요정들의 궁전, 그리고 붉은 흙으로 덮인 언덕에 가득 피어 있는 찔레꽃과 자갈로 덮인 길을 묘사하고 싶다. 그렇다. 나는 앞으로도 언제나 감사하는 마음으로 미니에르 숲을 생각할 것이다. 내가 이제까지 보아온 곳 가운데 가장 사랑스럽고 가장 행복했던 곳. 나는 한밤중에 곧잘 집을 뛰쳐나가 골짜기로 올라갔다. 그리고 머릿속에 수많은 생각을 담아서 돌아오곤 했다…….

1895년 여름의 방랑여행, 이 '방랑의 신혼여행'은 한층 더 달콤하고 즐거웠다. 사랑이 여행을 더욱 아름답고 풍요롭게 했다. 시골 여관에서 몇 푼의 방세만 내고 끊임없이 자전거 페달을 밟으며 퀴리 부부는 낮이나 밤이나 사랑의 마법에 걸려 둘만의 호사스런 고독을 만끽했다.

피에르와 마리는 자전거를 농가에 맡겨두고 작은 나침반과 과일만 조금 가지고 가쁜 숨을 몰아쉬며 한길을 벗어나 작은 오솔길로 접어들었다. 피에르가 길쭉한 다리로 성큼성큼 앞장서서 걷고 마리도 기운차게 그 뒤를 따랐다. 마리는 걷기 편하게 스커트 자락을 조금 치켜 올리고 모자도 쓰지 않았다. 아주 예쁜 흰색의 새 블라우스를 입고 투박한 구두를 신었다. 허리에는 실용적이기는 해도 별로 모양이 나지 않는 조그만 가방을 찼다. 그리고 가방에는 접이식 칼과 돈과 시계 등을 넣었다.

피에르는 뒤도 돌아보지 않고 결정학 연구에 대해 떠오르는 생각들을 큰 소리로 이야기하며 걸어갔다. 마리가 자신의 이야기를 듣고 총명하고 유익하며 독창적인 대답을 해 주리라는 사실을 잘 알고 있기 때문이다.

마리도 앞으로 중등교사 자격시험을 치르겠다는 커다란 목표가 있었다. 그리고 물리화학학교 교장 쉔베르제 씨가 피에르와 같은 실험실에서 연구하도록 허락해 줄 것이 거의 확실했다. 그러면 언제나 함께 있을 수 있다! 결코 떨어지지 않을 것이다!

두 사람은 숲을 빠져나와 갈대에 둘러싸인 연못가에 닿았다. 조그맣게 고여 있는 연못이었지만 물가의 온갖 식물과 동물들을 보고 피에르는 아이처럼 기뻐했다. 그는 하늘과 바다에 사는 생물은 물론 도마뱀, 잠자리, 도롱뇽에 대해서도 꽤 많이 알고 있었다.

젊은 아내가 제방 위에 누워 휴식을 취하고 있는 동안 피에르는 연못 위에 쓰러져 있는 통나무 위로 능숙하게 걸어가서 떨어질 위험을 감수하고 물속으로 손을 길게 뻗었다. 그리고 노란 창포와 담청색 수련을 땄다.

마리는 꼼짝도 하지 않고 누워서 반쯤 졸린 눈으로 솜털 같은 구름이 흘러가는 하늘을 바라보고 있었다. 갑자기 손바닥에 차갑고 축축한 것이 닿자 마리는 깜짝 놀라 소리를 질렀다. 피에르가 그녀의 손바닥 위에 팔딱팔딱 뛰는 청개구리를 살그머니 올려놓은 것이다. 물론 피에르가 마리에게 장난을 치려고 한 것은 아니었다. 그에게는 개구리를 만지는 것이 아주 자연스러웠던 것이다.

"피에르, 이게 뭐예요……!"

마리는 기겁을 하고 소리쳤다.

그러자 피에르는 약간 기분이 상한 듯했다.

"당신은 개구리를 싫어하오? !"

"싫어하진 않지만 손바닥에 올려놓기에는……."

"그렇지 않소."

피에르는 표정 하나 바꾸지 않고 말했다.

"가만 보고 있으면 정말 재미있다오…… 손가락을 살짝 펴보시오…… 귀엽지 않소? !"

피에르가 개구리를 집어 올리자 마리는 그제야 안심하고 빙그레 미소 지었다. 피에르는 개구리를 연못가에다 놓아주었다. 충분히 쉬었다고 생각한 피에르는 다시 오솔길을 헤치며 앞장섰다. 마리도 벌떡 일어나 수련과 창포 꽃으로 몸을 치장하고 그의 뒤를 따랐다.

자신의 연구에 골몰한 피에르는 곧 숲도 하늘도 연못도 잊어버렸다. 그는 연구의 미묘한 어려움이나 해명하고 싶은 결정체의 성장 등과 같은 과학의 신비를 생각했다. 그는 마리에게 새로운 실험을 위해 만들 기계에 대해 설명했다. 그러면 마리의 충실한 목소리가, 영리한 질문과 깊이 생각한 대답이 돌아왔다.

이 행복한 신혼여행에서 두 사람 사이에는 한 남자와 한 여자를 영원히 결합시킨 가장 아름다운 유대가 맺어졌다. 두 심장은 함께 뛰었고 두 몸이 하나가 되었으며, 두 천재적인 두뇌가 협력해서 생각하는 습관을 가지게 되었다.

위대한 물리학자이며 총명하고 고귀한 이 사람 외에 마리의 결혼상대로 어울리는 남자는 어디에도 없었다. 그리고 피에르에게도 이 상냥하고 명랑하며 천진난만하고 세상물정을 모르는 친구이자 반려자이고 애인이며 학자인 활발한 금발의 폴란드 여성만큼 잘 어울리는 짝은 없었다.

참으로 즐겁고 멋진 여름이었다! 8월 중순 무렵 퀴리 부부는 샹티이 근처에서 '암사슴'이라는 농장에 도착했다. 여름 동안 지낼 조용한 별장으로 브로냐가 찾아내어 몇 개월 동안 빌린 곳으로, 시어머니와 남편 카지미에서, '루'라고 부르는 딸 엘렌, 그리고 프랑스에 좀더 머물기로 한 스쿼도프스키 씨와 헬라가 함께 지내고 있었다. 그곳에 피에르와 마리가 찾아온 것이다.

꿩과 토끼가 살고 하얀 은방울꽃이 일대를 뒤덮고 있는 숲속에 홀로 덩그러니 서 있어 시적 정취가 감도는 집이었다. 그리고 두 민족과 3대를 잇는 우정과 사랑이 가득했다.

피에르 퀴리는 처가 식구들의 마음을 완전히 사로잡았다. 그는 스쿼도프스키 씨와 학문을 이야기하고 집안사람들의 사랑을 독차지하고 있는 예쁘고 명랑한 세 살짜리 루와도 열심히 이야기를 나누었다.

닥터 퀴리 부부도 때때로 소오에서 샹티이까지 찾아왔다. 그러면 커다란 식탁에 접시가 두 개 더 놓이고 대화는 한층 더 활기를 띠었다. 화학부터 의학, 아이들 교육과 사회사상, 프랑스와 폴란드의 오늘날 등, 화제가 끊임없이 이어졌다.

피에르는 프랑스 국민들에게 흔히 나타나는 외국 사람들에 대한 본능적인 경계심이 전혀 없었다. 오히려 그는 도우스키와 스쿼도프스키 집안 사람들에게 깊은 호감을 가졌다. 그는 아내에 대한 사랑의 표시로 유럽에서 가장 어렵고 쓸모없는—멸망한 나라의 말이므로—폴란드어를 자진해서 배웠다. 마리도 처음에는 그런 피에르를 말렸지만 마음속으로는 무척 기뻤다.

'암사슴'에서는 피에르가 '폴란드화'하기 위해 노력했지만, 9월에 피에르가 마리를 소오에 데리고 갔을 때는 마리가 '프랑스화'할 차례였다. 마리로서도 바라마지 않던 일이었다. 마리는 이미 시부모를 깊이 사랑하고 있었으며, 스쿼도프스키 씨와 헬라가 바르샤바로 돌아간 뒤에는 시부모의 애정이 마리의 외로움을 덜어주었기 때문이다.

아들이 라탱 지구의 다락방에서 찾아낸 가난한 이국 처녀와 결혼했는데도 엘리트층인 이 노부부는 조금도 화를 내거나 놀라지 않았다. 그들은 마리를 처음 보았을 때부터 마음에 들었다. 단순히 '슬라브인다운 매력'뿐만이 아니라 여학생인데도 남자 못지않은 마리의 총명함과 훌륭한 인품에 끌렸던 것이다.

다만 마리가 소오의 집에서 깜짝 놀란 점은 시아버지와 그 친구들이 정치에 관심이 아주 많다는 사실이었다. 1848년 2월혁명의 사상을 신봉하는 닥터 퀴리는 급진파인 앙리 브리송과 친밀한 사이였으며 논쟁을 무척 좋아했다.

외국 압제자에 대한 투쟁과 이상사회에 대한 평화적인 헌신을 배우며 자란 마리는 프랑스 사람들이 매우 좋아하는 당파싸움을 소오에서 처음 알게 되었다. 마리는 긴 논쟁은 물론 격렬하면서도 너그러운 여러 정론에 귀를 기울였다. 그러다가 싫증나고 지치면 언제나 혼자 조용히 명상에 잠겨 있는 남편 곁으로 피신했다.

어느 일요일에 한 방문객이 시사문제로 흥분해 있는 논객들 사이로 피에르를 끌어들이려고 했다. 그러자 피에르는 조용히 말하며 사양했다.

"나는 화를 잘 내지 못하는 성격이라서요."

마리는 나중에 이렇게 썼다.

피에르 퀴리는 정치문제에 적극적으로 가담하는 일은 거의 없었다. 그가 받은 교육과 타고난 감성으로 민주주의적·사회주의적 사상에 애착을 품고 있었지만 어떤 당파주의에도 지배되지 않았다. 그는 사회생활에서도 사생활과 마찬가지로 폭력 행사의 효용을 신뢰하지 않았다.

피에르 퀴리가 평소의 신중한 태도를 버리고 정치 투쟁에 몸을 던진 아주 드문 경우가 있었다. 드레퓌스 사건이 났을 때였다. 그러나 그때도 그는 당파주의에는 좌우되지 않았다. 그는 아주 자연스레 무고하게 박해받는 사람의 편을 들었을 뿐이다. 정의로운 성격인 피에르는 단지 불공정을 참지 못해 싸웠던 것이다.

신혼부부는 10월에 글라시에르 거리 24번지의 아파트로 이사했다. 수목이 무성한 드넓은 공원을 향해 창이 여럿 나 있었는데, 그것이 이 집의 유일한 매력이었다.

좁은 방이 셋 있었지만 마리와 피에르는 방에 아무런 장식도 하지 않았다. 그들은 닥터 퀴리가 주겠다고 한 가구까지도 거절했다. 긴 의자든 안락의자든 쓸데없이 더 있으면 그 만큼 아침마다 먼지를 털고 청소하는 수고를 해야 한다. 마리에게는 그런 일을 할 시간이 없었다.

게다가 긴 의자나 안락의자를 무엇에 쓴단 말인가? 퀴리 부부는 모임이나 친구들의 방문도 삼가기로 서로 합의를 보았다. 이따금 두 부부의 은신처를 어지럽히러 5층까지 올라오는 방해꾼이 있기는 했지만, 책장과 칠하지 않은 탁자, 벽지조차 바르지 않은 두 사람의 서재를 보고는 두 번 다시 찾아오지 않았다. 무엇보다 탁자 한쪽 끝에는 마리의 의자, 반대편 끝에 피에르의 의자가 있고, 탁자 위에는 물리학 서적과 석유램프와 꽃이 있을 뿐이었다. 손님을 위한 의자도 없는 곳에서 피에르와 마리의 공손하고 놀란 시선을 마주하면 아무리 낯 두꺼운 사람이라도 달아나지 않을 수 없었다.

피에르의 생활은 오로지 한 가지 이상만을 목표하고 있었다. 자신과 마찬가지로 과학연구를 위해 사는 가장 사랑하는 아내 곁에서 함께 연구에만 몰두하는 것이다. 그러나 마리의 생활은 결혼 후 한층 힘들어졌다. 연구는 물론이고 가정주부로서 해야 할 여러 가지 눈에 띄지 않는 집안일도 해내야 했다. 아무리 마리라도 더는 소르본에서 연구하던 때처럼 물질생활을 무시하진 못했다. 휴가를 끝내고 돌아오자마자 그녀는 가장 먼저 겉표지에 금박으로 '금전출납부'라고 큼지막하게 쓰인 가계부를 샀다.

피에르 퀴리는 그 무렵 물리화학학교에서 급여로 매달 500프랑을 받았다. 마리가 자격증을 따서 교사가 되기 전에는 이 500프랑이 부부의 유일한 수입이었다.

그러나 검소한 그들은 이 정도의 수입으로도 충분히 생활이 가능했고 더구나 마리는 이미 절약에 아주 익숙했다. 다만 산더미처럼 쌓인 하루 일을 스물 네 시간 안에 해치워야 하는 점이 문제였다.

마리는 이미 대부분의 시간을 자신에게 주어진 물리화학학교 실험실에서 보냈다. 실험실은 천국이었다! 그러나 글라시에르 거리의 집에서는 침대를 손질하고 마루를 쓸어야 했다. 피에르의 옷도 깨끗하게 세탁해 놓아야 하고 식사에도 주의를 기울여야 했다. 게다가 집안일을 도와줄 가정부도 없었다.

그래서 마리는 아침에 새벽같이 일어나 시장에 가고 저녁에는 피에르와 팔짱을 끼고 학교에서 돌아오는 길에 식료품점과 우유가게에 들렀다. 수프에 어떤 재료가 들어가는지 관심도 없던 스쿼도프스카 양의 꿈같은 시절은 어디로 가버렸는지. 피에르 퀴리 부인이 된 지금은 이제 주부로서 집안일을 모르면 면목이 서지 않았다.

사실 마리는 결혼하기로 결심한 때부터 형부의 어머니와 브로냐 집에 가서 몰래 요리강습을 받았다. 닭을 익히고 감자를 튀기는 연습도 했다. 그리하여 지금은 피에르를 위해 영양가 있는 식사를 정갈하게 차려내고 있다. 그러나 대범하여 자질구레한 일에는 전혀 신경을 쓰지 않고 감각이 둔한 피에르는 마리가 그렇게까지 노력하고 있다는 사실을 꿈에도 몰랐다.

게다가 유치한 자존심이 마리를 더욱 부추겼다. 만약 프랑스인인 시어머니에게 실패한 오믈렛을 대접하기라도 하여, 도대체 바르샤바에서는 딸에게 무엇을 가르치느냐고 묻는다면 얼마나 수치스럽겠는가? 마리는 요리책을 몇 번이고 읽으면서 여백에 요리를 실제로 만들어보고 실패한 점과 성공한 점을, 마치 과학 실험하듯 정밀하고 꼼꼼하게 기록했다.

마리는 손이 많이 가지 않는 요리를 스스로 터득하는 데 성공했다. 학교에 있는 동안 뭉근한 불에 올려두기만 하면 '저절로' 완성되는 찜 요리다. 요리는 화학만큼이나 어렵고 신비로웠다. 마카로니가 서로 달라붙지 않게 하려면 어떻게 해야 할까? 소고기찜을 만들려면 찬물에 넣어야 할까, 더운물에 넣어야 할까? 강낭콩은 몇 분이나 데쳐야 할까?

가스풍로 앞에서 뺨이 빨갛게 달아오른 채 마리는 깊은 한숨을 쉬었다. 결혼 전에 줄곧 버터 바른 빵과 홍차, 순무와 앵두만을 먹던 때가 훨씬 간편해서 좋았다.

그러나 마리는 주부의 지혜를 차곡차곡 쌓아갔다. 아까운 고기를 새카맣게 태워버렸던 가스풍로도 이제 잘 다룬다. 집을 나올 때면 마리는 물리학자답게 불꽃을 정확하게 조절해 놓고 불에 올려놓은 냄비를 불안한 눈으로 한 번 더 들여다본다. 그러고는 문을 닫고 계단을 뛰어내려와 피에르를 쫓아 함께 학교로 갔다.

그리고 15분 뒤, 마리는 실험실에서 증류기 위에 몸을 구부리고 조금 전과 똑같이 진지한 태도로 '실험실 가스화구'의 불꽃을 조절하고 있다.

마리는 과학연구에 여덟 시간, 집안 살림에 두세 시간을 투자했다. 그뿐 아니라 밤에는 가계부의 무수한 빈칸에다 그날그날 피에르와 자신이 지출한 경비를 적어 넣었다. 그리고 나서야 칠도 하지 않은 나무탁자의 한쪽 끝에 걸터앉아 중등교사 선발시험 준비에 몰두했다. 램프 저편에서는 피에르가 고개를 숙이고 물리화학학교의 신학기 강의계획을 작성하고 있다.

마리는 문득 피에르가 그윽하고 사랑스런 눈길로 자신을 바라보는 것을 느끼고 눈을 들어 그를 마주보았다. 사랑하는 부부 사이에 미소가 오간다.

새벽 2, 3시 무렵까지 창가에 불이 켜있고 의자가 두 개밖에 없는 서재에는 책장 넘어가는 소리와 펜을 긁적이는 소리만이 조용히 울려 퍼진다.

마리가 유제프에게(1895년 11월 3일)

……여기는 모든 일이 순조롭게 흘러가고 있어. 우린 매우 건강하고 즐겁게 지내. 집안도 조금씩 손질하고 있지만 청소하거나 정돈하는 데 쓸 시간이 없으므로 되도록 손이 안 가고 경비도 적게 드는 쪽으로 꾸밀 작정이야. 가정부가 하루에 한 시간씩 와서 설거지나 힘을 써야 하는 잔일을 해주지만 요리와 청소는 내 몫이야.

며칠에 한 번씩 피에르와 함께 소오에 계신 시부모님을 뵈러 가. 하지만 그 때문에 우리 연구가 방해를 받지는 않아. 거기에도 2층에 방이 두 개 있고 필요한 물건이 모두 갖춰져 있으므로 우리 집이나 마찬가지거든. 그래서 실험실에서 미처 정리하지 못한 일도 그곳에서 계속할 수가 있어.

날씨가 좋으면 우리는 소오까지 자전거를 타고 가. 기차를 탈 때는 비가 억수같이 내릴 때뿐이야.

'돈이 될 만한 일'은 아직 확실히 정해지지 않았어. 올해는 실험실에서

할 수 있는 일을 찾으면 좋겠는데. 난 솔직히 사람을 가르치는 일보다는 과학이나 공업 쪽 일이 더 좋거든.

마리가 유제프에게(1896년 3월 18일)

……우리 생활은 변함없고 단조로워. 우리는 브로냐 언니 부부와 소오에 계시는 시부모님 외에는 아무도 만나지 않아. 극장에도 거의 가지 않고 다른 놀이도 하지 않아. 하지만 부활절에는 며칠 휴가를 얻어서 여행을 떠날 예정이야.

헬라 언니 결혼식에 참석하지 못해서 무척 슬퍼. 만일 우리 가족 가운데 아무도 바르샤바에 살고 있지 않다면 무리를 해서라도 여비를 마련했을 텐데. 하지만 다행히 헬라 언니는 외톨이가 아니니까, 못 가서 안타깝긴 하지만 괜찮을 거야. 바르샤바에 가려면 여비를 비롯해서 여러 가지 걱정거리가 생기거든.

여긴 2, 3주 전부터 매우 더워. 들판엔 이미 녹음으로 무성해. 소오에는 2월 무렵부터 오랑캐꽃이 고개를 내밀기 시작하더니, 지금은 무척 많이 피어서 뜰의 자갈 사이사이까지 전체를 뒤덮어 버렸어.

파리 거리에서는 아주 싼값으로 꽃을 살 수 있어서 우리는 늘 꽃을 사가지고 집으로 돌아와.

마리가 유제프와 올케에게(1896년 7월 17일)

사랑하는 유제프 오빠와 올케언니. 올해는 무슨 일이 있어도 폴란드로 돌아가 사랑하는 두 사람을 양팔로 힘껏 껴안고 싶었는데! 그런데 안타깝게도 돈도 없고 시간도 없어서 그럴 수 없게 되었어요. 지금 치르고 있는 중등교사 선발시험이 8월 중순까지 연장될 것 같아요…….

마리 퀴리는 중등교사 선발시험에서 당당히 일등으로 합격했다. 피에르는 아무 말도 하지 않고 폴란드인 아내를 자랑스러운 듯 꼭 껴안았다. 그들은 서로를 꼭 끌어안은 채 글라시에르 거리에 있는 집으로 돌아왔다.

그리고는 곧바로 자전거 바퀴에 바람을 불룩하게 넣고 짐을 꾸렸다. 자, 출발이다. 오베르뉴 지방으로 '탐사여행'을 떠나자!

퀴리 부부는 훌륭한 두뇌와 튼튼한 육체의 힘을 한껏 누리며 살았다. 휴가를 떠나는 그들의 발걸음에는 기운이 넘쳤다.

뒷날 마리는 이렇게 썼다.

오블락 산지에 갔던 날의 일은 지금도 그날의 태양처럼 선명하고 반짝반짝한 추억으로 내 가슴속에 생생하게 남아 있다. 햇빛이 쨍쨍한 날, 오랫동안 힘들게 산길을 걸어 올라가니 푸르른 초원이 드넓게 펼쳐졌다. 우리는 고원 특유의 맑고 깨끗한 대기 속을 걸었다.

어둑어둑할 때쯤 트뤼에르 골짜기를 걷고 있었는데, 물줄기를 따라 내려가는 거룻배에서 흘러나와 먼 곳으로 빨려들어가듯 사라져 가는 민요 곡조에 이상하게도 마음이 끌리던 일은 지금도 잊을 수가 없다. 그런데 그 뒤 예상 착오로 새벽이 될 때까지 여관으로 돌아오지 못하고 말았다. 길을 가다가 짐마차 행렬을 맞닥뜨렸는데, 우리가 탄 자전거를 보고 말이 겁을 먹는 바람에 어쩔 수 없이 경작지를 가로질러 가야 했기 때문이었다. 겨우 고원의 국도로 돌아오니 도무지 이 세상의 것처럼 보이지 않는 아름다운 달빛이 주변을 환하게 비추고 있었다. 주위를 돌아보니 울타리 안에서 밤을 보낸 암소들이 느릿느릿 다가와 그 커다랗고 조용한 눈으로 우리를 가만히 바라보았다……

마리와 피에르가 결혼한 지 2년째에 접어들었다. 첫 해와 달라진 점은 마리의 몸 상태에 이상이 생겼다는 것이다. 마리는 임신하여 입덧으로 괴로워하고 있었다. 그토록 기다리던 아이였지만 마리는 임신으로 이렇게 기분이 우울해질 줄은 몰랐다. 금방 피로해져서 강철의 자기화 연구도 마음대로 하지 못하고 실험기구 앞에 제대로 서지도 못하는 점이 무엇보다 속상했다. 마리는 다음과 같이 불평했다.

마리가 카쟈에게(1897년 3월 2일)
그리운 카쟈, 생일 축하 편지가 너무 늦었지. 요즘은 몸이 너무 안 좋아서 편지 쓸 기운도 없어.

실은 내가 임신했거든. 그런데 기뻐해야 할 일인데도 난 정말 괴로워.

두 달 전부터 계속 현기증이 나. 그것도 아침부터 밤까지 하루 종일 계속되지 뭐야. 몸이 아주 피곤하고 약해져서 도저히 계속 일하기가 힘들어. 게다가 정신상태도 나빠진 것 같아.

시어머니도 병환이 깊으셔서 맘대로 움직일 수도 없는데, 생각처럼 되지 않는 이런 내 몸 상태가 더욱 갑갑하기만 해…….

마리가 유제프 스쿼도프스키에게(1897년 3월 31일)

……특별히 달라진 일은 아무것도 없어. 몸 상태는 여전히 안 좋지만 야위지도 않았고 오히려 얼굴 혈색은 좋아진 편이야. 시어머니의 병세는 이제 가망이 없다고 해서 피에르도 나도 큰 충격을 받았어. 유방암이시거든. 아기가 태어날 때쯤 어머니께 무슨 일이라도 생길까봐 그게 제일 걱정이야. 그렇게 되면 가엾은 피에르가 얼마나 슬퍼할까.

1879년 7월, 2년 동안 거의 한 시간도 떨어져 본 적이 없는 피에르와 마리는 처음으로 떨어져 지내게 되었다. 스쿼도프스키 씨가 프랑스로 여름을 보내러 와서 마리와 함께 브르타뉴 지방의 해변도시 포르블랑의 로시 그리즈 호텔에 머물기로 했기 때문이다. 파리에 남아 있던 피에르가 포르블랑으로 올 때까지 스쿼도프스키 씨가 만삭의 마리를 돌봐주기로 했다.

피에르가 마리에게(1897년 7월)

둘도 없는 내 소중한 사랑, 오늘 당신 편지를 받고 얼마나 기쁜지 모르겠소. 여기는 모두 별일 없이 잘 있소. 다만 당신이 없어서 아주 허전할 뿐이라오. 내 마음은 이미 당신이 있는 데로 날아가 있소.

이 편지는 놀랍게도 폴란드어로 쓰여 있다. 물리학자 피에르는 그 어려운 폴란드 말 가운데 가장 애정 깊은 말을 배워 두었던 것이다. 마리도 폴란드어로 답장을 썼다. 처음 배우는 사람도 쉽게 읽을 수 있도록 아이들이 쓰는 간단한 말로.

사랑하는 피에르. 이곳은 날씨가 참 좋아요. 햇빛이 눈부시고 무척 더워요. 하지만 당신이 없어서 매우 쓸쓸해요. 아침부터 저녁까지 당신을 기다리고 있지만 아직도 만날 수가 없군요. 저는 건강해요. 틈틈이 공부도 하고 있지만 푸앵카레의 책은 생각보다 어려워요. 나중에 제가 이해하지 못한 부분을 가르쳐 주세요.

피에르는 다시 프랑스어로 돌아왔지만 이번에도 '둘도 없는 내 소중한 사랑'이라는 서두로, 소오에 갔던 일이며 학년말의 학교 업무에 대해 편지를 썼다. 그리고 매우 진지하게 태어날 아기의 기저귀와 배냇저고리에 대해서 이야기했다.

……오늘 당신에게 소포를 하나 부쳤소. 털실로 뜬 내복 두 벌인데, P부인의 선물이오. 하나는 작고 다른 하나는 좀 큰 거요. 작은 것은 털실로 짜서 잘 늘어나기 때문에 딱 적당하다고 생각하지만 면으로 만들 때는 조금 크게 만들어야 할 거요. 내복은 크고 작은 것이 두 벌은 있어야 한다고 보오.

그리고 나서 갑자기 중후하고 개성적인 말로 사랑을 표현한다.

……내 삶을 가득 채워준 사랑하는 당신을 생각하고 있소. 나는 요즘 새로운 능력을 가졌으면 하오. 내가 당신에게 정신을 집중하여, 지금도 꼭 그런 상황이지만, 당신을 볼 수 있다면 얼마나 좋겠소. 당신이 지금 무엇을 하는지 알 수 있고 또 내가 지금 오로지 당신만 생각하고 있다는 사실을 알릴 수도 있을 텐데. 하지만 여전히 당신 모습은 보이지 않는구려.

8월 초, 피에르는 포르블랑으로 달려왔다. 마리는 이미 임신 8개월이었다. 피에르는 배가 산만큼 부푼 아내를 안쓰럽게 여겨 마리 곁에서 조용히 여름을 보냈을까? 아니, 전혀 그렇지 않았다.
무모하다고 해야 할지 아니면 학자 특유의 무심함이랄지, 부부는 여느 때와 마찬가지로 긴 일정을 짜서 이웃 현의 서쪽 끝에 있는 브레스트로 자전거 여행을 떠났다. 마리는 결코 피곤하지 않다고 우겼고 피에르는 그 말을 무조건 믿어버렸다. 그는 마리를 인간의 틀에서 벗어난 초자연적인 존재라고 막연하게 생각했던 것이다.

그러나 이때만큼은 젊은 아내의 몸이 견디지를 못했다. 마리는 무척 분했지만 결국 여행을 중간에 접고 파리로 돌아올 수밖에 없었다. 그리고 9월 12일에 딸 이렌을 낳았다. 이렌은 매우 예쁘며 건강했다. 그리고 그 애는 나중에 노벨상을 수상하게 된다.

피에르의 아버지 닥터 퀴리가 출산을 도와주었는데, 젊은 퀴리 부인은 이를 악물고 비명 한 마디 지르지 않고 분만의 고통을 참아냈다.

해산은 무사히 끝났고 경비도 거의 들지 않았다. 가계부의 9월 12일 항목을 펼쳐 보면 임시 지출로서 '샴페인 3프랑, 전보 1프랑 10상팀', 의료비로 '약값 및 간호인 71프랑 50상팀'이라고만 적혀 있다. 퀴리 부부의 9월 지출 총액은 430프랑 40상팀이었다. 출산으로 지출이 크게 늘어나자 마리는 화가 나서 430이라는 숫자 밑에 굵게 두 줄을 힘껏 그었다.

가정생활과 과학자로서의 경력 가운데 어느 한 가지를 택한다는 생각은 애당초 마리의 마음에 떠오르지도 않았다. 마리는 사랑도 어머니로서의 역할에도, 또 과학에도 정면으로 맞붙어 그중 어느 것도 소홀히 하지 않기로 굳게 결심했다. 그리고 정열과 의지로 마리는 그 모든 일에서 성공을 거두었다.

마리가 스쿼도프스키 씨에게(1897년 11월 10일)

저는 우리 귀여운 공주님에게 계속 젖을 먹이고 있지만, 더는 그러지 못할 것 같아 피에르와 둘이서 진심으로 걱정하고 있습니다. 3주 동안 이렌의 몸무게가 눈에 띄게 줄었어요. 안색도 나쁘고 쇠약해져 기운이 없어요. 하지만 며칠 전부터는 상태가 제법 좋아졌어요. 아기의 몸무게가 다시 순조롭게 늘어난다면 계속 모유를 먹이고 싶지만, 그렇지 않으면 유모를 고용할 생각입니다. 엄마로서 쓸쓸하기도 하고 비용도 더 들겠지만 딸아이의 성장과 바꿀 수는 없지요.

여긴 날씨도 계속 좋고 햇살도 따사롭습니다. 이렌은 매일 저 아니면 가정부와 함께 산책을 나갑니다. 작은 빨래통을 욕조 삼아 이렌을 목욕시키기도 합니다.

마리는 머지않아 의사의 지시로 딸에게 젖을 먹이는 일을 단념해야 했다. 그러나 아침, 점심, 저녁, 밤마다 기저귀를 갈아 채우고 목욕을 시키고 옷을 입히는 일은 계속했다. 유모가 아기를 데리고 몽수리 공원에 산책하러 나가 있는 동안 젊은 엄마는 실험대 기계 앞에서 바쁘게 움직였으며 자기화에 대한 논문도 썼다. 그 논문은 '프랑스 공업진흥협회 회보'에 게재되었다.

첫 아기를 낳은 같은 해에 3개월 사이를 두고 마리 퀴리는 첫 번째 연구결과를 세상에 내놓았다.

이따금 마리의 아슬아슬한 곡예사 같은 생활이 더는 이어지지 못할 듯이 보이기도 했다. 임신 이후로 마리의 건강이 많이 악화되었기 때문이다. 카지미에서 도우스키와 퀴리 집안의 주치의인 닥터 보티에는 마리의 왼쪽 폐에 결핵 증상이 있다고 진단했다. 마리의 어머니가 폐결핵으로 죽었으므로 그 병이 유전됐을지도 모른다고 염려한 두 의사는 마리에게 몇 달 동안 요양소에서 치료를 받으라고 권했다. 하지만 고집이 센 마리는 그들의 말을 한 귀로 흘려듣고 딱 잘라 거절했다.

다른 걱정거리로 이미 머리가 충분히 복잡했기 때문이다. 실험, 남편, 가정, 그리고 딸…… 이가 나기 시작한 이렌이 울음을 터뜨리거나 감기에 걸리거나, 그밖에도 자질구레한 사고로 끊임없이 조용한 집안을 어지럽히는 바람에 두 물리학자는 불안과 걱정으로 몇 번씩이나 밤을 새우곤 했다.

때때로 마리는 갑자기 겁에 질려 물리화학학교에서 몽수리 공원으로 달려갔다. 혹시 유모가 아기를 잃어버린 것은 아닌지 두려웠던 것이다. 아, 다행이다…… 마리는 늘 다니는 길목에서 작은 유모차를 끌고 가는 유모를 발견하고 그제야 안심할 수 있었다. 유모차 안에는 조그만 아기가 꼼지락거리고 있었다.

그럴 때 시아버지가 마리에게 귀중한 도움을 주었다. 이렌이 태어나고 며칠 뒤에 부인을 잃은 닥터 퀴리는 손녀딸을 끔찍이 사랑했다. 그는 사블롱 거리의 공원을 아장아장 걷기 시작한 손녀를 잘 보살펴 주었다. 피에르와 마리가 글라시에르 거리에서 켈레르망 거리의 검소한 집으로 이사한 뒤로는 닥터 퀴리도 아들 부부와 함께 살았다. 닥터 퀴리는 이렌의 훌륭한 교육자며 친구가 되어 주었다.

1891년 11월 어느 날 아침, 볼품없는 짐 보따리를 잔뜩 들고 3등칸 기차를 타고 북부역에 내린 이 폴란드 소녀는 지금까지 어떤 인생길을 걸어왔는가!

마냐 스쿼도프스카는 물리학과 화학, 그리고 여자로서의 삶을 모두 찾아냈다. 마리는 크고 작은 여러 어려움을 헤쳐 나가면서 한 순간도 자신이 특별한 능력과 용기를 지녔다고는 생각하지 않았다.

그러한 싸움에서 승리한 그녀는 신체적으로도 많이 변했고 얼굴 형태도 달라졌다. 서른 살이 된 마리 퀴리의 사진을 보면 누구라도 감동하지 않을 수 없다. 튼튼하고 조금 통통해 보이던 처녀가 내면의 정신성으로 빛을 발하는 존재로 변해 있었다. "얼마나 매력적이고 보기 드문 아름다운 여성인가!"라는 말이 무심코 튀어나올지도 모른다. 하지만 마리의 넓은 이마와 다른 세계를 바라보고 있는 듯한 눈길을 보면 그만 입을 다물고 말 것이다.

이제 퀴리 부인의 앞에는 영광이 기다리고 있다. 그래서인지 그녀는 어느새 스스로 아름다움을 내뿜고 있었다.

신기한 물질 '라듐'

마리 퀴리는 아이를 목욕시키고 식사 준비를 하는 등 주부로서 가사를 돌보면서도, 물리화학학교의 초라한 실험실에서는 여성과학자로서 근대과학사상 위대한 발견을 이루었다.

마리는 해산 뒤 몸조리를 마치고 일어나자마자 학사학위 두 개와 중등교사 자격증, 연강(鍊鋼)의 자기화(磁氣化) 연구에 매달렸다. 1897년 말의 일이었다.

다음으로 마리는 자연스레 박사학위를 받고자 했다. 하지만 마리는 몇 주 동안 이 문제로 고민했다. 되도록 독창적이고 풍부한 연구주제를 택하고 싶었기 때문이다. 마리는 물리학에서 그 무렵 연구 중이던 분야를 다양하게 검토하며 논문 주제를 찾았다.

논문 주제를 검토할 때는 피에르의 의견이 많이 반영되었다. 그는 마리의 실험실 주임이었고 '지도교수'였을 뿐 아니라, 마리보다 훨씬 노련한 물리학자였기 때문이다. 마리는 피에르와 있을 때는 늘 자신을 그의 제자라고 생각했다.

그러나 주제를 선택할 때는 폴란드에서 나고 자란 마리의 본디 성격이 가장 크게 작용했다. 마리는 어렸을 때부터 개척자와 같은 호기심과 대담함을 보였다. 일찍이 바르샤바를 떠나 파리의 소르본으로 온 것도, 안락한 도우스키 부부의 아파트에서 라탱 지구의 조용한 하숙방으로 옮긴 것도 마리의 이런 성격에서 비롯된 것이다. 숲을 거닐 때도 마리는 언제나 아무도 가보지 않은 인적 없는 길을 앞장서서 걸었다.

마리는 마치 원대한 여행을 계획하는 여행가 같았다. 세계지도를 열심히 들여다보며 상상력을 자극하는 어느 먼 나라의 이색적인 도시 이름을 발견하면 무슨 일이 있어도 그곳으로 가고자 하는 여행가처럼 말이다.

마리는 최근에 발표된 실험연구 논문들을 살펴보다가 바로 지난 해에 프랑스 물리학자 앙리 베크렐이 발표한 연구를 발견했다. 피에르와 마리 모두 이미 그 연구를 알고 있었으나, 마리는 다시 한 번 주의 깊게 논문을 읽어보았다.

뢴트겐이 X선을 발견한 뒤 앙리 푸앵카레는 '형광체(螢光體)'도 빛의 자극을 받으면 X선과 비슷한 광선을 발산하는지 연구해 보고자 했다. 앙리 베크렐도 이와 같은 문제에 흥미를 가지고 우라늄이라는 '희소금속'의 염을 조사했다. 그런데 그는 예상했던 결과 대신 완전히 다른 불가사의한 현상을 발견했다. 우라늄염(鹽)은 빛의 자극을 주지 않아도 자발적으로 미지의 광선을 발산하는 것이었다. 검은 종이를 두른 사진 건판(乾板) 위에 우라늄 화합물을 올려놓으면 종이를 투과해 건판을 감광시켰다. 게다가 이 불가사의한 우라늄선은 X선과 마찬가지로 주위 공기를 전도체로 검전기(檢電器)를 방전시키는 것이었다.

앙리 베크렐은 빛을 쏘이지 않아도 이러한 특징이 나타나며 어두운 곳에 우라늄 화합물을 장시간 두어도 그런 현상이 이어진다는 사실을 확인했다. 뒷날 마리 퀴리가 '방사능'이라고 이름 붙인 현상을 발견한 것이다. 그러나 광선이 방사되는 원인은 여전히 의문으로 남아 있었다.

베크렐선은 퀴리 부부의 호기심을 극도로 자극했다. 우라늄 화합물이 계속해서 발산하는 이 적은 양의 에너지는 도대체 어디에서 오는가? 그리고 이 방사선은 어떠한 성질을 띠는가? 이 연구는 박사논문 주제로는 안성맞춤이었다.

이 분야는 아직 아무도 손대지 않은 만큼 한층 더 마리의 야심을 자극했다. 베크렐의 연구는 아주 최근 것으로, 마리가 알기로는 유럽의 어느 연구소에서도 아직 우라늄선 연구를 하고 있지 않았다. 앙리 베크렐이 1896년에 과학학사원에 제출한 보고서가 첫 번째 문헌이었다. 미지의 영역에 먼저 발을 들여놓는다는 것은 얼마나 설레는 일인가?

마리는 이제 시험할 장소만 확보하면 되었다. 그러나 사실은 그것이 가장 어려운 문제였다. 피에르가 물리화학학교 교장을 거듭 찾아갔지만 결과는 시원찮았다. 여러 번 부탁한 끝에 겨우 학교 1층에 있는 창고 겸 기계실을 써도 좋다는 승낙을 받았다. 그 방은 창문이 있어도 습기가 많고 여러 가지 잡다한 기기들이 가득 차 있어서 흡족하지는 않았다. 아주 미미한 수준의 설비가 되어 있을 뿐 난방 같은 편의시설은 전혀 없었다.

하지만 마리는 낙담하지 않았다. 충분한 전기설비나 기초과학연구를 해내기 위해 필요한 실험기구조차 없었지만, 이 좁고 컴컴한 창고에서도 자신의 실험기기를 다룰 방법을 찾아냈다.

물론 결코 쉬운 일은 아니었다. 정밀기기는 눈에는 보이지 않더라도 습기나 기온의 변화에 큰 영향을 받는다. 그러므로 창고 환경은 민감한 전류계에 치명적일 뿐더러 마리의 건강에도 결코 좋지 않았다. 그러나 건강이 다 무엇이란 말인가!

지독하게 추울 때면 마리는 온도계가 가리키는 온도를 수첩에 적어 넣으며 우울한 기분을 달랬다. 한 예로, 1898년 2월 6일에는 많은 공식과 숫자들 사이에 '수은주 온도 6. 25도'라고 적혀 있다.

6도라니 온도가 너무 낮지 않은가! 마리도 화가 났는지 숫자 뒤에 느낌표를 10개나 찍어 놓았다.

박사학위를 받기 위해 마리가 가장 먼저 주목한 부분은 우라늄선의 '이온화력', 즉 공기를 전기의 전도체로 해서 검전기를 방전하는 우라늄선의 힘을 재는 작업이었다. 마리는 자신이 잘 알고 있는 두 물리학자, 곧 피에르와 자크 퀴리 형제가 다른 현상을 연구하기 위해 발명한 방법을 썼다. 이 방법이야말로 그녀가 실험에 성공하는 열쇠가 되었다. 마리가 쓴 장치는 '전리함(電離函)'과 퀴리식 전기계, 그리고 수정판 피에조 전기계를 조합한 것이었다.

몇 주 뒤 마리는 이 불가사의한 복사(輻射)밀도가 조사한 표본 안에 포함되어 있는 우라늄의 양에 비례하며, 광선의 복사량은 우라늄 화합물의 상태나 빛의 조도(照度) 및 기온 같은 외적인 조건에 영향을 받지 않는다는 첫 번째 결론을 도출했다. 복사량을 정확하게 측정하여 마리는, 이 두 가지 확신을 얻었다.

우리 같은 비전문가들에게는 대수롭지 않아 보이지만 과학자에게는 매우 매력 있는 증명이다. 물리학에서는 설명이 불가능한 현상이라도 간단한 연구를 통해 이미 알려져 있는 법칙과 연관됨을 알고 연구가가 곧 흥미를 잃어버리는 경우도 많다. 마치 서툰 탐정소설과 같다. 범인인 듯이 묘사한 부인을 다음 장에서 착실하고 정직한 여성이라고 말해 버린다면, 독자는 완전히 실망해서 책장을 덮어버릴 것이다.

그러나 이 연구는 달랐다. 마리는 우라늄선의 본디 성질을 깊이 파고들수록 여기에는 지금까지 알려지지 않은 원소를 포함한 어떤 신비한 것이 있다는 사실을 발견하기 시작했다. 이것은 다른 어떤 것과도 다르며, 어느 것에도 영향을 받지 않는다. 측정할 수 있는 힘은 매우 미약했지만 아주 놀라운 '개성'을 담고 있었다.

이런 신비한 현상을 거듭 검토한 결과 마리는 이 불가사의한 복사작용에는 원자적인 특성이 있다고 단언할 수가 있었다.

또한 마리는 새로운 의문을 던져보았다. 이 현상이 우라늄에서만 나타나긴 하지만 우라늄만이 이와 같은 현상을 일으키는 유일한 화학원소라고 증명할 근거 역시 어디에도 없지 않은가. 다른 물질 중에도 이와 같은 힘을 가진 것이 있지 않을까? 우라늄선이 최초로 우라늄에서 발견된 것은 우연의 일치이며, 물리학자들이 머릿속에서 단순히 이 두 가지를 이은 것에 지나지 않는지도 모른다. 그렇다면 다른 물질에서도 우라늄선을 찾아보아야 한다.

여기에 생각이 미치자 마리는 곧바로 실험에 착수했다. 우라늄 연구를 포기하고 마리는 기존의 모든 화학원소를 검토하기 시작했다. 결과는 곧바로 나타났다. 다른 원소인 '토륨' 화합물에서도 우라늄선과 비슷한 강도로 자발적인 광선이 방사된다는 것을 알아냈다. 이러한 현상은 결코 우라늄에만 한정된 것이 아니므로 이 현상에 제대로 된 명칭을 부여할 필요가 있다고 마리는 생각했다.

퀴리 부인은 '방사능'이라는 명칭을 제안했다. 그리하여 자발적으로 광선을 '방사'하는 우라늄이나 토륨 같은 물질은 모두 '방사성 원소'라고 불리게 되었다.

방사능에 무한한 흥미를 느낀 마리는 늘 그렇듯이 피곤한 줄도 모르고 되도록 다양한 원소를 조사하기 시작했다. 과학자가 갖추어야 할 첫째 조건은 호기심이다. 그런 면에서 볼 때 마리는 누구보다도 왕성한 호기심을 가지고 있었다.

마리는 염류나 산화물 같은 단순한 화합물을 관찰하는데 그치지 않고 물리화학학교에서 수집한 각종 광물 표본을 닥치는 대로 전류계 시험대로 가져갔다.

피에르도 마리의 생각에 동의하여 함께 딱딱하거나 부드럽거나, 여러 가지 불규칙한 형태의 나뭇결 모양 표본들을 선택해 주었고, 마리는 그것을 검토했다.

마리의 시도는 모든 천재적인 발견들이 그러하듯 매우 단순했다.

어쩌면 지금 퀴리 부인이 연구하고 있는 단계에서 몇 개월, 아니 몇 년 동안 아무런 진척 없이 제자리걸음만 하고 있는 연구가들도 수없이 많을 것이다. 마리가 한 것처럼 이미 알려져 있는 화학물질을 하나하나 검토해서 토륨의 복사작용을 발견한다 하더라도 그 신비한 방사능이 어디서 생성되는지에 대한 헛된 질문과 대답만 되풀이하기 때문이다. 물론 마리도 의문을 제기하고 이상하다고 여겼다. 하지만 그녀의 연구와 실험은 결실을 맺어가고 있었다. 마리는 한 가지 사실을 철저하고 명료하게 규명하고 나면 다음에는 예측할 수 없는 것, 미지의 것으로 방향을 돌렸다.

그녀는 처음부터 광물을 자세히 조사함으로써 새로운 사실을 발견할 수 있음을 알고 있었다. 즉, 우라늄이나 토륨을 함유하지 않은 표본은 완전히 '비방사성'이며, 우라늄이나 토륨을 함유한 표본은 '방사성'이라고 예측하고 있었다.

실험결과가 이런 예측을 뒷받침했다. 마리는 비방사성 광물을 버리고 그 이외의 것에만 몰두해 방사능을 측정했다. 그 결과 뜻밖에도 어떤 표본에서 검출된 방사능은 그 물질에 포함된 우라늄이나 토륨의 양으로 미루어 예측한 방사능보다 훨씬 더 강력하다는 사실을 발견했다.

'틀림없이 실험 착오일 거야…….' 젊은 여성과학자는 생각했다. 예기치 못한 현상이 나타날 때면 과학자들은 먼저 실험 자체에 의문을 품는다.

마리는 다시 냉정하게 같은 생성물을 측정하기 시작했다. 열 번이고 스무 번이고 되풀이했다. 그 결과 광물에서 발견된 우라늄이나 토륨의 양만으로는 자신이 관찰한 방사선의 세기를 증명하는데 불충분하다는 분명한 사실에 승복해야 했다.

그렇다면 이 엄청난 방사능은 어디에서 생기는 것일까? 이들 광물이 우라늄이나 토륨보다 훨씬 더 강력한 방사능을 지닌 어떤 물질을 조금 함유하고 있다고밖에 설명할 길이 없었다.

그것은 과연 어떤 물질일까? 마리는 지금까지의 실험에서 알려진 모든 화학원소를 이미 다 검토하지 않았는가?

과학자로서 위대한 두뇌의 소유자인 마리는 확신에 차서 대담하게 대답했다. 그 광물에는 틀림없이 방사능을 지닌 어떤 물질이 포함되어 있으며, 그 물질은 지금까지 알려지지 않은 화학원소, 즉 새로운 원소라는 대담한 가설을 세웠다.

새로운 원소! 이 얼마나 매혹적인 가설인가……. 그러나 아직은 가설일 뿐이다. 지금까지 강력한 방사능을 가진 물질은 마리와 피에르의 상상 속에서만 존재했다. 그런데 그 물질이 실제로 틀림없이 존재하는 것이다.

어느 날 마리는 브로냐에게 열의에 찬 목소리로 흥분을 억누르며 말했다.

"언니! 내가 연구하고 있는 방사선은 아직 아무도 발견하지 못한 화학원소에서 생기는 거야. 원소는 반드시 존재해. 그것을 발견하는 일만 남아 있을 뿐이야! 우리는 확신하고 있어! 우리 의견을 들은 물리학자들은 실험 착오일지도 모르니 좀더 신중하라고 조언했지만 결코 착오가 아니라고 확신해!"

특별한 인생의 특별한 순간! 우리 같은 일반인은 연구가와 그 발견에 대해 소설과 같은 극적인 상상을 하기 쉽지만 사실은 훨씬 어렵고 복잡하다. '발견의 순간'은 늘 나타나지는 않는다. 과학연구는 미묘하고 인내심이 필요한 작업의 연속이므로, 성공에 대한 확신이 번개처럼 번쩍 찾아온다거나 그 빛에 눈이 부시거나 하지도 않는다.

마리도 아직까지는 실험기기 앞에서 승리감에 도취된 적은 아마 없었을 것이다. 그러한 도취는 오히려 원대한 희망에 가슴 설레며 결정적인 결과를 향해 착실하게 작업을 되풀이하는 동안 천천히 퍼져나간다.

그래도 마리가 엄밀하고 논리적으로 판단하여 이제부터 살펴볼 것은 미지의 물질이라 확신하고 언니에게 그 사실을 밝혔을 때는 마리도 흥분으로 숨이 막힐 듯했을 것이다.

자매는 감동적인 말을 주고받지는 않았지만, 속으로는 가슴 뛰는 추억 가운데서 희망과 기대, 서로를 위한 희생, 그리고 꿈과 신앙으로 가득 찬 어려웠던 학생 시절을 다시 되새겨 보았을 것이다.

불과 4년 전에 마리는 이렇게 적었다.

인생은 누구에게나 만만하지 않다. 그러나 우리는 불굴의 정신과 특히 자신에 대한 믿음을 가져야 한다. 그리고 사람에게는 각자 이루어야 할 목표가 있으며 반드시 그 목표에 이르러야 한다는 사실을 믿어야 한다.

마리의 경우에 있어서 그 목표는 '과학' 분야에서 아무도 지나간 적이 없는 새로운 길을 개척하는 것이었다.

'마리 스쿼도프스카 퀴리'는 역청우라늄석(피치블렌드) 속에 강력한 방사능을 가진 새로운 원소가 존재할 가능성이 있다고 발표했다. 이 발표는 은사인 리프만 교수가 학사원에 보고했고, 1898년 4월 12일 정례 '보고서'에 게재되었다.

> ……2종류의 우라늄 광석, 즉 역청우라늄석(산화우라늄)과 샤르코리트(인산동과 우라닐인산)는 우라늄보다 방사능이 훨씬 강력하다. 이것은 매우 주목할 만한 사실로서, 이들 광석이 우라늄보다 훨씬 더 방사능이 강한 원소를 함유하고 있을 가능성이 있다고 확신한다…….

이상이 라듐 발견의 첫걸음이다.

마리는 천재적인 직관력으로 아직 알려지지 않은 물질이 반드시 존재한다고 믿었다. 그리고 그 존재를 공표하기도 했다. 하지만 그 물질의 정체는 아직 알지 못한다. 이번에는 실험을 통해 그 물질을 분리하여 가설을 검증해야 한다. '그 물질은 틀림없이 있다. 내가 찾아냈다'라고 발표해야만 했다.

피에르 퀴리는 아내의 실험이 급속히 진보하는 것을 흥미롭게 지켜보았다. 연구에 직접 관여하지는 않았으나 피에르는 끊임없이 주의와 조언으로 마리를 지원해 왔다. 그러나 이제 예기치 못한 결과에 숨을 죽이고, 그는 결정체에 대한 자신의 연구까지 잠시 뒤로 미루고 새로운 물질의 정체를 알아내기 위해 전면적으로 마리와 협력하기로 결심했다.

이처럼 눈앞에 닥친 중대한 연구에 도움을 필요로 할 때 인생의 반려이기도 한 위대한 물리학자가 공동 작업을 뒷받침하는 형태로 마리 곁에 나타났다.

3년 전에 이 특별한 남성과 여성은 애정으로 결합되었다. 애정과, 그리고 어쩌면 한 팀이 되고자 하는 본능과도 같은 신비한 예감이 있었는지도 모른다.

이제 연구능력이 두 배가 되었다. 로몽 거리의 눅눅하고 좁은 실험실에서 두 사람의 두뇌와 네 개의 손이 아직 알려지지 않은 새로운 화학물질을 탐구하고 있었다. 이제 퀴리 부부의 연구에서 각자의 분야를 구분 짓는 것이 불가능했다.

논문 주제로 우라늄선 연구를 선택하고, 우라늄 이외에도 방사성 물질이 여럿 있다고 발견한 사람은 마리였다. 다양한 광물을 시험하여 방사능이 매우 강한 새로운 원소를 발견하여 공표한 사람도 마리였다. 그 결과 피에르 퀴리는 자신의 연구를 멈추고 원소를 추출하기 위해 온 힘을 다하게 된다. 1898년 5월, 6월쯤에서부터 불의의 사고로 잔혹하게 파괴되기까지 앞으로 8년 동안 이어질 공동의 노력이 이제 막 시작된 것이다.

이 8년간의 연구에서 피에르와 마리의 연구 분야를 나누는 것은 무의미한 일이다. 또한 그렇게 하는 것은 그들이 원하는 일도 아닐 것이다.

피에르 퀴리의 천재성은 공동연구를 시작하기 훨씬 전부터 그의 독창적인 업적으로 익히 알려져 있었고, 마리의 천재성은 이 발견을 최초로 직관했다는 사실, 즉 놀라운 연구에 첫걸음을 내딛기 시작했다는 점에서 짐작할 수 있다. 더욱이 그녀의 천재성은 뒷날 남편을 잃고 나서도 새로운 과학이 주는 부담에 굴하지 않고 책임감 있게 연구를 거듭해 그 발견을 꽃피웠다는 점에서 다시 한 번 확인할 수 있다. 다시 말해 한 남성과 한 여성의 이 훌륭한 공동연구에서 서로가 완벽하게 평등했다는 것이다.

이러한 확신은 우리의 호기심을 만족시키고 감탄을 자아낸다. 이 부부를 구별하려는 노력은 이제 그만 접어도 될 것이다. 수식이 빼곡히 적혀 있는 연구 노트에도 각 항목마다 두 사람의 필적이 섞여 있고 거의 대부분의 공식 논문에도 두 사람의 서명이 나란히 적혀 있다.

그 논문에서 부부는 "우리가 발견했다······ 우리가 관찰했다······"라고 적었다. 그리고 가끔 그들이 분담한 역할을 뚜렷하게 구분해야 할 필요가 있을 때에만 다음과 같이 기술했다.

우라늄과 토륨을 함유하고 있는 일부 광물(피치블렌드, 샤르코리트 섬 우라늄석)은 베크렐선을 매우 활발하게 방사한다. 이전의 연구과정에서 우리 가운데 한 사람이 밝혔듯이, 그 활동도는 우라늄이나 토륨보다 훨씬 강력하다. 또한 그 효과는 이들 광석에 소량 함유되어 있는 매우 활성적인 다른 어떤 물질에 근거한다는 의견도 이미 밝힌 바 있다……

(피에르와 마리 퀴리, 1898년 7월 18일자 연구보고)

퀴리 부부는 피치블렌드(역청우라늄석)라는 우라늄 광석이 함유하고 있는 '활성이 매우 강한 물질'을 탐구하기 시작했다. 그리하여 피치블렌드 원석은 그 속에 함유된 순수한 산화우라늄보다 방사능이 4배나 강하다는 사실을 밝혀냈다. 그런데 이 광석의 성분은 매우 정밀하게 알려져 있다. 그 말인즉, 새로운 원소가 그동안 과학자들의 세심한 주의와 엄밀한 화학분석으로도 밝혀지지 않았으므로 아주 소량만 함유되어 있음이 틀림없었다.

부부의 '비관적인' 계산에 따르면—물리학자들은 으레 계산상 두 가지 가능성이 있으면 늘 좋지 않은 쪽을 선택한다—이 광석은 새로운 물질을 최대한 백 분의 일쯤만 함유하고 있었다. 아주 소량만 존재한다는 사실을 알긴 했지만, 실제로는 백만 분의 일도 함유되어 있지 않다는 것을 알았다면 아마 경악을 금치 못했을 것이다.

그들은 창의적인 방법으로 끈기 있게 방사능 연구를 계속했다. 일반적인 화학분석 방법으로 피치블렌드를 구성하고 있는 모든 화학물질을 분리하여 그 생성물 하나하나의 방사능을 각각 측정했다. 그런 다음 차례차례 없애 가면서 '월등한' 방사능은 광석 일부에만 함유되어 있음을 조금씩 밝혀갔다. 연구가 진행될수록 탐구 범위도 점점 좁혀졌다. 마치 경찰관이 어떤 구역 안의 가옥을 이 잡듯이 한 채씩 샅샅이 뒤져 범인의 행적을 추적해서 체포하는 것과 같았다.

그러나 범인은 한 사람이 아니었다. 방사능은 주로 피치블렌드 안에 포함된 두 가지 화학적 성분에 집중되어 있었다. 퀴리 부부는 두 개의 서로 다른 새로운 원소가 존재하는 증거라고 생각했다. 1898년 7월 드디어 그들은 두 원소 가운데 하나를 발견했다고 공표할 단계에 이르렀다.

"당신이 '그것'에 이름을 붙여주시오."

피에르는 젊은 아내에게 말했다.

마리는 곰곰이 생각에 잠겼다. 어느새 옛날의 스쿼도프스카 양으로 돌아가 세계지도에서 지워져 버린 자신의 조국을 떠올렸다. 과학 뉴스라면 러시아와 독일과 오스트리아, 곧 압제자들의 나라에서도 발표되리라고 막연히 생각하고 마리는 조심스럽게 입을 열었다.

"'폴로늄'이라고 하면 어때요?"

1898년 7월의 〈보고서〉에 다음과 같은 내용이 적혀 있다.

……우리가 피치블렌드에서 분리한 물질은 아직 알려지지 않은 금속을 함유하고 있다고 추정된다. 분석 결과 그 특성은 비스무트(Bi)와 비슷하다. 이 새로운 금속의 존재가 확인된다면 우리는 우리 가운데 한 사람의 고국인 폴란드의 이름을 본떠 '폴로늄'이라고 명명하고 싶다.

이와 같은 이름을 선택했다는 사실은, 프랑스에 귀화한 물리학자라고 해도 마리가 소녀시절에 품었던 열정을 버리지 않았음을 나타낸다.

또한 과학학사원에 제출한 '피치블렌드에 함유되어 있는 새로운 방사성물질에 대하여'가 〈보고서〉지에 발표되기 전에 마리는 그 원고를 조국에서 처음 실험이라는 것을 시도했던 농공업박물관의 실험실을 주재하고 있는 사촌 오빠 유제프 보그스키에게 보냈다. 그리하여 그 보고서는 파리와 거의 동시에 바르샤바에서도 〈스비아틀로〉라는 '월간 사진화보'에 발표되었다.

글라시에르 거리에서의 생활은 변함이 없었다. 마리와 피에르는 지금까지보다 더욱 열심히 연구에 몰두했다.

더운 여름이 되자 마리는 잠깐 짬을 내어 파리 중앙시장에 가서 과일을 상자째 사와서, 늘 그랬듯 퀴리 집안 전통 요리법으로 겨울 동안 먹을 잼을 만들었다. 그리고 나뭇잎에 반사되는 강렬한 햇빛에 눈을 가늘게 뜨면서 창문을 잠그고 오를레앙 정거장에 자전거 두 대를 맡기고는, 대부분의 파리 사람들처럼 남편과 딸 이렌과 함께 여름휴가를 떠났다.

부부는 중부 산지인 오베르뉴 지방의 알르에서 농가 한 채를 빌렸다. 로몽 거리에 있는 연구소의 열악한 환경에서 벗어나 신선한 공기를 한껏 들이마시자 모든 피로가 일시에 풀리는 것 같았다.

퀴리 부부는 강을 끼고 있는 시가지 망드와 순례지 르퓌, 이 지방에서 가장 큰 도시인 클레르몽, 온천휴양지 몽도르 등 아주 먼 곳까지 갔다. 언덕을 오르내리고 동굴에 들어가 보거나 강에서 수영을 하기도 했다. 그들은 날마다 녹음에 둘러싸여 폴로늄과 앞으로 발견해야 할 또 한 가지 '새로운 금속'에 대해서 이야기를 나누었다.

9월이 되자 퀴리 부부는 다시 습기 찬 연구실로 돌아와 칙칙한 광석을 집어 들었다. 그리고 여행에서 얻은 새로운 열의를 가지고 연구를 다시 시작했다.

그러나 한 가지 슬픈 소식이 연구에 열중하려는 마리의 마음을 아프게 했다. 도우스키 가족이 파리를 떠나기로 한 것이다. 언니 부부는 폴란드로 돌아가 카르파티아 산중의 자코파네에 결핵환자를 위한 요양원을 세우기로 결심했다. 마리와 브로냐는 가슴이 찢어지는 듯한 생이별을 맛보았다. 마리는 둘도 없는 친구와 보호자를 함께 잃고, 처음으로 타향살이의 외로움을 뼈저리게 느꼈다.

마리가 브로냐에게 (1898년 12월 2일)

……내 가슴에 얼마나 큰 구멍이 뚫렸는지 언니는 상상도 못할 거야. 언니 부부가 떠나버리는 바람에 피에르와 이렌을 빼고는 파리에서 의지할 곳이 모두 사라져버렸어. 지금은 우리 집과 일하고 있는 학교 말고는 파리라는 곳 자체가 존재하지도 않는 것 같아.

그리고 형부네 어머님이 내게 기념으로 주신 나무에 물을 줘야 하는지, 물을 준다면 하루에 얼마나 줘야 하는지 물어봐 줘. 햇볕도 충분히 쬐는 게 좋을까? 온도는 얼마나 높아야 하지?

이곳은 비가 와서 진흙투성이로 엉망인 날씨지만 우리 가족은 건강하게 지내고 있어. 이렌도 장난을 칠 정도로 많이 컸어.

그 앤 입이 짧아서 타피오카가 든 우유 말고는 거의 아무것도 먹지 않아. 달걀도 싫어해. 이 나이의 어린애한테는 무얼 먹여야 하는지도 알려줘……。

1898년이라는 기념할 만한 해에 퀴리 부인이 남겨둔 짤막한 글이 있다. 결코 시적이진 않지만—아니, 그러므로 더 여기에 인용하기 적합한지도 모르겠다.

그 글은 《가정요리》라는 책의 구스베리 젤리 만드는 법 옆에 적혀 있다.

나는 8킬로그램의 과일과 같은 양의 굵은 설탕을 준비한다. 이것을 충분히 졸여 고운 체에 걸러낸다. 그러면 투명하지는 않아도 완전히 굳어 매우 맛있는 젤리를 항아리로 14개나 만들 수 있다.

회색 천으로 겉장을 댄 공책에는 젊은 엄마가 매일 어린 이렌의 체중과 먹은 것, 젖니가 몇 개 났는지 등을 기록해 놓았다. 폴로늄의 발견을 공표하고 1주일 뒤인 1898년 7월 20일에는 이러한 내용이 적혀 있었다.

이렌이 한 손으로 '고마워요'라고 했다. ……요즘은 배밀이를 하며 곧잘 기어 다니고 옹알이도 한다. 하루 종일 소오에 있는 뜰의 잔디밭에서 논다. 넘어지고 일어서고 또 다시 주저앉고…….

8월 15일 알르에서
이렌은 왼쪽 아래에 일곱 번째 이가 났다. 30분이나 혼자 서 있기도 한다. 3일 전부터 강에서 수영을 가르치고 있다. 처음에는 울음을 터뜨렸지만 나흘째인 오늘은 울지 않고 물을 참방거리며 놀았다.
이렌은 고양이와도 곧잘 논다. 큰소리를 지르며 고양이 뒤를 쫓아다닌다. 이제 낯가림도 하지 않고, 노래를 아주 잘한다. 의자에 앉혀 놓으면 바로 탁자 위로 기어 올라가 버린다…….

석 달 뒤인 10월 17일에는 자랑스러운 듯이 이렇게 기록했다.

이렌은 아주 잘 걷는다. 이제 더는 배밀이를 하지 않는다.

1899년 1월 5일
이렌의 이가 15개로 늘었다!

이 두 권의 일기, 이렌이 이제 배밀이를 하지 않는다는 1898년 10월 17일자 일기와 젖니가 15개 났다는 1899년 1월 5일자 일기 사이, 그리고 과일젤리 만드는 법을 적어 놓은 쪽지 바로 뒷부분에서 더욱 주목할 만한 기록을 발견할 수 있다.

그 기록은 마리와 피에르 두 사람과 G. 베몽이라는 공동연구자가 써서 과학학사원에 제출한 것이다. 1898년 12월 26일 학회 〈보고서〉에 게재되었으며, 피치블렌드에 두 번째 방사성 화학원소가 존재한다는 사실을 발표하고 있다.

다음은 그 보고서의 일부이다.

……이상에서 열거한 여러 이유로 우리는 방사능을 가지고 있는 새로운 물질에는 새로운 원소가 함유되어 있다는 결론에 이르렀다. 우리는 그 새로운 원소를 '라듐'이라고 부를 것을 제안한다.

새로운 방사성 물질은 매우 높은 비율로 바륨을 함유하고 있지만 그럼에도 방사능의 세기가 매우 강하다. 따라서 라듐은 엄청나게 많은 방사능을 보유하고 있음이 틀림없다.

4년의 창고살이

　보통 사람들 가운데 임의로 한 사람을 뽑아 라듐 발견에 관한 보고서를 읽게 하면, 그는 라듐이 존재한다는 사실을 조금도 의심하지 않을 것이다. 전문지식과 교양이 없으면 반대로 그러한 것에 얽매이지도 않으므로 사람은 왕성한 상상력을 언제까지나 잃지 않는다. 따라서 언뜻 볼 때 아무리 터무니없고 상상도 못한 일이라도 놀라거나 감탄하지 않고 순순히 받아들인다.

　하지만 퀴리 부부의 동업자인 물리학자들이라면 이야기가 조금 달라진다. 폴로늄과 라듐의 특성은 과학자들이 수백 년 전부터 믿어온 근본이론을 뒤엎는 것이었다. 방사성물질에서 자연적으로 방사선이 발생한다는 것을 어떻게 설명할까? 그 발견은 기존 개념을 뒤흔들어 물질구성에 대한 확고한 많은 관념을 부정하는 것이다. 그러므로 대다수의 물리학자들은 신중하게 유보적인 태도를 보였다. 퀴리 부부의 연구에 대단한 관심을 기울이고 있고, 그 연구가 무한한 가능성을 내포하고 있다는 점도 알지만, 결정적인 결과가 나오기 전까지는 의견 표명을 망설였던 것이다.

　화학자들의 태도는 한층 더 단호했다. 본디 화학자는 원소를 눈으로 직접 보고 손으로 만져 보고 무게를 재어 검토해 가면서 여러 가지 산과 반응시켜 보고 플라스크에 넣어 직접 그 '원자량(原子量)'을 결정한 뒤가 아니면 새로운 원소의 존재를 믿지 못한다. 그런데 지금까지 라듐을 본 사람은 아무도 없다. 라듐의 원자량을 아는 사람도 없다. 따라서 자기 원칙에 충실한 화학자들은 이렇게 결론을 지었다.

　"원자량을 모른다면 라듐도 존재할 수 없소. 우리에게 라듐을 보여주시오. 그러면 당신들의 이야기를 믿겠소."

　이처럼 회의를 품는 사람들에게 폴로늄과 라듐을 보여주고 그들의 '아기들'이 존재한다는 사실을 세상에 증명하기 위해, 그리고 무엇보다 그들 스스로 확신하기 위해 퀴리 부부는 앞으로 4년 동안 어려운 연구를 더 계속해야 했다.

퀴리 부부의 처음 목표는 순수한 폴로늄과 라듐을 얻는 것이었다. 그들이 만들어 낸 가장 강력한 방사능을 발하는 생성물 속에도 이 두 물질은 거의 분리해낼 수 없을 만큼의 흔적밖에 나타나지 않았다. 다시 말해 이 금속들을 분리하려면 막대한 양의 원료를 처리해야 했다.

여기서 벌써 세 가지 벽에 부닥쳤다.

충분한 양의 광석을 어떻게 구할 것인가?

그 처리는 어디에서 할 것인가?

그 작업에 들어가는 경비를 어떻게 충당할 것인가?

폴로늄과 라듐을 함유하고 있는 피치블렌드는 귀중한 광석으로, 거기서 추출되는 우라늄염은 유리공업에 쓰이며 추출작업은 보헤미아의 상트 요아힘스탈 광산에서 이루어졌다. 그러한 광석을 몇 톤이나 사려면 가격이 어마어마했다. 도저히 퀴리 부부가 감당할 수 있는 금액이 아니었다.

피에르와 마리는 여러모로 궁리했다. 광석에서 우라늄을 추출한 뒤에도 미량의 폴로늄과 라듐은 광석에 그대로 남아 있을 것이다. 게다가 원광(原鑛)은 값이 비싸지만 우라늄을 추출하고 난 찌꺼기는 크게 비싸지 않을 것이다. 오스트리아에 있는 동료에게 부탁하여 성 상트 요아힘스탈광산 관리인에게 소개장을 써달라고 하고 알맞은 조건을 제시하면 피치블렌드의 찌꺼기를 필요한 만큼 얻을 수 있지 않을까?

그러면 어떻게든 될 것 같았다. 하지만 생각해야 할 문제는 또 있었다. 파리까지의 운송비를 해결해야 했다. 피에르와 마리는 얼마 안 되는 저금을 헐기로 했다. 두 사람 다 관청에 보조금을 요청할 만큼 순진하지는 않았기 때문이다.

비록 거대한 발견의 문턱에 있다고 해도 두 물리학자가 파리 대학이나 정부에 피치블렌드 찌꺼기를 구입하기 위한 보조금을 신청했다면 아마도 사람들의 웃음거리가 되었을 것이다. 게다가 신청서 역시 어느 관청 사무실의 서류더미 속에 묻혀 분실되었거나, 수개월 뒤에야 겨우 부정적인 회답을 받는 데 그쳤을 것이다.

프랑스혁명의 전통과 정신은 미터법을 만들어내고 고등사범학교를 설립하는 등 다각도로 과학을 장려해 왔다. 그러나 한 세기가 훌쩍 지난 오늘날, 정부는 위대한 화학자 라부아지에가 단두대형(刑)을 선고받은 법정에서 정치가 푸키에 탱빌이 내뱉은 "공화국에 학자는 필요 없다"라는 말만을 염두에 두고 있는 것 같다.

하다못해 소르본의 그 많은 건물 가운데 적당한 작업실 하나만이라도 퀴리 부부에게 빌려 줄 수는 없었을까? 그러나 그것마저도 안 되는 모양이다. 피에르와 마리는 백방으로 애썼지만 성과를 얻지 못하고 출발점으로 되돌아갔다. 피에르는 교편을 잡고 있던 물리화학학교로, 마리는 맨 처음 실험을 시작한 그 작은 실험실로 돌아간 것이다.

이전 실험실은 뜰과 이어져 있고, 뜰의 맞은편에는 목조 오두막이 서 있었다. 그 건물은 버려진 창고로 유리로 만들어진 지붕에서 비가 줄줄 새는 처참한 상태였다. 전에는 의과대학에서 해부학 강의실로 썼지만 벌써 오래 전부터 시체를 놔둘 만한 가치도 없다고 판단되어 온 곳이다. 마룻바닥도 없이 오직 얇은 아스팔트가 간신히 흙을 덮고 있었다. 창고 안에 있는 물건이라고는 낡아빠진 주방용 탁자 몇 개와 녹슨 연통이 달린 낡은 철제 난로 하나, 그리고 왜 방치되어 있는지 알 수 없는 칠판이 하나 있을 뿐이었다.

날품팔이 노동자도 이런 곳에서는 일하고 싶지 않을 것이다. 그렇지만 피에르와 마리는 기꺼이 그곳에서 견뎌나가기로 했다. 이 창고에도 딱 한 가지 좋은 점이 있다. 너무도 허름한 곳이라 그들이 마음대로 써도 방해할 사람이 아무도 없는 것이다. 교장 쉬첸베르제 씨는 예나 지금이나 피에르 퀴리에게 호의를 베풀었으므로, 아마 피에르에게 좀더 나은 장소를 제공하지 못해 유감스러웠을 것이다. 하지만 어쨌든 그도 피에르에게는 결국 아무런 도움도 되지 못했다는 점에서는 다를 바가 없었다. 그래도 퀴리 부부는 실험 장치를 가지고 거리로 나앉지 않게 된 것만도 다행으로 여기며 교장에게 감사의 말을 전했다.

"이만하면 작업은 할 수 있을 것 같습니다. 정말 감사합니다."

다 낡은 창고를 구하는 동안에 오스트리아에서 답장이 왔다. 좋은 소식이었다!

최근 우라늄을 추출한 광석 찌꺼기는 어쩐 일로 버리지 않고 상트 요아힘스탈 광산 가까이의 소나무를 심어 놓은 빈터에 쌓아 두었다는 얘기였다. 그리고 빈 대학의 지질학 권위자인 쉬에스 교수와 빈 학술원이 힘을 써준 덕분에, 이 국영공장 소유자인 오스트리아 정부는 찌꺼기를 달라고 하는 열정적인 독특한 두 물리학자에게 1톤을 무료로 제공하기로 결정했다. 또한 더 많은 양이 필요하다면 광산 측에서 가장 좋은 조건으로 제공해 주겠다고 했다.

어느 날 아침, 석탄을 나르는 수레와 같이 생긴 커다란 짐마차 한 대가 로몽 거리의 물리화학학교 앞에 멈추어 섰다. 미리 소식을 받고 있던 피에르와 마리는 모자도 쓰지 않고 실험용 가운을 걸친 채 한달음에 달려 나왔다. 피에르는 평소와 다름없는 냉정함을 지켰으나 마리는 인부들이 마차에서 내리는 포대들을 보고 기쁨을 감추지 못했다. 며칠 전 화물역에서 도착 통지를 받은 그 피치블렌드였다. 바로 '내' 피치블렌드였다!

호기심과 초조함으로 마음이 들뜬 마리는 한시라도 빨리 포대를 열어서 기다리고 기다리던 보물을 직접 보고 싶었다. 마리는 끈을 자르고 엉성한 포대의 입구를 벌려 보헤미아 지방의 솔잎이 섞여 있는 갈색의 광채 없는 광석 속에 두 손을 찔러 넣었다.

이 안에 라듐이 숨어 있다! 여기서 라듐을 분리해 내는 것이다. 길가에 널려 있는 흙덩이처럼 아무 생기도 없는 산더미만 한 광석들을 모두 처리해야 한다.

일찍이 마리 스쿼도프스카는 허름한 다락방에서 가장 충실한 학창 시절을 보냈다. 그리고 이번에도 다 쓰러져 가는 가건물에서 최고의 기쁨을 맛보게 될 것이다. 이 얼마나 이상한 일인가. 마리 퀴리는 일찍이 어떤 여자도 경험하지 못한 행복, 그토록 가혹하고도 기이한 행복을 두 번씩이나 스스로 택한 가장 초라한 곳에서 얻은 것이다.

로몽 거리의 창고는 지내기에 아주 불편했다. 지붕이 유리로 되어 있어 여름에는 온실처럼 찌는 듯이 더웠다. 또 겨울이면 얼음이 어는 추운 날이 나은지 비가 내리는 날이 나은지 알 수 없을 정도였다. 비가 내리면 신경을 건드리는 소리를 내면서 빗방울이 마룻바닥이나 실험대 위에 뚝뚝 떨어졌다. 부부는 실험 기기가 비에 젖지 않도록 비가 새는 곳에는 표시를 해두었다. 또 얼음이 얼 때면 사람도 꽁꽁 얼었다. 그러나 뚜렷한 대책이 없었다. 난로에 아무리 석탄을 꽉꽉 채워 넣어도 전혀 도움이 되지 않았다. 난로 바로 옆에 서면 온기가 느껴지지만 한 걸음만 물러나도 추워서 견딜 수가 없었다.

게다가 마리와 피에르는 바깥의 매서운 추위에도 익숙해져야 했다. 초라한 기계설비에는 유독가스를 밖으로 배출하는 '배기후드'조차 달려 있지 않아 대부분의 작업을 지붕도 없는 안뜰에서 해야 했다. 덕분에 갑자기 비가 내리기라도 하면 두 사람은 부리나케 기계부터 창고 안으로 들여놓았다. 가스에 질식하지 않고 실험을 계속하려면 문이나 창문을 활짝 열어 공기를 환기시켜야 했다.

마리는 이런 개성적인 결핵요법을 닥터 보티에에게 말할 수는 없었다!

그녀는 뒷날 이렇게 적었다.

우리는 어렵고 중요한 이 실험을 계속하기 위한 돈도 없고 실험실도 없고 조수도 없었다. 말하자면 무(無)에서 유(有)를 만들어내야 했다. 형부 카지미에시 도우스키는 내 학창시절을 '처제의 삶에서 가장 비장한 시절'이라고 표현했는데, 남편과 나에게는 지금 이 시기가 바로 가장 '비장한 시절'이라고 거침없이 말할 수 있다.

……우리는 우리 생애에서 가장 훌륭하고 행복한 시간을 그 초라한 창고에서 보냈다. 우리는 실험에 완전히 매달렸다. 특별히 중요한 작업을 할 때는 중간에 실험을 멈추지 않고 끝까지 해내기 위해 식사도 그곳에서 했다. 때로는 부글부글 끓어오르는 걸쭉한 광석을 거의 내 키 만한 철봉으로 하루 종일 휘저으며 지낸 적도 있다. 저녁이 되면 너무 피곤해서 말도 나오지 않을 정도였다.

이러한 환경에서 퀴리 부부는 1898년부터 1902년까지 연구를 계속했다.

처음 1년간 부부는 라듐과 폴로늄의 화학적 분리작업에서 얻은 방사성물질의 방사능을 연구했다. 하지만 이윽고 그들은 역할을 분담하는 편이 효율적이라고 판단했다. 피에르 퀴리는 라듐의 특성을 명확히 하고 새로운 금속을 알아내는 작업을 시작했다. 마리는 순수한 라듐염을 얻기 위한 처리작업을 계속했다.

마리는 작업을 분담하면서 '남자의 일'을 선택했다. 기계적이고 단순한 작업을 선택한 것이다. 창고에서 남편이 어려운 실험에 몰두하고 있는 동안 마리는 안뜰에서 언제나처럼 먼지와 여러 가지 산으로 얼룩진 옷을 걸치고 바람에 머리카락을 날리며 눈과 목구멍을 찌르는 연기에 파묻혀 공장에서 해야 할 일을 혼자서 해냈다.

마리는 이렇게 적었다.

어떤 때에는 한 번에 재료를 20킬로그램까지 처리할 수 있게 되었다. 덕분에 창고 안은 온통 침전물과 액체를 가득 담은 커다란 항아리로 가득 찼다. 실험재료가 든 그릇을 옮기거나 액체를 덜어서 옮기고 주물냄비에서 부글부글 끓는 원료를 몇 시간이고 휘젓는 일을 하고 나면 완전히 녹초가 된다.

그러나 라듐은 좀처럼 모습을 드러내지 않았다. 인류에게 자신의 정체를 드러낼 호의는 조금도 보여주고 있지 않았다. 마리가 피치블렌드 찌꺼기에는 1퍼센트의 라듐이 들어 있다고 예측했던 때가 언제였던가!

이 새로운 물질의 방사능은 아주 강력한데, 이 놀라운 현상을 일으키는 근원은 광석 안에 흩어져 있는 아주 적은 양의 라듐이었다. 라듐을 측정하거나 관찰하는 일은 간단했다. 그러나 극소량의 라듐을 완전히 뒤섞여 있는 혼합물에서 분리시키는 일은 어렵고 거의 불가능해 보였다.

며칠 동안 이어지던 작업은 마침내는 몇 개월, 몇 년 동안 이어졌다. 그러나 피에르와 마리는 용기를 잃지 않았다. 그들은 다루기 힘든 이 물질에 오히려 매료되었다. 똑같이 애정과 지적인 정열로 결합된 두 사람은 초라한 가건물에서 남편과 아내의 평범한 생활과는 전혀 다른 삶을 살았다. 마치 서로가 그 일을 위해 태어난 것처럼.

우리는 그 시절 뜻밖의 발견 덕분에 펼쳐진 새로운 영역에 완전히 몰두해 있었다. 작업환경은 열악하고 어려움도 많았지만 우리는 매우 행복했다. 하루하루가 실험실에서 흘러갔다. 우리의 작업 창고는 말할 수 없이 초라했지만, 그곳에는 숭고한 정적이 흘렀다. 우리 둘은 실험을 지켜보는 한편 현재와 미래의 작업에 대해 이야기하면서 실험실 안을 왔다 갔다 하기도 했다. 추우면 난로 옆에서 뜨거운 차를 한 잔씩 마시며 힘을 얻었다.

우리는 같은 꿈을 꾸듯 서로 한 가지만 바라보며 살아갔다.

……실험실에서는 사람들을 거의 만나지 않았다 그래도 몇몇 물리학자나 화학자들이 이따금 우리 실험실을 찾아왔다. 그들은 우리 실험을 보거나 어떤 문제에 대해 피에르의 의견을 구하러 오곤 했다. 물리학의 여러 분야에서 피에르의 의견이 중요하게 작용했기 때문이다. 그들은 칠판 앞에 서서 대화를 나누었는데, 모두 소중한 기억으로 가슴 속에 남아 있다. 실험실에 어울리는 평화와 진지함을 흐트러뜨리지 않고 사고의 흐름을 깨지 않으면서 학문상의 흥미와 실험에 대한 열의가 나타난 대화였기 때문이다.

피에르와 마리는 잠시 실험기구에서 떨어져 조용히 이야기를 나눌 때도 있었다. 그때는 라듐에 대해 이야기할 때처럼 전문적인 고도의 어휘를 쓰지 않고 어린아이처럼 단순한 말로 대화를 나누었다.

"'그것'은 어떤 모습을 하고 있을까요?"

어느 날 마리가 이제 곧 장난감을 선물받기로 한 어린아이처럼 호기심 어린 표정으로 물었다.

"피에르, 당신은 그게 어떤 모양을 하고 있을 것 같아요?"

"모르겠소……."

피에르가 온화하게 대답했다.

"하지만 아주 아름다운 색을 띠고 있으면 좋겠소."

이상한 점은 그즈음 마리 퀴리가 보내는 편지에는 그녀가 무척 노력하고 있는 이 상황에 대해 별다른 언급이 없다는 것이다. 예전의 마리는 편지에 그러한 내용을 스스럼없이 적었다. 몇 년 동안 외국생활을 하면서 이 젊은 부인과 가족 사이의 친밀감이 다소나마 느슨해졌기 때문일까? 아니면 작업에 쫓겨 시간이 없었기 때문일까?

마리가 이렇게 조심스런 태도를 보이는 데는 다른 이유가 있을 것이다. 그녀의 인생이 예사롭지 않게 되는 바로 이 순간에 편지에서 개인적인 색채가 사라진 것은 결코 우연이 아니다. 여학생, 가정교사, 대학생, 신혼 때도 마리는 자신의 마음을 솔직하게 드러냈다. 그러나 요즘 그녀가 하는 일은 말로 표현하기가 어렵고 덮어두어야 하는 부분도 있는 만큼 주위와도 거리를 두어야 했다.

사랑하는 고향의 가족들 가운데에는 마리를 이해하고 그녀의 고민과 목표가 얼마나 힘든지를 이해하고 이야기를 나눌 만한 상대가 이제는 아무도 없었다. 마리는 이제 자기 마음을 괴롭히는 번민을 단 한 사람하고만 나누어야 했다. 그는 바로 일생의 동반자인 피에르 퀴리다. 마리는 피에르에게만 자신의 꿈과 이상을 모조리 이야기했다. 앞으로도 마리는 마음속으로 아무리 친근하게 여기더라도 피에르가 아닌 다른 사람에게는 평범한 모습만을 가장하여 보여주었다. 때로는 피에르의 아내로서 행복하다는 마음을 전하기 위해 진심어린 찬사를 늘어놓기도 했다. 하지만 일에 대해서는 아주 짧고 간결하게, 두세 줄로 근황이나 알릴 뿐이었다.

우리는 여기서 마리가 선택한 운명은 어떤 말로도 표현하기 힘든 한계를 느낀다. 겸허한 마음으로 쓸데없는 말이나 모든 불필요한 요소를 혐오하며 마리는 조용히 모습을 감추고 자기 생활의 단면밖에 보여주지 않았다. 부끄러움 때문인지 번거로움을 피하고 싶어서인지, 혹은 번뜩이는 이성 때문인지, 천재 여성과학자 마리는 자신도 '다른 여자들과 똑같은 평범한 여자'라는 그림자 뒤로 참모습을 감추어 버렸다.

마리가 브로냐에게(1899년)

……우리 생활은 변함없이 늘 똑같아. 여전히 많은 작업을 하고 있지만 잠은 잘 자니까 건강에는 무리가 없다고 생각해. 저녁식사 이후에는 꼬박 아기 옆에 붙어 있어. 아침에는 옷을 갈아입히고 밥을 먹인 뒤 대체로 9시쯤이면 출근할 수 있어. 우린 지난 1년 동안 연극이나 음악회에 가본 적도 없고 다른 사람들을 방문한 적도 없어. 그래도 우리는 아무 불편 없이 지내. ……다만 가족을 못 만나서 쓸쓸할 뿐이야. 특히 사랑하는 언니와 형부, 그리고 아버지를 만나지 못하고 나 혼자 멀리 떨어져 있다고 생각하면 정말 가슴이 아파. 그밖에는 별로 불평할 게 없어. 가족들도 모두 건강하고 이렌도 잘 자라고 있어. 무엇보다 꿈에 그리던 최고의 남편이 곁에 있으니까. 이런 사람과 만날 수 있으리라고는 꿈도 꾸지 못 했는데, 정말 하늘이 주신 은혜라고 생각해. 함께 살면 살수록 서로가 더욱 깊은 애정을

느끼고 있어.

작업도 잘 진행되고 있어. 머지않아 이 실험을 주제로 강연을 하기로 했어. 실은 이번 토요일에 강의가 예정되어 있었는데, 일이 생겨서 아마 다음 주 토요일이나 아니면 2주 뒤에나 할 것 같아.

새 학부장인 폴 아펠—그는 마리 스쿼도프스카가 일찍이 세상을 다 가진 듯한 기분으로 그의 강의를 들었던 그 교수다—은 다른 방법으로 피에르에게 도움을 주려고 애썼다. 그는 피에르의 완고한 성격을 잘 알고 있었기에 그 나름의 배려도 해주었다.

폴 아펠이 피에르 퀴리에게

장관으로부터 레지옹도뇌르 훈장 수훈자 후보를 추천하라는 의뢰를 받았습니다. 그 후보자 명단에 선생의 이름을 올리지 않을 수 없습니다. 학부를 위하는 일이라고 생각하시고 부디 아무 말 마시고 허락해 주시기 바랍니다. 선생 정도 되시는 분께 훈장 따위는 아무 의미도 없다는 것을 저도 압니다만, 저는 학부에 가장 공헌하신 분들, 가장 뛰어난 발견이나 업적을 이루신 분들을 추천하는 것이 중요하다고 생각합니다. 그것이 소르본에서 우리가 어떤 일을 하고 있는지를 장관께 알리는 하나의 방법이기 때문입니다. 후보자 가운데 한 사람으로 이름만 올리신다면 훈장을 받으시건 받지 않으시건 선생의 자유입니다. 하지만 부탁컨대 이름을 올리는 일만큼은 허락해주시기 바랍니다.

번거롭게 해드려 죄송합니다.

폴 아펠이 마리 퀴리에게

……리아르 부총장님께 퀴리 씨의 훌륭한 업적에 대해 몇 번이나 말씀드렸습니다. 그리고 현재의 대우가 불충분한 점과 좀더 큰 실험실을 마련해주면 학교에도 도움이 된다고 말씀드렸습니다. 총장님은 퀴리 씨에 대해 장관님께 보고를 드렸고, 장관님은 7월 14일 레지옹도뇌르 훈장 후보자로 올릴 좋은 기회라고 보십니다. 장관님은 퀴리 씨에게 큰 관심을 갖고 계시는 듯합니다. 아마 퀴리 씨에게 훈장을 수여함으로써 그 관심을 표명

하실 것입니다. 그러니 부인께서도 퀴리 씨가 이 훈장을 거절하지 않도록 부디 힘써주시기 바랍니다. 훈장은 물론 그 자체만으로는 아무런 의미가 없습니다. 그러나 그것이 가져다주는 실질적인 결과, 즉 실험실과 예산 등에는 상당한 의미가 있지요.

과학의 이름과 학부의 발전을 위해 퀴리 씨가 제게 이번 일을 완전히 맡기시도록 설득해 주십시오.

그러나 이번에도 피에르 퀴리는 잠자코 있지 않았다. 세속적인 명예를 싫어하는 평소의 성격에 또다른 감정까지 작용한 것이다. 학문하는 사람에게 연구 수단을 제공하는 일은 거절하면서 학문 장려나 '성적 우수'의 표시로 붉은 리본 끝에 달린 조그만 칠보(七寶) 십자가를 단 훈장을 준다니 정말이지 우습기 짝이 없는 일이다.

피에르 퀴리는 학부장에게 답장을 보냈다.

부디 장관 각하께 감사의 말씀을 전해주십시오. 더불어 저는 훈장 같은 것은 전혀 받고 싶지 않지만 실험실은 무엇보다 필요로 하고 있다고 말씀 드려주시기 바랍니다.

생활이 조금은 편해질 기회가 이렇게 날아갔다. 퀴리 부부는 마음에 드는 주거지도 구하지 못했기에 예전의 그 창고를 계속 실험실로 쓸 수밖에 없었다. 열정을 불태우던 그 시간은 거듭된 실패로 지친 두 사람의 마음을 위로하는데 충분했다.

부부는 또한 계속해서 교단에 섰다. 남을 원망하는 마음은 조금도 없이 열성적으로 기꺼이 천직을 수행했다. 명쾌하고 활기찬 피에르의 수업을 감사하는 마음으로 떠올리는 젊은이는 한둘이 아닐 것이다. 또한 슬라브 지방 억양으로 노래하듯 복잡한 설명을 들려준 금발의 교수 마리 덕분에 과학에 흥미를 가지게 된 '여대생'들도 한둘이 아닐 것이다.

연구와 일에 쫓겨 퀴리 부부는 먹고 자는 것조차도 잊어버렸다. 마리는 일찍이 세웠던 '정상적인 생활'을 위한 규칙이나 요리 같은 주부로서의 역할도 잊어버렸다. 부부는 자신들의 행위가 얼마나 무모한지 생각하지도 않고 체력을 소모하고 남용했다.

결국 피에르는 손발에 견디기 힘든 류머티즘 통증을 느끼고 어쩔 수 없이 자리에 눕게 되었다. 마리는 늘 긴장하고 있었으므로 아직 쓰러지진 않았다. 전에는 결핵 발작을 일으켜 가족들을 걱정시켰지만 정작 본인은 아랑곳하지 않았으며, 그러는 사이에 저절로 치유되었으므로 그 뒤로는 스스로를 튼튼하다고 믿게 되었다. 그러나 마리가 규칙적으로 몸무게를 기입하는 작은 수첩에는 일주일마다 숫자가 줄어들고 있었다. 창고생활 4년 동안 마리는 몸무게가 7킬로그램이나 줄었다.

부부의 친구들은 그녀의 안색이 나쁜 것을 걱정하지 않을 수 없었다. 한 젊은 물리학자는 피에르 퀴리에게 편지를 써서 본인과 마리의 건강에도 신경을 쓰라고 간곡히 부탁했을 정도였다. 그 편지에는 몸을 희생하며 연구에 몰두하는 퀴리 부부의 생활모습을 걱정스런 시선으로 여실히 묘사되어 있었다.

조르주 사냐이 피에르 퀴리에게

……물리학회에서 퀴리 부인을 뵈었는데 얼굴이 많이 상하신 걸 보고 깜짝 놀랐습니다. 논문을 쓰시느라 바쁘신 줄은 잘 알고 있습니다. …… 하지만 두 분께서 순수하게 지적인 생활을 하실 수 있을 만한 지구력을 부인께서 갖고 계시지 않다는 것을 저는 그때 확실하게 알았습니다. 물론 선생님도 마찬가지십니다.

좀더 알기 쉽게 예를 들어 말씀드리자면, 두 분께서는 제대로 된 식사를 거의 하지 않으십니다. 저는 수차례에 걸쳐 부인이 소시지 두 조각만 드시고는 식사를 마치시는 것을 보았습니다. 제아무리 튼튼한 몸이라도 그토록 영양공급이 부족한데 탈이 나지 않을 리 없지요. 부인께서 건강을 해치시면 선생님은 어떻게 되시겠습니까?

부인께서 선생님께 고집을 부리시거나 병 따위는 아무렇지도 않다고 말씀하셨다고 해도 그 말을 변명거리로 삼으시면 안 됩니다. 선생님께서 뭐라고 하실지 훤히 보이는군요. "아내가 배가 고프지 않으니까 그러는 거겠죠. 어린애도 아니니까 자기가 해야 할 일 정도는 알고 있어요." 하지만 그렇지가 않습니다. 현재 부인의 행동은 어린애와 전혀 다르지 않습니다. 저의 우정을 걸고 굳은 확신으로 말씀드리는 겁니다.

두 분 모두 식사에 충분한 시간을 할애하지 않고 계십니다. 정해진 시간에 드시지 않고, 밤에 너무 늦게 드시므로 위가 음식을 기다리다 지쳐서 끝내는 운동을 거부하게 되는 겁니다. 물론 연구를 하시느라 하룻밤쯤은 저녁식사 시간이 늦어질 수도 있겠죠. 그러나 그런 일이 습관이 되면 안 됩니다. ……두 분처럼 학문상의 관심이 머리에 가득 차서 그것을 일상생활에까지 끌어들이는 일은 그만두셔야 합니다. 몸도 숨을 돌리게 해주셔야지요. 편안한 마음으로 식탁 앞에 앉아 재미없거나 정신을 피곤하게 만드는 화제는 피하면서 천천히 음식을 드셔야 합니다. 식사를 하시면서 책을 읽거나 물리학에 대해 토론하는 것도 삼가해 주십시오.

이러한 충고와 우려에도 피에르와 마리는 태연하게 웃으면서 대답했다.

"괜찮아요. 우리는 휴식을 취하고 있어요. 여름에는 휴가도 가는걸요."

사실 휴가를 보내긴 했다. 아니, 그들은 휴가를 보낸다고 생각했다. 좋은 계절을 택해서 예전처럼 여관에 묵으면서 방랑여행을 즐겼기 때문이다. 1898년에는 프랑스 남부의 세벤 산맥을 자전거로 달렸다. 2년 뒤에는 영불해협 연안과 르아브르(프랑스 서북부 항구도시)부터 생발레리쉬르솜까지 여행하고, 이어서 누아르무티에 섬으로까지 걸음을 옮겼다. 1901년에는 브르타뉴 지방 르풀뒤에서, 1902년에는 노르망디 지방 아로망쉬에서, 1903년에는 루앙 북동부의 르 트레폴과 대서양 연안의 생트로장에서 두 사람의 모습을 볼 수 있었다.

이러한 여행으로 과연 두 사람에게 필요한 정신적, 육체적인 휴식을 얻을 수 있었을까? 참으로 의심스럽기 그지없다. 책임은 전적으로 피에르에게 있었다. 그는 가만히 있지 못하고 한 곳에서 2, 3일만 지내면 이내 파리로 돌아가자고 마리를 졸라댔다.

"벌써 꽤 오랫동안 아무 일도 하지 않고 빈둥빈둥 놀고 있잖소!"

하지만 1899년에 퀴리 부부가 계획한 먼 여행은 두 사람에게 커다란 기쁨을 안겨주었다. 결혼 후 처음으로 마리가 고국으로 돌아온 것이다. 비록 바르샤바가 아니라 도우스키 부부가 요양원을 세우고 있는 오스트리아령 자코파네로 간 것이지만.

그들은 석공들이 작업하고 있는 공사현장 바로 근처에 있는 '에게르' 여관에 머물렀다. 스쿼도프스키 씨도 그곳에 있었다. 그는 여전히 정정했다. 오랜 만에 네 명의 자녀들, 네 가족이 한 자리에 모이자 행복감에 오히려 더 젊어 보였다.

세월이란 왜 그렇게 쏜살같은지! 아들과 세 딸이 바르샤바에서 가정교사 일을 하던 때가 바로 엊그제 같은데…… 그런데 지금은 유제프가 고명한 의사가 되었고 처자식까지 거느리고 있다. 브로냐와 카지미에시는 요양원을 지으려고 한다. 헬라는 훌륭하게 교직에 종사하고 있고 남편인 스타니스와프 샬라이는 커다란 사진회사를 운영하고 있다. 그리고 마냐는 실험실에서 일하면서 그 연구가 논문으로 출판되기까지 했다! 귀여운 '장난꾸러기'—스쿼도프스키 씨는 막내딸 마리를 이렇게 불렀었다—였던 그 아이가…….

피에르 퀴리는 외국인이었으므로 각별히 융숭한 대접을 받았다. 그들은 조국 폴란드를 자랑스럽게 피에르에게 보여주었다. 피에르는 거무스레하고 뾰족한 전나무 가지가 하늘을 찌르고 있는 살벌한 풍경에 처음에는 그다지 흥미를 느끼지 못했지만, 리시산 꼭대기로 소풍갔을 때는 웅대한 산들의 시적인 정취에 푹 빠져 버렸다. 그날 밤 마리의 친정 식구들 앞에서 피에르는 아내에게 말했다.

"이 나라는 참으로 아름답구려. 여러분이 그토록 사랑하는 이유를 오늘에야 알았소."

피에르는 익힌 지 얼마 안 된 폴란드어를 열심히 사용했다. 억양은 서툴기 짝이 없었지만 아내의 형제자매들을 매우 기쁘게 했다. 마리의 얼굴은 자부심이 가득한 천진스러운 미소로 빛나고 있었다.

그로부터 3년 뒤인 1902년 5월, 마리는 다시 폴란드로 가는 기차에 몸을 실었다. 아버지의 갑작스런 병환을 알리는 편지가 몇 통이나 왔기 때문이었다. 담낭 수술로 큼직한 결석을 몇 개나 제거했다는 내용이었다. 처음에는 걱정하지 않아도 된다는 소식뿐이었다. 그러더니 별안간 위독하다는 전보가 왔다. 마리는 당장이라도 달려가고 싶었다. 그러나 여권수속이 복잡하여 형식적인 서류를 갖추기까지 몇 시간이나 헛되이 보내야 했다. 그리고 이틀하고도 반나절을 달린 뒤에야 마리는 바르샤바에 닿았다. 스쿼도프스키 씨가 살고 있는 유제프의 집에 닿았을 때는 이미 늦은 뒤였다.

이제 다시는 자애로운 아버지의 얼굴을 볼 수 없다고 생각하니 마리는 견딜 수가 없었다. 아버지의 부고는 여행 도중에 받았다. 마리는 장례식을 늦

쉬달라고 언니들에게 전보를 보냈다.

황급히 달려간 빈소에는 관과 꽃들만 놓여 있었다. 마리는 이상할 만큼 끈질기게 관 뚜껑을 열어달라고 애원했다. 결국 관의 못을 빼주었다. 아버지의 시신에는 한쪽 콧구멍에서 흘러나온 핏줄기가 가늘게 말라 있었다.

마리는 움직이지 않는 아버지의 평온한 얼굴을 어루만지며 마지막 인사를 하고 용서를 빌었다. 마리는 자기가 프랑스에 머물러 있다는 점과, 마지막만큼은 곁에 있어주길 바라던 늙은 아버지의 기대를 저버린 점을 늘 죄송하게 생각했기 때문이다. 마리는 뚜껑이 열린 채 정적에 싸여 있는 관 앞에서 낮은 목소리로 끊임없이 자신을 꾸짖었다. 이 가슴 아픈 모습을 보다 못한 오빠와 언니들이 그만 되었다고 마리를 말리러 올 때까지.

마리는 줄곧 자책하면서 자신을 괴롭혀왔지만 사실 그럴 필요는 없었다. 스쿼도프스키 씨의 만년은 안온했으며, 마리 덕분에 한층 더 만족스러웠기 때문이다.

가족들의 사랑 속에서 아버지와 할아버지로서 만족스러운 삶을 살았기에 그는 영광과는 거리가 멀었던 자신의 인생 굴곡을 잊을 수 있었다. 그리고 마지막으로 가장 큰 기쁨을 마리한테서 얻었다. 폴로늄과 라듐의 발견으로 딸 마리의 이름이 눈부시게 서명되어 있는 파리 과학학사원의 〈보고서〉는, 하루하루 먹고 살 걱정에 학문에만 몰두할 수 없었던 늙은 물리학 교사에게 뜨거운 감동을 주었다. 스쿼도프스키 씨는 한 단계 한 단계 딸의 연구를 쫓아갔다. 그리고 이 연구가 얼마나 중요한지를 깨닫고 큰 반향을 불러일으키리라고 예측했다.

바로 얼마 전 마리는 4년 동안 노력한 결과 마침내 순수한 라듐을 추출하는 데 성공했다고 스쿼도프스키 씨에게 보고했다. 그는 이제 예전처럼 반듯하고 꼼꼼하게 글씨를 쓰진 못했지만 그래도 떨리는 손으로 마리에게 편지를 써서 보냈다. 숨을 거두기 엿새 전이었다.

마침내 순수한 라듐을 손에 넣었구나! 그것을 얻느라 네가 들인 공을 생각하면 분명히 라듐은 화학원소 가운데 가장 값진 것일 게다. 다만 아무래도 지금으로서는 이 일이 이론상의 흥미 단계에 머물러 있는 점이 유감이구나.

여기는 별일 없이 잘 지내고들 있단다. 날씨도 그럭저럭 괜찮지만 아직은 제법 쌀쌀하구나. 이제 잠자리에 들어야겠다. 마지막으로 애정을 담아 키스를 보내면서 이만 줄이마.

만일 그가 2년만 더 살아서 딸의 이름 위에 영광이 비친 모습을 보았더라면, 앙리 베크렐 및 피에르 퀴리와 함께 마리 퀴리가, 그의 사랑스런 딸 '안 츄페치오'가 노벨상을 수상했다는 소식을 들었다면 그는 얼마나 행복하고 얼마나 자랑스러웠을까!

창백한 얼굴에 더욱 홀쭉하게 야윈 모습으로 마리는 바르샤바를 떠났다. 하지만 9월에 다시 폴란드로 돌아왔다. 이 슬픈 사건 뒤 스쿼도프스키 씨의 '자녀들'은 한 번 더 모여 아버지가 돌아가신 뒤에도 형제들의 애정이 여전히 끈끈하다는 사실을 서로 확인하고 싶었던 것이다.

10월에 피에르와 마리는 또다시 실험실로 돌아왔다. 두 사람 다 지쳐 있었다. 마리는 공동연구에 협력하는 한편 라듐 순화라는 자신의 연구결과도 정리했다. 그러나 마리는 무얼 해도 기운이 나지 않고 흥미가 생기지 않았다. 오래전부터 영양공급을 소홀히 한 결과가 뜻밖에도 신경계통에 나타난 것이다. 밤이면 가벼운 몽유병의 발작을 일으켜 마리는 무의식중에 침대에서 일어나 집안을 돌아다니곤 했다.

이듬해에는 더욱 불행한 사건이 터졌다. 먼저 두 번째 임신을 했지만 생각지도 못한 유산으로 이어진 것이다. 마리는 이 비극을 매우 중대하게 받아들였다.

마리가 브로냐에게(1903년 8월 20일)

언니, 나는 이번 일이 너무 충격적이라 아무에게도 편지를 쓸 용기가 없어. 당연히 아기가 태어날 거라고 철석같이 믿었으므로 너무 마음이 아파. 제발 부탁해. 내가 그동안 몸을 너무 혹독하게 써서 그렇다고 생각한다면 부디 사실대로 말해 줘. 내가 건강을 제대로 돌보지 않은 건 사실이니까. 내 몸은 걱정 없다고 굳게 믿고 있었는데, 이토록 비싼 대가를 치른 지금은 너무나 후회스러워. 아기는 여자애였대. 발육도 순조로웠고 제대로 살아 있었어. 나 역시 그 아이가 태어나기를 간절히 바랐는데!

얼마 뒤 폴란드에서도 나쁜 소식이 전해져왔다. 브로냐가 낳은 둘째 사내 아이가 결핵성수막염으로 생후 며칠 만에 숨을 거둔 것이다.
마리는 오빠에게 편지를 썼다.

브로냐 언니에게 닥친 불행한 소식을 듣고 나도 마음이 아주 착잡해. 그 아이는 무척 건강해 보였는데. 아무리 애지중지 보살펴도 아이의 목숨을 지킬 수 없다면, 도대체 어떻게 해야 아이를 잃지 않고 잘 키울 수 있겠어? 딸아이를 볼 때마다 너무 두려워서 떨림이 멈추지 않아. 그리고 브로냐 언니의 심정을 생각하면 내 가슴이 찢어질 것 같아.

차례차례 닥쳐온 불행한 사건으로 슬픔에 잠긴 마리의 생활은 더욱 큰 근심으로 얼룩졌다. 피에르의 건강이 좋지 않았던 것이다. 그는 몇 번이나 극심한 발작을 일으키며 심한 통증을 호소했다. 그러나 뚜렷한 원인을 알지 못했으므로 의사는 단지 류머티즘이라고 진단했다. 하지만 피에르는 극심한 통증으로 밤새 신음했고, 아내는 겁에 질린 채 머리맡에서 지켜보는 수밖에 없었다.
그 와중에도 마리는 세브르에 강의를 하러 가야 했고, 피에르는 많은 학생들의 구두시험을 보고 실습지도도 해야 했다. 간절히 바라던 실험실의 꿈은 멀기만 해도, 두 물리학자는 자신들의 자잘한 실험을 여전히 계속해야만 했다.
한 번, 딱 한 번 피에르가 자기도 모르게 탄식한 적이 있다. 그는 낮은 목소리로 중얼거렸다.
"아무리 그래도 우리가 택한 인생은 참으로 고달프군."
마리는 그렇지 않다고 항변하려고 했지만 끊임없이 솟구치는 불안을 감추지 못했다. 피에르가 이렇게까지 마음이 약해진 것은 체력이 다했기 때문이 아닐까? 어쩌면 그는 무서운 불치병에 걸린 것은 아닐까? 내 자신도 어째서 이 묵직한 피로를 떨쳐내지 못하는 것일까?
몇 달 전부터 죽음의 그림자가 마리의 머릿속에서 떠나지 않았다.
"피에르!"

목소리를 쥐어짜는 듯한 절망에 찬 아내의 목소리에 깜짝 놀라 피에르가 바라보았다.

"왜 그러오? 응? 무슨 일이오?"

"피에르…… 만일 우리 둘 가운데 누군가가 죽으면 남은 사람도 혼자선 살지 못하겠죠? 우리는 둘 다 서로가 있어야만 살 수 있어요. 그렇죠?"

피에르는 조용히 고개를 끄덕였다. 마리는 학자로서의 사명을 잠시 잊고 그의 아내이자 연인으로서 피에르에게 말했다. 그러나 피에르는 오히려 그 말을 듣고 과학자는 과학을 내던질 권리가 없으며, 과학자의 인생 목적은 오로지 과학임을 상기했다.

그는 비탄에 젖은 마리의 얼굴을 가만히 바라보았다. 그리고 단호하게 말했다.

"당신의 말은 틀렸소. 무슨 일이 일어나든, 설령 영혼이 빠져나가 우리의 몸이 빈껍데기가 된다 하더라도 연구는 이어져야만 하오."

박사논문과 5분의 대화

과학에 있어서는 연구에 종사하는 사람이 부자든 가난하든, 행복하든 불행하든, 건강하든 몸이 아프든 그것이 무슨 상관이 있는가? 과학자들은 탐구하고 발견하기 위해 이 세상에 태어났으며, 마침내 기력이 다할 때까지 끊임없이 탐구하고 발견해나갈 것이다. 그러한 사명에 한낱 과학자가 감히 저항하지는 못한다. 아무리 기분이 언짢고 짜증나는 날에도 그들의 발걸음은 자연스레 연구실 실험장치 앞으로 나아간다.

그러므로 그 힘들었던 세월 동안 피에르와 마리가 훌륭하게 이루어낸 빛나는 업적도 그다지 놀랄 일이 아니다. 이제 갓 발견된 '방사능'은 그것에 온 생애를 바친 물리학자 부부의 기력을 서서히 고갈시키면서 싹을 틔우고 꽃을 피워갔다.

1899년부터 1904년에 걸쳐 퀴리 부부는 공동으로 혹은 단독으로 또 어떤 때는 몇몇 동료들과 함께 32편이나 되는 논문을 발표했다. 논문 표제는 하나같이 난해해 보였고 본문도 역시 세상 사람들이 깜짝 놀랄만한 도표와 공식으로 가득 차 있었다. 그러나 그 논문들은 하나하나가 이 분야에서 거둔 승리의 이정표였다. 여기, 과학사에 특히 중요한 논문들의 제목을 나열한다. 어찌 보면 무미건조한 듯한 이 제목들을 쭉 훑어보면 그 뒤에 숨겨진 그들의 노고와 호기심, 끈기와 천재성을 깨달을 수 있을 것이다.

〈라듐선의 화학적 효과에 관하여〉(마리 퀴리 및 피에르 퀴리, 1899년)
〈라듐을 함유한 바륨의 원자량에 관하여〉(마리 퀴리, 1900년)
〈새로운 방사성물질과 그것의 방사선〉(마리 퀴리 및 피에르 퀴리, 1900년)
〈라듐염에 의한 2차 방사능에 관하여〉(피에르 퀴리 및 앙드레 드비에른, 1901년)
〈라듐선의 생리적 작용〉(피에르 퀴리 및 앙리 베크렐, 1901년)

〈방사성원소에 관하여〉(마리 퀴리 및 피에르 퀴리, 1901년)

〈라듐의 원자량에 관하여〉(마리 퀴리, 1902년)

〈시간의 절대측정에 관하여〉(피에르 퀴리, 1902년)

〈2차 방사능 및 라듐 방사성기체원소 에머네이션에 관하여〉(피에르 퀴리, 1903년)

〈라듐염에서 자연 발생하는 열에 관하여〉(피에르 퀴리 및 A. 라보르드, 1903년)

〈방사능물질에 관한 연구〉(마리 퀴리, 1903년)

〈온천수에서 발생하는 가스의 방사능에 관하여〉(피에르 퀴리 및 A. 라보르드, 1904년)

〈라듐에머네이션의 생리적 작용〉(피에르 퀴리, Ch. 부샤르 및 V. 발타자르, 1904년)

프랑스에서 처음 발견된 방사능은 급속히 외국으로 퍼져갔다. 1900년 이후 영국, 독일, 오스트리아, 덴마크 등 각국의 과학계 저명인사들이 방사능에 대해 문의하는 편지가 로몽 거리에 쇄도했다. 퀴리 부부는 특히 윌리엄 크룩스 경, 빈의 쥐스 교수와 볼츠만 교수, 덴마크의 탐험가 파울젠 등과 자주 편지를 주고받았는데, 라듐을 '발견한 사람'으로서 전문적인 설명이나 충고를 아낌없이 해주었다.

세계 여러 나라의 과학자들이 아직 알려지지 않은 방사성 원소를 찾기 위해 연구를 시작했다. 뭔가 새로운 발견을 기대한 것이다. 결과는 성공적이었다. 도표에는 메소토륨, 라디오토륨, 이오늄, 프로토악티늄, 방사성 납 등이 새로이 추가되었다.

1903년 영국인 과학자 램지와 소디는 라듐이 소량의 헬륨 가스를 쉼 없이 발산한다는 사실을 증명했다. 원자변환이 세상에 알려진 첫 번째 사례이다. 얼마 안 있어 역시 영국에서 이번에는 러더퍼드와 소디가 1900년 이래 마리 퀴리가 제시했던 한 가지 가설을 검증하여 '방사성 변환설'을 발표함으로써 세상을 놀라게 했다. 방사성원소는 불변한 듯 보이더라도 내부에서는 자연 발생적인 변환이 이루어지고 있으며, 변환 속도가 빠를수록 '활성'도 강력하다고 주장했다.

뒤에 피에르 퀴리는 다음과 같이 썼다.

이것이야말로 참된 원소변환설이다. 하긴 연금술사들이 생각한 것과는 다르지만, 무기물질도 세월이 흐르면 일정한 법칙에 따라 필연적으로 진화하는 것이다.

불가사의한 라듐! 염화물 상태로 순화시키면 평범한 소금으로 착각할 만큼 외관상으로는 하얗고 광택 없는 가루지만, 점점 밝혀지는 그 특성은 실로 대단했다.

그 방사선 때문에 퀴리 부부가 라듐의 존재를 알게 되었지만, 그 강도는 놀랍게도 우라늄의 강도보다 2백만 배나 강력했다. 과학자들은 이것을 분석하고 해부하여 다시 세 종류의 방사선으로 나누었다. 그것들은 스스로 변화하면서 가장 빛을 투과시키지 않는 물질까지도 투과한다. 오직 두꺼운 납만이 이들 방사선의 보이지 않는 질주를 막을 수 있다.

라듐에도 그림자가 있고 환상이 있다. 라듐에머네이션이라는 독특한 가스가 생기는 것이다. 그 기체 자체가 방사성이라 유리관에 밀폐해 두어도 일정한 법칙에 따라 끊임없이 붕괴한다. 이 기체는 대부분의 온천수 속에 녹아들어 있다.

이제껏 물리학의 움직이지 않는 토대로 보였던 학설에 도전하는 또 한 가지 사실이 있다. 라듐이 스스로 열을 내는 것이다. 1시간에 그것과 같은 중량의 얼음을 녹일 만큼의 열을 낸다. 외부의 냉각을 차단하면 라듐은 점차 따뜻해져 심지어 바깥 온도보다 10도 이상이나 높아진다.

라듐이 못하는 일이 있을까? 라듐은 검은 종이를 투과하여 사진 원판에 작용한다. 라듐은 대기를 전기 전도체 삼아 먼 거리에서도 검전기를 방전시킨다. 또한 유리용기에 넣어두면 용기를 연보라색이나 자주색으로 물들인다. 라듐을 종이나 면직물로 싸 두면 그것을 점차 부식시켜 가루로 만들어 버린다. 라듐이 빛을 낸다는 사실은 이미 잘 알고 있었다.

마리는 나중에 이렇게 썼다.

이 빛은 대낮에는 알아보지 못하지만 어둑한 곳에서는 쉽게 볼 수 있다

적은 양만으로도 어둠 속에서 글씨를 읽을 수 있을 만큼 밝다.

탐욕스러운 라듐은 여기서 만족하지 않는다. 라듐은 스스로 빛을 내지 못하는 수많은 물질에 작용해 인광(燐光)을 발하게 한다. 다이아몬드가 대표적인 예이다. 다시 마리의 글을 살펴보자.

다이아몬드에 라듐을 작용시키면 인광을 발하는데, 이것을 통해 진짜와 가짜를 가릴 수 있다. 인조 다이아몬드는 그 빛이 매우 약하다.

마지막으로 라듐의 방사능은 '감염'된다. 아주 진한 향수 냄새나 병처럼 전염성이 있다!
물건, 식물, 동물, 사람 할 것 없이 라듐 시험관 근처에 있으면 그 '활성'에 큰 영향을 입는다. 그러므로 정밀한 실험결과에 혼란을 주는 이 감염은 피에르와 마리 부부에게는 매일매일의 적이었다.
마리는 이렇게 쓰고 있다.

강력한 방사성물질을 연구할 때 정밀한 측정을 계속하려면 특별한 예방책을 강구해야 한다. 화학실험실에서 쓰는 여러 가지 장치나 물리실험에 도움이 되는 갖가지 물질들이 이내 모두 방사능을 갖게 되어 검은 종이를 통해 사진 원판에 작용하기 때문이다. 먼지나 방안의 공기, 옷들도 모두 방사능을 갖는다. 방의 공기가 전도체인 것이다. 그러나 우리가 이 사실을 깨달았을 때에는 실험실이 이미 그러한 피해를 크게 입은 뒤였으므로 방사능에 노출되지 않은 기구가 하나도 없을 정도였다.

퀴리 부부가 세상을 떠난 지 3, 40년이 지난 뒤에도 그들의 실험 노트는 여전히 불가사의한 '활성'을 띠고 있어 각종 측정 장치에 고장을 일으켰다.
방사능과 열 방출, 헬륨 가스와 에머네이션 생성, 자연적인 자기붕괴……
물질불변이나 원자불변의 학설과는 얼마나 동떨어진 단어들인가!
5년 전만 해도 과학자들은 이 우주가 확실한 원자와 영구히 고정된 원소로 이루어져 있다고 믿었다. 그러나 실상은 어떠한가. 매초마다 라듐 입자는 스스로 헬륨 가스 원자를 만들어 엄청난 힘으로 외부에 투사한다. 마리가 뒷날 '원자변환의 대변동'이라 이름 지은 이 미세한 세계의 어마어마한 폭발로 에머네이션의 가스 상태 원자를 잔류물로 남긴 채 스스로 다른 방사성물질로 변한다!

즉 방사성 원소는 한 가지 모(母)물질이 자발적으로 변환하여 창조되므로 기묘한 가족관계를 이룬다. 다시 말해 라듐은 우라늄의 자손이며, 폴로늄은 라듐의 자손이다. 시시각각 창조되는 이들 원소는 영원한 법칙에 따라 스스로 붕괴한다. 각 방사성원소는 나중에 '반감기'라 불리는 늘 같은 일정 기간을 거치면 실질적인 양의 절반을 잃는다. 반감기까지 우라늄은 수십억 년 걸리고, 라듐은 1600년, 라듐에머네이션은 4일, 에머네이션의 '자손들'은 불과 몇 분밖에 걸리지 않는다.

겉으로 보기에는 아무런 변화도 없는 것 같지만 방사성물질은 그 속에 탄생, 충돌, 살육, 자살 따위를 감추고 있는 것이다. 어쩔 도리 없는 생(生)과 사(死)의 숙명적인 드라마가 있다.

이런 사실들은 방사능의 발견으로 새롭게 드러났다. 따라서 이제 철학자들은 철학을, 물리학자들은 물리학을 다시 시작하는 수밖에 없게 되었다.

마지막으로 라듐이 인류의 행복에 이바지할 수 있다는 감동적인 사실이 밝혀졌다. 흉악무도한 질환인 암에 대항하는 치료약을 만들 수 있게 된 것이다.

1900년, 독일의 과학자 바르코프와 기젤이 이 새로운 물질에 생리학적인 효과가 있다고 발표하자 피에르 퀴리는 위험도 아랑곳없이 곧바로 라듐의 작용을 알아내기 위해 자신의 팔에 실험을 했다. 그 결과 기쁘게도(?) 피부에 상처가 생겼다! 아카데미로 보낸 문서에 그는 자기 팔에 나타난 증상을 냉정하게 묘사했다.

피부는 $6cm^2$의 면적만 붉어졌다. 보기에는 화상을 입은 것 같지만 통증은 거의 어쩌면 전혀 느껴지지 않았다. 조금 지나자 붉어진 부위가 주변으로 퍼지지는 않았지만 더욱 붉어져 20일째에는 딱지가 생기고 결국 상처가 나서 붕대를 감았다. 42일째에는 주변부터 중심을 향해 새로운 표피가 생기기 시작했지만, 라듐선 방사 뒤 52일째에도 역시 $1cm^2$의 상처가 그대로 남아 있었다. 그 부분은 그것이 한층 더 심각한 괴사를 일으켜 회색빛을 띠었다.

퀴리 부인이 몇 센티그램의 강력한 방사능물질을 밀폐된 작은 시험관에 넣어서 옮길 때, 그 작은 관이 얇은 금속깡통 안에 들어 있었음에도 이와 똑같은 화상을 입은 일이 있다.

이러한 작용 외에도 우리는 매우 강력한 물질에 대해 연구를 진행하면서 손에 여러 가지 영향을 받았다. 일반적으로 손의 표피가 벗겨져 떨어져 나갔고 시험관이나 샬레를 집는 손가락 끝은 딱딱하게 굳어져 가끔 극심한 통증을 느낀다. 우리 가운데 한 사람은 손가락 끝의 염증이 2주일이나 이어지다가 끝내는 피부가 비늘처럼 벗겨져 떨어졌지만, 찌르는 듯한 통증은 2개월이 지나도 완전히 사라지지 않았다.

앙리 베크렐도 조끼주머니에 라듐이 든 유리관을 넣고 다니다가 역시 화상을 입었다. 그러나 베크렐은 그러한 결과를 바라지 않았으므로 놀라서 화를 내며 퀴리 부부에게 달려갔다. 그는 가공할 위력을 가진 라듐이 저지른 일을 불평하며 마지막으로 이렇게 말했다.

"난 이 라듐이란 놈을 사랑하지만 한편으론 원망스럽기도 하다오!"

……그리고는 서둘러 이 뜻밖의 실험결과를 기록했다. 그것은 1901년 6월 3일의 〈연구보고〉에 피에르의 관찰결과와 나란히 발표되었다.

피에르는 이 놀라운 방사선의 힘에 감동을 받아 동물에 대한 라듐의 작용을 연구했다. 그는 부샤르 교수 및 발타자르 교수와 같은 고명한 의사들과 공동으로 연구하여, 마침내 라듐이 낭창(狼瘡)이나 종양 등과 같은 일종의 암세포를 파괴하여 치료한다는 확신을 얻었다. 이 치료법은 뒷날 '퀴리요법'이라 불린다. 돌로스, 비캉, 도미니시, 드그레 등 프랑스의 임상학자들이 처음으로 이 새로운 치료법을 환자에게 적용시켜 성공했다. 그들은 퀴리 부부에게서 라듐에머네이션 앰풀을 빌려서 썼다.

마리는 나중에 이렇게 썼다.

피부에 대한 라듐의 작용은 닥터 돌로스가 생루이 병원에서 연구했다. 라듐은 이 분야에서도 희망적인 결과를 보장했다. 라듐 때문에 일부 파괴

된 표피는 건강한 상태로 재생되었다.

라듐은 유용하다. 매우 쓸모가 있다!

이와 같은 새로운 발견이 성공하면 그 다음은 말 안 해도 다 알 수 있다. 새로운 원소를 추출하는 일은 이제 단순히 실험상의 흥미 수준에만 머무는 것이 아니었다. 그것은 없어서는 안 될 고마운 물질이 되어 라듐 산업이 부흥하게 되었다.

피에르와 마리는 라듐 산업이 시작되는 과정을 감독했다. 그들은 '물리화학학교' 창고에서 발명한 방법대로 8톤이나 되는 피치블렌드 찌꺼기를 처리하여 세상에 알려진 최초의 라듐 1그램을 자기들 손, 특히 마리의 손으로 만들어냈다. 점차 라듐의 특성이 사람들의 호기심을 자극하여 마침내 피에르와 마리는 유력한 협조자를 얻어 라듐을 대규모 생산하기 시작했다.

피치블렌드를 대량으로 정제하는 과정은 앙드레 드비에른의 지휘 아래 '중앙화학제품회사'에서 시작되었다. 이 회사는 이윤을 목적으로 하지 않고 사업을 진행하기로 동의했다. 1902년에 과학아카데미는 '방사능물질의 추출을 위해' 퀴리 부부에게 2만 프랑의 예산을 투자하고, 곧 광석 5톤을 정련하도록 했다.

1904년에는 총명하고 대담한 프랑스의 실업가 아르메 드 릴이 악성 종양을 치료하는 의사들에게 제공할 라듐 제조 공장을 창설하려고 계획했다. 그는 피에르와 마리에게 공장에 인접한 곳에 약간의 땅을 제공했고 그래서 지금까지 좁은 실험실에서는 도저히 시도하지 못했던 작업을 할 수 있게 되었다. 퀴리 부부는 F. 오드팽이나 자크 당느와 같은 과학자들과 함께 공동연구 모임을 만들었고, 아르메 드 릴은 그들에게 귀중한 물질의 추출을 해달라고 했다.

마리는 처음 추출한 라듐 1그램을 평생 손에서 놓지 않았다. 그리고 나중에는 그것을 자신의 실험실에 기증했다. 그 라듐 1그램은 마리가 정신없이 몰두한 연구의 결정이었다. 그뿐만 아니라 퀴리 부부가 연구실로 쓰던 창고가 헐리고 퀴리 부인이 세상을 떠난 뒤에도, 그 1그램은 여전히 부부의 위대한 업적과 영웅적인 시대의 상징으로 길이 빛났다.

그러나 나머지 몇 그램은 다른 가치를 지니게 되었다. 바로 금전적인 가치이다. 라듐이 정기적으로 판매되기 시작하자 세계에서 가장 비싼 물질의 반열에 오르게 되었다. 그것은 1그램에 75만 프랑이나 했다.

그토록 고귀한 물질이므로 라듐에 대한 설명도 필요했다. 그리하여 1904년 1월에 방사능 정제품을 전문으로 다루는 잡지 〈르 라듐〉이 창간되었다.

라듐은 이제 상품으로서 자리매김하게 된 것이다. 매매가가 정해지고 인쇄물도 생겨났다. 머지않아 아르메 드 릴 공장의 편지지에는 큰 글씨로 다음과 같은 문구가 인쇄되었다.

라듐염─방사성물질
전신용 수신인 '라듐 노장 쉬르 마른'

이렇게 해서, 세계 여러 나라에서 학자들이 굵직한 연구 성과를 이끌어 내고 새로운 산업이 창설되었으며 라듐 치료법이 시도되었다. 이 모든 일은 금발의 젊은 부인이 열렬한 호기심에 불타, 1897년에 베크렐선의 연구를 논문 주제로 선택했으므로 가능했다. 마리는 피치블렌드 속에 새로운 물질이 존재한다는 사실을 꿰뚫어보고 자신의 노력에 남편의 노력까지 더하여 그 물질이 실존함을 증명했다. 그리고 마침내 순수한 라듐을 분리하는데 성공했다.

그 젊은 부인은 1903년 6월 25일 소르본의 조그만 방 칠판 앞에 서 있었다. '학생의 방'이라고 불리는 그 방은 비밀스럽게 구부러진 나선형 계단을 지나는 곳에 있다. 마리가 논문 주제를 선택한 뒤로 5년이라는 세월이 흘렀다. 마리는 놀라운 큰 발견의 감격적인 소용돌이에 휘말려 오랫동안 논문을 정리할 시간도 없었을 뿐더러 학위시험조차 나중으로 미루어왔다. 그리고 오늘 드디어 마리가 심사위원들 앞에 모습을 드러냈다.

관례에 따라 마리는 시험관인 리프만, 부치, 무아상 교수 등에게 학위인가를 신청하기 위해 '방사능 물질 연구, 스쿼도프스카 퀴리 부인'이라는 연구 논문을 제출했다. 그리고 믿어지지 않는 일이지만 '울과 비단'으로 된 검은색 새 옷을 입고 나왔다. 브로냐가 사준 것이다.

브로냐는 논문을 제출하는 자리에 참석하기 위해 파리에 왔다가, 마리의 옷이 눈에 띄게 닳아 있는 것을 보고는 호되게 나무라면서 억지로 그녀를 데리고 상점으로 가서 대뜸 옷을 주문한 것이다.

20년 전인 1883년 6월의 청명한 어느 날 아침, 이날만큼 엄격하지는 않았지만 그날도 브로냐가 자상하게 마리에게 옷을 입혀주었다. 어린 마뉴샤가 지금처럼 검은 옷을 입고 러시아의 관리에게서 크라쿠프 학교의 금메달을 받던 날이었다.

지금 퀴리 부인은 등을 펴고 단정하게 서 있다. 창백한 얼굴에 빛깔이 엷은 머리칼을 두건처럼 올려 묶어 둥근 이마가 더욱 돋보였다. 약간의 잔주름은 그녀가 싸움에서 승리한 흔적처럼 보였다.

잠시 뒤, 햇빛이 가득한 이 방에 물리학자와 화학자들이 들이닥쳤다. 의자를 더 들여와야 했다. 이는 과학자들이 앞으로 발표할 연구주제에 아주 큰 흥미를 갖고 있음을 뜻하는 것이다.

시아버지와 피에르 퀴리, 브로냐도 강의실 한쪽 구석에서 학생들과 함께 서 있었다. 여자고등사범학교에서 선생님을 응원하기 위해 온 마리의 제자들이었다.

예복을 입은 세 시험관이 긴 탁자 뒤쪽에 나란히 앉았다. 이들은 마리의 초창기 스승으로 심각한 얼굴을 하고 있는 부치 교수와 리프만 교수, 그리고 수염이 아주 긴 무아상 교수 등이었다.

그들은 교대로 수험자에게 질문을 했고 마리는 온화한 목소리로 대답했다. 가끔 분필을 들고 실험장치의 모양이나 기본적인 공식의 기호를 칠판에 쓰기도 했다. 마리는 딱딱한 전문용어와 형용사로 연구 성과를 설명했다. 그러자 그녀를 둘러싸고 있던 물리학자들, 노인과 청년, 선배와 제자들의 머릿속에 하나의 커다란 변화가 일어났다. 그녀의 차분한 설명이 차츰 뜨겁게 달아올라 금세기 최고의 위대한 발견을 방불케 했다.

과학자들은 웅변이나 긴 설명을 좋아하지 않는다. 마리에게 박사 학위를 주기 위해 이과대학에 모인 심사위원들도 매우 간단명료하게 말했다. 30년이 지난 지금에도 내용을 다시 읽어보면 오히려 그런 단순함에서 깊은 정서적인 가치를 느끼게 된다.

마리의 발표가 끝나자 의장인 리프만 교수가 정식으로 학위수여식을 끝맺었다.

"파리대학은 퀴리 부인의 우수한 성적에 대해 이학박사 칭호를 부여한다."

청중의 정중한 갈채가 멈추자 그는 대학의 노교수답게 우정 어린 목소리로 이렇게 덧붙였다.

"그리고 나는 심사위원을 대표하여 우리 모두의 기쁨을 대신 전하겠네."

이런 엄격하고 성실하면서도 검소한 시험은 천재 연구자에게도 예외 없이 적용되었다.

마리가 논문을 제출하기 얼마 전, 그리고 라듐의 공업적 처리가 아직 프랑스나 외국에서 널리 이루어지기 전에 퀴리 부부는 한 가지 결단을 내렸다. 그들은 라듐의 공업적 처리는 거의 중요하게 생각하지 않았는데, 결국 그런 결정이 그들의 남은 생애에 커다란 영향을 끼친 것이다.

피치블렌드를 정련하며 라듐을 분리시키던 중 마리는 새로운 기술과 제조법을 발견했다. 그리고 라듐은 그 치료효과를 인정받아 가는 곳마다 방사능 광석을 찾느라고 난리였다.

많은 나라에서 특히 벨기에와 미국에서 채굴계획이 세워졌다. 그러나 공장 기사들이 순수 라듐 제조의 비밀을 파악하지 못하는 '불가사의한 금속'을 생산할 수 없었다.

피에르는 어느 일요일 아침 켈레르망 거리에 있는 그들의 집에서 아내와 이런 문제를 이야기하고 있었다. 조금 전 미국에서 편지가 한 통 왔다. 피에르는 그 편지를 꼼꼼히 읽고 원래대로 잘 접어 책상 위에 올려놓았다.

"우리 라듐에 대해 얘기를 좀 해야겠소."

피에르가 차분한 목소리로 말했다.

"라듐 산업은 앞으로 크게 확산될 것이오. 틀림없소. 미국에서 사업을 시작하고 싶어 하는 기술자들이 이미 나에게 참고자료를 제공해 달라고 부탁해왔소."

"그런데요?"

마리는 별로 흥미가 없다는 듯 말했다.

"그래서 우리는 두 가지 방법 가운데 하나를 선택해야 하오. 정련방법까지 포함한 우리의 연구결과를 모두 다 알려 줄 것인지……."

마리는 동의하듯 중얼거렸다.

"네, 물론이에요."

"그렇지 않으면……."

피에르는 계속해서 말했다.

"우리는 스스로를 라듐의 '발견자', 즉 소유권자라고 생각할 수도 있소. 이런 경우에는 당신이 피치블렌드를 처리하는데 어떤 방법을 썼는지를 공표하기 전에, 그 기술에 특허를 내어 세계 어디에서 라듐이 제조되더라도 우리의 권리를 확보해 둘 수 있소."

그는 사태를 객관적으로 분명히 하기 위해 고심했다. 따라서 특허를 낸다든지 권리를 확보한다는 등, 다소 경멸하는 기색이 그의 말투에 드러난다 해도 그가 잘못했다고 말할 것까지는 없다.

마리는 잠깐 생각하고 말했다.

"그건 안 돼요. 그건 과학정신에 어긋나는 일이에요."

피에르는 주장했다.

"나도 그렇게 생각하오. 하지만 경솔하게 결정할 문제가 아니오. 우리의 생활은 이미 말할 수 없이 힘들고 어쩌면 앞으로 점점 더 어려워질지도 모르오. 게다가 아이도 있고…… 어쩌면 아이가 하나 더 생길지도 모르지. 그러면 애들이나 우리를 위해서라도 이 특허가 많은 부를 가져다 줄 거요. 그렇게 되면 쾌적한 생활을 누릴 수 있고 생계를 위해 일을 하지 않아도 될 거요."

그는 가볍게 웃으면서 좀처럼 단념하지 않고 여러 가지 미래의 가능성을 펼쳐보였다.

"게다가 훌륭한 실험실도 가질 수 있게 될 것이오."

마리는 남편을 지그시 바라보며 코앞에 놓인 물질적인 보수를 생각해 보았다. 그러나 곧 그러한 생각을 떨쳐버렸다.

"물리학자는 언제나 자신이 연구한 것을 모두 발표해야 해요. 우리의 발견에 상업성이 있다 해도 그것은 우연일 뿐이니 우리가 이용해선 안 돼요. 게다가 라듐은 병든 사람을 치료하는 데 효과가 있는걸요. ……거기에서 이익을 얻다니 과학자로서 바람직하지 않다고 생각해요."

마리는 남편을 설득할 생각이 조금도 없었다. 피에르가 가족의 장래를 염려한 나머지 특허 이야기를 꺼냈을 뿐임을 그녀도 잘 알고 있었다. 마리의 단호한 말은 피에르의 진심을 대변하기도 했다. 즉 학자로서의 바람직한 역할에 대한 굳은 신념을 나타내는 것이다.

잠깐 침묵이 흐른 뒤 피에르는 메아리처럼 마리가 한 말을 되풀이했다.

"맞소…… 그건 과학정신에 어긋나는 일이오."

그는 이내 편안한 마음으로 무슨 골치 아픈 문제라도 해결한 듯 덧붙였다.

"그럼 오늘밤 미국의 기사들에게 편지를 써서 그들이 문의한 사항을 설명해줍시다."

마리는 20년 뒤 이 일을 다음과 같이 기록했다.

내 의견에 동의한 피에르는 우리의 발견에서 물질적인 이익을 얻는 것을 단념했다. 그러므로 우리는 아무런 특허도 내지 않았고, 연구 성과는 라듐 제조방법과 함께 모두 발표했다. 또한 문의해 오는 사람들에게는 궁금해 하는 사항을 모두 알려주었다. 그렇게 한 것이 라듐 산업에 많은 도움이 되어 라듐 산업은 프랑스에서 시작하여 외국으로 자유롭게 발전할 수 있었다. 우리는 과학자나 의사에게 그들이 원하는 것을 모두 공급했고, 그들은 지금도 우리가 지시한 방법을 거의 그대로 쓰고 있다.

……'버펄로 자연과학협회'는 기념으로 미국의 라듐 산업 발전에 관한 출판물을 우리에게 보내 주었다. 거기에는 미국 기술자들이 문의한 내용에 피에르 퀴리가 답장한 편지가 사진으로 인쇄되어 실려 있었다. (1902년과 1903년)

일요일 아침에 15분 정도 짤막한 대화를 나눈 피에르와 마리는 자전거를 타고 샹티이 시(市)를 빠져나갔다. 부부는 능숙하게 자전거 페달을 밟으면서 클라마르 숲으로 달렸다.

퀴리 부부는 가난과 부(富) 중에서 일생을 좌우하는 선택을 내린 것이다. 저녁쯤, 부부는 들판에 무성하게 자란 들꽃을 한 아름 안고 집으로 돌아왔다.

노벨 물리학상

퀴리 부부의 공적에 어울리는 지위를 가장 먼저 제의한 곳이 제네바 대학이 있는 스위스였다면, 그에게 처음으로 명예를 내린 나라는 영국이었다.

프랑스에서도 몇몇 과학상을 그들에게 수여했다. 피에르는 1895년에 플랑테 상을 받았고 1901년에는 라카즈 상을 받았다. 마리는 게그네르상을 세 번이나 받았다. 그러나 1903년 6월, 이름 높은 영국의 왕립아카데미가 피에르 퀴리를 공식 초대하여 라듐에 대한 강연을 부탁했을 때만 해도 그들의 이름은 아직 그다지 알려지지 않았다. 피에르는 초대를 받고 성대한 의식에 참석하기 위해 마리와 함께 런던으로 갔다.

그곳에서는 우정과 호의에 넘친 친숙한 얼굴이 두 사람을 환영했다. 캘빈 경이었다. 위대한 원로 과학자 캘빈 경은 피에르와 마리의 성공을 자신의 일인 양 기뻐하고 그들의 연구를 마치 자신이 한 것처럼 자랑스러워했다. 그는 퀴리 부부를 자신의 연구소로 안내했다. 걸어가면서 그는 피에르의 어깨를 마치 자애로운 아버지처럼 감싸 안았다. 그리고 함께 작업하는 연구원들에게 피에르와 마리가 파리에서 가져 온 선물을 보여 주었을 때는 날아오를 듯이 기뻐했다. 그 선물은 역시 물리학자다운 것이었다. 귀중한 라듐 한 조각이 유리병 안에 들어 있었다.

강연이 있던 날 밤, 캘빈 경은 마리와 나란히 앉았다. 마리는 왕립아카데미에 참석한 최초의 여성이었다. 강당은 영국의 석학들로 가득했다. 윌리엄 크룩스, 레일리 경, 에이브버리 경, 프레드릭 브램웰 경, 올리버 로지 경 및 듀어, 레이 랭커스터, 에어튼, S.P. 톰슨, 암스트롱과 같은 교수들이 참석했다.

피에르는 특유의 침착한 프랑스어로 라듐의 특성을 설명했다. 그리고 방을 어둡게 해달라고 부탁하고 몇 가지 놀라운 실험을 해 보였다. 먼저 라듐의 마술 같은 힘으로 멀리서부터 금박검전기를 방전시켰다. 황화아연막의 인광을 방출시키고 검은 종이로 싼 사진 원판을 감광시켰다. 그 놀라운 물질에서 자발적으로 열을 발산하는 것도 증명해 보였다.

회장에 모인 사람들은 열광했고 이튿날은 온통 그 이야기로 자자했다. 런던 전역에서 퀴리 부부를 보려고 앞을 다투었다. '퀴리 교수 부부'는 각종 파티에 초대되었다.

피에르와 마리는 화려한 파티에 참석해 자신들의 명예를 위해 축배를 드는 소리를 들었다. 피에르는 P. C N.에서 강의할 때 입던 광택 있는 검은 정장을 입고 있었다. 그는 매우 점잖은 사람이지만 파티에는 왠지 관심이 없는 느낌이었다. 그는 사람들이 왜 자기에게 그렇게 친한 척하는지 도무지 이해할 수 없었다. 마리도 그 무렵 보기 드문 여성물리학자인 자신에게 쏟아지는 수많은 시선이 너무 거북했다.

마리는 수수한 색에 목까지 감싼 검소한 옷을 입고 있었다. 실험할 때 산(酸)을 다루느라 거칠어진 손에는 장갑은 물론 결혼반지도 끼고 있지 않았다. 그녀의 바로 옆에는 가슴이 드러난 옷을 입은 부인들의 목에서 아름다운 다이아몬드가 반짝이고 있었다. 마리는 그런 장신구들을 황홀하게 바라보았다. 그리고 문득 남편 역시 다이아몬드 목걸이를 멍하니 바라보고 있는 것을 발견하고 깜짝 놀랐다.

"이 세상에 그런 보석이 있다고는 꿈도 꾸지 못했어요."

그날 밤 옷을 갈아입으며 마리가 피에르에게 말했다.

"어쩜 그렇게 아름다울까요?"

피에르는 웃으며 대답했다.

"실은 식사를 하는 동안 따분해서 한 가지 놀이를 생각해 냈소. 그곳에 참석한 부인들의 목에 걸린 보석으로 실험실을 짓는다면 몇 개나 만들 수 있을지 계산해 봤더니, 연설시간이 가까워졌을 무렵 이미 수십 채는 세웠지 뭐요!"

며칠 뒤 퀴리 부부는 다시 파리의 창고로 돌아왔다. 그들은 런던에서 과학자들과 돈독한 우정을 나누었고 공동연구 계획도 세웠다. 피에르는 영국 동료인 듀어 교수와 공저로 취화라듐을 발산하는 가스에 관한 연구결과를 발표하기도 했다.

앵글로 색슨인은 칭찬할 만하다고 인정한 사람들에게는 온 성의를 다했다. 1903년 11월에는 런던 왕립아카데미가 최고상 가운데 하나인 데이비상을 내리며 부부에게 경의를 표하고 싶다며 피에르에게 편지를 보내왔다.

그때 마리는 몸 상태가 좋지 않으므로 피에르만 수상식에 참석했다. 피에르는 두 사람의 이름이 새겨진 묵직한 금메달을 가지고 영국에서 돌아왔다. 하지만 켈레르망 거리의 집에는 메달을 둘 곳이 없었다. 그는 메달을 잘 간수하지 못해 잃어버렸다가 다시 찾고는 했다. 그러다가 문득 좋은 생각이 떠오른 듯 메달을 딸 이렌에게 주어버렸다. 여섯 살 난 이렌은 무척 좋아했다.

피에르는 메달을 보러 온 친구들에게 메달을 가지고 즐겁게 놀고 있는 아이를 가리키며 말했다.

"이렌은 저 새로운 큼지막한 동전이 아주 마음에 드나봐!"

영광스러운 두 번의 짧은 여행, 금메달을 가지고 노는 어린 딸…… 그러나 이것은 웅장한 화음이 울려 퍼지는 교향곡의 서곡일 뿐이었다.

이번에는 스웨덴에서 관현악 지휘자가 신호를 보냈다.

1903년 12월 10일 '공식총회'에서 스톡홀름의 과학아카데미는 방사능 발견을 치하하며 그해 노벨 물리학상을 앙리 베크렐과 퀴리 부부에게 공동 수여한다고 공식 통보해 왔다.

그러나 퀴리 부부는 수상식에 참석하지 못했다. 피에르와 마리는 두 사람 모두 과로한 탓으로 건강이 좋지 않은 데다 연구에 쫓기고 있었으므로 추운 겨울 동안은 장기여행을 할 수가 없었던 것이다. 그들 대신 프랑스 공사가 스웨덴 왕으로부터 상장과 금메달을 받았다.

아우리빌리우스 교수가 퀴리 부부에게(1903년 11월 14일)

이미 전보로 알려드린 바와 같이 스웨덴 과학아카데미는 11월 12일 정례회에서 베크렐선에 대한 두 분의 뛰어난 공동연구에 경의를 표하며, 금년도 노벨 물리학상의 절반을 두 분께 수여하기로 결정했습니다.

12월 10일 공식총회에서—그전까지는 부디 비밀에 부쳐주시기 바랍니다—수상을 위탁받은 각종 단체의 결과가 발표되고 그때 상패와 금메달이 수여될 것입니다.

따라서 총회 수상식에 출석하시어 직접 수상하시도록 과학아카데미의 이름으로 삼가 두 분을 초대하는 바입니다.

또한 노벨 재단 규약 제9조에 의거하여 본 총회로부터 6개월 이내에 수상하신 연구에 관한 공개강연이 스톡홀름에서 개최될 예정입니다. 그러므로 위 기간 내에 스톡홀름에 오시어 총회가 끝나고 며칠 뒤에 공개강연을 해주신다면 더없이 기쁘겠습니다.

그럼, 과학아카데미가 스톡홀름에서 두 분을 맞이할 수 있기를 간절히 기원하면서 이만 줄이겠습니다.

퀴리 부부 앞

피에르 퀴리가 아우리빌리우스 교수에게(1903년 11월 19일)

상임국장님,

스톡홀름의 과학아카데미가 노벨 물리학상의 절반이라는 큰 영광을 저희 부부에게 내려주시어 진심으로 감사의 말씀을 드립니다. 과학아카데미에도 부디 저희 부부의 마음을 전해 주시기 바랍니다.

그런데 12월 10일 총회에 맞추어 저희가 스웨덴으로 가는 것은 어려울 듯합니다. 매년 이 시기에는 저희 두 사람이 해야 할 수업이 있어 자리를 비울 수가 없습니다. 만약 그 총회에 참석하더라도 아주 짧은 기간밖에 머물지 못하므로 스웨덴의 여러 연구자 분들과 자리를 함께 할 만큼의 시간적인 여유는 없으리라고 봅니다.

게다가 아내는 여름부터 병을 앓고 있는데 아직껏 건강을 회복하지 못한 상태입니다.

그래서 저는 여행과 강연시기를 조금만 뒤로 늦추었으면 합니다. 부활절 무렵이나 6월 중순이라면 스톡홀름에 갈 수 있을 것 같습니다.

그럼, 이만 줄이겠습니다.

이와 같은 공식적인 편지가 오간 지 얼마 되지 않은 시기에 뜻밖의 편지가 한 통 끼어 있다. 마리가 오빠 유제프에게 보낸 편지로 폴란드어로 쓰어 있었다. 주목할 부분은 그 편지의 날짜인데, 1903년 12월 11일 스톡홀름 공개회의 다음날이었다. 영광의 날! 마리는 승리감에 취해 있어도 전혀 이상하지 않았다. 그녀가 개척하고 이룬 성과는 대단한 것이었다. 그 엄격한 과학 분야에서 어떤 여성도 아직 이만한 명성을 떨친 적은 없었다.

마리가 유제프에게(1903년 12월 11일)

오빠!

두 사람의 편지 정말 잘 받았어. 마뉴샤—유제프의 딸—에게도 예쁜 편지 보내주어 고맙다고 전해줘. 마뉴샤가 편지를 아주 잘 썼더라. 그 편지를 받고 얼마나 기뻤는지 몰라. 나도 시간이 나는 대로 마뉴샤에게 답장을 쓸게.

11월 초에 유행성감기에 걸리는 바람에 아직도 기침이 떨어지지 않아 고생하고 있어. 그래서 랑드리외 선생님을 찾아가 폐검사를 받았는데 아무 이상 없다고 하셨어. 대신 빈혈이 좀 있대. 하지만 내가 느끼기엔 건강하고 지금은 그다지 피곤하지도 않아. 지난 가을보다 작업성과도 좋고.

피에르는 데이비상을 받으러 런던에 갔어. 나는 무리하면 안 된다고 생각해 함께 가지 않았어.

우리는 노벨상도 절반을 받았어. 상금이 얼마나 되는지 잘은 모르겠지만 7만 프랑쯤인 것 같아. 우리한테는 정말 큰돈이지. 언제 돈을 받을지는 모르지만 아마 우리가 스톡홀름으로 간 뒤일 거야. 거기서 우리는 12월 10일 이후부터 6개월 안에 강연을 할 의무가 있대.

우리는 공식 총회에는 가지 않았어. 시간을 내기가 너무 힘들었고, 또 그렇게 추운 나라에 3, 4일밖에 머무르지 못하는데 긴 여행을 단행하기에는—직행 48시간, 중간에 쉬는 시간까지 넣으면 그보다 훨씬 더 걸려—체력이 부족하거든. 오랫동안 학교 강의를 중단하기도 쉽지 않고. 그래서 아마 부활절이 아니면 스톡홀름에 강연하러 갈 수 없을 것 같은데, 그러면 돈도 그때가 돼야 받을 수 있겠지.

요즘은 편지가 산처럼 쌓이고 사진사나 신문기자의 방문이 밀어닥치고 있어. 할 수만 있다면 조용한 곳으로 숨어버리고 싶을 정도야. 미국에서도 우리의 연구결과를 연속강연 해달라고 초청해 왔어. 강연료로 얼마를 원하느냐고 하던데, 조건에 관계없이 거절할 생각이야. 많은 사람들이 우리에게 축하 파티를 열어주고 싶어 해서 그것을 피하느라고 너무 애를 먹었어. 우리가 너무 단호하게 거절하니까 그 사람들도 별 수 없다고 단념하는 분위기야.

이렌은 건강하게 잘 지내. 조그만 학교에 다니는데 집에서 꽤 먼 곳에 있어. 파리에서는 아이들을 위해 좋은 학교를 찾기가 너무 어렵지 뭐야.
모두에게 진심어린 키스를 보낼게. 부디 나를 잊지 말아줘.

"우리는 노벨상도 절반을 받았어…… 언제 돈을 받을지는 모르지만……."

스스로 부자가 될 기회를 포기한 여성이 이렇게 말한 부분은 주목할 만하
다. 빛나는 명예, 신문과 잡지 및 대중의 찬사, 수많은 공식적인 초대와 더
없이 좋은 조건으로 미국에서 들어온 수많은 제의들도 마리는 대수롭지 않
다는 듯 언급했다. 노벨상도 마리에게는 단지 7만 프랑의 상금이 중요할 뿐
이었다. 그 상은 스웨덴 과학자들이 두 사람의 연구결과를 기리며 수여하는
것이므로, 7만 프랑의 상금을 받아도 '과학정신에 위배되지' 않았다. 피에르
의 강의시간을 줄여서 그의 건강을 지킬 수 있는 유일한 기회였던 것이다!

1904년 1월 2일 부부의 얼마 안 되는 저금을 관리하는 고블랭 대로에 있
는 은행지점에서 행운의 수표를 보내왔다. 피에르는 드디어 물리화학학교의
수업을 그만둘 수 있었고 후임은 그의 제자였던 물리학자 폴 랑주뱅이 맡게
되었다. 퀴리 부부는 곧바로 자비를 들여 조수를 고용했다. 대학에서 보내주
기로 약속했지만 아무리 기다려도 나타나지 않는 조수들을 기다리는 것보다
그 편이 훨씬 간단하고 쉬웠기 때문이다. 또한 마리는 도우스키 부부의 요양
원 경영을 돕기 위해 돈 2만 오스트리아 크로네를 그들에게 빌려주었다. 그
리고 남은 돈은 프랑스 국채(國債)와 바르샤바의 시채(市債)로 골고루 분할
했다. 머지않아 그들의 재산은 마리 퀴리와 에두아르 브랑리가 공동으로 받
은 오시리스상의 상금 5만 프랑 덕분에 크게 늘어난다.

검은색 가계부에서 그 밖에도 여유가 느껴지는 지출의 흔적을 발견할 수
있다. 바로 피에르의 형과 마리의 자매들에게 보내는 송금과 대금(代金)이
었다. 그러나 그 금액은 받는 사람들이 사양하여 늘 얼마 되지 않았다. 그들
은 여기저기 과학협회에도 헌금을 했다. 그리고 폴란드 학생들과 마리의 어
릴 적 친구들, 실험실 조수들, 또 생활이 어려운 여자고등사범학교 학생에게
기부를 아끼지 않았다.

마리는 기억을 더듬어 옛날 자신에게 애정을 담아 프랑스어를 가르쳐 준
가난한 드 생토뱅 양을 떠올렸다. 그녀는 노르망디 지방 디에프에서 태어났

지만 폴란드에서 자라고 결혼하여 코즈워프스카 부인이 되었는데, 고향땅을 한 번 가보는 것이 꿈이라고 했었다. 마리는 그 부인에게 편지를 써서 프랑스로 초대했다. 그뿐만 아니라 바르샤바에서 파리, 파리에서 디에프까지의 여비도 지불해 주었다. 그 부인은 생각지도 못한 호의에 크게 기뻐하며 눈물을 흘렸다.

마리는 이런 친절을 요란하지 않게 차분하면서도 아낌없이 베풀었다. 지나치지도 않았고 일시적이지도 않았다. 그녀는 평생 자신을 필요로 하는 사람들을 도우려고 애썼다. 그리고 그런 일을 언제까지나 계속할 수 있도록 자기만의 방법으로 해나갔다.

물론 마리는 남을 위해서만이 아니라 자신에게도 돈을 썼다. 켈레르망 거리에 있는 집에 '근대식' 욕실을 만들고 빛바랜 작은 방의 벽을 다시 도배했다. 그러나 그 정도가 전부였다. 노벨상을 받았다고 해서 자신을 위해서는 모자 하나 새로 사는 일이 없었다. 마리는 피에르에게 물리화학학교를 그만두라고 강력히 권했으나 정작 자신은 세브르의 수업을 그만두지 않았다. 마리는 학생들을 사랑할 뿐 아니라, 일정한 급료를 보장해주는 일을 자기는 충분히 해나갈 수 있다고 생각했던 것이다.

영광이 두 팔을 넓게 벌려 두 과학자를 맞이한 이 순간 금전적인 지출을 상세하게 말하는 것이 이상하게 생각될지도 모르겠다. 어쩌면 그보다는 퀴리 부부의 집이나 로몽 거리의 창고로 몰려든 각국의 신문기자들과 호기심에 찬 구경꾼들에 대해 말해야 할지도 모른다. 커다란 탁자 위에 산처럼 쌓인 전보나 기사 수를 헤아리거나 카메라 앞에 선 수상자들의 모습을 이야기해야 할 것이다.

하지만 그런 얘기는 별로 하고 싶지 않다. 그런 이야기들은 부모님에게 오히려 불쾌감만을 줄 뿐이기 때문이다. 피에르와 마리는 스웨덴 과학아카데미 회원들에게 자신들이 발견한 가치를 제대로 평가받은 일이 무척 기뻤다. 무엇보다 가까운 사람들이 기뻐하는 모습을 보자 행복했고, 먹고 살기 위한 노동이라는 무거운 짐을 덜어준 7만 프랑이 고마웠다. 하지만 그 나머지— 이 '나머지'를 위해 사람은 열심히 노력하고 또 비열한 행동으로 치닫기도 하는데—오히려 퀴리 부부에게는 번거롭고 괴로운 일일 뿐이었다.

그러나 엉뚱하게도 그들에 대한 오해가 생겼다. 더구나 그런 오해가 오랫동안 이어지면서 호의를 가지고 있던 많은 대중들까지도 그들에게서 멀어져 갔다. 1903년에 퀴리 부부는 아마도 자신들의 능력을 최대한 발휘할 수 있는 시기를 맞이했다고 할 수 있다. 부부의 천재성에 경험까지 덧대어졌으며 나이대로 보아도 과학자로서는 전성기였다. 비가 새는 판잣집에서 세계를 놀라게 한 라듐을 발견해 냈으나 그들의 사명은 아직 끝나지 않았다. 그들의 머릿속에는 아직 밝혀내지 못한 수많은 가능성이 있었다. 부부는 공부를 더 하고 싶었고, 또 공부를 해야만 했다!

그러나 그들에게 부여된 영광은 피에르와 마리가 계획하고 있는 미래에는 전혀 관심이 없었다. 단지 두 사람에게 무작정 뛰어들어 온갖 방법으로 달라붙어서는 걸음을 방해하려고만 했다.

노벨상을 수상했다는 이유로 많은 사람들이, 남자와 여자, 철학자, 근로자, 교수, 부르주아, 사교인 등 모두가 그들 부부에게 관심을 보이고 나름대로 열정을 바쳤다. 그러나 그들은 많은 담보를 요구했다. 퀴리 부부가 일찍이 그들에게 건네주었던 발견이라는 지적 재산은 물론 무서운 병에 대한 구제만으로는 만족하지 않았다. 그들은 아직 태동기인 방사능을 좀더 계속해서 완전하게 발전시키는 데에는 관심이 없고 오직, 그 탄생에만 흥미를 보였다. 그래서 이 천재 부부의 욕심 없는 생활을 하나의 전설로 만들어놓고 그들의 가정 깊숙이까지 침범하려고 했다. 그들은 만족할 줄 모르는 찬사로 퀴리 부부의 생활을 마구 휘저어 놓고 퀴리 부부가 진심으로 원하던 조용한 생활을 빼앗아 갔다.

그 무렵 신문을 보면 피에르와 마리와 '사랑스러운 딸', 그리고 식당 난로 앞에서 웅크리고 있는 흰 고양이 디디의 사진과 함께 그들의 작은 집과 실험실을 과장스럽게 써내려간 기사가 실려 있다. 하지만 그 집은 퀴리 부부가 가족끼리 청빈하고 조용한 생활을 보내기 위한 은신처였다. 게다가 그 기사에는 마리에 대해서 "금발에 품위 있고 날씬한 젊은 부인", "자상한 감성과 지칠 줄 모르는 탐구심을 지닌 아름다운 어머니"라고 쓰여 있었다.

그리하여 켈레르망 거리의 집은 별안간 '현자의 집'이 되고, '두 위대한 과학자가 인적 없고 세상과 무관한 곳에서 조용하고 행복하게 은둔하는 곳'이 되었다.

창고도 다음과 같은 영광을 누렸다.

팡테옹 뒤쪽, 낡은 통속소설의 삽화에나 나올 법한 어둡고 사람이 다니지 않는 좁은 로몽 거리. 거무스름하고 여기저기 금이 간 집들 사이에 초라한 가건물이 한 채 들어서 있다. 바로 파리 시립 물리화학학교이다.

안뜰을 둘러싼 울타리는 세월의 풍파를 견디며 겨우 버티고 서 있다. 발소리가 울리는 조용한 반구형 천장 아래를 지났다. 음침하고 막다른 골목으로 들어서자 한쪽 구석, 판자와 판자 사이에 나무 한 그루가 말라서 뒤틀려 있다. 그곳에 오두막처럼 길고 낮게 유리창이 있는 건물이 있고 그 안에서 똑바로 타오르는 작은 불꽃과 다양한 모양의 유리기구가 보였다. 주변에는 슬픈 듯한 깊은 적막만이 흐른다. 도시의 소음도 그곳까지는 미치지 못했다.

나는 무작정 문을 두드리고 지나치게 간소한 한 실험실로 들어갔다. 바닥은 흙으로 되어 있어 울퉁불퉁했다. 질박한 회반죽 벽, 휘청거리는 판자 지붕, 그리고 먼지투성이의 창문에서 희미하게 빛이 들어오고 있었다.

복잡한 실험기기 위에 몸을 구부리고 있던 한 청년이 고개를 들고 말했다. "퀴리 선생님은 저쪽에 계십니다." 그러고는 곧바로 하던 작업을 계속했다. 몇 분이 지났다. 추웠다. 수도꼭지에서 물망울이 똑똑 떨어졌다. 가스버너 두세 개가 타오르고 있었다.

마침내 한 남자가 나타났다. 키가 크고 너무 말라 뼈가 앙상한 얼굴에 뻣뻣한 회색 수염을 기르고 낡아빠진 작은 베레모를 쓰고 있었다. 그가 피에르 퀴리 박사였다.

폴 아케르 〈에콜 드 파리〉지

퀴리 부부가 아무리 면회를 사절하고 문을 닫은 채 예전의 초라한 실험실에 틀어박혀 있어도 소용이 없었다. 그 실험실은 이제 역사적인 건물이 된 것이다. 그들의 작업이나 사생활도 이제 그들의 것이 아니었다. 그다지 너그럽지 않은 기자들까지도 그들의 겸손함에는 놀라며 존경을 표했다. 나중에는 그것조차 유명해져서 더없이 좋은 기사거리로 공공연하게 썼다.

……여기서 퀴리 박사의 성격 한 부분을 꼭 소개하고 싶다. 그의 욕심 없는 태도와 지극한 겸손이다. 갈색 머리에 키가 크고 어깨가 약간 굽었으며 눈빛은 극도의 아름다움을 띠고 있는 사람, 젊은 나이에 영예로운 위치에 올랐으나 조금도 그 명성에 취하지 않는 사람. 과학자이자 지도자인 그의 마음속에는 자신의 작업과 가족에 대한 애정 이외에는 단 하나의 근심뿐이다. 다름이 아니라 앞으로 힘든 과학 연구에 몸을 바치고자 하는 학생들과 젊은 과학자들이 물질적인 생활 문제로 진보하는데 어려움을 겪지 않기를 바라는 마음이다. 그는 자신이 해온 노력과 퀴리 부인과 함께 애써 일구어낸 업적은 돌아보지 않고 한결같이 이렇게 생각한다. '어쩌면 프랑스 어딘가에 주목받을 만한 연구를 하고는 있지만 아직 알려지지 않은 천재가 있을지도 모른다. 하지만 그들은 하루하루 살아가기가 빠듯해서 연구에 힘을 쏟지 못하고 결국 아무것도 이루지 못 한 채 끝나고 말지도 모른다 …….'

피에르 퀴리 박사가 열변을 토할 때의 목소리를 나는 그대로 옮길 재주가 없다. 그렇게 소박하고 선량하게 이야기하는 사람은 없을 것이다. 피에르 퀴리 박사는 우리의 찬사를 훨씬 웃도는 사람이다. 그의 훌륭한 인품은 국경을 초월하여 만인의 마음을 사로잡는다.

외젠 테보, 〈프티 레퓌블리크〉지

영광이란 얼마나 신기한 거울인가! 어떤 때는 본디의 형태대로 충실하게, 어떤 때는 유원지의 오목거울처럼 형태를 왜곡시켜 유명인을 무수히 많은 모습으로 대중 앞에 부각시키고 그들의 순간적인 몸짓도 놓치지 않고 보여준다.

퀴리 부부의 생활이 그 무렵 유행하던 카바레의 풍속희극 소재로 제공됐던 적이 있다. 한때 퀴리 부부가 라듐 일부를 잃어버렸다는 기사가 신문에 보도되었는데, 몽마르트의 어느 극장에서는 곧바로 그 기사 내용을 과장해 연극 줄거리로 만들어 단막극을 공연했다. 부부가 허름한 창고에 틀어박혀 아무도 들어오지 못하게 하고 자기들끼리만 지내다가, 어느 날 중요한 물건을 잃어버려 그것을 찾느라고 무대 구석구석을 우스운 몸짓으로 누비고 다니는 내용이었다.

이 라듐 분실 사건을 마리가 어떻게 생각했는지 다음 편지를 보면 알 수 있다.

마리가 유제프에게

얼마 전 우리에게 큰 불행이 닥쳤어. 라듐으로 정밀한 실험을 하던 도중에 비축해 두었던 많은 양의 라듐이 감쪽같이 사라졌지 뭐야. 아직도 그 행방을 모르겠어. 하는 수 없이 우리는 부활절에 시작하려 했던 라듐의 원자량에 대한 작업을 다음으로 늦출 수밖에 없게 됐어. 오빠, 우리는 둘 다 상심이 아주 커.

또 다른 편지에서도 마리는 라듐에 대한 걱정을 떨치지 못했다.

마리가 유제프에게 (1903년 12월 23일)

……운 나쁘게 잃어버린 물질을 더 많이 제조하는 일도 우리에겐 얼마든지 가능한 일이야. 다만 그러려면 광석과 돈이 필요하지. 돈은 현재 어느 정도 가지고 있지만 광석은 아직 구하지 못했어. 그런데 좋은 결과가 나올 것 같아. 지금까진 구하지 못했지만 필요한 분량을 살 수 있을 거야. 그러면 곧 제조에 돌입하면 돼. 하지만 몇 톤이나 되는 원료에서 미량의 라듐을 추출하려면 얼마나 많은 시간과 인내와 돈이 필요한지 오빠가 안다면……!

이것이 노벨상을 받은 지 13일째 되는 날, 마리의 심정이다. 그러나 13일 동안 세상도 하나의 발견을 했다. 퀴리 부부를, 이 '위대한 부부'를 주목하기 시작한 것이다. 그러나 피에르와 마리는 그 새로운 역할을 맡으려 하지 않았다.

피에르 퀴리가 조르주 귀이에게 (1904년 1월 22일)

(전략)

훨씬 전부터 자네에게 편지를 쓰고 싶었네만 그렇게 하지 못해 미안하게 생각하네. 다 요즘 내가 하고 있는 어리석은 생활 때문이니 이해하기 바라네.

내가 라듐에 푹 빠져 있는 것은 자네도 잘 알걸세. 덕분에 우리도 유명해져서 많은 이익을 얻었지. 하지만 우리는 세계 각국의 신문기자나 사진사들에게 쫓기고 있다네. 그들은 우리 딸과 하녀와 나눈 대화는 물론 집에 있는 흑백 얼룩무늬 고양이에 대한 내용까지 기사로 쓰고 있네. 그리고 별별 이상한 사람들과 그다지 인정받지 못하는 발명가들의 편지나 방문도 끊이질 않네. 한편으론 어지간히 돈에 무관심하다는 소리도 들었지. 끝내는 사인 수집가들과 속물들, 사교계 사람들, 때로는 과학을 하는 사람들까지도 로몽 거리로 우리를 보러왔네. 덕분에 실험실은 한순간도 조용한 적이 없고 매일 밤 발송해야 할 편지들이 가득하다네. 이런 상태로는 머지않아 바보가 되어 버리고 말 걸세.

어려운 생활고와 과로, 사람들의 부정적인 눈길조차 묵묵히 참아온 퀴리 부부는 태어나서 처음으로 신경과민에 걸렸고 세간의 관심이 높아질수록 그들의 증세는 더욱 심해졌다.

피에르 퀴리가 조르주 귀이에게 (1902년 3월 20일)

……자네도 알다시피 지금 우리에게는 운이 트이고 있네. 하지만 이러한 운명의 비호에는 여러 가지 시끄러운 일들이 따르는 모양이야. 우리는 요즘처럼 불안정한 상태에 있었던 적은 없었네. 며칠씩 숨 돌릴 틈도 없을 정도야. 덕분에 우리는 세상을 등지고 은둔생활을 꿈꾸고 있다네!

피에르 퀴리가 샤를 에두아르 기욤에게 (1904년 1월 15일)

……우리는 자주 논문이나 강연을 부탁받는데, 몇 년이 지나면 논문이나 강연을 부탁하러 오는 사람들이 "당신들은 몇 년째 연구를 전혀 하지 않았군요" 하고 놀랄 것이오…….

피에르 퀴리가 샤를 에두아르 기욤에게 (1904년 1월 15일)

(전략)

내 강연은 2월 18일이오. 신문 보도는 잘못된 것이오. 그 기사 덕분에

문의 엽서를 2백 통이나 받았지만 일일이 답장은 하지 않았소.

과학에다가 회식은 물론 음악 공연까지 접목시킨 플라마리옹 강연은 도무지 마음이 내키지가 않습니다. 나는 조용한 나라로 달아나 평화롭게 살기를 바라오. 그곳에서는 강연이 금지되고 기자들은 박해받을 것이오.

마리가 유제프에게(1904년 2월 14일)

……여전히 여긴 소란스러워. 사람들은 되도록 우리에게 연구할 시간을 주지 않으려고 해. 그래서 나도 좀더 용기를 내서 단호히 방문을 거절할 생각이야. 하지만 그렇게 해도 역시 방해는 끊이지 않지만. 우리의 생활은 명예와 영광 덕분에 완전히 엉망이 돼버렸어.

마리가 유제프에게(1904년 3월 19일)

오빠의 생일을 진심으로 축하해. 가족 모두의 건강과 성공을 빌게. 아울러 지금 우리를 집어삼키려고 하는 우편물의 홍수와 우리를 습격해 오는 파도에 오빠가 침몰되는 일이 없도록 기도할게.

우리는 지금까지 받은 편지를 내다버린 일을 조금 후회하고 있어. 꽤 참고가 될 만한 것들이었는데……. 그중에는 라듐에 대한 소네트와 시(詩), 다양한 발명가들의 편지, 교령술 연구자의 편지, 철학적인 편지 등도 있었어. 어제는 한 미국인이 편지를 보내서 경마용 말에 우리 이름을 붙이고 싶은데 허락해 달라지 뭐야. 그리고 사인이나 사진을 부탁하는 편지가 수백 통이나 돼. 그런 편지에는 아예 답장을 하지 않지만 읽는데도 시간을 너무 많이 빼앗기니 걱정이야.

마리가 사촌언니 헨리에타에게(1904년 봄)

어려운 살림이지만 평화로웠던 우리의 생활은 완전히 깨지고 말았어. 다시 예전의 생활로 돌아갈 수 있을지 모르겠어.

이러한 편지에 나타난 초조함과 분노는 거짓이 아니다. 물리학자 부부는 내면의 평화를 잃어버리고 말았다.

뒷날 마리는 이렇게 기록했다.

만족스럽지 않은 작업 조건에서 우리들이 지닌 힘을 넘어서는 노력으로 쌓인 피로는, 이제 명성이라는 침입자 때문에 몇 배로 늘어났다. 이제는 우리가 원하던 고독한 생활의 파괴가 고뇌의 원인이 되었으며 설상가상으로 많은 재난을 불러 모았다.

반면에, 그 고뇌와 재난에 대한 보답으로 퀴리 부부는 몇 가지 이익을 얻기도 했다. 교수직과 연구실과 공동연구자와 그토록 바라던 예산. 그러나 그러한 혜택은 언제쯤에야 찾아올 것인가? 아무리 절실하게 바라도 시기는 자꾸만 늦춰질 뿐이었다.

여기서 피에르와 마리가 느끼는 고뇌의 본질적인 원인을 살펴보자. 프랑스는 그들의 가치를 마지막에야 인정한 나라였다. 마침내 파리 대학이 피에르 퀴리를 물리학 교수로 임명했을 때는 데이비상과 노벨상을 수상한 뒤였다. 퀴리 부부는 그 사실이 자못 씁쓸했다. 외국에서 받은 상들은 그들이 매우 열악한 조건에서 훌륭하게 연구결과를 이끌어냈다는 점을 강조했다. 하지만 그 환경은 당분간 달라질 기색도 보이지 않았다.

피에르는 지난 4년간 그가 거절당한 여러 지위를 생각해 보고, 빈약하나마 연구할 수 있는 장소를 제공해 주고, 자신의 노력을 격려하고 지지해 주었던 물리화학학교에 경의를 표할 수 있음을 영광으로 여겼다. 뒷날 소르본에서 강연하면서 그는 그런 심경을 숨김없이 피력하면서 창고 풍경을 묘사했다.

저는 여기서 우리가 그 모든 연구를 파리시립물리화학학교에서 했다는 사실을 상기하고 싶습니다.

모든 과학 분야에서 생산을 생각할 때 작업하는 환경의 영향은 아주 중요하며, 얻어진 결과의 일부분은 그 환경의 영향을 받습니다. 20년이 넘도록 나는 물리화학학교에서 일했습니다. 그 학교의 초대 교장 쉬첸베르제 씨는 뛰어난 과학자였습니다. ……제가 아직 한낱 조수에 지나지 않던 시절 그분께서 제게 일자리를 주신 일을 늘 고맙게 생각하고 있습니다. 게다가 그분은 제 아내 마리도 제 곁에서 함께 일할 수 있도록 배려해 주셨습니다. 그런 배려는 그 무렵에는 생각지도 못한 획기적인 것이었습니다.

그리고 현재 교장으로 계신 로트 씨와 가리엘 씨 두 분도 제게 똑같은 호의를 지속적으로 베풀어주고 계십니다.

　물리화학학교의 교사들과 졸업생들은 과학계에 유익하고 생산적인 인재로 자리 잡았으며, 우리 연구에도 아주 큰 효과를 가져다주었습니다. 그래서 우리는 공동연구자나 협조자도 졸업생 가운데서 찾곤 합니다. 이 자리를 빌려 그들 모두에게 감사의 뜻을 전하게 되어 진심으로 행복하게 생각합니다.

　퀴리 부부가 그들에게 쏟아진 명성에 반감을 느낀 까닭은 연구에 대한 그들의 열정과 시간을 낭비하는 데 대한 공포 말고도 또 다른 이유가 있었다.

　피에르는 원래 세속적인 것과는 거리가 먼 성격이었기 때문에 갑자기 유명해지는 것은 그의 그런 성격과 충돌을 일으켰다. 그는 계급이나 등급을 나누기를 무척 싫어했다. '1등'이나 '1급' 같은 말은 어리석고 무의미하다고 생각했다. 일부 능력이 뛰어난 사람들이 원하는 훈장도 그는 학교에서 학생들에게 수여하는 메달 정도로 가볍게 보았다. 따라서 피에르는 십자군훈장을 거절했는데, 이러한 태도는 과학 분야에서도 다르지 않았다. 그는 경쟁이라는 것을 몰랐다. '발견 경쟁'에서 동료에게 추월당해도 태연하기만 했다. 그는 언제나 이렇게 말했다. "그 연구가 세상에 발표되기만 한다면 굳이 내가 발표하지 않아도 상관없다."

　이처럼 인간의 경지를 벗어난 태연함은 마리에게도 깊은 영향을 끼쳤다. 그러나 마리가 평생 동안 세상의 찬사를 피한 것은 피에르를 흉내 냈기 때문도 아니고 그의 뜻을 따르기 위해서도 아니었다. 마리가 명예를 회피한 것은 어떤 의식이 있어서라기보다는 그녀의 본능 때문이었다. 마리는 대중 앞에 서기만 하면 대책 없는 겁쟁이가 되어 무기력해지고 얼어붙어 버렸다. 눈앞이 어지럽거나 몸이 부자연스럽게 굳어지는 경우도 있었다.

　더구나 마리에게는 날마다 해야 할 일이 산더미처럼 쌓여 있었으므로 체력과 정신력을 조금이라도 낭비할 여유가 없었다. 연구, 가정, 모성, 수업이라는 무거운 짐을 가녀린 어깨에 잔뜩 짊어지고 퀴리 부인은 서커스에서 줄타기를 하는 사람처럼 어려운 길을 걸어간 것이다. 이런 상황에서 또 다른 '역할'이 주어진다면 마리는 평형을 잃고 말 것이다. 아내, 어머니, 과학자,

교사인 마리는 그 많은 역할을 해내기 위해 조금이라도 헛된 일에 신경을 쓸 겨를이 없었다.

피에르와 마리는 서로 이유는 달랐지만 이처럼 똑같이 도피적인 자세를 취했다. 함께 위업을 이룬 동업자라도 서로 다른 방식으로 영예를 받아들이는 경우는 얼마든지 있을 수 있다. 피에르는 오만한 자세로, 마리는 새침한 모습으로…… 그러나 퀴리 부부는 결코 그렇지 않았다! 두 사람의 천재성과 마찬가지로 그들의 영혼도 비슷했다. 부부는 훌륭하게 시련을 극복하고 영광스러운 생활과는 멀리 떨어진 세계에서 그들만의 정다운 삶을 살아갔다.

하지만 두 사람의 규칙은 너무 엄격하지 않은가? 솔직히 말해서 나는 그 규칙에 반하거나 예외적인 상황을 찾고 싶었다. 여성으로서 전례가 없는 당당한 성공과 과학상의 명성이 내 어머니에게 아주 잠깐이라도 행복을 가져다주었기를 진심으로 바랐기 때문이다. 이 훌륭한 모험이야기에서 주인공이 처음부터 끝까지 계속 괴롭기만 하다면 너무 불공평하지 않은가. 그래서 나는 허심탄회하게 쓴 편지에서 다소 자랑하는 말투라든가 우쭐대는 표현들을 찾기 위해 꽤 많은 시간을 투자했다.

하지만 그것은 물론 헛된 바람이었다. 마리는 '유명한 퀴리 부인'으로 승격된 뒤에도 수없이 행복을 느꼈다. 그러나 오로지 실험실에서 연구하는 동안의 침묵과 집안의 온화한 공기 속에서만 그러했다. 마리는 자신을 무대 위로 끌어올리려는 사람들을 피하기 위해, 또한 도저히 자신 없는 인기 여배우가 되지 않기 위해 자기를 내세우지 않는 평범한 여인의 모습으로 남고자 끊임없이 노력했다. 몇 년 동안 마리는 낯선 사람이 다가와서 "퀴리 부인이시죠?"라며 끈질기게 물어볼 때마다 떨리는 마음을 억누르면서 관심 없다는 투로 평온을 가장하고 대답했다. "아뇨, 잘못 보셨어요."

그녀를 칭송하고 여왕처럼 받들려고 하는 그 무렵 유력자들 앞에서도 마리는 남편 피에르와 마찬가지로 그저 놀라움과 피곤함만을 나타내며 참기 어려운 상황을 겨우겨우 넘겼다. 무엇보다도 번거로움을 참기가 어려웠다. 마리는 떠들어대기 좋아하는 사람들이, 그녀가 발견한 것이나 그녀의 천재성에 대해서 함부로 말하는 것을 무척 듣기 싫어했다.

'운명의 비호(庇護)' 앞에서 퀴리 부부가 어떻게 반응했는지를 잘 나타내는 일화가 있다.

어느 날 퀴리 부부는 루베 대통령의 초대를 받고 엘리제궁에서 열린 만찬에 참석했다. 파티 도중에 한 부인이 마리에게 다가와서 이렇게 물었다.

"괜찮다면 그리스의 왕께 소개해 드릴까요?"

마리는 정중하고 부드러운 목소리로 솔직하게 대답했다.

"죄송합니다만, 굳이 그러지 않으셔도 됩니다."

그 부인이 깜짝 놀라는 것을 보고 그제서야 마리는 상대가 루베 대통령의 영부인임을 알아차리고 당황했다. 퀴리 부인은 새빨개진 얼굴로 허둥거리며 다시 말했다.

"하지만…… 하지만 물론 저는 부인이 원하시는 대로 하겠습니다…… 좋도록 하시지요."

이렇게 해서 퀴리 부부는 다시 은둔생활을 할 수 있는 새로운 방법을 찾았다. 그들은 호기심 많은 사람들을 피하고 싶었다. 여행을 할 때도 예전보다 한층 조용한 마을로만 다녔다. 시골 여관에 묵어야 할 때는 숙박부에 가명으로 적었다.

그러나 두 사람에게 가장 효과적인 변장은 평소의 모습 그대로 있는 것이었다. 평범한 옷을 입고 인적 드문 브르타뉴의 시골길로 자전거를 몰면서 가는 호리호리한 남자와 그 곁에 있는 평범한 젊은 여자를 보고 누가 노벨상 수상자라고 생각하겠는가?

경험이 많고 눈치가 빠른 사람들도 두 사람을 알아보지 못했다. 미국의 어느 노련한 신문기자가 줄곧 이 두 물리학자 뒤를 쫓아왔다. 신문사에서 저명한 여성과학자인 퀴리 부인을 취재해 오라는 지시를 받았기 때문이다. 그 신문기자는 르풀뒤 마을까지 쫓아오긴 했지만 그들이 빌린 한 어부의 집 앞에서 부인을 놓치고 당혹해 하며 걸음을 멈추었다. 부인은 어디로 갔지? 누구한테 물어보아야 할 텐데…… 그는 맨발로 현관 돌계단에 앉아 모래가 가득 들어간 신발을 털고 있는 선량해 보이는 여자에게 물어봐야겠다고 생각했다.

여자가 고개를 들어 회색 눈동자로 불청객을 넌지시 바라보았다. 그 순간 기자는 그녀가 신문과 잡지에서 수백 수천 번이나 보았던 사진과 닮았다는 사실을 깨달았다.

'그녀다!'

기자는 순간 당황했지만 조심스레 마리 옆에 웅크리고 앉아 수첩을 꺼내 들었다.

마리도 이번에는 도저히 피할 수 없다고 생각했는지 단념하고 취재에 응했다. 그러나 상대의 질문에 아주 짧은 문구로만 대답했다.

"그렇습니다. 피에르 퀴리와 제가 라듐을 발견했습니다…… 그렇습니다. 우리는 실험중입니다……."

마리는 인터뷰를 하면서도 신발에서 모래를 떨어내고 있었다. 돌에다 두드려가며 바닥까지 깨끗이 떨어냈다. 그러고는 바위나 가시나무에 긁힌 맨발을 다시 신발에 밀어 넣었다. 신문기자에게는 절호의 기회였다. 아주 '자연스럽고 편안한' 이 모습을 사진에 담을 수 있다는 사실이야말로 행운 중의 행운이었다. 그러자 이 유능한 기자는 일반적인 질문과는 색다른 질문을 했다. 그는 마리의 소녀시절이라든가 어떤 특별한 방법으로 연구를 이루어냈는지, 그리고 학문에 임하는 여성의 심리는 무엇인지와 같은, 되도록이면 숨겨진 얘기를 듣고 싶었다.

그러나 그 순간 마리의 표정이 굳어지면서 단 한 마디 말로 대화를 중지시켜 버렸다. 그것은 퀴리 부인이 격언처럼 누누이 되풀이해왔으며, 한 권의 책보다 더 긴 이야기를 담고 있고 그녀의 성격과 신념도 잘 드러내고 있는 말이었다.

"과학에서는 오로지 물질에만 관심을 가져야 하며, 그것을 하는 인간은 아무런 관계가 없습니다!"

함께한 나날

퀴리라는 이름은 이제 세계적으로 유명한 이름이 되었다. 퀴리 부부는 경제적으로는 여유가 생겼지만 행복한 시간은 훨씬 줄어들고 말았다.

특히 마리는 온갖 열정과 기쁨을 잃어버렸다. 마리는 피에르처럼 과학에 완전히 몰두할 수가 없었다. 날마다 그녀의 감성과 재능은 잡다한 일에 소모되었다. 마리의 신경은 더 이상 저항하지 못했다.

라듐의 발견과 노벨상을 축하하는 소란에 신경이 날카로워지고 피에르의 병에 대한 걱정에서 한순간도 벗어나지 못하고 오히려 더욱 초조해질 뿐이었다.

피에르 퀴리가 조르주 귀이에게 (1905년 1월 31일)

요즘은 류머티즘도 거의 나았네만 올 여름에는 아주 심했어. 그래서 스웨덴행은 포기해야 했네. 자네도 알다시피 우리는 스웨덴 과학아카데미에 도리를 다하지 못하고 있네. 사실 나는 당분간 체력을 소모하는 일은 피하고 휴식하면서 현상유지만 하고 있는 상태라네. 마리도 마찬가질세. 그래서 지금은 옛날처럼 그렇게 연구를 많이 하지 못하고 있네.

피에르 퀴리가 조르주 귀이에게 (1905년 7월 24일)

……우리는 전과 다름없이 그저 바쁘게만 생활하고 있네. 일 년이 넘도록 전혀 작업을 못하고 있다네. 게다가 나는 내 시간이 전혀 없어. 시간이 이리저리 쪼개지는 것을 막는 방법을 아직 찾지 못한 셈이지. 하지만 시간을 갖는 건 정말 중요한 일이네. 지적인 관점에서 보면 생사가 걸린 문제거든.

요즘 내 고통은 류머티즘보다는 오히려 일종의 정신쇠약에서 오는 것 같네. 그래도 규칙적인 식사를 하고 스트로키니네를 복용하기 시작하면서부터는 좀 나아지고 있다네.

피에르 퀴리가 조르주 귀이에게(1905년 9월 19일)

……건강이 차차 좋아졌다고 했는데 실은 그렇지 않은 모양이네. 그 뒤 몇 번이나 다시 병이 재발했다네. 조금만 피곤하면 금세 병이 도진다네. 이런 상태로 실험실에서 제대로 일할 수나 있을지 정말 걱정이라네.

예전의 학생 시절로 되돌아간 듯 가벼운 마음으로 자전거를 타고 이곳저곳 돌아다닐 때처럼 유쾌하고 자유분방한 휴가 같은 것은 더 이상 누리지 못했다. 마리는 파리 근처의 슈브뢰즈 계곡에 작은 별장을 한 채 빌려 그곳에서 남편과 딸을 돌보았다.

마리가 장 페랭 부인에게(생레미레슈브뢰즈에서)

……이렌의 백일해가 좀처럼 낫지 않아 정말 고민이에요. 아직도 자주 기침을 해요. 시골에 온 지 벌써 3개월이나 됐는데 남편은 아직도 많이 지쳐 있어요. 산책조차 힘들어서 우리는 수학과 물리학의 논문을 연구하면서 시간을 보내고 있어요.

이렌은 요즘 작은 자전거를 하나 얻었는데 제법 잘 타요. 자전거를 탈 때는 남자아이의 옷을 입혀요. 타는 모습이 매우 즐거워 보인답니다.

피에르는 몸 상태가 좋지 않고 뭔가 큰 위험신호를 느끼는지 남은 시간이 얼마 되지 않는다고 생각했다. 아직 젊은 나이인데도 죽음을 예감했던 것일까? 그는 마치 눈에 보이지 않는 적과 싸우고 있는 것처럼 자꾸만 초조해했다. 아내에게 쏟는 피에르의 세세한 애정은 오히려 마리를 피곤하게 했고 그의 불안은 그녀에게 전염되었다. 연구 속도도 높여야 했다. 시간을 아껴 조금이라도 오랫동안 실험실에서 보낼 수 있도록 애썼다.

그래서 마리도 전보다 더 맹렬히 힘을 짜내야 했다. 그러나 그것은 이미 그녀의 한계를 넘어서는 일이었다.

그녀의 운명은 언제나 비정했다. 시골 축제의 흥분도 가라앉기 전에 생계를 꾸려나가기 위해 바르샤바로 돌아온 16세 폴란드 소녀였을 때부터 지난

20년 동안 마리는 줄곧 고난의 길을 걸어왔다. 젊은 시절엔 홀로 쓸쓸하게 얼어붙은 다락방에서 물리교과서를 읽었다. 그리고 마침내 사랑이 찾아왔지만 그 사랑도 과학연구와 단단히 맞물려 있었다.

과학을 사랑하는 마음과 한 남자를 사랑하는 마음을 하나의 열정 속에 녹여 넣은 채 마리는 혹독한 생활을 이어나갔다. 피에르와 마리의 애정은 똑같이 강렬했고 그들의 이상도 서로 똑같았다. 그러나 피에르는 일찍이 나태하게 보낸 시기와 격렬한 사랑에 불타던 뜨거운 청춘시절을 경험했었다. 반면, 마리는 결혼한 뒤로도 한 순간도 실험과 연구에서 멀어져 본 적이 없었다. 마리도 때로는 평범하게 살아가는 재미를 느끼고 싶었을 것이다. 마리는 아름다운 아내였고 훌륭한 어머니였지만 자신을 위해 한가롭게 쉴 수 있는 날도 꿈꾸었다.

그러나 피에르는 그러한 사실이 놀랍고 불쾌했다. 천재적인 동반자 마리를 발견하고 마음을 빼앗겼던 피에르는 이른바 '우리들의 지배적인 사상'에 자신과 마찬가지로 마리도 모든 것을 바치길 바랐던 것이다.

마리는 물론 언제나 그랬듯 남편 피에르의 말에 따랐다. 하지만 몸과 머리가 이미 매우 지쳐 있었다. 기력을 잃고 지적 무력감을 호소하면서 자신이 '바보'가 되었다고 말했다. 하지만 알고 보면 이유는 간단했다. 36세의 여성 안에서 오랫동안 억눌려온 동물적 생명력이 본연의 권리를 요구하고 나선 것이다. 마리에게는 '퀴리 부인'이라는 명함을 내려놓고 라듐에 대해서도 모두 잊고 단지 먹고 자면서 아무것도 생각하지 않을 시간이 필요했다.

하지만 현실은 그렇지 않았다. 해야 할 일이 날마다 끊이지 않았다. 1904년은 배가 만삭이 된 마리에게는 특히 힘에 부치는 해였다.

다행히 세브르 학교를 쉴 수 있게 된 것이 유일한 혜택이었다. 하지만 저녁때면 기진맥진한 몸을 이끌고 피에르의 팔에 매달려 실험실에서 집으로 돌아왔다. 돌아오는 길에 이따금 바르샤바가 생각날 때면 캐비어가 너무 먹고 싶어져서 값이 싼 것으로 조금 사오기도 했다.

출산예정일이 가까워오자 마리의 반발심이 정점에 이르렀다. 늘 건강상태를 염려하던 남편 말고는 모든 일에 염증을 느꼈다. 과학은 물론 태어날 아기조차 지긋지긋했다. 출산을 돕기 위해 폴란드에서 달려온 브로냐는 한 번도 본 적 없는 마리의 지친 모습과 인생에 패배한 듯한 태도를 보고 깜짝 놀랐다.

"왜 나는 아기를 낳으려고 하는 걸까? 산다는 것은 너무 가혹하고 재미없어. 아무 죄 없는 아이들을 그런 고통 속으로 밀어 넣어서 어쩌려고……."

마리는 끊임없이 자기에게 물었다.

분만은 아주 힘들었고 시간도 오래 걸렸다. 그리고 마침내 1904년 12월 6일 검은 머리털이 덥수룩하고 통통한 여자아이가 태어났다. 에브였다.

브로냐는 여동생을 도와주기 위해 바쁘게 움직였다. 브로냐의 온화하고 사려 깊은 마음이 마리의 우울한 기분을 달래주었다. 브로냐가 돌아갈 때 마리의 모습은 훨씬 밝고 활기차 보였다.

젖먹이의 해맑은 웃음이 젊은 엄마를 기쁘게 했다. 마리는 어린 아이들을 무척 좋아했다. 마리는 이렌이 어릴 때 그랬듯이 에브가 새로운 동작을 선보이거나 젖니가 막 나려고 할 때마다 그 내용을 회색 수첩에 적어 넣었다. 아기가 자라면서 마리의 신경상태도 점점 좋아졌다. 출산 뒤의 반강제적인 휴식 덕분에 몸이 많이 좋아진 마리는 다시 삶에 흥미를 갖게 되었다. 그녀는 잊고 있었던 즐거움을 새삼 느끼면서 실험장치 앞에 마주 앉았고 세브르에도 다시 나가게 되었다. 일시적인 권태기가 있었지만 본연의 모습으로 돌아온 것이다. 그리고 험난한 길을 향해 다시 발걸음을 옮겼다.

예전과 마찬가지로 집안일과 실험실 작업 등 모든 일이 그녀의 흥미를 불러일으켰다. 그뿐만 아니라 고국을 뒤흔드는 여러 사건에도 뜨거운 관심을 가지고 지켜보았다. 1905년 러시아에서 혁명이 일어났고, 폴란드인은 무모하게도 해방을 꿈꾸며 반(反)차르 운동에 가담했다.

마리가 유제프에게 (1905년 3월 23일)

오빠는 이 괴로운 시련이 우리 폴란드에 뭔가 혜택을 가져다 줄 거라는 희망을 품고 있구나. 브로냐 언니와 카지미에시 형부도 같은 의견이야. 부디 그 희망이 산산조각나지 않기를!

나도 그렇게 되기를 열렬히 바라고 있고 지금도 온통 그 일로 머리가 복잡해. 혁명은 무조건 지지해야 한다고 생각해. 그 자금을 카지미에시 형부에게 돈을 보냈어. 유감스럽게도 난 직접적인 활동은 아무것도 할 수가 없으니까.

⋯⋯우리 집은 별 일 없이 잘 지내. 애들도 건강하게 잘 자라고 있고. 그런데 에브가 잠을 통 자지 않아. 잠에서 깬 에브를 요람에 그대로 놓아 두면 성이 나서 큰소리로 울어 젖히거든. 그러면 난 또 모른 체 할 수 없어서 울음을 그칠 때까지 안아 주지. 에브는 이렌과는 전혀 닮지 않았어. 머리도 검고 눈은 파란색이야. 이렌은 머리 색깔이 밝고 눈은 다갈색을 띤 녹색이거든.

우리는 아직도 옛날의 그 집에 살지만 지금은 봄이라 뜰에 나와 있을 때가 많아. 오늘은 날씨도 아주 좋아. 지난겨울은 날씨가 눅눅해서 기분도 덩달아 우울했으므로 화창한 봄 날씨가 더욱 반가운 것 같아.

2월 1일부터 다시 세브르에서 강의를 하기로 했어. 오후에는 실험실에 있고 오전에는 일주일에 두 번 세브르에서 수업을 하는 것 말고는 대부분 집에 있을 거야. 집안일과 육아, 수업에 실험실 일까지 할 일이 너무 많아 어떻게 해야 할지 모를 정도야.

하늘은 맑고 피에르는 몸이 회복된 듯 보였으며 마리도 전보다 명랑해졌다. 스톡홀름을 방문하여 노벨상 수상 기념 공개강연을 하는 등 몇 번이나 연기해 온 일들을 처리할 때가 온 것이다. 부부는 나중에 우리 집안의 전설이 된 그 영광스러운 여행에 나섰다.

1905년 6월 6일, 피에르는 마리와 자신의 이름으로 스톡홀름 과학아카데미에서 강연을 했다. 이 강연에서 그는 라듐 발견으로 인한 여러 가지 결과도 언급했다.

먼저 물리학의 몇 가지 기본원리가 크게 변모했다. 화학에서는 여러 가지 방사능 현상을 뒷받침하는 에너지원에 대한 대담한 가설이 속속들이 탄생했다. 지질학과 기상학에서는 이제껏 설명하지 못한 많은 현상을 해결하는 열쇠가 되었다. 마지막으로 생리학에서는 암세포에 라듐작용이 유효하다고 보고하였다.

라듐은 과학적으로 지식의 폭을 넓혔고 선한 일에도 큰 도움이 되었다. 그렇지만 그것이 나쁜 일에도 쓰일 수 있지 않을까? 피에르는 강연을 마치면서 이렇게 말했다.

……또한 라듐이 범죄자의 손에 들어간다면 아주 위험한 물건이 될지도 모릅니다. 이 점에서 우리는, 위대한 '자연'의 신비를 아는 일이 과연 인류에게 이로운 일인가, 그 비밀을 제대로 활용할 만큼 인간은 성숙했는가, 그러한 지식이 오히려 해가 되지는 않을까 하고 자문할 수 있습니다. 노벨의 발견이 좋은 예일 것입니다. 강력한 폭약 덕분에 인간은 놀라운 토목작업을 할 수 있게 되었습니다. 하지만 그것이 모든 국민을 전쟁으로 끌어들이는 악랄한 범죄자의 손에 들어가면 무서운 파괴 수단으로 전락합니다.

그러나 저는 노벨과 마찬가지로, 인간은 새로운 발견에서 '악(惡)'보다는 '선(善)'을 이끌어내야 한다고 생각합니다.

퀴리부부는 스웨덴 학자들의 환영방식이 마음에 들었다. 부부는 그들의 환대가 지나치게 호화스럽지나 않을지 걱정했지만 의외로 유쾌했다. 사람도 많지 않았고 공직에 있는 주요인사도 거의 없었다. 피에르와 마리는 가고 싶었던 나라들을 마음대로 방문할 수 있었고 그곳 과학자들과 자유롭게 의견을 나누었다. 그들은 매우 흡족한 마음으로 귀국했다.

피에르 퀴리가 조르주 귀이에게(1905년 7월 24일)

……마리와 난 스웨덴에서 아주 흡족한 여행을 하고 돌아왔네. 일상의 온갖 잡념에서 해방되어 모처럼 좋은 휴식을 취할 수 있었네. 게다가 6월이었으므로 스톡홀름에는 사람들이 거의 없었고 덕분에 공식적인 행사도 아주 간단하게 끝났다네.

스웨덴은 호수와 강이 아주 많고 그 주변으로 땅이 조금 있는 곳이라네. 소나무와 빙하에 쓸려 내려온 토사와 붉은 목조 가옥들이 단조롭지만 안정감을 주는 아름다운 풍경이었지. 우리가 머물 때는 백야 기간이라 햇빛이 줄곧 가을 같았네.

아이들과 아버지도 건강하시고 마리와 나도 많이 좋아졌다네…….

켈레르망 거리의 집은 요새처럼 피에르와 마리를 소란스러운 사람들로부터 지켜주었다. 두 사람은 언제나처럼 단조로운 은둔생활을 즐겼다. 생활용품은 꼭 필요한 것만 썼다. 힘쓰는 일은 청소부에게 부탁하고 요리와 식사는 하녀에게 맡겼다. 하녀는 별난 주인 부부가 식탁에서도 무엇인가를 골몰히 생각하는 표정으로 앉아 있는 것을 신기한 듯 바라보곤 했다. 그리고 자기가 만든 로스트비프와 감자요리를 칭찬해주지 않을까 하는 헛된 기대를 품고 기다렸다.

어느 날 기다리다 지친 하녀는 더 이상 참지 못하고 피에르에게 지금 맛있게 먹은 비프스테이크에 대한 평가를 듣고 싶다고 단호하게 요구했다. 그러나 유감스럽게도 피에르의 대답은 오히려 그녀를 더욱 혼란스럽게 했다.

"내가 지금 비프스테이크를 먹었다고?"

과학자는 중얼거렸다. 그러고는 상황을 넘기려고 덧붙였다.

"응, 그럴지도 모르지!"

마리는 과로로 몹시 피곤할 때도 아이들을 돌보는 시간을 가졌다. 일 때문에 아이들을 유모 손에 맡기기는 했지만 이렌와 에브가 잘 자고 잘 먹는지 직접 확인하지 않으면 일이 손에 잡히지 않았다. 머리를 빗겨주고 몸을 잘 씻겨주는지, 감기에 걸리지 않았는지, 몸이 아프지는 않은지 빠짐없이 살폈다. 비록 이렌의 기억 속에서는 그다지 세심하게 신경써주는 어머니가 아니었다 할지라도!

이렌은 고집이 세고 버릇없는 아이였다. 질투가 심해 혼자서 어머니를 독점하려 했고 어린 동생에게 관심을 주는 것을 좋아하지 않았다. 마리는 겨울에 이렌이 좋아하는 향긋한 사과와 바나나를 찾아 온 파리 시내를 돌아다니기도 했다. 그리고 그것을 찾아내기 전에는 집으로 돌아갈 생각을 하지 않았다.

퀴리 부부는 밤이면 대체로 잠옷 차림으로 과학 관련 간행물을 보거나 수첩에다 연필로 복잡한 계산을 하면서 보냈다. 그러나 전시회에 가기도 했으며, 일 년에 7, 8번 정도는 음악회나 극장에서 두 시간씩 보내도 아까워하지 않았다.

20세기 초 파리에는 뛰어난 배우가 몇몇 있었다. 피에르와 마리는 이탈리아의 인기 여배우 듀제가 잠깐이나마 출연하기를 기다리며 객석에 앉아 있었다. 그 무렵 최고의 비극배우로 손꼽히던 무네 쉴리의 웅변이나 사라 베르나르의 기교도 훌륭했지만, 그보다는 줄리아 바르테나 잔 그라니에의 자연스러운 연기, 뤼시앵 기트리의 강렬한 연기에 감동받았다.

그들은 대학 교수들에게 인기 있던 전위극도 가끔 보러 갔다. '창작극장'

에서는 쉬잔 데프레가 입센의 희곡을 상연했고, 뤼니에 포가 톨스토이의 '어둠의 힘'을 무대에 올렸다. 이러한 연극을 보고 피에르와 마리는 만족해 하며 집으로 돌아오곤 했다. 그러고는 그 작품의 영향으로 며칠씩 우울해 하곤 했다.

그러면 닥터 퀴리가 핀잔 어린 웃음으로 두 사람을 맞았다. 병적으로 일그러진 정신에 대한 이야기는 신경도 쓰지 않는 이 회의주의자 노인은 부부의 풀죽은 얼굴을 푸른 눈으로 잠자코 바라보다가 꼭 이렇게 말했다.

"너희들은 단순히 즐기기 위해 나갔다 왔다는 점을 잊지 마라!"

때로는 퀴리 부부의 과학적인 호기심과 신비에 대한 흥미가 맞물려 그들을 조금 기묘한 길로 이끌기도 했다. 하루는 외자피아 팔라디노라는 유명한 영매의 교령술을 보러 가기도 했다. 물론 신자가 아니라 관람자로서 말이다. 부부는 지식의 위험한 영역을 명확하게 탐구하고 해명하고자 했다. 특히 피에르가 그 실험에 뜨거운 관심을 보이면서 착각인지 현실인지 모를 어두운 곳에서 물체가 '공중부양'하는 장면을 목격했다.

하지만 피에르처럼 냉철한 정신의 소유자에게는 그와 같은 시도가 아무 효과도 없었다. 거기에는 실험실의 실험과 같은 엄격함이나 규제가 없었다. 영매가 때때로 놀랄만한 얘기를 했으므로 두 사람에게 깊은 영향을 주기도 했다. 그러나 갑자기 그것이 속임수임을 눈치 채고 회의를 품게 된다. 결국 그들의 생각은 흐지부지되었고 몇 년 뒤 마리는 이런 현상 연구를 완전히 포기했다.

퀴리 부부는 초대도 피했고 사교계에도 모습을 나타내지 않았다. 그러나 공식 만찬회나 외국학자 환영 연회에는 아주 안 나갈 수가 없었다. 그래서 피에르는 늘 입는 두툼한 모직 상의에서 예복으로 갈아입고 마리가 이브닝드레스를 입어야 하는 경우도 가끔 있었다.

이브닝드레스는 이따금 양장점에서 수선해 가면서 몇 년째 입던 것으로, 검고 뻣뻣한 그르나딘 옷감에 주름을 잡은 레이스와 시폰으로 가장자리를 대고 하얀 고급 상티유 레이스에 대담하게도 검은 벨벳을 대어 만들었다.

멋을 부릴 줄 아는 여자라면 틀림없이 마리를 불쌍히 여겼을 것이다. 마리는 유행도 모르고 옷 입는 감각도 없었다. 하지만 그녀의 인품을 잘 나타내는 조심스럽고 신중한 분위기 덕분에 시커먼 옷을 입어도 점쟁이처럼 보이지 않고 마리 나름의 스타일을 만들어냈다.

전혀 아름답지 않은 작업복을 벗고 이처럼 옷을 제대로 갖추어 입을 때는 은빛이 도는 금발을 위로 틀어 올리고 목에는 가늘게 세공한 금목걸이를 얌전하게 걸었는데, 그 모습이 매우 아름다웠다. 날렵한 몸매와 영감이 넘치는 얼굴은 단아한 매력을 풍겼다.

넓고 창백한 이마, 강렬한 시선을 가진 마리 곁에 서 있는 다른 부인들은 아름답기는 했지만 대부분 아주 바보스럽고 속물스러워 보였다.

어느 날 밤 외출을 앞두고 피에르는 여성스럽고 기품 있는 마리의 옆모습을 유심히 바라보았다. 순간 후회와 비애의 그림자가 이 남자의 과학에 빠진 얼굴을 스쳐지나갔다.

"아깝군……"

피에르는 중얼거렸다.

"당신한테는 그 옷이 정말 잘 어울리는데!"

그러고는 가볍게 한숨을 쉬면서 덧붙였다.

"하지만 우리에겐 시간이 없소……."

아주 드문 일이기는 하지만 마리가 누군가를 집으로 초대할 때도 있었다. 그럴 때면 그녀는 성심성의껏 대접을 하고 즐거운 분위기를 만들려고 애썼다. 마리는 무프타르 거리나 알레지아 거리에서 싱싱한 야채와 과일을 쌓아 놓고 파는 짐마차 사이를 누비면서 손님에게 대접할 음식들을 사러 다녔다. 잘 익은 과일을 고르고 유제품가게에서 치즈의 품질을 꼼꼼하게 비교하며 물어본다. 그리고 꽃 파는 소녀에게서 튤립이나 라일락을 사가지고 집으로 돌아온다.

마리가 꽃을 꽂고 있는 동안에 하녀는 여느 때보다 조금 신경 써서 요리를 준비하고 근처 과자가게에서 맛있는 아이스크림을 잔뜩 사온다. 아무리 사소한 모임이라도 이렇게 확실히 준비를 했다. 마지막으로 마리가 식탁을 둘러보고 가구 배치를 약간 바꾸기만 하면 된다.

퀴리 부부도 마침내 집에 가구를 두게 된 것이다! 집안 대대로 내려오는 안락의자는 글라시에르 거리의 집에는 그다지 어울리지 않았지만, 켈레르망 거리의 집에는 잘 어울렸다. 또한 곡선이 아름다운 마호가니 긴의자는 낡은 청록색 벨벳의 광택이 은은하게 빛나는데, 하나는 어린 이렌의 침대로 쓰였다. 이 왕정복고풍 의자는 거실에 인간미와 고상한 분위기를 더해주었다.

퀴리 부부에게 초대를 받은 손님은 주로 파리에 들른 외국동료나 마리에게 여러 가지 소식을 전하러 온 폴란드인이었다. 또한 퀴리 부인은 말괄량이 이렌을 위해 가끔씩 꼬마 친구들도 초대했다. 마리가 직접 장식을 하고 도금한 색색의 초를 달아 만든 크리스마스트리는 어린 아이들의 마음에 좋은 추억으로 남았다.

하지만 촛불장식을 단 크리스마스트리보다 더 환상적인 광경이 집에서 펼쳐질 때도 있었다. 먼저 극장의 무대장치를 맡은 사람이 식당에 조명을 설치한다. 식사를 마치고 나면 그 조명이 한들한들 춤추는 무용수를 부드럽게 감싼다. 무용수는 퀴리 부부와 2, 3명의 친구들 앞에서 불꽃이 되었다가 한 송이 꽃이 되고, 새가 되는가 하면 요정이 되기도 했다.

그녀의 이름은 로이 풀러, 즉 '빛의 요정'이었다. 환상적인 춤으로 파리에서 한 시대를 풍미한 무용수로, 퀴리 부부와는 아름다운 우정을 나누었다.

폴리베르제르 극장의 인기 스타인 로이 풀러는 라듐이 빛을 낸다는 신문기사를 읽고 그 인광으로 관객의 눈을 사로잡을 획기적인 의상을 만들고 싶어했다. 그래서 로이는 퀴리 부부에게 자문을 구했다. 부부는 로이의 소박한 편지를 받고 유쾌한 마음으로 기꺼이 로이에게 '라듐으로 만든 나비 날개'에 대한 계획을 실현하려면 어떻게 해야 하는지를 알려주었다.

매일 밤 박수갈채를 받는 이 미국인 무용수에게 이번에는 퀴리 부부가 놀랄 차례였다. 로이 로이는 퀴리 부부와 친분이 있다는 사실을 남에게 자랑하지도 않았고 퀴리 부부의 박수를 받기 위해 그들을 극장으로 초대하지도 않았다. 그녀는 마리에게 편지를 썼다.

부인이 주신 답장에 보답할 방법은 하나밖에 없어요. 언젠가 두 분을 위해 제가 댁에서 춤을 출 수 있게 해 주세요.

피에르와 마리는 흔쾌히 승낙했다. 보잘것없는 옷을 입고 화장기 없는 몽골 칼미크족 처녀로 분장한 얼굴에 갓난아기 같은 푸르고 투명한 눈동자를 가진 한 낯선 소녀가, 각종 도구와 재료를 짊어진 전기기사 한 무리를 데리고 그들의 집을 찾아왔다.

퀴리 부부는 조금 불안한 마음으로 찾아온 사람들에게 주방을 맡기고 실험실로 갔다. 로이는 몇 시간 동안 고심하여 조명을 완성시킨 다음, 준비해 온 커튼과 막을 멋있게 설치하여 퀴리 부부의 집 주방을 훌륭한 무대로 만들었다.

평소에는 굳게 닫혀 있던 두 사람의 집에서 뮤직홀의 여신을 맞이한 것이다. 로이는 고상한 영혼을 지니고 있었다. 그녀는 늘 마리 퀴리에게 흔하지 않은 존경과 감탄의 마음을 바쳤다. 아무 대가를 바라지 않고 상대에게 도움을 주고 기쁘게 해주기 위해 마음을 썼다. 로이는 그 뒤에도 가끔씩 켈레르망 거리의 집으로 춤을 추러 몰래 들어오곤 했다.

조금 더 친해지자 피에르와 마리도 로이의 집을 방문했고, 그곳에서 오귀스트 로댕을 만나 친밀한 우정을 나누기도 했다. 그 뒤로 몇 년 동안 피에르와 마리, 로이 풀러와 로댕이 점토와 대리석으로 가득한 조각가 로댕의 아틀리에에서 평화롭게 담소를 나누는 모습을 곧잘 볼 수 있었다.

그 밖에도 7, 8명의 친한 사람들은 켈레르망 거리의 집을 자유롭게 드나들었다. 앙드레 드비에른, 장 페랭과 그의 부인—부인은 마리의 가장 친한 친구이다—뒷날 루테튬을 발견한 화학자 조르주 위르뱅, 제자인 물리학자 폴 랑주뱅, 에메 코통, 조르주 사냐, 인바 합금을 발견하여 노벨물리학상을 수상한 샤를 에두아르 기욤, 여자고등사범학교 학생 몇 명 등 모두 학자와 학생들뿐이었다!

화창한 일요일 오후에 그들은 정원에서 모였다. 마리는 에브의 유모차가 있는 나무 그늘 아래 앉아 바느질을 했다. 그러나 바느질을 하면서도 다른 사람들과 대화를 멈추지 않았다. 이들의 대화는 다른 여성들에게는 중국어보다도 신비하게 들렸다.

이야기가 절정에 이르면 페랭과 위르뱅, 드비에른이 열을 내면서 라듐의 알파선, 베타선, 감마선에 대해 거침없는 격론을 벌였다. 그들은 라듐 에너지의 기원을 연구하고 있었다. 하지만 이것을 설명하려면 기존에 있던 카르노의 열역학 기초개념은 물론 에너지 보존원리, 원소보존원리도 포기해야 했다. 피에르가 방사성원소변환이라는 가설을 내세우면 위르뱅은 말을 가로막으며 큰 소리로 묻는다. 그는 누구의 말도 듣지 않고 자기 의견만을 주장했다! 사냥의 연구 경과는 어떠한가? 라듐 원자량에 관한 마리의 실험은 그 뒤로 어떻게 되었는가?

라듐…… 라듐…… 라듐…… 마치 주문처럼 이 단어가 수십 번씩 입에서 입으로 전해지면 마리는 때때로 애석한 마음이 들곤 했다. 라듐은 놀라운 물질로 알려진 반면 퀴리 부부가 최초로 발견한 원소인 폴로늄은 불안정한 물질이라 그리 중요하지 않은 것으로 받아들여졌기 때문이다. 애국자인 마리는 자기 조국의 이름을 딴 '폴로늄'이 더 영광을 얻기를 바랐던 것이다.

이러한 지적이고 전문적인 대화 사이로 때로는 좀더 인간적인 이야기가 끼어들기도 했다. 닥터 퀴리가 드비에른이나 랑주뱅과 정치 이야기를 하는 것이다. 위르뱅은 마리를 놀리려고 일부러 그녀의 고지식한 옷차림을 비평하며 치장하기 싫어하면 안 된다고 충고했다. 그러면 젊은 마리는 생각지도 못한 설교를 진지하게 받아들이고는 깜짝 놀라면서도 열심히 귀담아 들었다. 장 페랭도 무한히 작은 원자, 즉 '한없이 작은 것'에서 잠시 떠나 무엇인가에 홀린 듯 아름다운 얼굴을 들고 허공을 바라보며 열렬한 바그너의 팬답게 '라인의 황금'이나 마이스터징거의 아리아를 사람들 앞에서 낭랑한 목소리로 노래했다. 정원 안쪽에서는 그의 아내 페랭 부인이 자신의 자식인 알린과 프랑시스 그리고 이렌에게 재미있는 옛날이야기를 들려주고 있었다.

페랭 집안과 퀴리 집안은 매일 얼굴을 마주치는 사이였다. 그들은 이웃집에 살았는데 덩굴장미가 드리워진 울타리가 두 집의 정원을 구분 짓고 있었다. 이렌은 자기 친구에게 서둘러 줄 것이 있으면 그 울타리에서 친구를 불렀다. 꼬마 공범자들은 울타리 너머로 초콜릿이나 장난감 등 비밀스런 것들을 주고받았다. 어른이 되어 물리 이야기를 할 수 있을 때까지 말이다.

퀴리 부부에게도 드디어 새로운 시대가 열리게 되었다. 프랑스가 그들의 존재를 인식하고 노력을 지원하기로 결정한 것이다.

피할 수 없는 첫걸음은 피에르가 과학아카데미 회원이 되는 것이었다. 그는 다시금 회원들의 집을 일일이 방문해야 하는 시련을 받게 되었다. 그러나 피에르의 지지자들은 그가 '현명한 후보자'처럼 처신하지 못할 것을 염려해 걱정스런 마음에 여러 가지 주의할 점을 알려 주었다.

E. 마스카르가 피에르 퀴리에게 (1905년 5월 25일)

······자네는 물론 최고의 물리학자라네. 어려운 경쟁자도 없으니 틀림없이 아카데미에 들어갈 수 있을 걸세.

하지만 스스로 마음을 정하는 일과 아카데미 회원들의 집을 일일이 방문하는 일은 반드시 필요한 과정일세. 만일 회원이 부재중이면 왔었다는 증거로 명함 모서리를 접어서 두고 오게나. 다음 주부터 바로 시작하게. 괴로운 일도 2주쯤이면 끝날 걸세.

E. 마스카르가 피에르 퀴리에게 (1905년 5월 29일)

······ 자네가 좋을 대로 하시게. 다만 6월 20일까지는 싫어도 아카데미 회원 방문을 마쳐야 하네. 그러려면 자동차를 한 대 빌려야 할 걸세.

원칙을 지키는 것은 아주 좋은 일이지만 때로는 세상이 요구하는 대로 양보할 줄도 알아야 하네. 게다가 자네가 아카데미 회원 칭호를 가지고 있는 편이 다른 사람에게 도움을 줄 때보다 유리하게 작용한다는 점도 생각해 보게.

1905년 7월 3일 피에르 퀴리는 아카데미에 들어갔다······ 아주 간신히! 22명의 회원이 그의 경쟁자인 제르네 씨에게 투표했던 것이다.

피에르 퀴리가 조르주 귀이에게 (1905년 7월 24일)

······나는 내가 바라지도 않고 또 아카데미에서도 나를 원하지 않았는데 지금 아카데미의 일원이 되어 있네. 방문은 한 번밖에 하지 않았고 아무도 없는 집에는 명함만 남기고 왔지. 모두 내가 다섯 표 정도밖에 얻지 못할 것이라고들 했네. 그러니 하마터면 당선되지 못할 뻔했네!

······도저히 방법이 없었네! 이 아카데미라는 데는 뭔가 책략을 쓰지 않으면 무엇 하나 쉽게 되는 법이 없네. 이미 로비가 다 되어 있는 상태에다, 지지해주던 이들은 물론 내가 방문을 좀더 자주 하지 않았다고 말하는 사람들의 반감까지 샀으니 더 불리했지. S가 전에 "어느 회원이 당신에게 투표할 거라고 생각하시오?"라고 묻기에 나는 이렇게 대답했네. "저야 모르지요. 딱히 부탁하지 않았으니까요." 그러자 이렇게 말하더군. "오, 그

래요? 당신은 부탁 같은 것은 하지 않는다는 말이군요!" 그 뒤로 내가 거만한 사람이라는 소문이 퍼졌다네.

피에르 퀴리가 조르주 귀이에게(1905년 10월 6일)

…… 월요일에 아카데미에 갔는데 내가 왜 거기에 갔는지 알 수가 없었네. 아카데미 회원들과는 전혀 친분이 없고 회의 내용도 흥미가 생기지 않더군. 그곳은 내가 있을 곳이 아니라는 사실을 절실히 깨달았네.

피에르 퀴리가 조르주 귀이에게(1905년 10월)

나는 아카데미가 내게 무슨 도움이 되는지 아직도 알 수가 없네.

피에르는 그 저명한 모임에는 도무지 마음이 끌리지 않았지만 대학이 해준 조치에는 큰 관심을 가졌다. 대학의 결정에 따라 그의 연구가 좌우되기 때문이다. 부총장 리아르 씨는 피에르를 위해 1904년에 물리학 강의를 하나 개설해 주었다. 오랫동안 희망해 왔던 정교수직이었다! 그러나 피에르는 승진을 받아들이기 전에 실험실은 어떻게 되는지부터 물었다.

"실험실? 실험실이라니? 무슨 말도 안 되는 소리를 하시오!"

그 순간 노벨상을 수상한 라듐의 아버지는 깨달았다. 만약 피에르가 소르본에서 가르치기 위해 PCN을 그만둔다면 실험도 전혀 할 수 없다. 소르본에서는 신임교수에게 실험실을 제공하지 않고, PCN에서 쓰던 방 두 개는 후임에게 넘겨주어야 한다. 그러면 그는 길바닥에서 실험을 해야 할 처지였다.

그래서 피에르는 훌륭한 문체로 윗사람들에게 정중하면서도 단호하게 편지를 보냈다. 교수 자리에 실험실과 연구비가 지원되지 않는다면 정중히 사양하겠으며, 자신은 PCN에 남아—비록 강의 시간이 많긴 하지만—마리와 함께 유용한 작업을 이어가겠다는 내용이었다.

소르본에서는 또 한 번 야단스러운 회의가 열렸다. 마침내 실험실을 마련해 주고 15만 프랑을 연구비로 지원하자는 제안이 나오고 그 안은 가까스로 채택되었다!

소르본에는 피에르에게 내 줄 연구실이 없었으나 퀴비에 거리에 실험실 2개가 마련되었다. 그리고 연 1만 2천 프랑의 연구비가 퀴리 박사에게 지급

되었으며, 설비비로 3만 4천 프랑을 지원 받았다.

세상 물정 모르는 피에르는 단순히 그 설비비로 기구를 사고 재료도 보충하려고 생각했다. 하지만 그것은 이 얼마 안 되는 금액에서 새 건물 건설비를 공제하고 남는 돈으로나 가능했다. 행정당국은 건설비까지도 설비비에 포함시켰던 것이다!

결국 정부의 지원은 사실상 처음보다 꽤 축소되었다.

피에르 퀴리가 조르주 귀이에게(1905년 1월 31일)

우리는 당분간 PCN에 있는 두 방을 그대로 쓰기로 했네. 그리고 안뜰에 별도로 새로운 실험실을 두 개 더 지었네. 이렇게 하는데 2만 프랑이 들었으나 그 비용은 기구를 구입하기 위해 지원 받은 경비에서 충당한 것이라네.

피에르 퀴리가 조르주 귀이에게(1905년 11월 7일)

내일부터 강의를 시작하는데 실험 준비가 여의치 않아 미음에 걸리네. 강의실은 소르본에 있고 실험실은 퀴비에 거리에 있으니 말일세. 게다가 그 강의실에서는 다른 강의도 많이 있어서 나는 강의 준비를 오전 중에 단 한 번밖에 하지 못한다네.

건강은 좋지도 않고 나쁘지도 않네. 하지만 금방 피로를 느껴서 작업 능력이 많이 떨어졌어. 반대로 마리는 우리 애들과 여자고등사범학교와 실험실 사이를 오가며 아주 잘 지내고 있다네. 1분도 헛되이 낭비하지 않고 나보다도 훨씬 규칙적으로 실험실 상황을 살피면서 하루의 반을 거기서 지낸다네.

인색한 프랑스 정부도 피에르 퀴리에게 국가공무원의 지위에 맞춰 꾸물꾸물대며 연구실을 지어주었다. 실험실 부지를 1제곱미터씩 뜯어내는 듯한 속도로 다니기 불편한 곳에 처음부터 부족하다는 사실을 잘 알면서도 방 두 개를 지었다.

그러자 어느 부유한 부인이 사정을 듣고 퀴리 부부에게 물질적인 지원을 제의했다. 부인은 조용한 교외에 그들을 위한 연구소를 만들어 주겠다고 했다. 희망을 되찾은 피에르 퀴리는 그 부인에게 자신들의 계획과 희망사항을 말했다.

피에르 퀴리가 모 부인에게 (1906년 2월 6일)

요청하신 이상적인 실험실 설계안을 동봉합니다. 그러나 이 안이 절대적인 것은 아닙니다. 지리적 조건이나 토지 상태, 자금사정을 참작하시어 다소 변경하셔도 무방합니다.

실험실을 교외에 짓는 문제는 누누이 말씀을 드렸습니다. 실험을 하는 장소에서 아이들과 함께 생활하는 것이 우리 부부에게는 매우 중요하기 때문입니다. 아이들도 실험실도 관리자가 한시도 눈을 뗄 수 없기 때문입니다. 특히 집과 실험실이 떨어져 있으면 아내가 집안일과 실험을 병행하는데 지장이 많습니다. 이따금 두 가지 임무가 아내의 힘에 부친다는 사실을 잘 알기 때문입니다.

파리 교외에서의 평온한 생활이 과학을 탐구하기에 아주 적당할 듯하니 실험실을 교외로 옮긴다면 그야말로 금상첨화일 겁니다. 더구나 도시에서의 생활은 아이들의 심신을 황폐하게 하고 아내도 그런 환경에서 아이들을 키우고 싶지 않다고 합니다.

저희에게 여러모로 마음을 써 주셔서 아내도 저도 진심으로 감사하고 있습니다. 그럼 이만.

그러나 이 멋진 계획은 결국 실현되지 못했다. 8년이 지난 뒤에야 겨우 마리는 자신의 집에 방사능 실험 장치를 설치할 수 있었는데, 피에르는 결국 이것을 보지 못했다. 마리는 늘 그녀의 유일한 동반자였던 피에르가 단 한 가지 소망했던 실험실을 결국 보지 못하고 간 것을 내내 가슴 아파했다.

마리는 피에르가 마지막으로 가졌던 퀴비에 거리의 두 실험실에 대해 다음과 같이 기록했다.

이 두 실험실의 허가가 마지막이었다는 것, 결국 프랑스 최고의 과학자가 이미 20세 때 그 천부적인 재능을 나타냈음에도 자유로이 쓸 수 있는 적당한 실험실 하나도 갖지 못했다는 사실을 생각하면 울분을 참을 수가 없다. 물론 그가 좀더 오래 살았다면 잘 갖추어진 연구 환경을 누렸을 것이다. 그러나 결국 47세가 되도록 그런 혜택은 누리지 못하였다. 사욕을 버리고 연구 성과를 올리는 일에만 매진하는 사람이 끊임없이 자금부족으로 꿈을 실현하지 못하는 억울한 심정을 상상할 수 있겠는가? 국가의 가장 위대한 재산은 그 나라에서 나고 자란 우수한 사람들의 천재성과 힘과 용기이다. 그것을 낭비하는 일이 얼마나 큰 손실인지 안다면 가슴 아파하지 않을 사람이 없을 것이다.

……라듐의 발견은 최악의 조건에서 이루어졌다. 그 무대가 된 '창고'는 전설적인 매력을 지니게 된 모양이다. 그러나 그런 소설 같은 환경은 결코 연구에 유익하지 않았다. 우리는 많은 힘을 소모했고 작업도 늦춰졌다. 작업환경이 좀더 좋았다면 우리는 연구결과를 낸 처음 5년을 2년으로 단축시키고 긴장도 훨씬 덜었을 것이다.

장관이 퀴리 부부에게 허락한 몇 가지 결정 가운데 부부가 진정으로 기뻐한 것은 오직 한 가지였다. 그것은 피에르가 실험주임과 조교, 종업원 등 세 명의 직원을 거느리게 된 것이다. 실험주임은 마리였다.

예전에는 실험실에 젊은 여자가 있다는 사실을 그저 묵인했을 뿐이었다. 그래서 마리가 라듐 연구에 성공했을 때도 아무런 자격이나 수당도 지급되지 않았다.

그런데 1904년 11월부터 드디어 마리는 고정적으로 연봉 2,400프랑을 받으며 정식으로 피에르의 실험실에 출입할 수 있게 되었다.

문교부 직할 교수단

이학박사 퀴리 부인을 1904년 11월 1일부터 파리대학 이학부 물리학, 퀴리 박사 담당 강좌의 실험주임으로 임명한다.

또한 퀴리 부인은 같은 자격으로 1904년 11월 1일부터 연봉 2,400프랑을 받도록 한다.

창고여, 안녕! 피에르와 마리는 낡은 창고에 있는 실험기구들을 퀴비에 거리로 운반했다. 그러나 그 창고야말로 피에르와 마리의 땀방울과 행복한 추억이 깃든 곳이었기에 부부는 팔짱을 끼고 와서 눅눅한 벽과 썩은 판자를 하염없이 바라보다 돌아가곤 했다.

부부는 곧 새로운 생활에 순응했다. 피에르는 강의준비를 하고 마리는 지금까지처럼 세브르에서 수업을 했다. 그리고 퀴비에 거리의 비좁은 실험실에서 얼굴을 마주했다. 앙드레 드 비에른과 알베르 라보르드, 어떤 미국인, 뒤안 교수, 그리고 조수와 학생들이 연구에 몰두하고 있었다. 그들은 언제나 위험한 실험장치 가까이에서 일했다.

1906년 4월 14일에 피에르는 이렇게 기록했다.

우리, 퀴리 부인과 나는 라듐에서 방출되는 에머네이션으로 방사선량을 정밀하게 측정하는 연구를 하고 있다. 아무것도 아닌 일 같지만 우리는 이 일에 이미 2, 3개월씩 매달려 있었고, 마침내 규칙적인 결과를 얻기 시작했다.

"우리, 퀴리 부인과 나는……."

피에르가 죽기 5일 전에 했던 이 말은 영원히 깨지지 않는 부부의 결합을 가장 본질적이고 가장 아름답게 표현한 말이다. 작업상의 진보, 그 실패와 성공이 남편과 부인을 점점 더 긴밀하게 결합시켰다.

그들의 천재적인 공동 작업에 깃든 사랑과 믿음과 가족적인 따뜻함을 과연 제대로 표현할 길이 있을까? 46시간 동안 피에르가 마리에게, 마리가 피에르에게 했던 말에는 위대한 사상과 사소한 발상, 질문, 주의, 조언 등이 뒤섞여 있다. 그리고 명랑한 인사나 우정이 담긴 책망도…….

서로 상대를 소중히 여기며, 질투와는 거리가 먼 대등한 관계를 유지한 두 사람 사이에는 직장동료로서의 연대감이 있었다. 그리고 아마 그것이 두 사람의 깊은 사랑을 증명하는 가장 섬세한 증거이기도 했다.

얼마 전, 그들의 조교 알베르 라보르드가 우리에게 써 보낸 편지를 여기에 싣는다.

퀴비에 거리의 실험실에서 나는 수은 기구를 설비하는 작업을 하고 있었습니다. 피에르 퀴리 선생님도 그곳에 계셨습니다. 하루는 퀴리 부인께서 오셔서 그 기구의 세부적인 구조를 알고 싶어 하셨는데 처음에는 잘 모르는 것 같았습니다. 실은 세부구조래야 매우 간단한 것이었습니다. 그런데 아무리 설명을 해도 부인은 줄곧 반박하시기만 했습니다. 그러자 피에르 선생님이 유쾌하고 상냥한 목소리로 일부러 화를 내는 것처럼 말씀하셨죠.

"어이! 어떻게 된 거요, 마리! 그렇게 간단한 것을 모르다니……."

그 목소리가 지금도 제 귀에 생생해서 그 느낌을 당신께 전해 드리고 싶군요.

그러고 며칠이 지나서, 수학공식을 몰라 고민하던 한 친구가 선생님께 조언을 구하러 왔습니다. 선생님은 그에게 퀴리 부인이 올 때까지 기다리라고 하시더군요. 적분에 대한 부인의 학식이 그를 궁지에서 구해줄 거라고 단언하셨습니다. 그리고 실제로 부인께서는 몇 분 만에 그 어려운 해답을 찾아내신 겁니다.

피에르와 마리가 단둘이 일할 때는 애정이 넘치는 자유분방함으로 얼굴과 태도가 온화해졌다. 두 사람 다 개성이 강하고 성격도 서로 달랐지만, 피에르는 비교적 조용한 몽상가요, 마리는 열정적이고 인정이 많은 편인데도 서로 충돌하는 일이 거의 없었다. 11년 동안 그들은 일반적으로 오래된 부부에게 꼭 필요하다는 '서로 양보하는 마음'을 가지려고 애써 노력할 필요조차 없었다. 아주 자연스럽게 두 사람은 거의 모든 일을 똑같이 생각했고 생활의 사소한 일에도 조화로운 행동을 보였다.

마리의 친구인 페랭 부인이 피에르가 있는 곳으로 와서 산책할 때 이렌을 데리고 가도 되는지 물으면 그는 부끄러운 듯 웃으면서 대답했다.

"글쎄요, 마리가 아직 오지 않아서…… 마리에게 물어보지 않고는 뭐라고 말씀드리기 어렵군요."

또한 평소에 그다지 말이 없는 마리가 어떤 학자들 모임에서 과학에 관해 열변을 토하다가 갑자기 말을 끊고는 얼굴을 붉히며 어쩔 줄 몰라 했다. 그러고는 무언가 조언을 바라듯 피에르를 돌아보았다. 피에르의 의견이 자신의 생각보다 훨씬 중요하다는 신념이 마음속에 깊이 자리 잡고 있었기 때문이다. 뒷날 그녀는 이렇게 기록했다.

우리의 결혼생활을 말하자면, 그는 내가 꿈에 그리던 바로 그 남자, 아니, 그 이상이었다. 그는 세상의 온갖 허영에서 동떨어져 있었지만 인색하지도 않았고, 한편으로는 완벽한 이상을 꿈꾸는 동경심을 지니고 있었다. 내 눈에 그는 아주 특별한 존재로 생각될 만큼 세상에서 보기 드문 사람이었고 더구나 아주 높은 수준에 있는 사람이었다. 피에르의 특별한 인품은 그를 알면 알수록 더욱 놀랍기만 했다.

1906년 부활절에는 맑은 하늘 덕분에 더욱 마음이 들떴다. 피에르와 마리는 생레미드슈브뢰즈에 있는 조용한 집을 빌려 평화로운 며칠을 지냈다. 그들은 그리운 전원생활을 되찾았다. 매일 저녁 부부는 딸들을 데리고 가까운 농가로 우유를 구하러 갔다. 피에르는 14개월밖에 안 된 에브가 말라붙은 수레자국을 쫓아 아장아장 걷는 모습을 웃으며 바라보았다.

일요일에는 멀리서 들려오는 교회 종소리를 들으며 부부는 포르루아얄 숲까지 자전거를 타고 산책을 나갔다가 이름다운 꽃과 들풀을 한 아름 안고 돌아왔다.

다음날, 자전거를 타고 돌아다닐 기운도 없을 만큼 완전히 녹초가 된 피에르는 목장의 풀밭 위에 길게 누웠다. 한 폭의 수채화처럼 아름답고 거룩한 태양이 골짜기에 걸쳐 있는 아침 안개를 서서히 걷어내고 있었다.

에브는 모포에 쌓인 채 자다 깨서 울고 있었고, 이렌은 허술하게 만들어진 작은 그물망을 휘두르며 나비를 쫓아다니다가 우연히 나비를 잡기라도 하면 탄성을 지르며 좋아했다.

날씨가 더웠으므로 이렌은 스웨터를 벗었다. 피에르와 마리는 나란히 누워 여자아이용 블라우스 밑에 남자아이용 반바지라는 이상한 복장을 하고 있는 이렌의 사랑스러운 모습을 흐뭇하게 바라보았다.

그날 아침, 피에르는 황홀한 봄날의 평온함과 침묵 속에서 풀밭을 뛰어다니며 즐겁게 노는 딸들과 그의 곁에 가만히 누워 있는 마리를 바라보았다. 피에르는 아내의 뺨과 아름다운 금빛 머리칼을 쓰다듬으며 속삭였다.

"마리, 당신과 함께 한 내 인생은 너무나 행복했소."

오후가 되자 그들은 에브를 번갈아 안으며 숲속을 천천히 거닐었다. 두 사람은 결혼 초에 정처 없이 도보여행을 할 때 감탄하며 바라보았던 수련이 가득 핀 연못을 찾았다. 하지만 연못은 이미 메말랐고 수련은 흔적도 없었다. 그 대신 진흙탕 주변을 빙 둘러, 뾰족한 가시가 돋친 가시금작화 나무에 노란 꽃들이 올망졸망 매달려 마치 왕관처럼 눈부시게 빛나고 있었다. 바로 옆에 난 길 근처에서 부부는 제비꽃과 바람에 나부끼고 있는 협죽도(夾竹桃) 가지들을 꺾어 들었다.

서둘러 저녁을 먹고 피에르는 돌아가는 기차에 몸을 실었다. 아내와 아이들은 생레미에 남겨두고 길동무 삼아 꽃다발만 하나 챙겼다. 피에르는 켈레르망 거리의 집에 돌아오자 꽃다발을 꽃병에 꽂아 책상 위에 올려놓았다.

마리는 하루 더 전원의 햇살을 만끽하고 수요일 저녁에 이렌와 에브를 데리고 파리로 돌아왔다. 그리고 아이들을 집에 남겨두고 실험실에 가서 피에르와 만났다. 피에르는 언제나처럼 첫 번째 방 창가에 서서 기기를 살펴보고 있었다. 그는 마리를 기다리고 있던 참이었다. 피에르는 마리를 보자 재빨리 외투를 입고 모자를 쓰면서 사랑하는 아내의 손을 잡고 물리학회 회원들이 자주 식사하는 '포와이요' 레스토랑으로 갔다.

그는 머릿속을 꽉 채우고 있던 몇 가지 문제를 감탄하며 듣는 동료들과 옆자리의 앙리 푸앵카레에게 이야기했다. 라듐의 에머네이션에 따른 분량법칙이라든가 얼마 전에 참석했던 교령술 모임에서 했던 경험, 딸들의 교육에 대한 문제였다. 그는 자식교육에 대한 독특한 지론을 가지고 있어서, 딸들을 반드시 자연과학 분야로 진출시키고 싶어 했다.

화창하던 날씨가 변했다. 어제는 바로 여름이 올 것 같았는데 오늘은 또 갑자기 추워졌다. 살을 에는 듯한 바람이 불고 빗방울이 유리문을 세차게 두드려댔다. 도로는 이미 축축하게 젖어 있었다.

퀴리네의 불행

1906년 4월 19일 목요일. 그날은 아침부터 어둡고 침울한 날씨가 이어졌다. 온종일 비가 계속 내리고 있었고 사방은 점점 어두워졌다. 하지만 늘 바쁜 퀴리 부부의 일상은 싸라기눈이 섞인 4월의 차디찬 빗줄기가 쏟아진다고 해도 평소와 다를 바가 없었다. 피에르는 아침부터 이과대학 교수회의 오찬에 참석한 다음, 고티에 빌라르 출판사에서 저서의 교정쇄를 손보고 나서 아카데미에 들를 참이었다. 마리 역시 장보기를 비롯하여 여기저기 돌아다닐 일이 있었다.

아침나절 경황이 없다보니 두 사람은 거의 얼굴을 마주하지 못했다. 피에르가 아래층에서 "여보" 하고 마리를 부르며 오늘도 실험실에 갈 거냐고 물었다. 2층에서 이렌과 에브에게 옷을 입히고 있던 마리는 그럴 시간이 없을 것 같다고 대답했다. 그러나 마리의 목소리는 시끄러운 잡음 속에 묻혀 버렸다. 현관문이 탁 하고 닫히는 소리가 났고, 문을 나선 피에르는 허둥지둥 뛰어갔다.

마리가 딸들과 닥터 퀴리와 함께 점심을 먹고 있을 때쯤 피에르는 당통 거리에 있는 과학회관에서 동료들과 정답게 이야기를 나누고 있었다. 그는 소르본이며 연구며 학문에 관한 이야기를 하는 이 평화로운 모임을 좋아했다. 실험실에서 일어나는 돌발적인 사고에 대한 이야기가 나오자 피에르는 실험하는 사람들이 노출되어 있는 각종 위험을 줄이는 법안을 제정하자는 계획에 대해 그 자리에서 지지했다.

2시 반 무렵 피에르는 웃으면서 일어나 동료들에게 인사를 하고 그날 밤에 다시 만나기로 약속한 장 페랭과 악수했다. 건물 밖으로 나오면서 피에르는 기계적으로 하늘을 올려다보고 울적한 듯 얼굴을 찌푸렸다. 그러고는 커다란 우산을 펼쳐 들고 쏟아져 내리는 빗속을 걸어서 센 강 쪽으로 걸음을 옮겼다.

고티에 빌라르 출판사는 출입문이 닫혀 있었다. 공장이 파업에 들어간 것이다. 하는 수 없이 도핀 거리로 내려가니 마부의 고함소리와 근처 강가를 지나는 전차의 삐걱거리는 소리가 여기저기서 들려왔다. 이 오래된 파리의 골목은 왜 이리도 붐비는지. 차도는 마차 두 대가 겨우 지나갈 만큼 좁았고 이미 오후라 거리로 나온 사람들도 많아 인도 역시 매우 붐볐다.

피에르는 길 가장자리나 한가운데 등 틈이 보이는 곳을 찾아 본능적으로 발걸음을 옮기며 뭔가를 골똘히 생각하고 있었다. 심각한 얼굴로 진행 중인 실험에 대해 생각했을까. 아니면 친구 위르뱅의 연구를 되짚어 보았을까. 피에르의 주머니에 있던 아카데미 비망록에는 위르뱅의 보고를 기록한 노트가 들어 있었다. 그것도 아니면 마리에 대한 일일까?

그는 조금 전부터 잔뜩 짐을 싣고 퐁네프로 천천히 달리는 합승마차 뒤를 따라 아스팔트를 밟으며 걸어가고 있었다. 거리와 강가가 만나는 네거리에는 온갖 소음이 더더욱 시끄럽게 울려 퍼지고 있었다. 콩코드 광장으로 가는 전차가 센 강을 따라 달리고 있었다. 말 두 필이 끄는 무거운 짐마차가 길을 가로막으며 다리에서부터 도핀 거리를 향해 빠른 속도로 달려오고 있었다.

피에르는 차도를 가로질러 맞은 편 인도로 건너가려고 했다. 다른 생각을 하며 걷는 사람이 곧잘 그러하듯, 그는 아무 생각 없이 시야를 가리고 있던 네모난 합승마차 뒤에서 나와 왼쪽으로 두세 걸음 걸었다. 그 순간 숨을 거칠게 몰아쉬는 말이 피에르를 덮쳤다. 조금 전 합승마차와 엇갈리며 지나친 짐마차의 말이었다. 마차와 마차 사이의 공간이 순간 아찔할 정도로 좁아졌다. 피에르는 기겁하여 본능적으로 말의 가슴걸이에 매달리려고 했다. 그러자 놀란 말이 뒷발로 일어섰다. 동시에 피에르의 구두바닥이 젖은 길 위에서 미끄러졌다. 외마디 비명이 터져 나오자 이어서 수많은 공포의 비명으로 바뀌었다. 피에르는 커다란 짐말의 발굽 밑에 쓰러져 있었다. 지나가던 사람들이 마차를 세우라고 외쳤고 마부는 온 힘을 다해 말고삐를 잡아 당겼다. 하지만 말들은 멈추지 않았다.

피에르는 땅바닥에 쓰러져 있었지만 살아 있었고 무사했다. 소리 지르지도 않고 꼼짝 않고 누운 채 그의 몸은 상처하나 없이 말의 다리 사이와 마차 앞바퀴 사이에서 빠져나왔다. 기적이 일어난 것이다! 그러나 그것도 잠시뿐이었다. 6톤이나 되는 무거운 짐마차는 관성 때문에 멈추지 못하고 몇 미터를 더 달려갔다. 그때 왼쪽 뒷바퀴에 무언가가 걸리는가 싶더니 그대로 부수고 앞으로 나가버렸다. 인간의 머리였다. 피에르의 두개골이 파열되어 빨갛고 끈적한 액체가 진흙탕 위로 이리저리 튀었다. 피에르 퀴리의 뇌수였다.

순식간에 목숨을 잃어 아직도 온기가 남아 있는 시신을 경찰들이 안아 일으켰다. 그들은 계속해서 합승마차를 불러 세우려 했으나 진흙투성이에 피투성이가 된 시체를 아무도 자기 마차에 실으려고 하지 않았다. 시간이 지나자 구경꾼들이 모여들었다. 점점 많아진 군중들은 꼼짝 않고 서 있는 짐마차를 둘러싸고 성난 목소리로 참사를 일으킨 마부 루이 마냉을 거세게 비난했다. 마침내 두 남자가 들것을 가지고 왔다. 그 위에 피에르의 시체를 눕히고 아무 소용도 없는 약국에 들른 다음 근처 경찰서로 운반했다. 그곳에서 피에르의 가방을 열고 지갑과 서류들을 살펴보았다.

피해자는 대학교수이자 유명한 과학자인 피에르 퀴리였다. 그 소문이 퍼지자 군중들의 소란은 한층 더 심해졌다. 여기저기서 주먹이 날아드는 바람에 경찰관이 마냉을 보호해야만 했다.

의사 드루에 씨는 피투성이가 된 얼굴을 솜으로 닦아내고 머리의 상처를 살펴보며 불과 20분 전까지만 해도 하나의 두개골이었던 16개의 뼛조각을 모았다. 그리고 이과대학에 전화로 사건을 알렸다. 머지않아 그랑 조귀스탱 거리에 있는 경찰서의 어두침침한 방에는 고개를 숙이고 훌쩍이고 있는 사람이 둘로 늘었다. 물리학자의 조교와 마냉이었다. 그 모습에 서장과 차장도 코끝이 찡해졌다. 특히 마냉은 울어서 얼굴이 새빨갛게 퉁퉁 부어 있었지만 여전히 눈물을 그칠 줄 몰랐다.

그 사람들 사이에서 피에르는 이마에 붕대를 감고 얼굴을 그대로 드러낸 채 아무런 미동도 없이 누워 있었다.

군수피복 꾸러미를 5미터나 쌓아올린 짐마차는 경찰서의 입구에 세워져 있었다. 빗물이 마차의 왼쪽 뒷바퀴에 마치 붉은 꽃무늬처럼 튀어 있는 피를 조금씩 씻어내고 있었다. 말들은 주인이 곁에 없어서 불안한 듯 세찬 콧김을 뿜어내면서 발굽으로 땅을 차고 있었다.

이 불행한 소식이 퀴리 가(家)로 전해졌다. 자동차와 합승마차가 길을 잃고 이리저리 헤맨 끝에 한적한 켈레르망 거리에 멈추어 섰다. 프랑스 공화국 대통령이 보낸 심부름꾼이 초인종을 눌렀다. 하지만 "퀴리 부인은 집에 안 계십니다"라는 대답을 듣자 서한을 전하지 못하고 그냥 돌아갔다. 머지않아 초인종이 또 울렸다. 이과대학의 폴 아펠 학장과 장 페랭 교수가 집안으로 들어갔다.

하녀와 함께 집을 지키고 있던 닥터 퀴리는 갑작스런 그들의 방문을 의아하게 생각했다. 두 사람을 맞이한 닥터 퀴리는 심상치 않은 그들의 표정을 보았다. 폴 아펠은 마리에게 가장 먼저 알리려고 했으므로 그녀의 시아버지 앞에서는 어색한 침묵을 지켰다. 하지만 그런 애매한 공기는 오래 가지 않았다. 이 대단한 의사 노인은 두 사람의 얼굴을 다시 한 번 바라보았다. 그리고 질문도 하지 않고 이렇게 말했다.

"내 아들이 죽었나 보군요."

사고 소식을 들은 주름투성이의 얼굴 위로 격렬한 눈물이 쏟아지며 그의 비통함이 주름 사이사이에 새겨졌다. 눈물은 슬픔과 괴로움과 분노를 담고 있었다. 강렬한 애정과 깊은 절망감에서 닥터 퀴리는 부주의로 목숨까지 잃은 아들을 끝없이 꾸짖고 비난했다.

"그 녀석은 대체 정신을 어디에 팔고 다니는 게야!"

6시. 현관문에 열쇠가 돌아가는 소리가 났다. 마리는 명랑한 모습으로 방 안에 들어섰다. 하지만 방안에 있던 피에르의 친구들이 너무나 정중한 태도를 취하자 마리는 이내 그것이 애도의 표시임을 알아챘다.

이번에도 폴 아펠이 소식을 전했다. 마리는 꼼짝도 않고 무슨 말을 하는지 못 알아듣겠다는 표정으로 서 있었다. 쓰러져 울지도 않았거니와 눈물은커녕 신음소리도 내지 않았다. 마치 톱밥으로 만든 인형처럼 생명도 감정도 없어 보였다.

길고 무거운 침묵 끝에 마침내 마리가 겨우 입술만 움직여서 낮은 소리로 물었다. 뭔가 착오가 있기를 바라면서…….

"피에르가 죽었다고요? …… 죽었다니…… 영영 가버렸다는 말인가요?"

갑작스런 참사가 한 인간을 영원히 바꿔버리는 것은 새삼스러운 일이 아니다. 하지만 그 몇 분 사이의 일이 내 어머니의 성격과 운명, 그리고 자식들의 운명에 미친 결정적인 영향은 간단하게 묵과할 수 없다.

마리 퀴리는 행복한 젊은 부인에서 위로할 길 없는 미망인으로 간단히 변해 버리지는 않았다. 변화는 그렇게 단순하지 않고 훨씬 심각했다. 마리의 가슴을 쥐어뜯는 고통과 정체를 알 수 없는 두려움은 너무나 무자비해서 탄식을 하거나 가슴속에 맺힌 말을 꺼내놓을 수조차 없을 정도였다.

'피에르가 죽었다'는 짧은 문구가 마리의 의식에 다다른 그 순간부터 그녀의 어깨에 고독과 비밀의 망토가 영원히 걸쳐졌다. 4월, 미망인이 된 순간 퀴리 부인은 가엾게도 도저히 치유할 수 없는 고독한 인간이 되었다.

피에르의 참극을 목격한 사람들은 마리와 자기들 사이에 눈에 보이지 않은 벽이 있다고 느꼈다. 그들의 슬픔과 위로의 말은 마리에게 아무런 의미가 없었다. 핏기 없이 창백해진 그녀에게는 누구의 말도 귀에 들어오지 않았다. 마리는 아무리 다급한 일에도 겨우 한 마디 대답하기도 벅차 보였다.

간단히 말하자면, 마리는 검시만 끝나면 사법처리가 일단락되는데도 한사코 거부하며 피에르의 시체를 켈레르망 거리의 집으로 돌려보내 달라고 부탁했다. 친구 페랭 부인에게 며칠 동안 이렌을 맡기고 바르샤바에는 "피에르 사고로 죽다"라는 짧은 전보를 띄웠다.

그러고 나서 비에 젖은 정원으로 나가 앉았다. 양팔은 무릎 위에 올리고 머리를 양손으로 감싼 채 눈은 허공을 바라보았다. 듣지도 않고 움직이지도 않고 말하지도 않고 마리는 오직 남편이 돌아오기만을 기다렸다.

먼저 주인을 잃은 유품이 도착했다. 만년필 한 자루와 열쇠 몇 개, 지갑과 시계. 시계는 아직도 움직이고 있었고 유리도 흠집 없이 아주 깨끗했다.

저녁 8시가 되어 이윽고 구급차가 집 앞에 멈춰 섰다. 마리는 차에 올라타 어둠 속에 있는 평온한 남편의 얼굴을 들여다보았다.

겨우 입구를 통과한 들것을 천천히 집 안으로 들였다. 자신의 스승이자 친구를 찾아 경찰서까지 갔던 앙드레 드비에른이 그의 시신을 들어 옮겼다. 시신은 1층 방에 눕혀졌고, 마리와 피에르 둘만 남았다.

남편의 얼굴과 아직 온기가 남아 있는 몸에, 그리고 아직 경직되지 않은 손에 마리는 차례로 입을 맞추었다. 하지만 머지않아 장례식을 위해 시신을 단장하는 모습을 보지 못하도록 사람들에 의해 억지로 옆방으로 끌려갔다. 무의식적으로 그녀는 사람들의 말에 따랐다. 그러다가 문득 마지막 순간을 이렇게 빼앗길 수는 없다, 피에 젖은 피에르의 옷을 벗기는 역할은 그 누구에게도 맡기지 않겠다는 생각에 이르자 방으로 돌아가 시신에 매달려 떨어지지 않았다.

다음날 자크 퀴리가 오자, 그때까지 닫혀 있던 마리의 말문이 그제야 열리고 울음이 터졌다. 두 형제와—한 사람은 살아 있고 한 사람은 이 세상에 없지만—함께 있자 마리는 그제야 맥없이 쓰러져 흐느껴 울었다. 하지만 마리는 다시 마음을 가다듬고 집안을 여기저기 살피며 에브가 언제나처럼 잘 씻었는지, 머리를 빗었는지를 물어보았다. 그리고 정원으로 내려와 페랭 씨네 집에서 나무 쌓기 놀이를 하고 있는 이렌을 불러 울타리 너머로 얘기를 했다. "아빠는 머리에 큰 상처를 입어서 조용히 쉬어야 하신단다." 마리의 말이 끝나자 아이는 아무렇지도 않다는 듯 다시 놀이를 계속했다.

몇 주가 흘렀다. 사람들 앞에서는 자신의 불행을 드러내지도 못하고 마리는 사막과 같이 휑뎅그렁한 침묵 속에서 두려움에 질려 비명을 질러댔다. 그리고 회색 수첩을 펴고 떨리는 손으로 숨도 쉴 수 없는 자신의 외로움을 종이 위에 털어놓았다. 많은 부분이 지워져 있었고 눈물로 얼룩진 페이지들 가운데 단편적인 것들밖에 발표할 수 없지만, 그 글에서 마리는 피에르를 부르며 그에게 애타게 물었다. 마리는 두 사람 사이를 갈라놓고 영원한 고통에 빠뜨린 비극을 하나하나 확인하려고 했다. 마리가 쓴 유일한 두 편의 짧은 일기에는 퀴리 부인의 생애에서 가장 비참하던 순간이 고스란히 담겨 있다.

……피에르, 나의 피에르. 상처를 입고 평온하게 잠자고 있는 불쌍한 당신, 머리에 붕대를 감고 조용히 그곳에 누워 있어요. 온화하고 밝은 얼굴로 빠져나올 수 없는 꿈에 갇혀 있어요. 먹보라고 놀려대던 당신의 입술은 핏기가 사라져서 창백하기만 해요. 당신의 수염은 반백입니다.

머리칼은 거의 보이지 않네요. 상처가 있기 때문이에요. 이마 오른쪽 윗부분으로는 튀어나온 뼈가 보이는군요. 오! 얼마나 아팠을까. 얼마나 피를 많이 흘렸을까. 당신의 옷은 피투성이였어요. 내가 양손으로 감싸고 몇 번이나 어루만졌던 당신의 애처로운 머리가 얼마나 심한 충격을 받았을까. 나는 당신의 두 눈에 입을 맞추었어요. 내가 입을 맞추기 쉽도록 언제나 감고 있던 그 눈꺼풀에. 당신은 완전히 습관이 된 동작으로 내 얼굴에 …….

……우리는 토요일 아침 당신을 관 속에 넣었어요. 당신을 옮길 때 내

가 당신의 머리를 받치고 있었어요. 우리는 차갑게 식은 당신의 얼굴에 마지막으로 입맞춤을 했습니다. 관속에는 정원에 핀 협죽도 몇 송이를 넣었고 또 당신이 '아주 똘똘하고 귀여운 여학생'이라고 부르며 소중히 아끼던 나의 어린시절 사진도 넣었어요. 그 사진은 당신과 함께 관 속에 들어갔어야 할, 겨우 두세 번밖에 만나지 않았는데도 당신이 주저 없이 삶을 같이 하자고 청혼했을 만큼 당신의 마음을 끌었던 한 여자의 사진입니다. 그 청혼이야말로 당신의 생애에서 아무런 망설임 없이 절대적인 확신을 갖고 행동했던 유일한 일이었다고 당신은 곧잘 내게 말했지요. 사랑하는 피에르, 틀림없이 당신이 옳았어요. 우리는 함께 살기 위해 태어났던 거예요. 우리의 결합은 너무나 당연한 일이었습니다.

당신의 관이 닫혀 이제 당신의 얼굴을 보지 못합니다. 나는 관에 검은 천을 덮는 잔인한 일을 도저히 허락할 수 없었어요. 그래서 당신의 관을 꽃으로 덮고 제가 그 옆에 앉았어요.

……사람들이 당신에게 인사하러 와요. 일을 거들어주는 사람들도 모두 슬픔에 젖어 있어요. 나는 그들을 바라보기만 할 뿐 말을 걸지는 않아요. 우리는 당신을 소오에 데리고 가서 당신이 크고 깊은 구덩이 속으로 내려가는 것을 보았습니다. 문득 정신을 차려보니 지긋지긋하게 많은 사람들의 행렬. 이제 그만 돌아가라고 말하는 사람이 있었지만 자크와 저는 한사코 듣지 않았어요. 우리는 끝까지 당신의 장례식을 보고 싶었어요.

관위에 흙이 뿌려지고 꽃다발이 놓이면서 모든 것이 끝났어요. 피에르는 지하에서 영원히 잠들었다. 이것으로 모든 것이 끝났어요. 모든 것이, 모든 것이…….

마리는 남편을 잃고, 세계는 위인을 잃었다. 비와 진흙탕 속에서 일어난 이 비참하고 갑작스런 죽음은 여론을 들끓게 했다. 각국의 신문이 도핀 거리에서 벌어진 예기치 못한 대사건을 비통하게 다루었다. 애도하는 편지가 켈레르망 거리의 집에 산처럼 쌓였다. 그중에는 이름 없는 많은 사람들과 함께 각국의 왕과 장관, 시인, 과학자들의 서명도 있었다. 이러한 편지나 기사, 전보에는 진심 어린 애통함이 담겨 있었다.

퀴리 씨가 사망했다는 엄청난 통지에 비통함을 견딜 수 없습니다. 장례식은 언제인지. 우리는 내일 아침 미라보 호텔에 도착함.

캘빈 경

……참혹한 소식에 우리는 날벼락을 맞은 것처럼 놀랐습니다. '과학'과 '인류'의 발전을 위한 수많은 업적과 천재적인 발견자로서 우리가 앞날을 기대했던 많은 연구들. 그 모든 것이 한순간에 사라지고 이제는 추억이 되어버리고 말았다니!

마르슬랭 베르틀로

나는 형제를 잃어버린 것 같습니다. 부군이 얼마나 제 마음 가까이 있었는지 몰랐었는데 이제야 알겠습니다.

퀴리 부인, 당신도 필시 비통함에 잠겨 있겠지요.

G. 리프만

우리는 선생님을 진심으로 존경했습니다. 제게 선생님은 부모 형제 다음으로 가장 좋아하는 분이었습니다. 그 정도로 선생님은 한낱 조교를 자상한 애정으로 감싸주셨습니다. 선생님은 연구소 직원들에게까지도 더할 나위 없이 친절하셨기 때문에 그들도 하나같이 선생님을 무척 존경했습니다. 선생님께서 갑자기 돌아가셨다는 소식을 듣고 연구원들은 눈물을 참지 못했는데 그처럼 애통해 하는 모습은 아직까지 본 적이 없었습니다.

피에르 퀴리의 조수 Ch. 시브노

이때에도 다른 때와 마찬가지로 이후 '훌륭한 미망인'으로 불린 마리는 칭찬과 함께 들이닥치는 사람들이 싫었다. 공식 의례를 피하기 위해 마리는 장례식을 앞당겨 4월 21일 토요일로 정했다. 마리는 행렬은 물론 대표단 파견과 연설도 거절하고 피에르를 되도록 간소하게 그의 어머니가 묻혀 있는 소오의 묘지에 묻어 달라고 부탁했다. 그럼에도 그 무렵 문교부장관이었던 아리스티드 브리앙은 진심 어린 동정으로 퀴리 집안 친척과 친구들 사이에 끼어, 마을에서 멀리 떨어져 있는 묘지까지 조용히 피에르의 유해를 따라갔다.

묘지에 숨어 있던 신문기자들은 모자 속에 가려진 마리의 옆얼굴을 주목했다.

　……퀴리 부인은 시아버지 팔에 기대어 남편의 관을 따라 마로니에 나무 밑 울타리가 쳐진 묘지까지 왔다. 그리고는 여전히 받아들일 수 없다는 자세로 한동안 잠자코 서 있었다. 하지만 묘지 옆에 놓인 꽃다발을 보자 재빠른 손놀림으로 꽃을 하나씩 뽑아 관 위에 뿌리기 시작했다.

　부인은 그것을 차분하게 묘지 속으로 던져 넣었다. 조문들은 전혀 염두에 없는 듯이 보였다. 조문객들도 부인의 행동에 깊은 인상을 받아 조용히 숨죽이고 지켜보았다.

　하지만 장례식 주도자가 부인에게 정신을 차리고 참석자들의 애도의 말을 들어야 한다고 알려주었다. 그러자 퀴리 부인은 들고 있던 꽃다발을 땅에 떨어뜨리고는 아무 말 없이 묘지를 떠나 다시 시아버지 곁에 가서 섰다.

〈쥬로날〉지 1906년 4월 22일

그 뒤로 며칠 동안 소르본과 피에르 퀴리가 속해 있던 프랑스 및 외국의 과학협회에서 이 석학의 죽음을 애도하는 뜻을 표했다. 과학아카데미에서는 앙리 푸앵카레가 이제는 만날 수 없는 친구 피에르의 명예를 격찬했다.

피에르 퀴리와 가까이 지낸 사람은 누구나 그와의 교제가 얼마나 유쾌하고 편안했는지, 그리고 상냥하고 성실하고 자상했던 그가 얼마나 매력적인 사람이었는지 잘 알고 있습니다.

그토록 상냥한 사람에게 완고한 영혼이 숨어 있었다는 사실을 누가 믿을까요? 그는 자기를 키워준 고상하고 우아한 원리와 사랑하도록 배운 특수한 도덕적 이상을 결코 양보하려고 하지 않았습니다. 우리가 살고 있는 이 세계에서 절대적인 성실이라는 이상은 어쩌면 너무 높았는지도 모릅니다. 그는 우리가 나약함을 이유로 감내하는 사소한 타협과는 인연이 없는 사람이었습니다. 게다가 그는 도덕적 이상 숭배와 과학 숭배를 구별하지 않았습니다. 그는 단지 순수하게 진리에 대한 사랑에서 얼마나 높은 의무 관념이 나오는가를 스스로 훌륭한 모범이 되어 우리에게 보여주었습니다. 인간이 어떤 신을 믿는지는 그리 중요하지 않습니다. 기적을 일으키는 것은 믿음이지 신이 아닙니다.

마리의 일기

⋯⋯피에르를 묻은 다음날 페랭 씨의 집에 가 있던 이렌에게 모든 얘기를 다 해주었다⋯⋯ 이렌은 무슨 얘긴지 알아듣지 못했고, 내가 떠날 때까지 한 마디도 하지 않았다. 하지만 그 뒤 울면서 우리들과 만나게 해달라고 떼를 쓴 모양이었다. 집에 돌아와서도 몹시 울어대다가 잊어버리려는 듯 다시 친구네 집으로 갔다. 자세한 얘기는 조금도 들으려고 하지 않았다. 처음에는 아버지 이야기를 꺼내는 것도 무서워했다. 사람들이 집으로 가져다 준 검은 상복을 보고 불안한 듯 눈을 동그랗게 떴다⋯⋯ 그러나 지금은 그 일도 잊어버린 것 같다.

유제프 오빠와 브로냐 언니가 왔다. 둘 다 참 친절하다. 이렌은 외삼촌과 같이 놀았고, 에브도 아무것도 모른 채 천진하게 집 안을 아장아장 걸어 다니며 놀고 웃고 모두와 얘기를 한다. 그리고 나는 피에르를 본다. 말없이 누워있는 피에르를.

⋯⋯피에르, 당신이 죽은 뒤 맞이하는 첫 일요일 아침에, 나는 처음으로 자크와 실험실에 갔어요. 얼마 전 우리가 하던 연구에 대해 한 가지 측정을 하려고 말이에요. 하지만 도저히 할 수 없었어요.

나는 최면에 걸린 사람처럼 아무 생각도 없이 거리를 걸었다. 하지만 나는 결코 스스로 목숨을 끊지는 않을 것이다. 자살하고 싶다는 생각조차 들지 않았다. 그래도 이 많은 마차들 가운데 나를 사랑하는 남편 곁으로 데려다 줄 마차가 한 대도 없을까?

닥터 퀴리와 자크, 유제프 스쿼도프스키와 브로냐는 상복을 입은 마리가 처음 보는 사람처럼 얼음장 같고 움직임도 기계처럼 뻣뻣해진 모습을 두렵고 불안한 눈으로 바라보았다. 어린 딸들을 봐도 아무런 느낌이 없는 듯했다. 마리는 남편과 함께 하기 위해 뒤를 쫓아가지는 않았지만 혼이 빠져나간 듯 다른 사람들과는 동떨어진 다른 세계에 있는 것처럼 보였다.

그래도 살아있는 사람들은 마리를 걱정하고 마리가 생각해보지도 않은 장래의 일을 걱정했다. 피에르 퀴리의 죽음은 중요한 문제를 남겼다. 피에르가 진행하던 연구와 소르본에서의 수업은 어떻게 되는가? 그리고 마리는 도대체 어떻게 되는 걸까?

마리의 친척들은 이러한 문제를 조용히 의논하며 켈레르망 거리로 줄지어 찾아오는 정부관청과 대학 대표자들의 제안에 귀를 기울였다. 장례식 다음 날 정부는 피에르 퀴리의 미망인과 자녀들에게 국가 연금을 지급하겠다고 제안했다. 자크가 그 소식을 마리에게 전하자 마리는 단호하게 거절했다. "나는 연금 따위는 필요 없습니다. 아직 충분히 젊으니 스스로 저와 딸들의 생활비 정도는 벌 수 있습니다."

느닷없이 확고해진 목소리에서 처음으로 어렴풋이나마 그녀의 씩씩함이 전해졌다.

당국과 퀴리 집안 사이에 다소 견해가 맞지 않아 몇 가지 동요가 생겼다. 대학에서는 마리를 여전히 직원으로 둘 생각이었다. 그러나 어떠한 자격으로 어느 실험실에 둔단 말인가? 이 천재적인 여성을 누구 밑에 둔단 말인가? 무엇보다 피에르 퀴리의 실험실을 이끌어갈 우수한 교수를 어디서 찾는단 말인가?

그녀의 의향을 물어도 퀴리 부인은 "지금은 생각할 정신이 없어 판단할 수 없습니다"라고 막연하게 대답했다.

자크와 브로냐, 그리고 피에르의 가장 충실한 친구인 조르주 귀이는 자기들이 마리 대신에 결정을 내려야 한다고 생각했다. 자크 퀴리와 조르주 귀이가 학장에게 자기들의 확고한 뜻을 전했다.

마리는 프랑스에서 유일하게 피에르와 자신이 계획한 연구를 계속할 수 있는 물리학자이며, 마리야말로 피에르의 뒤를 잇기에 꼭 알맞은 지도자이다. 또한 피에르를 대신할 수 있는 유일한 실험소장은 마리이므로, 전통과 관습을 무시하고서라도 퀴리 부인을 소르본 교수로 임명해야 한다는 것이었다.

마르슬랭 베르틀로와 아펠, 그리고 파리대학 부총장인 리아르 씨의 집요한 요청에 당국도 사태가 사태인 만큼 이내 관대한 태도를 표명했다. 1906년 5월 13일 이과대학 평의원회는 피에르 퀴리의 강좌를 계속 유지하고 마리에게 후임을 맡긴다는 내용을 만장일치로 결의하였다. 마리는 '강사' 자격을 얻게 되었다.

문교부 직할 교수단

파리대학 이학부 실험주임인 이학박사 피에르 퀴리 부인에게 동(同)학부 물리학의 강의를 위탁한다.

퀴리 부인은 이러한 자격에 따라 1906년 5월 1일부터 1만 프랑의 연봉을 받게 된다.

프랑스 고등교육사상 처음으로 여성에게 직급이 주어진 순간이었다.

하지만 마리는 자신이 이어나가야 할 무거운 사명을 시아버지가 꼼꼼히 이야기해주어도 멍하니 듣고만 있었다. 그리고 단 한마디로 "해 보겠습니다"라고만 대답했다.

그때 일찍이 피에르가 했던 말이 문득 뇌리에 떠올랐다. 그 말이 마음의 버팀목이 되는 유언이나 사명처럼 울리며 앞으로 나아갈 마리의 길을 분명히 제시해 주었다.

"무슨 일이 일어나든, 설령 영혼이 빠져나가 우리의 몸이 빈껍데기가 된다 하더라도 연구는 계속해야 하오."

마리의 일기

사랑하는 피에르, 사람들이 나에게 당신의 뒤를 이으라는군요. 당신의 강의와 당신의 실험실 소장 자리를. 나는 승낙했어요. 잘한 일인지 잘 못한 일인지는 아직 잘 모르겠지만. 당신은 내가 소르본에서 강의를 하면 좋겠다고 자주 말했었죠. 나도 최소한 연구만큼은 계속해나가도록 노력할 생각이에요. 그렇게 하는 편이 나로서도 제일 살아가기 쉬울 것 같긴 한데 때로는 미친 짓 같다는 생각도 드는군요.

1906년 5월 7일

나의 피에르, 나는 언제까지나 당신 생각만 하고 있어요. 그 때문에 머리가 터져버릴 것 같고 이성마저 흔들리고 있어요. 더는 당신을 볼 수 없고 영원한 사랑을 약속하던 그 상냥한 미소도 곁에 없건만, 그래도 계속 살아가야 한다는 사실이 너무나 힘들어요.

이틀 전부터 나뭇가지에 새싹이 돋기 시작해 정원이 무척 아름다워졌어요. 오늘 아침에는 정원에서 노는 이들의 모습에 정신이 팔려 한참을 바라보았어요. 그리고 당신도 같이 있었다면 얼마나 좋아했을까 하고 생각했어요. 당신이 있었다면 "여보, 협죽도와 수선화 꽃이 피었소" 하면서 나를 불렀을 텐데. 어제는 묘지에 갔는데 비석에 새겨진 '피에르 퀴리'라는 글자가 참 낯설게 느껴졌어요. 교외의 아름다운 풍경을 보면 오히려 더 괴롭기만 해요. 그래서 베일을 끌어내려 그것을 통해서만 모든 것을 보기로 했어요.

5월 11일

사랑하는 피에르, 어젯밤엔 그럭저럭 편안하게 푹 자고 일어났어요. 하지만 그러고 나서 채 15분도 지나지 않아 난 다시 야수처럼 울부짖고 싶어졌어요.

5월 14일

사랑하는 피에르, 금작화가 피었어요. 등나무와 산사나무, 창포 꽃도 피기 시작해서 얼마나 아름다운지 몰라요. 틀림없이 당신도 함께 기뻐해주었겠죠.

당신께 전할 소식이 한 가지 더 있어요. 당신이 하던 강의의 후임은 내가 맡기로 했어요. 그런데 그걸로 내게 축하한다고 말하는 바보 같은 사람들이 그렇게 많다니.

내겐 태양도 꽃도 이젠 아무런 의미가 없어요. 보고만 있어도 마음이 아파오거든요. 당신이 죽은 날처럼 어둠침침한 날이 오히려 견딜 만해요. 그래도 좋은 날씨를 증오하지 않는 건 오로지 우리 아이들에게 그게 필요하기 때문이에요.

5월 22일

요즘엔 온종일 실험실에서 일해요. 내가 할 수 있는 일은 그것뿐이에요. 그리고 다른 어느 곳보다 이곳에 있으면 마음이 차분해져요. 이제 과학 연구 말고는 그 어떤 일도 즐겁지 않아요. 하지만 가끔은 그런 연구조차 즐겁지 않을 때가 있어요. 비록 성공한다 해도 당신에겐 알리지 못한다고 생각하면 견딜 자신이 없어요.

6월 10일
모든 것이 우울하다. 생활이 근심스러우니 사랑하는 피에르를 조용히 떠올릴 겨를조차 없다.

먼저 자크 퀴리와 조셉 스퀴도프스키가 파리를 떠났다. 머지않아 브로냐도 남편이 기다리고 있는 자코파네의 요양원으로 돌아가야 한다.

자매가 함께 지낼 날도 얼마 남지 않은 어느 날 밤, 마리는 브로냐를 자기 침실로 데리고 갔다. 푹푹 찌는 초여름인데도 방에는 난롯불이 기세 좋게 타오르고 있었다. 마리는 방문을 잠갔다. 놀란 브로냐는 이 미망인의 얼굴을 물끄러미 쳐다보았다. 마리의 얼굴은 여느 때보다도 훨씬 창백하고 핏기가 없었다.

한 마디 말도 없이 마리는 벽장에서 두툼하고 뻣뻣한 방수지로 싼 커다란 꾸러미를 꺼냈다. 그러고는 불 앞에 앉아 언니에게 가까이 다가와 앉으라는 손짓을 했다. 난로 위에는 큼직한 가위가 하나 놓여 있었다.

"브로냐 언니."

마리는 중얼거리듯이 말했다.

"언니가 좀 도와줘."

마리는 천천히 끈을 풀고 종이를 벗겼다. 불빛에 비친 마리의 떨리는 손이 금색으로 물들었다. 꾸러미는 하얀 천으로 단단히 싸여 있었다. 마리는 잠시 망설이다가 하얀 천을 벗겨냈다. 브로냐는 소스라치게 놀라 비명을 지를 뻔했지만 겨우 참았다. 꾸러미는 말라붙은 진흙과 끔찍하게도 거뭇한 피로 얼룩진 옷이며 셔츠 뭉치였다. 그 동안 마리는 도핀 거리에서 짐마차에 치었을 때 피에르가 입고 있던 옷가지를 계속 보관하고 있었던 것이다.

마리는 가위를 들고 옷을 조각조각 자르기 시작했다. 그리고 그 조각들을 하나씩하나씩 난로 속에 던져 넣으며 그것들이 오그라들고 연기를 내며 마침내 다 타서 없어지는 것을 바라보았다. 그러다가 갑자기 하던 일을 멈추었다. 울지 않으려고 이를 악물었지만 눈물이 하염없이 흘러 내려 앞이 보이지 않았다. 반쯤 딱 달라붙어 있는 천의 주름진 부분에서 끈적끈적하고 축축한 물질이 나타났다. 마지막 남은 피에르의 골수였다. 2, 3주 전까지만 해도 그 속에서 수많은 고귀한 사상과 천재적이고 독창적인 발상이 탄생했었거늘.

마리는 썩은 잔해를 물끄러미 바라보다가 만져보고, 정신없이 입을 맞추었다. 보다 못한 브로냐가 웃으며 칼을 마리에게서 빼앗아 조각을 갈기갈기 찢어 불 속에 넣기 시작했다.

두 사람은 아무 말도 하지 않고 힘든 일을 끝냈다. 포장지와 하얀 천, 그리고 두 자매가 손을 닦은 수건까지도 차례차례 불길 속으로 사라졌다.

"알지도 못하는 사람들이 그것에 손을 댔더라면 참을 수 없었을 거야."

마리가 겨우 목소리를 짜내며 말했다.

그러고는 브로냐에게 몸을 기댔다.

"아아, 언니. 이제부터 나는 어떻게 살아가야 하지? 그렇게 해야 한다는 생각은 들지만, 그래도 어쩌면 좋지? 난 어떡하면 좋아."

마리는 울부짖고 흐느껴 울다가 소리를 지르며 언니에게 매달렸다. 브로냐는 마리를 부축하고 달래다가 결국 그녀의 옷을 갈아입히고 겨우 잠자리에 눕혔다.

다음날 아침 마리는 다시 자동인형으로 돌아와 있었다. 4월 19일 이후로 마리 대신 움직이고 있는 얼어붙은 인형으로. 브로냐가 폴란드로 돌아가는 기차에 올라타기 직전에 끌어안은 것도 그 인형일 뿐이었다. 검은 베일을 쓰고 미동도 없이 플랫폼에 서 있는 마리의 모습이 오래도록 브로냐의 뇌리에서 사라지지 않았다.

친척들이 다들 가버리자 나름대로 '평범한 일상'이 돌아왔다. 그러나 그 생활에는 피에르의 추억이 너무도 깊이 스며있었다. 밤에 현관 초인종이 울리면 마리는 순간적으로 그 대참사가 한 순간의 악몽일 뿐이며 피에르가 지금 막 집에 돌아왔다는 바보 같은 생각을 하곤 했다. 한편 마리는 나이가 많건 적건 주위의 모든 사람들에게서 자신에게 거는 기대를 읽었다. 그들은 모두 마리가 앞으로의 생활을 설계해 나가기를 바랐다. 깊은 슬픔에 잠긴 38세의 상처 입은 부인은 이제 한 집안의 가장인 것이다.

마리는 각오를 단단히 했다. 그해 여름에는 내내 파리의 실험실에 머물면서 11월에 시작할 소르본 강의를 준비했다. 그 강의는 피에르의 뒤를 잇기에 모자람이 없는 훌륭한 강의여야만 했다. 마리는 피에르의 수첩과 책 등을 모아 그 석학이 남긴 기록을 살펴보았다. 이제 학문에 몰두할 시대가 다시 돌아온 것이다.

이 암울한 여름휴가 동안에 마리의 딸들은 시골에서 뛰어 놀았다. 에브는 생레미드슈브뢰즈에서 할아버지와 함께, 이렌은 마리의 둘째 언니 헬라 샬라이와 해안에서 지냈다. 헬라는 마리를 돕기 위해 그 해 여름을 프랑스에서 보내고 있었다.

가을이 되자 마리는 켈레르망 거리에서 계속 살 자신이 없어 새로운 거주지를 찾기 시작했다. 그녀는 소오에 정착하고 싶었다. 소오는 처음 만났을 무렵 피에르가 살던 곳이며, 지금은 그가 평안히 잠들어 있는 곳이기도 하다.

이사하겠다고 이야기하자, 시아버지인 닥터 퀴리는 아마도 평생 처음으로 머뭇거리며 마리에게 말했다.

"이제 피에르도 없고 하니 애야, 너도 이제 이 늙은이와 함께 살지 않아도 된단다. 나는 큰아들네로 가서 살든 혼자 살든 상관없단다. 네가 편한 대로 하려무나."

"아니에요, 아버님. 아버님께서 결정하세요."

마리가 재빨리 말했다.

"아버님과 헤어지는 건 괴롭지만 아버님 좋으실 대로 하세요."

고통이 마리의 목소리를 휘저어 놓았다. 마리는 피에르의 아버지, 줄곧 함께 살아온 이 성실한 친구마저도 잃게 되는 걸까? 닥터 퀴리로서는 폴란드에서 온 외국인 며느리와 함께 지내기보다는 큰아들인 자크와 사는 것이 당연한 일이리라. 그런데 곧바로 그녀가 원하는 대답이 흘러나왔다.

"애야, 나는 언제까지나 너와 함께 지내고 싶구나."

그러고는 "네가 그렇게 하는 편이 좋다고 하니까"라고 한 마디 덧붙였지만, 그 말에는 분명히 그의 깊은 애정이 배어 있었다. 말을 마치고 그는 서둘러 정원으로 내려갔다. 이렌이 유쾌한 목소리로 그를 부르고 있었다.

이렇게 해서 미망인과 79세의 노인, 그리고 어린 두 딸이 퀴리 일가가 되었다.

실로 비참한 죽음을 당한 유명한 과학자의 미망인인 퀴리 부인은 남편이 소르본에서 담당하던 강의를 정식으로 이어받고 1906년 11월 5일 오후

1시 30분에 첫 수업을 시작했다……

퀴리 부인은 이 강의에서 기체 속 이온 이론과 방사능에 대해 설명할 예정이다.

장소는 '대강의실'에서 이루어진다. 그 강의실은 120명을 수용할 수 있는데, 대부분이 그 강의를 수강하는 학생들로 채워진다. 그래서 일반 청강자나 신문 및 잡지사 기자들에게는 기껏해야 20석 정도만 할당된다! …… 이번 일은 소르본 역사상 아주 특별한 경우이므로 규칙에 다소 어긋나더라도 첫 강의만큼은 퀴리 부인에게 '대강당'을 내어 줄 수는 없을까?

이러한 신문기사는 그 유명한 미망인이 처음으로 대중 앞에 모습을 나타내는 순간을 파리 전체가 얼마나 흥미진진하게 기다리고 있는지를 여실히 보여준다. 신문기자와 사교계의 인사들, 우아한 부인, 예술가들이 이과대학 사무실에 몰려들어 '초대장'을 받지 못했다고 화를 낸 것은 마리에 대한 동정이나 학구열 때문이 아니었다. 그들은 '기체 속 이온 이론' 따위에는 아무런 관심도 없었으며, 그 잔혹한 날에 마리가 했던 고뇌조차 호기심에 찬 그들에겐 사소한 자극일 뿐이었다. 속물들은 남의 고통에까지 달라붙는 법이다.

소르본 대학이 창립한 이래 처음으로 여성이 강의를 한다. 게다가 그녀는 천재 과학자인 동시에 절망의 수렁에 빠진 미망인이다. 그 사실만으로도 '첫 강의'에 수많은 청중들을 끌어들이기에 충분했던 것이다.

정오에 마리가 소오의 무덤 앞에 서서 자신이 뒤를 잇게 된 바로 그 상대에게 나지막한 소리로 말을 건네고 있을 무렵, 사람들은 이미 소르본의 대강의실을 가득 채우고 이과대학의 복도를 가로막고도 소르본 광장까지 흘러 넘쳤다.

강의실에는 학문에 전혀 관심이 없는 사람들과 위대한 지식인들, 마리의 친구들, 그리고 아무런 관계도 없는 사람들이 뒤섞여 들어와 있었다. 그러한 상황에서 가장 큰 피해자는 '소르본의 학생들'이었다. 마리 퀴리의 강의를 듣고 필기를 하기 위해 온 그들은 다른 사람들에게 자리를 빼앗기지 않으려면 의자에 꼼짝 않고 앉아 있어야 했다.

1시 25분. 강의실은 한층 더 술렁거렸다. 사람들은 소곤거리고 서로 묻고 답하며 퀴리 부인이 강의실로 들어오는 순간을 놓치지 않기 위해 목을 빼고 기다렸다. 그들이 생각하는 것은 모두 똑같았다. 소르본이 역사상 처음으로 교수로 인정한 유일한 여성의 입에서 흘러나올 첫 마디는 도대체 무엇일까? 장관에게 인사를 하고, 대학 측에 감사의 말을 전할까? 아니면 피에르 퀴리에 대한 얘기를 할까? 그래, 틀림없어. 관례대로라면 전임자에게 찬사를 보내게 되어 있으니까. 하지만 전임자는 그녀의 남편이자 공동연구가였다. 이 얼마나 기구한 운명인가! 가슴 두근거리는 일생일대의 순간이었다.

1시 30분. 드디어 강의실 안쪽 입구가 열리고 박수갈채 속에 퀴리 부인이 강단에 올랐다. 부인은 머리를 숙였다. 기계적인 동작이었지만 그것이 인사인 모양이었다. 실험기구가 잔뜩 놓여 있는 긴 테이블을 꽉 붙잡고 서서 마리는 환영의 박수 소리가 그치기를 기다렸다. 어느 순간 교실이 조용해졌다. 앞에 서 있는 창백한 부인의 얼굴이 굳어지는 것을 보자, 구경하러 온 사람들도 알 수 없는 감정에 휩쓸려 쥐 죽은 듯 침묵한 것이다.

마리는 똑바로 정면을 바라보며 입을 열었다.

지난 10년 동안 물리학 분야에서 이룬 진보를 생각할 때, 우리는 그 진보로 전기(電氣)와 물질(物質)의 개념이 변화한 데에 놀라게 됩니다.

퀴리 부인은 피에르 퀴리가 마지막 강의에서 말했던 바로 그 문구로 첫 강의를 시작했다.

"지난 10년 동안 물리학 분야에서 이룬 진보를 생각할 때……."

얼음장처럼 아무런 감정도 섞여 있지 않은 이 말속에 얼마나 많은 비통함이 서려 있을까? 사람들의 눈에서는 눈물이 흘러넘쳐 얼굴을 타고 내렸다.

시종 담담하고 단조로운 말투로 이 여성과학자는 그날의 수업을 마쳤다. 퀴리 부인은 전기의 구조와 원자의 붕괴, 방사성물질에 대한 새로운 학설을 설명했다. 그렇게 논리적인 설명을 전혀 주눅 들지 않고 끝까지 마친 다음 마리는 들어왔던 때와 똑같이 빠른 걸음걸이로 작은 문을 통해 강의실을 빠져 나갔다.

제3부

고독한 과학자 마리

마리가 한 천재과학자에게 의지하여 그와 함께 가족을 보살피고 과학상의 위업을 이루었을 때, 우리는 그녀를 예찬했다. 마리의 한결같은 모습을 보면 그보다 힘겨운 삶이 없고, 그 이상의 노력을 하기란 불가능할 것만 같았다.

하지만 그 뒤에 마리를 기다리고 있는 수많은 힘든 상황에 비하면 그 나날들은 차라리 평온한 편이었다. '퀴리 미망인'이 짊어진 책임은 그만큼 막중했다. 아무리 기운 좋고 용감한 남자라도 두 손 들고 달아날 일들을 마리는 해냈다.

마리는 어린 두 자녀를 키우면서 가족의 생활비를 벌고 교수의 직책도 훌륭하게 수행해야 했다. 더는 남편 피에르 퀴리의 귀한 협력을 받지 못하더라도 마리는 피에르와 시작했던 연구도 계속해야만 했다. 조수와 조교, 그리고 학생들에게도 이제는 마리 혼자서 지시를 내리고 조언을 해주어야 했다. 그리고 가장 중요한 사명이 남아 있었다. 결실을 맺지 못하고 끝난 피에르의 꿈인 실험실을 세워 젊은 과학자들이 새로운 과학인 방사능 연구를 발전시킬 수 있도록 하는 것이다.

마리는 두 딸과 시아버지가 건강하고 활기찬 생활을 할 수 있도록 가장 많이 신경을 썼다. 소오에서 그녀는 슈맹드페르 거리 6번지에 특별한 멋은 없어도 아담한 정원이 딸린 집을 한 채 빌렸다. 닥터 퀴리는 별채에 따로 머물렀다. 이렌은 정원 한구석에 뭐든지 심어도 좋다는 허락을 받고 뛸 듯이 기뻐했다. 에브도 가정부와 함께 잔디밭에서 좋아하는 거북이를 찾아내기도 하고, 좁은 골목길에서 검은 고양이랑 얼룩 고양이를 쫓아다니기도 했다.

하지만 가족들에게 부여되는 이 모든 기쁨을 대가로 퀴리 부인은 엄청난 피로를 감수해야 했다. 집에서 실험실까지 가는 데 기차로 30분이나 걸렸기 때문이다. 날마다 아침이면 기차 시간에 늦지 않으려고 정류장까지 급히 뛰어가는 그녀의 모습을 볼 수 있었다. 늘 같은 기차의 냄새 나는 2등칸에 하루도 빠짐없이 타는 상복 입은 부인은 금세 그 기차 승객들에게 낯익은 얼굴이 되었다.

마리는 소오에 돌아가 점심을 먹을 여유도 거의 없었다. 그래서 다시 라탱 지구에 있는 간이식당을 자주 이용했다. 예전에 그녀가 혼자서 자주 드나들던 계란 요리를 파는 식당이었다. 하지만 그때는 지금보다 젊었고 미지의 희망에 부풀어 있었다. 그 식당에조차 가지 않고 실험실 안을 여기저기 걸어 다니며 빵조각이나 과일을 우물거릴 때도 있었다.

저녁때면 아주 늦은 시간에야 기차를 타고 불이 밝혀진 집으로 돌아왔다.

겨울에는 집에 돌아와서 가장 먼저 현관에 있는 커다란 난로를 살펴보며 석탄을 집어넣고 통풍을 조절했다. 마치 이 세상에서 누구도 자신만큼 불을 능숙하게 다루지 못한다고 생각하는 듯했다. 하긴 마리는 화학자의 손놀림으로 종이와 작은 나뭇가지는 물론 무연탄과 장작까지 능숙하게 다룰 줄 알았다. 난로 속에서 불이 기세 좋게 타오르면 힘든 하루 일과에 지친 마리는 긴 의자에 몸을 쭉 펴면서 '후' 하고 한숨을 쉬었다.

마리는 슬픔을 가슴속에 꼭꼭 감춘 채 남에게 보이지 않으려고 애썼다. 사람들 앞에서는 절대 울지 않았으며 동정과 위로도 받으려 하지 않았다. 한없는 절망의 비명과 밤이면 찾아오는 끔찍한 악몽에 대해서도 절대 남한테 말하지 않았다.

그렇지만 가까운 친구들은 마리가 망연히 허공을 쳐다보거나 손이 경련하듯 떨리는 것을 걱정스레 지켜보았다. 때때로 마리는 라듐으로 화상을 입은 손가락을 자기도 모르게 신경질적으로 비벼대기도 했다.

몸이 저항력을 잃고 갑자기 쓰러지기도 했다. 내 아주 어린시절의 기억 중에 소오 집 식당에서 정신을 잃고 쓰러진 어머니의 모습이 남아 있다. 어머니는 창백한 얼굴로 죽은 듯이 축 늘어져 있었다.

마리가 어린시절의 벗 카쟈에게 (1907년)

보고 싶은 카쟈에게

나는 네가 후견하는 K씨를 아직 만나보지 못했어. 그분이 오시던 날 몸이 너무 안 좋았거든. 곧잘 있는 일이야. 게다가 그 다음날은 강의도 해야 하고. 우리 시아버지가 의사인데, 사람들과 대화하는 게 얼마나 날 피곤하게 하는지 잘 아시기 때문에 되도록 아무도 만나지 말라고 해서.

음…… 그리고 무슨 얘길 또 하면 좋을까? 내 생활은 완전히 망가져서 이제 원래대로 돌아가지 못할 거야. 앞으로도 줄곧 그럴 거야. 다른 삶을 생각할 수도 없어. 아이들은 되도록 훌륭하게 키울 생각이지만 그 애들도 내 생명의 불꽃을 되살리지는 못해. 애들은 둘 다 착하고 얌전해. 난 그 애들이 튼튼하고 건강하게 자라도록 애쓰고 있어. 둘째가 아직 어리니까 둘 다 어른이 되려면 적어도 20년은 걸릴 텐데, 내가 그때까지 살 수 있을지 모르겠다. 과로할 수밖에 없는 상황인데다 슬픔이 체력과 건강에 악영향을 주거든.

경제적으로는 어렵지 않아. 물론 피에르가 살아 있을 때와 비교하면 수입이 많이 줄었지만 그래도 아이들을 키우기에는 충분해.

마리가 우울하게 몇 년씩 지내는 동안 두 사람이 구원의 손길을 뻗어주었다. 한 사람은 유제프 스쿼도프스키의 처제인 마리아 카미엔스카 양으로, 세심하고 상냥한 그녀는 브로냐의 부탁을 받고 퀴리 집안에서 가정교사 겸 가사 감독을 맡아주었다. 그녀 덕택에 마리도 오랜 타향살이로 잊고 지내던 폴란드다운 친밀함을 조금이나마 맛볼 수 있었다. 카미엔스카 양이 건강이 나빠져서 어쩔 수 없이 바르샤바로 돌아간 뒤에도 폴란드인 가정교사가 차례로 이렌과 에브를 돌봐주었지만, 그녀들은 전임자만큼 믿음직하지도 상냥하지도 않았다.

또 한 사람은 누구보다도 더할 나위 없이 소중한 사람, 마리의 시아버지였다. 피에르가 죽고 없다는 사실은 그에게도 엄청난 시련이었다. 그러나 이 노인은 엄격한 합리주의로 마리에게는 불가능했던 용기를 전해주었다. 그는 아무 소용도 없는 후회나 미련은 물론 무덤숭배를 경멸했다. 아들을 매장하고 그는 단 한 번도 묘지에 가지 않았다. 피에르의 몸도 영혼도 어느 것 하나 남아 있지 않는데 쓸데없는 환영에 사로잡혀 괴로워하다니 당치 않다는 것이다.

시아버지의 차분하고 올곧은 성품은 마리에게 좋은 영향을 주었다. 애써 정상적인 생활을 하며 얘기도 하고 웃기도 하는 시아버지 앞에서 마리는 고통 때문에 넋을 빼놓고 있는 자신이 부끄러웠다. 그래서 마리도 되도록 태연한 얼굴을 보이려고 노력했다.

닥터 퀴리는 마리의 마음을 따뜻하게 감싸주었을 뿐만 아니라 손녀들에게도 즐거움을 안겨 주었다. 이 파란 눈의 노인이 없었더라면 두 딸들의 유년 시절은 초상집의 우울함으로 가득 찼을 것이다. 언제나 집을 비우고 실험실에 가버리거나 곁에 있을 때도 아이들의 귓가에 딱지가 앉도록 '실험실'이라는 말을 입에 달고 사는 엄마보다 늘 할아버지가 이렌과 에브의 놀이 동무이자 선생님이었다. 에브는 너무 어려서 아직 할아버지와 진실한 친밀감을 나누지 못했지만, 언니 이렌과는 둘도 없는 친구 같았다. 무엇보다 조금 굼뜨고 비사교적인 큰 손녀는 죽은 아들과 매우 닮았기에 더욱 정을 느꼈다.

닥터 퀴리는 이렌에게 박물학과 식물학의 기초를 가르쳤고 빅토르 위고가 얼마나 위대한 작가인지 얘기해 주었으며, 여름휴가 때는 이지적이고 교훈적이며 아주 활달하면서도 그 속에 늘 비판적인 정신이 담긴 훌륭한 글로 편지를 써서 보냈다. 그뿐만이 아니었다. 그는 손녀의 지적인 삶에 결정적인 방향을 제시해 주었다. 현재의 이렌 졸리오퀴리의 균형 잡힌 정신세계, 즉 지나친 슬픔을 싫어하고 현실에 집요한 애착을 보이며 반종교주의와 정치적 성향까지 많은 것들이 할아버지에게서 물려받은 것이었다.

퀴리 부인은 헌신적이고 애정 어린 마음으로 이 훌륭한 노인을 시중들었다. 그런데 1909년에 그는 폐렴 후유증으로 꼬박 1년을 병상에 누워 있었다. 마리는 조금이라도 틈이 나면 이 까다롭고 성질이 급한 환자한테 달려가서 위로를 해 주었다.

1910년 2월 25일. 위대한 노인은 조용히 눈을 감았다. 꽁꽁 얼어붙은 황량한 겨울이었지만, 소오의 묘지에서 마리는 장례 준비를 하는 사람에게 뜻밖의 주문을 했다. 피에르 퀴리의 관을 묘지에서 꺼내달라고 한 것이다. 그러고는 닥터 퀴리의 관을 아래에 놓고, 그 위에 피에르 퀴리의 관을 올려놓았다. 죽어서도 결코 떨어질 수 없는 남편이 잠들어 있는 위쪽에 마리가 자신을 위해 마련해 둔 공간을, 그녀는 그것을 아무런 두려움도 없이 오랫동안 바라보았다.

이렌과 에브를 키우기 위해 이제 마리 퀴리는 무엇이든 혼자서 해야 했다.

아이들의 초기 교육에 대해 마리는 몇 가지 독특한 방침을 세웠는데, 가정교사들도 그럭저럭 잘 이해하고 따르는 것 같았다.

아침에는 우선 흥미를 자극하기 위해 마리가 고안한 공부 혹은 공작을 한 시간동안 했다. 마리는 딸들의 재능이 눈뜨기를 조용히 기다리며 회색 수첩에 이렌의 계산 능력이 좋아졌다든지 에브가 음악에 재능을 보이기 시작한 점 등을 적어 넣었다.

그러한 일과를 마치면 마리는 어린아이들을 데리고 밖으로 나간다. 아무리 궂은 날씨에도 아이들은 긴 산책을 하고 체조를 한다. 소오의 정원에 마리는 체조기구를 하나 만들었는데, 거기에는 그네와 둥근 고리와 미끄러운 그물이 매달려 있었다. 집에서 그 기구로 매일 단련한 두 아이들은 나중에 체조교실을 열심히 다니게 되었고, 기계체조에서 훌륭한 연기를 선보여 몇 번이나 1등상을 타오기도 했다.

두 딸은 온종일 가만있지 않았다. 아이들은 정원을 손질하고, 점토공작, 부엌일, 바느질을 했다. 마리는 아무리 피곤해도 두 딸이 자전거를 탈 때는 꼭 함께 나갔다. 여름에는 두 딸과 함께 파도 속으로 뛰어들어 딸들의 수영 실력이 향상되도록 훈련시켰다.

하지만 마리는 휴가 때도 오랫동안 파리를 떠날 수 없었으므로 이렌과 에브는 여름이면 주로 이모 헬라 샬라이와 함께 지냈다. 도버해협과 대서양이 바라다 보이는 인적이 드문 바닷가에서 두 아이는 사촌들과 놀았다.

1911년에는 처음으로 폴란드 여행을 갔다. 자코파네의 요양소에서 브로냐가 그들을 맞았다. 아이들은 말 타는 법을 익히고 산에서 며칠씩 하이킹을 하거나 산속 오두막에서 캠핑도 했다. 이때는 마리도 등에 배낭을 메고 튼튼한 등산화를 신고서 좁은 등산로를 딸들보다 앞장서서 걸었다.

마리는 아이들에게 곡예와 같이 무분별하고 경솔한 일은 시키지 않았지만 두 딸이 정신적으로 대담해지기를 바랐다. 그래서 이렌과 에브가 어둠을 무서워하거나 천둥이 칠 때마다 베개 밑으로 숨는다든지, 또는 도둑이나 전염병 따위를 무서워하는 것은 절대로 용납하지 않았다. 마리가 어릴 때 그런 것들을 무서워했으므로 자신의 딸들은 그러지 않기를 바랐던 것이다. 피에르의 목숨을 앗아간 참사조차도 그녀를 겁 많은 부모로 만들지 못했다. 열한두 살쯤 되는 아주 어린 나이에 이미 자매는 둘이서만 외출하게 되었으며,

돌봐주는 사람 없이 여행도 할 수 있게 되었다.

마리는 또한 딸들이 걱정스러운 몽상에 빠지거나 감수성이 날카로워지지 않도록 애썼다. 그래서 한 가지 방법을 생각했는데, 아이들에게 결코 아버지에 관한 이야기를 하지 않는 것이었다. 그러나 이러한 결심은 무엇보다도 그녀에게 힘든 일이었다. 마리는 숨을 거두는 마지막 날까지 '피에르'라든지 '피에르 퀴리', '너희들의 아버지', '나의 남편'이라는 말을 발음하는 데 무척 애를 먹었다. 마리는 대화할 때 늘 추억의 겉면만 이야기하곤 했는데 그러려면 아주 교묘한 술책이 필요했다. 하지만 마리는 딸들을 위해서라면 이러한 침묵이 나쁘지 않다고 생각했다. 딸들을 비극적인 분위기 속으로 밀어 넣느니 오히려 아무 말도 하지 않기로 다짐한 것이다.

집안에서 죽은 아버지조차 숭배하지 않을 정도였으므로 압정에 시달렸던 폴란드를 생각하는 일은 더더욱 하지 않았다. 다만 이렌과 에브가 폴란드어를 배우고, 자신들의 반쪽 모국인 폴란드를 알고 사랑해 주기를 바랄 뿐이었다. 그러나 마리는 딸들을 일부러 프랑스 여인으로 키웠다. 아이들만큼은 부디 두 나라 사이에 끼어 몸이 찢겨지는 고통을 느끼지 않기를, 그리고 박해받는 민족을 위해 쓸데없이 괴로워하지 않기를 진심으로 바랐다.

또한 마리는 딸들이 세례를 받도록 하지도 않았고 신앙 교육도 하지 않았다. 그녀는 자신도 믿지 않는 교리를 딸들에게 가르칠 수는 없다고 생각했다. 특히 자신이 신앙을 잃었을 때 느꼈던 고뇌를 딸들도 느낄까봐 두려워했다. 그렇다고 마리가 종교를 반대한 것은 아니었다. "너희들이 나중에 커서 종교를 갖고 싶다면 그때는 너희들 마음대로 해도 좋단다." 마리는 거듭 분명히 말했다.

또한 마리는 두 딸들이 자기가 겪었던 암울한 유년 시절과 여의치 못했던 소녀시절, 비참했던 학창 시절을 겪지 않아도 된다는 사실을 기쁘게 생각했다. 그렇지만 두 딸이 사치스러운 생활을 하는 것도 원치 않았다. 마리는 이렌과 에브에게 막대한 재산을 넘겨줄 기회가 몇 번이나 있었지만 결코 그 기회를 잡지 않았다.

미망인이 되고나서 마리는 피에르와 공동으로 조제한 1그램의 라듐에 대해서 다시 소유권을 규정해야 한다는 사실을 알고 마리는 가족회의를 열었다. 그러나 닥터 퀴리의 의견이나 아이들의 앞날을 생각한 다른 친족들의 몇

몇 의견들을 무시하고 결국 그녀는 백만 프랑의 가치가 넘는 귀중한 라듐을 자신의 실험실에 기증하기로 결정했다.

그녀는 가난하면 비록 불편하기는 해도 주체할 수 없이 많은 돈을 가지고 있어도 좋지 않다고 생각했다. 마리는 딸들이 장래에 스스로 생활비를 버는 것을 건전하고 당연한 일로 여겼다.

그런데 퀴리 부인이 그토록 세심하게 주의를 기울여 작성한 교육정책에 단 한 군데 잘못된 부분이 있었다. 교육 그 자체, 즉 '예절'에 대한 것이었다.

초상이 난 집에는 아주 친한 사람밖에 들이지 않았다. 앙드레 드비에른이나 페랭 가족 및 샤반 부부 등, 이렌과 에브는 애정 어린 마음으로 무엇이든 잘 받아주는 친구들 외에는 아무도 만나지 못했다. 그래서 이렌은 처음 보는 사람이 오면 겁에 질려 "안녕하세요?" 하고 인사하라고 시켜도 완강하게 거부했다. 이렌은 그 뒤로도 이 습관을 완전히 고치지 못했다.

미소를 짓거나 붙임성 있게 행동하고, 다른 사람을 방문하고 답례로 손님을 맞으며 정중한 말씨를 쓴다든지 예의범절에 맞게 격식을 차리는 일 등을 이렌과 에브는 잘 몰랐다. 그러나 10년이나 20년 뒤에 그들이 사회에 진출하면 이런 일들을 꼭 해야 할 때가 있는 법이다. 그래서 '안녕하세요' 하고 인사하는 것이 예의로써 꼭 필요한 행위라는 사실을 깨닫게 되는 것이다.

이렌이 초등교육 수료증을 받고 중등학교에 갈 나이가 되자, 마리는 틀에 박힌 공부보다는 다른 교육방법을 모색했다.

이 지독한 일벌레는 이번에는 일반교육제도 밑에서 아이들이 지나치게 혹사당한다고 걱정했다. 성장기인 어린아이들을 통풍도 잘 되지 않는 교실에 몰아넣고 한창 자유롭게 뛰어놀 나이에 별 의미도 없는 출석일수만 채우게 하는 것이 너무 야만스럽다고 생각했다. 마리는 언니 헬라에게 이렇게 썼다.

……이따금 지금과 같은 교육제도에 아이들을 몰아넣느니 차라리 물에 빠뜨리는 편이 낫다고 생각해.

마리는 이렌에게 특정 분야를 심도 있게 교육시키고 싶었다. 그래서 심사숙고한 끝에 상황이 비슷한 소르본 대학 교수들이나 한 가정의 가장인 친구들과 의논했다. 이윽고 마리의 노력으로 일종의 교육조합이 탄생하여 훌륭한 교수들이 자녀들을 모아 새로운 교육을 실시하기로 했다.

그들은 약 열 명쯤의 아이들을 위해 아주 흥미로운 수업을 준비했다. 매우 우수한 선생님들이 돌아가며 하루에 한 가지씩 수업을 했다. 어떤 날은 아이들이 소르본의 실험실에 우르르 몰려들어 장 페랭 교수에게 화학을 배운다. 다음날엔 퐁트네오로즈로 가서 폴 랑주뱅의 수학 수업을 듣는다. 페랭 부인과 샤반 부인, 조각가 마그루, 그리고 무통 교수는 문학, 역사, 현대어, 자연과학, 모형조각, 데생을 가르친다.

그리고 마리 퀴리는 물리화학학교의 빈 교실에서 목요일 오후에, 일찍이 그 교실에서는 한 번도 이루어진 적이 없는 가장 기초적인 물리수업을 진행했다.

그중에서 미래의 석학으로 자라난 몇 명의 학생들은 마리의 열성적인 수업과 친절하고 상냥한 태도를 아름다운 추억으로 간직하고 언제까지나 잊지 못했다. 마리의 손을 거치면 교과서에 실려 있는 추상적이고 지루한 현상도 생생하고 알기 쉬운 내용으로 탈바꿈했다.

예를 들면, 잉크에 적신 자전거 볼 베어링을 경사면 위에 놓아두면 포물선을 그리며 자유낙하법칙을 증명한다. 진자는 먹지 위에 정확히 규칙적인 진동 흔적을 남긴다. 또한 아이들은 자기가 직접 만들고 눈금을 그려 넣은 온도계가 진짜 온도계와 똑같이 작용했을 때 가슴 벅찬 뿌듯함을 느꼈다.

마리는 아이들에게 과학에 대한 사랑은 물론 노력의 소중함을 가르쳤다. 자신이 했던 공부방법도 일러 주었다. 암산의 명수였던 마리는 학생들에게도 꼭 해보라고 권했다. "절대로 틀리지 않도록 집중해야 해." 마리는 단호하게 말했다. "비결은 너무 서두르지 않는 거란다."

한 여자아이가 전지(電池)를 조립하면서 주변을 어질러 놓자 마리는 얼굴이 시뻘게지도록 화를 냈다.

"나중에 깨끗이 치우겠다는 말은 소용없다. 조립이나 실험을 할 때 테이블을 어지럽히면 안 되는 거야."

이 노벨상 수상자는 의욕이 가득한 꼬마 제자들에게 자연스럽게 간단한 상식도 가르쳤다.

"이 유리병 속에 담긴 액체가 식지 않게 하려면 어떻게 해야 할까?"

어느 날 마리가 질문했다.

그러자 곧 과학에 두각을 나타내는 프랑시스 페랭, 장 랑주뱅, 이자벨 샤 반, 이렌 퀴리가 저마다 재치 있는 의견을 쏟아냈다. 병을 헝겊으로 둘러싼 다든가 아주 복잡하고 실행 불가능한 방법으로 병을 격리한다든가 하는 방 법이었다.

마리는 싱긋 웃으며 말한다.

"그렇구나. 모두 좋은 방법이야. 하지만 나라면 우선 뚜껑을 덮을 거야."

평범한 주부 같은 설명을 끝으로 그날 수업을 마쳤다. 그러자 한 부인이 재빨리 문을 열면서 빵과 초콜릿과 오렌지 같은 간식을 잔뜩 내려놓았다. 아 이들은 간식을 배불리 먹고 친구들과 얘기를 나누면서 학교 정원으로 흩어 졌다.

퀴리 부인의 일거수일투족을 주시하던 그 무렵의 신문은 그러한 학자들의 아들딸들이 신중한 보살핌 속에서 실험실에 들락거리는 모습을 풍자적으로 재미있게 다루었다. 한 사회부 기자는 이런 기사를 냈다.

읽고 쓰기도 제대로 못하는 어린아이들이 마음대로 실험기구를 만지고 조립하며, 화학반응을 실험하고 있다. ……소르본 대학과 퀴비에 거리의 건물들이 아직은 무사하지만 머지않아 폭발로 날아가 버릴지도 모르겠 다!

이 협동교육은 결국 2년 만에 막을 내렸다. 가르치는 부모들이 저마다 업 무로 바빠 더는 수업에 할애할 시간이 없었기 때문이다. 게다가 아이들도 대 학입학 자격시험을 치르려면 정규과목을 공부해야 했다. 마리는 딸을 수업 시간이 비교적 적은 콜레주 세비네 사립학교에 보냈다. 이렌은 이 훌륭한 학 교에서 중등교육을 마쳤고 에브도 그 뒤를 이었다.

유년 시절부터 딸들의 개성을 지켜주고자 했던 마리의 눈물어린 노력과 의지는 과연 효과가 있었을까? 그럴 수도 있고 아닐 수도 있다. '협동교육' 은 문학지식 습득에는 한계가 있었지만 어떤 중등학교에서도 받지 못하는 최상급 과학교육을 이렌에게 제공했다.

도덕교육은 어떠했나? 도덕교육으로 인간의 성질이 근본부터 달라진다면 좋겠지만, 나는 우리가 엄마와 함께 지내면서 더 착해졌다고 생각하지 않는다. 단지 몇 가지 강렬하게 각인된 것들은 있다. 공부에 대한 흥미—이것은 나보다 언니가 훨씬 더 강렬했지만—, 금전에 대한 무관심, 그리고 자립 본능이다. 이런 것들 덕분에 우리 두 자매는 어떤 상황에 처하더라도 다른 사람의 도움 없이 난국을 헤쳐 나갈 수 있다는 신념을 지니게 되었다.

아버지의 죽음으로 인한 슬픔과의 싸움은 이렌에게는 효과가 있었지만 나한테는 그다지 성공적이지 못했다. 어머니가 도움의 손길을 내밀어 주었지만 그럼에도 나의 소녀시절은 그다지 행복하지 못했다.

하지만 단 한 가지만은 마리의 완전한 승리였다. 두 딸 모두 뛰어난 튼튼하고 몸놀림이 재빠르며 스포츠를 좋아하게 된 것이다. 교육면에서는 이 점이 더없이 총명하고 상냥한 마리의 가장 큰 성공이었다.

나는 마리 퀴리가 딸들의 교육을 위해 취한 방침을 파악해 나가면서 적지 않은 불안에 사로잡혔다. 그런 방침들이 행여 마리를 편견으로 굳어진 사람으로 보이게 하진 않았을지 걱정스러웠기 때문이다. 하지만 실제로는 그렇지 않았다.

사실, 우리를 강인하게 키우고자 했던 당사자는 지나치게 상냥하고 온화하며 선천적으로 고뇌에 민감한 사람이었다. 우리가 응석받이로 자라지 않도록 단련시켜준 그 사람은 결코 아쉬운 소리를 하진 않았지만, 우리가 그녀에게 좀더 안기고 키스하며 다정한 말을 건네주기를 바랐다. 우리의 감수성이 민감해지지 않기를 바라면서도 본인은 조금이라도 누가 쌀쌀맞게 대하면 금세 상처입고 안절부절못했다.

어머니는 우리가 잘못을 해서 벌을 줄 때에도 결코 함부로 대하지 않았다. 손찌검을 한다든지 벽장 속에 '가둔다'든지 또는 식후에 후식을 주지 않는 고전적인 체벌은 우리 집에서는 볼 수 없었다. 호통을 치거나 수선을 피우지도 않았다. 화가 날 때는 물론 기쁠 때도 마리는 큰 소리 내는 것을 싫어했다.

어느 날 이렌이 너무 버릇없이 굴자 어머니는 본때를 보이기 위해 이틀 동안 이렌에게 말을 한 마디도 건네지 않았다. 그 이틀 동안은 이렌에게나 어머니에게나 아주 괴로운 시간이었다. 아니, 오히려 벌을 받은 사람은 어머니였다. 마리는 기분이 엉망이 된 채 침울하게 가라앉은 집안을 처량하게 배회하면서 딸보다 더 괴로워했다.

대부분의 아이들처럼 우리도 자기중심적이라 감정의 미묘한 흐름에는 그다지 조심하지 않았다. 그래도 우리는 어머니가 훌륭한 분이라고 생각했고, 그분의 절제된 애정과 숨겨진 기품을 분명히 느끼고 있었다. 어머니에게 편지를 쓸 때는 제일 먼저 '너무 사랑하는 엄마'라든지 '상냥하신 사랑하는 엄마' 라든지 '상냥하신 어머니' 혹은 대개의 경우 '상냥하신 엄마'라고 잉크 얼룩을 여기저기 찍어가며 썼다. 어머니는 그 편지를 제과점 리본으로 곱게 묶어서 눈을 감을 때까지 소중하게 간직하고 있었다.

결코 목소리를 높이지 않고 우리에게도 조심조심 말하고, 남의 두려움을 사거나 칭찬을 바라지도 않고 그저 한없이 상냥했던 '메(Mé, 엄마)', 사실은 다른 어머니들처럼 평범한 주부도 아니고 매일 일에 쫓기는 평범한 교수도 아니라, 이 세상에서 유일하고 특별한 사람임을 우리에게 조금도 가르쳐 주지 않았다.

마리 퀴리는 결코 자신의 업적과 명예를 다른 사람에게 자랑하지 않았다. 그토록 비범한 업적을 이루고도 오로지 망설임과 체념, 겸손으로 일관했던 마리는 자신의 삶을 어떻게 생각했을까?

마리가 조카 한나 샬라이에게(1913년 1월 6일)

……너는 1세기 전의 세상을 살고 싶다고 나에게 써 보냈지…… 이렌은 좀더 나중에, 미래에 태어나고 싶었다고 말하더구나. 나는 시대와 상관없이 누구나 사람은 그 나름대로 흥미롭고 값진 삶을 살 수 있다고 생각해. 중요한 것은 주어진 삶을 허비하지 않고 '나는 내가 할 수 있는 일을 했다'고 스스로 말할 수 있도록 노력하는 거란다. 주위에서도 그 이상은 요구하지 못하고, 이것이 우리가 소소한 행복을 누릴 수 있는 유일한 방법이야.

작년 봄에 우리 애들은 누에를 키웠어. 나는 몸이 아파서 몇 주 동안 꼼짝도 못하고 누워서 누에가 고치를 만드는 과정을 꼼꼼히 관찰했단다. 얼마나 재미있었는지 몰라. 아주 근면하고 성실한 누에들이 부지런히 고치를 만드는 모습을 보고 깊은 감동을 받았단다. 그것을 보고 '우리는 다 같은 동료구나' 하고 느꼈어. 일은 내가 훨씬 못하지만 말이야. 누에들처럼 나도 한 가지 목표를 바라보며 끈질기게 매달려 왔거든. 그곳에 진실이 있다고는 조금도 확신하지 못한 채 말이야. 인생은 덧없고 연약하며, 결국 아무것도 남지 않는다는 걸 알고 있기 때문이야. 물론 인생을 전혀 다른 시각으로 보는 사람들이 있다는 것도 알고 있어. 그래도 나는 누에가 고치를 만들듯 어떤 힘이 나를 그곳으로 이끌기 때문에 그 목표만 보고 가는 거야. 불쌍한 누에는 비록 완성하지 못한다 할지라도 고치 만드는 일을 멈추지 못하고 무조건 열심히 일해야 해. 그렇지만 정말 완성하지 못하면 나비가 되어 날아오르지도 못하고 덧없이 죽어 버리지.

한나! 우리가 각자 저마다의 고치를 만들 수 있으면 좋겠구나. '왜'라든지 '무엇' 때문인지는 묻지 말고.

라듐연구소를 세우다

이른 아침, 창백하고 깡마른 한 여성물리학자가 퀴비에 거리의 건물로 들어섰다. 얼굴에 주름이 하나둘씩 나타나기 시작했고 탐스러운 금발이 어느새 은발로 바뀌어 있었다. 그래도 검은 옷 위에 두툼한 마(麻) 작업복을 걸쳐 입고 일을 시작한다.

본인은 의식하지 못했지만 마리의 자태가 완성의 경지에 이른 때는 그녀의 생애 가운데 비교적 평범하게 살았던 이 시기였다. 사람은 나이를 먹으면 가장 어울리는 얼굴이 나타난다고들 하는데, 퀴리 부인이 바로 그러한 경우였다. 소녀시절에는 마냥 귀여웠고 학생 때와 결혼 직후에는 매우 정숙했다면, 성숙하고 마음에 상처를 간직한 과학자였던 이 무렵에는 눈을 뗄 수 없는 우아함이 있었다. 슬라브계의 얼굴에 아름다운 정신이 고스란히 나타나 젊음이나 명랑함 같은 여분의 장식이 조금도 필요 없었다. 오히려 슬픔이 깃든 단아한 모습과 겉으로 드러나기 시작한 연약함이 사십 줄에 들어선 마리를 빛내주는 최고의 장신구였다.

이 이상적인 모습이야말로 이렌과 에브가 오랜 세월동안—어느 날 문득 그 어머니가 많이 늙어버렸다는 사실을 깨닫고 가슴아파하기 전까지—마음속에 품어온 마리 퀴리의 모습이었다.

퀴리 부인은 교사이자 연구자로서, 그리고 실험실 책임자로서 그야말로 맹렬하게 일했다. 여전히 세브르에서 교편을 잡았고, 소르본에서는 1908년에 정교수로 임명되어 세계 최초이자 유일무이한 방사능에 대한 강의를 했다.

마리는 정말 열심히 노력했다! 마리는 프랑스의 중등교육은 결점투성이라고 생각해도 고등교육은 상당히 찬미하고 있었다. 예전에 마냐 스쿼도프스카의 마음을 사로잡은 위대한 선생들과 자신도 어깨를 나란히 할 수 있기를 바랐다.

얼마 뒤 마리는 자신의 강의 내용을 정리하여 책을 내기로 결심했다. 그리하여 1910년 당당히 《방사능 개론》이란 책을 세상에 내놓았다. 이 책은 본문이 971쪽이나 되었으나, 그래도 퀴리 부부가 라듐 발견을 발표한 날로부터 최근까지 발견한 지식을 요약하기에는 충분하지 않았다.

책 앞머리에 저자의 사진도 없었다. 대신 마리는 표제와 마주보는 곳에 남편의 사진을 실었다. 2년 전인 1908년 마리가 편집하고 교정한 600쪽짜리 책 《피에르 퀴리 선집》에 실린 사진이었다.

홀로 남겨진 마리는 그 책에 죽은 남편의 업적을 기리는 서문을 쓰고 감정을 억누른 필치로 피에르의 이해할 수 없는 부당한 죽음을 탄식했다.

피에르 퀴리는 말년에 상당히 풍부한 결실을 이루었다. 그의 지적 능력은 실험상의 숙련도만큼이나 완숙해졌다.

그의 생애에서 새로운 시대가 열리려는 순간이었다. 전보다 더 좋은 수단을 얻어 과학자로서 훌륭한 업적을 이룩할 예정이었다. 하지만 운명은 그러한 결말을 원치 않았다. 우리는 이해할 수 없는 그 운명의 결정 앞에 머리를 숙일 수밖에 없었다.

퀴리 부인의 학생 수는 계속 늘어났다. 1907년에는 미국의 자선사업가 앤드류 카네기가 거액의 연봉을 지원해준 덕분에 퀴비에 거리의 연구소에 더 많은 인원을 채용할 수 있었다. 그들은 대학에서 급여를 받는 연구원들과 몇몇 자원봉사자들과 함께 일했다.

그중에는 소질이 아주 뛰어난 한 소년, 자크 퀴리의 아들 모리스 퀴리도 있었다. 그는 마리의 실험실에서 과학자로서의 첫 발을 내딛었다. 마리는 조카 모리스에게 평생 어머니와 같은 애정을 쏟아 부으며 그의 성공을 기뻐하고 자랑스러워했다. 여덟 명에서 열 명으로 구성된 이 연구원들은 퀴리 부인의 오랜 협조자이자 믿을 수 있는 친구인 앙드레 드비에른이 감독했다.

마리는 또 새로운 연구 프로젝트를 하나 세웠다. 다시 서서히 건강이 악화되었지만 마리는 아랑곳없이 프로젝트를 착착 진행시켜 갔다.

그녀는 몇 데시그램의 염화라듐을 정제하여 두 번째(2가) 원자량을 결정했다. 그리고 금속 라듐의 단순 분리에 착수했다. 지금까지 마리가 순수 라듐을 조제할 때는 언제나 염화물이든 취화물이든 안정된 유일한 형태인 라듐염이 문제였다. 하지만 마리 퀴리와 앙드레 드비에른은 대기의 작용으로 변질이 일어나지 않는 금속 그 자체를 단순 분리하는 데에 성공했다. 그것은 과학사상 가장 정밀한 실험 가운데 하나였으며, 그 뒤 두 번 다시 거듭된 적은 없었다.

앙드레 드비에른은 폴로늄의 방사선 연구에서도 퀴리 부인을 도왔다. 그리하여 마침내 마리는 자신의 독립된 연구로써 에머네이션을 측정하여 라듐 함유량을 결정하는 방법을 발표했다.

이미 퀴리요법이 일반적으로 널리 퍼져 있었으며, 라듐은 매우 귀중한 물질이므로 마지막 입자까지 정확하게 분리해야 한다. 하지만 밀리그램의 몇천 분의 일 단위까지 측정해야 하는 세계에서 저울은 아무 쓸모가 없다. 그래서 마리는 방사성물질이 발산하는 방사선에 의해서 그 물질을 측정하는 방법을 생각했다. 마리는 이 어려운 기술을 개발하여 실험실에 하나의 '측정국'을 설치했다. 그곳에서 학자나 의사, 보통 사람들도 '방사성' 광석이나 제품을 검사하고 라듐 함유량을 표시한 증명서를 발급받을 수 있었다.

퀴리 부인은 '방사성원소의 분류'와 '붕괴 정수표'와 같은 논문을 발표하는 한편 일반적인 중요성을 지닌 연구도 완성했다. 방사능 측정 기준이 되는 국제라듐 원기(原基)를 처음으로 설정한 것이다. 마리가 감개무량한 마음으로 직접 밀봉한 이 가벼운 유리관 안에는 21밀리그램의 순수 염화라듐이 들어 있었다. 그것은 앞으로 5대륙으로 흩어져나갈 원기의 원형으로서 역할을 했으며 파리 근교의 세브르 도량형국에 삼엄하게 보관되었다.

퀴리 부부가 누린 영광에 뒤이어 이번에는 퀴리 부인 혼자의 영예가 불화살처럼 급속도로 퍼져나갔다. 명예박사나 여러 외국아카데미의 통신회원으로 모신다는 증서들이 소오의 집 서랍에 가득 찼다. 하지만 마리는 그것을 벽에 걸어 과시하려고도 하지 않았을 뿐더러 목록조차 작성하지 않았다.

프랑스에서는 고인이 아닌 살아 있는 사람의 위업과 영광을 기리는 수단은 두 가지이다. 바로 레지옹도뇌르 훈장과 아카데미이다. 1910년에 마리에게 레지옹도뇌르 5등 명예훈장을 수여하기로 했지만, 마리는 피에르 퀴리가 그랬던 것처럼 훈장을 거절했다.

그러나 몇 개월 뒤 과학아카데미에 입후보하라고 끈질기게 권하는 동료들의 말은 왜 끝까지 거부하지 못했을까? 남편이 졌을 때는 물론 이겼을 때에도 받았던 굴욕적인 투표 결과를 잊었던 것일까? 자신을 에워싸고 있는 질투라는 그물을 보지 못한 것일까?

그렇다. 그녀는 몰랐다. 소박한 폴란드 여인인 마리는 자신의 두 번째 조국이 주는—마리는 그렇게 생각했다—과학적인 영예를 거절하면 배은망덕하고 거만한 사람으로 보이지 않을까 염려했던 것이다.

뛰어난 물리학자이며 저명한 가톨릭 신자인 에두아르 브랑리가 마리의 경쟁자였다. '퀴리파'와 '브랑리파', 자유사상가와 교권론자, 아카데미에 여성을 받아들이는 혁신에 찬성하는 자와 반대하는 자 등 다양한 관점에서 진영이 둘로 나뉘어 분쟁을 일으켰다. 마리는 생각지도 못했던 논쟁을 머뭇머뭇하면서 지켜볼 수밖에 없었다.

앙리 푸앵카레와 닥터 에밀 피카르와 리프만, 부티, 다르두 등 가장 위대한 학자들이 앞장서서 마리를 지지하는 운동을 폈다. 그러나 반대 진영도 강력하게 맞섰다.

아마가 씨는 도리에 어긋난다는 듯이 "여자는 아카데미의 회원이 될 수 없다"고 외쳤다. 그는 8년 전에 피에르 퀴리와 경쟁해서 이긴 사람이었다. 수상한 정보원들도 나타나 가톨릭교도들에게 마리가 유태인이라는 근거 없는 유언비어를 퍼뜨렸다. 그래서 자유사상가들은 마리가 가톨릭교라는 사실을 떠올리지 못했다.

선거일인 1911년 1월 23일 과학아카데미 원장은 개회와 동시에 큰소리로 수위들에게 지시했다.

"모두 들어와도 좋지만 부인들은 들이지 마시오."

그리고 앞이 잘 보이지 않는 어떤 회원은 퀴리 부인의 열렬한 지지자인데, 위조 투표용지를 받고 하마터면 반대표를 던질 뻔했다고 화를 냈다.

4시 반, 흥분한 신문기자들이 실망 또는 승리의 기사를 쓰느라 분주했다. 한 표 차이로 마리 퀴리는 낙선했다.

퀴비에 거리에서는 실험실 연구원들과 잔심부름을 하는 아이까지 후보자 이상으로 초조하게 투표 결과를 기다리고 있었다. 그들은 당선될 것이 틀림없다고 믿고 아침부터 커다란 꽃다발을 사서 정밀화학저울이 나란히 놓여 있는 탁자 밑에 숨겨 두기까지 했다. 낙선 소식에 그들을 망연자실했다. 가습이 미어지는 심정으로 실험기기 기사인 루이 라고가 쓸모없게 된 화환을 치워 버렸다. 젊은 물리학자들도 조용히 위로의 말을 준비했다. 그러나 그럴 필요가 없었다. 전용 연구실로 쓰고 있는 작은 방에서 나온 마리는 선거 결과에 대해 한마디도 하지 않았다. 사실 그녀는 그 일에 조금도 신경을 쓰고 있지 않았다.

퀴리 부부의 경력을 되짚어 보면 마치 한 외국인이 끊임없이 프랑스의 그릇된 관행을 깨고 있는 듯이 보인다. 같은 해인 1911년 12월에 스톡홀름의 과학아카데미는 남편이 죽은 뒤에도 빛나는 업적을 이룩한 퀴리 부인의 공훈을 기려 노벨화학상을 수여한다고 발표했다. 두 번이나 이러한 영예를 받은 사람은 남녀를 불문하고 아직까지 한 명도 없었으며 앞으로도 없을 것이다.

마리는 브로냐에게 스웨덴에 함께 가자고 부탁했다. 그리고 큰딸 이렌도 데리고 갔다. 이렌은 어린 나이임에도 엄숙한 회의에 참석했으며, 그녀 역시 24년 뒤에 똑같은 장소에서 똑같은 상을 받는다.

의례적인 접대와 왕실 정찬 외에 마리를 위해 특별한 축하행사가 열렸다. 스웨덴의 민족 축제로 화려한 의상을 입은 몇 백 명의 여자들이 불을 붙인 촛불로 만든 관을 머리에 이고 춤을 추었는데, 움직일 때마다 그 불꽃도 함께 일렁거렸다. 그 황홀한 광경은 마리의 가슴속에 오랫동안 남아 있었다.

공개강연 때 마리는 자신에게 쏟아지는 찬사를 지금은 고인이 된 피에르 퀴리에게 돌렸다.

강연을 시작하기 전에 저는 먼저 라듐과 폴로늄의 발견은 저와 남편 피에르 퀴리가 공동으로 진행했다는 점을 되새기고 싶습니다. 방사능 분야에서도 피에르 퀴리가 단독으로 혹은 저와 함께, 그리고 제자들과 함께 이루어낸 기초연구 덕분에 오늘 제가 이 자리에 서는 영광을 누리게 된 것입니다.

라듐을 순수염 상태에서 분리하여 그 특징을 밝히고 새로운 원소로 등록한 화학 분야의 연구는 저 혼자 했지만, 그 작업 역시 공동연구와 밀접하게 연관되어 있습니다. 따라서 저는 제가 받은 높은 영예가 이 공동 작업에서 시작되었으므로 남편 피에르 퀴리의 이름을 기리기 위한 것이라고 풀이하며, 그것이 과학아카데미의 진정한 취지라고 생각합니다.

위대한 발견, 세계적인 명성, 두 번의 노벨상 수상 덕분에 마리는 생전에 이미 많은 사람들의 칭송을 받는 한편 원한을 사기도 했다.

마치 불의의 돌풍처럼 왜곡된 시선들이 마리를 공격했다. 과로로 몸과 마음이 초췌해진 이 44세의 여린 여인을 상대로 파리에서는 비열한 운동이 펼쳐지고 있었던 것이다.

마리의 직업은 그 무렵만 해도 남성들의 전유물이었으므로 그녀의 친구 가운데에는 남자들이 많았다. 그러한 친한 친구들, 그리고 특히 어느 한 사람에게 마리는 깊은 영향을 주었다. 그 이상 무슨 말이 더 필요하랴! 일에 인생을 다 바치고 생활태도도 훌륭하고 조신하며 무엇보다 몇 년 동안 엄청난 고통 속에서 살아온 한 여성과학자가 가정을 어지럽히고 빛나는 이름을 더럽혔다는 비난을 받게 된 것이다.

이런 터무니없는 공격을 한 사람들을 심판하고, 마리가 그 일로 얼마나 절망하고 괴로워했는지 말하는 것은 내가 할 일이 아니다. 단지 아무런 방어능력도 없는 한 부인이 끊임없이 익명의 편지에 시달리고 고민하며 공연한 폭력으로 목숨마저 위협받을 때, 이 부인을 모욕한 용기 있는 신문기자들도 언급하지 않겠다. 그들 가운데 몇몇이 나중에 마리를 찾아와 용서를 빌고 지난 일을 뉘우치며 눈물까지 흘렸으므로…….

하지만 물은 이미 엎질러졌다. 마리는 그 무렵 자살충동과 광기의 끝까지 내몰려 체력이 바닥나고 무거운 병까지 얻었다.

위험하진 않지만 가장 비열하며, 평생 퀴리 부인이 가는 곳마다 그녀를 따라다닌 부끄러움도 모르는 비난을 하나 소개하겠다.

1911년 퀴리 부인이 괴로운 나날을 보낼 때, 이 독특한 인물의 가치를 일부러 끌어내린다든지, 마리가 받은 칭호와 포상, 명예를 부인할 기회가 있으면 늘 그녀의 출생지가 비난의 표적이 되었다. 아카데미의 경우에도 그랬다. 러시아인이라는 둥, 독일인, 유대인, 폴란드인이라는 둥 온갖 소리를 들었는데, 결국 마리는 출세하기 위해 파리로 건너온 '외국인', 프랑스와 프랑스인의 권리를 침해하는 침입자에 지나지 않았다.

그러나 마리의 노력으로 과학의 이름을 드높이고 외국에서도 추대 받게 되자 사람들은 전례 없이 마리를 칭송했다. 그녀를 비난했던 바로 그 신문의 바로 그 기자가 '프랑스의 대사', '우리 민족의 천재 가운데 가장 순수한 대표자', '국민적 영예'라고 추켜세우며 말을 바꾸었다. 그리고 이런 기사에서는 그녀가 자랑스럽게 생각하는 폴란드 태생이라는 사실은 묵과되었다.

위대한 사람들은 언제나 천재의 완벽함 속에 감춰진 인간적인 불완전함을 발견하려는 대중의 무모한 공격을 받아왔다. 동경과 증오를 함께 끌어당기는 명예라는 가공할 자석이 없었더라면 마리 퀴리는 결코 비난받거나 비웃음을 사지 않았을 것이다. 덕분에 마리는 영광이라는 이름을 버릴 명분을 하나 더 갖게 된 셈이다.

사람들은 어려움에 닥쳤을 때 누가 진정한 친구인지 알게 된다. 알고 있던 사람한테서나 모르는 사람한테서 온 수백 통의 편지에는 마리의 시련에 연민과 분노를 느낀다고 쓰여 있었다. 앙드레 드비에른과 장 페랭 부부, 샤반 부부, 우아한 영국인 친구인 전기공학자 에어튼 부인, 그리고 조교들과 학생들을 비롯한 많은 사람들이 마리를 위해 싸웠다. 대학관계자들 가운데 마리를 잘 알지 못하는 사람들도 자발적으로 그녀를 찾아왔다. 수학자인 에밀 보렐 부인은 여러모로 마리를 걱정하며 건강을 회복시키기 위해 그녀를 이탈리아로 데리고 가서 잠깐이나마 쉴 수 있도록 해 주었다. 마리의 오빠 유제프와 그녀를 돕기 위해 프랑스로 달려온 브로냐와 헬라, 그리고 누구보다도 그녀를 가장 알뜰하게 보호해준 사람은 피에르의 형 자크 퀴리였다.

그들의 따뜻한 사랑이 마리에게 조금이나마 용기를 되찾아 주었다. 그러나 그녀의 몸은 하루가 다르게 쇠약해져 갔다. 마리는 이제 이미 소오에서 통근할 기력조차 없어 파리의 베튄 강변로 36번지에 아파트를 한 채 빌렸다. 마리는 1912년 1월부터 거기에 살 작정이었지만 그때까지 버티지 못했다. 12월 20일에 마리는 생사의 기로를 헤매다 요양원으로 옮겨졌다. 2개월의 투병 끝에 고비를 넘겼지만 신장이 나빠져서 수술을 받아야만 했다. 수술 상담을 받은 마리는 핏기가 하나도 없고 온 몸이 아픈데도 수술을 3월에 받고 싶다고 부탁했다. 2월에 열리는 물리학회에 참석하고 싶었던 것이다.

훌륭한 외과의사인 샤를 발테르가 수술을 집도하고 마리를 극진히 간호했다. 하지만 그녀의 몸은 오랫동안 회복되지 않았다. 마리는 피골이 상접하여 한때는 서 있지도 못할 정도였다. 마리는 급성 고열과 고통스런 신장 발작도 잘 참아냈지만 아마도 다른 사람 같았으면 일반적인 생활이 불가능할 정도였을 것이다.

마리는 병든 몸과 인간들의 비겁함에 쫓겨 궁지에 몰린 짐승처럼 흔적을 숨겼다. 브로냐가 '도우스카'라는 이름으로 파리에서 가까운 브뤼노아에 집을 한 채 빌려 주었으므로 환자는 잠시 그곳에서 지낸 뒤 요양하기 위해 몇 주 동안 이름을 감추고 레망 호수가 있는 트농에 머물렀다. 여름에는 친구 에어튼 부인이 영국 해안의 한 조용한 별장으로 딸들과 함께 마리를 초대했다. 마리는 그곳에서 따뜻한 보살핌을 받으며 비로소 안도감을 느꼈다.

마리가 실의의 밑바닥에서도 미래를 생각하고 있을 때, 그녀는 뜻밖의 제안에 가슴이 설레면서도 약간의 불안을 느꼈다.

러시아에서는 전제군주제가 서서히 흔들리기 시작하여 1905년 혁명 이후 사람들은 사상의 자유를 조금씩 얻게 되었다. 바르샤바에서도 생활의 압박이 꽤 완화되었다. 비교적 독립적으로 활발히 활동하던 과학협회는 1911년에 마리를 '명예회원'으로 임명했다. 그리고 몇 개월 뒤 이번에는 지식인들이 원대한 계획을 세웠다. 바르샤바에 방사능 연구소를 창설하고 퀴리 부인에게 관리를 부탁하여, 이 세계 제일의 여성과학자를 고국으로 데려가려고 한 것이다.

1912년 5월에 폴란드 교수 대표단이 마리의 집으로 찾아왔고, 폴란드에서 가장 유명하고 인기 있는 노벨상 작가 헨리크 시엔키에비치가 처음 만나는 마리에게 존경하는 마음으로 예를 갖추며 친근한 태도로 말했다.

친애하는 부인, 부인의 위대한 과학연구 활동을 우리나라 수도에서 하시지 않겠습니까? 요즘 들어 우리 문화와 과학이 위험한 상황으로 내몰린 이유는 당신도 아실 겁니다. 우리는 스스로의 지적능력을 믿지 못하고 적들의 의견에 굴복하여 미래에 대한 희망을 포기해 버렸습니다.

……국민들은 부인을 존경하며, 부인이 태어난 고향에서 일해 주시기를 간절히 바라고 있습니다. 그것이 온 국민의 한결같은 소망입니다. 부인께서 바르샤바로 와주신다면 우리는 지금보다 훨씬 든든할 것이며, 수많은 불행의 무게에 수그러진 고개를 다시 한 번 치켜들 수 있을 것입니다. 부디 우리의 소원을 들어주십시오. 부인께 내민 우리의 손을 제발 물리치지

말아 주십시오.

화려하게 프랑스를 떠나 중상과 잔인한 비난에서 벗어날 수 있는 절호의 기회가 아닌가!

그러나 마리는 성실하며 결코 원한에 의해 움직이는 사람이 아니었다. 신중하면서도 솔직하게 자신의 의무가 무엇인지 생각해 보았다. 고국으로 돌아가는 일은 기쁘지만 한편으론 두렵기도 했다. 그 무렵 건강상태로는 어떠한 결정을 내리든 두렵기만 했다. 그 밖의 사정도 있었다. 퀴리 부부가 그토록 원했던 실험실 건설이 드디어 결정된 것이다. 여기서 파리를 떠난다면 그 희망을 수포로 돌리고 원대한 꿈을 짓밟는 셈이었다.

평생 처음이자 마지막으로, 무엇을 할 기운조차 없는 시기에 마리는 서로 어긋나는 두 개의 사명 사이에서 갈팡질팡했다. 고향에 대한 향수로 오래 망설이고 괴로워한 끝에 마리는 바르샤바에 거절의 편지를 써 보냈다. 하지만 마리는 파리에서 그 새로운 폴란드의 연구소를 지도할 것을 승낙하고, 우수한 폴란드인 조교 다뉘셰와 베르덴시타인에게 그곳의 실질적인 관리를 맡기기로 했다.

마리는 아직 몸이 회복되지 않았지만 1913년에 방사능연구소 낙성식에 참석하기 위해 바르샤바로 향했다. 그러나 러시아 당국은 마리의 방문을 일부러 모른 척했다. 마리를 위해 개최된 축하연에도 러시아 관리들은 아무도 참석하지 않았다. 덕분에 그녀에 대한 고국의 추대는 더욱 활기를 띠었다. 사람들로 발 디딜 틈 없는 회장에서 마리는 태어나서 처음으로 폴란드어로 과학강연을 했다.

마리는 한 동료에게 이런 편지를 써 보냈다.

귀국하기 전에 여기에서 조금이라도 더 도움이 되고자 힘쓰고 있습니다. 화요일에는 공개강연을 하나 했어요. 여러 모임에도 참석했고 앞으로도 계속 참석할 예정입니다. 이곳에는 열의가 있어요. 그 열의는 반드시 활성화시켜야 합니다. 야만적이고 부조리한 지배에 학살당해 온 이 불쌍한 나라는 도덕적, 지적 생명을 보호하기 위해 참으로 열심히 싸우고 있습니다. 언젠가는 압제에서 벗어날 날이 반드시 올 테니 그 날을 기다리며 힘을 내야겠지요. 하지만 그 생활은 얼마나 비참하고 가혹한지요.

어린시절의 추억이 아로새겨진 여러 곳에도 가봤습니다. 비스와 강과 묘지에도 가 보았지요. 마치 순례를 하듯 한 곳 한 곳을 찾아갈 때마다 그리움과 동시에 슬픔이 밀려왔지만 가보지 않을 수가 없었습니다.

22년 전 마리가 최초로 물리실험을 했던 농공업박물관에서도 축하행사가 열렸다. 다음날에는 폴란드 여성들이 '스쿼도프스카 퀴리 부인'을 위해 파티를 열었다. 참석자 가운데 백발의 노부인이 영광의 주인공을 물끄러미 바라보았다. 그 부인은 다름 아닌, 예전에 금발 머리를 땋아 늘어뜨린 꼬마 마냐가 다니던 기숙학교의 교장 시코르스카 부인이었다.

마리는 자리에서 일어나 꽃으로 꾸며진 탁자 사이를 지나 그 노부인에게 가까이 다가갔다. 그리고 먼 옛날 금메달을 받고 졸업했을 때처럼 가슴을 콩닥거리며 부인을 열렬히 포옹했다. 시코르스카 선생은 눈물을 흘렸고 참석한 사람들은 모두 두 사람에게 뜨거운 박수갈채를 보냈다.

퀴리 부인의 건강은 조금씩 회복되었다. 1913년 여름에 마리는 자신의 건강을 시험해 보기 위해 배낭을 메고 스위스의 앙가딘 계곡으로 도보여행을 떠났다. 딸들도 가정교사와 함께 데려갔다. 특히 이 도보여행에는 석학 알베르트 아인슈타인과 그의 아들도 참가했다.

퀴리 부인과 아인슈타인은 이미 몇 년 전부터 유쾌한 '천재들의 교류'를 맺고 있었다. 그들은 서로를 존경했으며 담백하고 성실한 우정을 나누었다. 그들은 때로는 프랑스어로, 때로는 독일어로 이론물리학을 끝없이 토론하길 즐겼다.

아이들도 이 여행을 마음껏 즐겼으며 산을 오를 때도 날듯이 앞장을 섰다. 그 뒤에서 영감이 풍부하고 수다스런 아인슈타인이 머릿속에서 떠나지 않는 이론을 마리에게 피력하며 나란히 걸었다. 수학적 재능이 비상한 마리는 유럽에서도 드물게 그의 학설을 이해하는 몇 안 되는 사람이었다.

이렌과 에브는 이상하게만 들리는 대화에 귀를 쫑긋 세웠다. 아인슈타인은 사색에 몰두하면서도 갈라진 틈을 잘도 보고 건너며 암벽을 기어올랐다. 그러다 갑자기 멈춰 서서 마리의 팔을 잡고 외쳤다.

"부인, 제가 무엇에 대해 고민하고 있는지 아세요? 엘리베이터가 진공 속을 낙하한다면 그 안에 타고 있는 승객들의 몸에 과연 어떤 현상이 일어날까 하는 겁니다."

하지만 이런 심오한 고민도 아이들에게는 바보 같고 우스운 이야기에 지나지 않았다. 엘리베이터를 타고 떨어진다는 가정(假定)이 바로 그 유명한 '상대성이론'으로 이어진다고는 꿈에도 생각지 못했기 때문이다.

이 짧은 휴가를 보내고 마리는 과학과 관련된 성대한 행사에 초대되어 영국과 브뤼셀을 방문했다. 버밍엄 대학에서는 명예박사 칭호를 받았다. 퀴리 부인은 의외로 기분 좋게 그 번거로움을 받아들였고, 그날의 광경을 이렌에게 자세히 적어 보냈다.

나는 동료들, 즉 박사학위를 받을 다른 학자들과 똑같이 깃이 어깨 뒤로 드리워진 빨간 박사복을 입었단다. 먼저 우리의 공적을 칭송하는 짧은 연설이 있은 뒤 부총장이 나와서 저마다에게 박사 칭호를 준다고 선언했어. 우리는 단상에 앉았어. 퇴장할 때는 우리와 거의 비슷한 옷을 입은 이 대학의 교수와 박사들의 행렬에 뒤이어 나왔단다. 모든 일들이 하나같이 재미있었어. 엄마도 버밍엄 대학이 정한 규정과 관례에 따라 엄숙하게 서약을 했단다……

편지를 받은 이렌은 너무 기뻐서 바로 답장을 썼다.

사랑하는 엄마, 빨간 깃이 드리워진 박사복을 입은 엄마의 모습이 눈에 선해요. 얼마나 아름다웠을까! 그 멋진 옷은 주는 건가요, 아니면 단지 식을 위해 빌려주는 건가요?

프랑스에서도 일련의 소동이 잠잠해지고 여성과학자 퀴리 부인은 영광의 정점에 섰다. 피에르 퀴리 거리에는 2년 전부터 건축가 네노가 마리를 위해 라듐연구소를 짓고 있었다.

하지만 일이 그렇게 쉽게 진행되지는 않았다. 피에르 퀴리가 죽은 뒤 정부는 마리에게 실험실 건설을 위해 국민 기금을 모을 것을 제의한 적이 있었다. 그러나 마리는 도핀 거리의 참사를 이유로 돈을 모으는 것은 원치 않았으므로 이 제의를 거절했다. 그 뒤로 당국은 아무런 후원도 하지 않았다.

그런데 1909년 파스퇴르연구소 소장 루 박사가 퀴리 부인을 위해 실험실을 세워주겠다는 아주 관대한 제안을 했다. 그렇게 하면 마리가 소르본을 떠나 파스퇴르 연구소를 대표할 인물이 될 것이라고 생각했기 때문이다.

그 소식을 들은 대학 학장들이 깜짝 놀랐다. 퀴리 부인을 다른 곳에 넘긴다고? 그건 안 되지! 무슨 수를 써서라도 그녀를 정식 직원으로 붙들어 놓아야 해!

결국 루 박사와 리아르 총장이 합의를 보고서야 논쟁은 끝이 났다. 대학과 파스퇴르연구소는 각각 40만 프랑씩 공동출자하며 라듐연구소를 창설하기로 결론을 본 것이다. 연구소는 마리 퀴리가 지도하는 방사능 실험실과 생물학과 퀴리요법을 연구하는 실험실로 나뉘며, 여기서는 뛰어난 과학자이자 의사인 클로드 르고 교수가 암 환자 연구와 치료를 한다. 그리고 이 두 실험실이 협력하여 라듐 과학을 발전시켜 나간다.

마리는 퀴비에 거리에서 나와 건축현장에서 도면을 설계하거나 건축가와 상의하며 하루하루를 보냈다. 부인의 머리에는 하얗게 서리가 내려 있었지만 내면은 새롭고 근대적인 사상으로 가득 차 있었다. 마리는 물론 자신의 연구도 생각했지만 그보다는 30년, 50년이 지나 자신이 한 줌 먼지가 된 뒤에도 사람들이 계속 쓸 수 있는 실험실을 짓고 싶었다. 그래서 넓은 부지의 실험실에는 햇볕이 잘 드는 커다란 창을 설치하고 싶었다. 비용이 많이 들어 정부에서 파견된 기사들을 화나게 할지도 모르지만 엘리베이터도 하나 갖고 싶었다.

마리는 정원을 꾸미는 문제도 꼼꼼히 생각했다. 흙을 사랑하는 마리에게는 정원이 가장 중요하고 마음에 걸리는 부분이었다. 그래서 마리는 '장소를 절약'해야 한다는 기사들의 타당한 의견을 무시하고 건물과 건물 사이의 얼마 안 되는 땅까지 빠짐없이 정원 부지로 확보했다. 그리고 골동품을 감정하듯 전문가의 눈길로 어린 나무를 한 그루 한 그루 골라 기초공사를 시작하기도 전에 자기 눈앞에서 나무들을 심도록 했다. 마리는 인부에게 이렇게 당부했다.

"내가 일찌감치 플라타너스와 보리수를 사 두었으므로 2년은 이득을 본

거예요. 우리가 실험실을 열 무렵에는 나무들도 크게 자라 꽃을 피우겠지요. 하지만 이 일은 비밀로 해야 해요. 네노 씨에게는 아무 말도 하지 않았으니까요."

마리의 회색 눈동자에 또다시 젊음의 불꽃이 작게 타올랐다.

덩굴장미는 마리가 직접 심었다. 아직 마무리되지 않은 벽 밑을 삽으로 파고 양손으로 흙을 눌러 다졌다. 매일 물을 주며 먼지 속에서 그것들을 바라보는 마리의 모습은 마치 생명 없는 돌담이 높이 쌓아올려지고 살아 있는 식물이 그 위로 기어 올라갈 날을 손꼽아 기다리는 사람 같았다.

마리는 퀴비에 거리에서의 연구도 쉬지 않고 계속했다. 어느 날 아침, 예전에 실험실 직원으로 있던 프티가 찾아왔다. 이 건실한 남자는 물리화학학교에도 연구실과 대강의실이 몇 개나 신축된 것을 보고 깊은 감명을 받았다. 피에르와 마리가 실험을 했던 로몽 거리의 곰팡이 핀 허름한 창고는 이제 곧 해체될 예정이었다.

옛 친구와 함께 마리는 로몽 거리에 마지막 작별 인사를 하러 갔다. 다행히 창고는 아직 그대로 있었다. 세심한 배려 덕분에 칠판에는 아무도 손을 대지 않아 피에르가 쓴 글이 그대로 남아 있었다. 금방이라도 문이 열리면서 마르고 키가 큰 피에르가 불쑥 들어올 것만 같았다.

로몽 거리, 퀴비에 거리, 피에르 퀴리 거리…… 이 세 지명은 세 단계의 진보를 뜻한다. 그날 마리는 자기도 모르게 자신이 과학자로서 훌륭하게, 그러나 실제로는 고통스럽게 살아온 지난날을 더듬어 보았다.

이제 막 건립된 생물학 실험실에는 르고 교수의 조수들이 이미 일을 시작하여, 저녁이면 그 신축된 건물 창으로 불빛이 반짝이는 것이 보였다. 몇 개월 뒤에는 마리도 PCN을 떠나 실험기기들을 피에르 퀴리 거리로 옮겨올 것이다.

승리는 주인공이 이미 젊지도 강하지도 않으며 행복을 잃어버린 뒤에야 뜻밖에 찾아왔다. 하지만 아무래도 상관없었다. 지금은 젊고 유능한 동료들이 그녀를 둘러싸고 있으며, 열정적인 연구원들이 언제든지 그녀와 함께 싸울 준비를 하고 있다. 그렇다. 결코 아직 늦은 것은 아니다.

희고 작은 건물 벽 여기저기서 유리공들이 노래를 부르거나 휘파람을 불었다. 출입구 위쪽에는 이미 커다란 돌에 다음과 같은 단어가 새겨져 있었다.

'라듐연구소—퀴리관'

튼튼한 벽과 그 가슴 설레는 이름 앞에 서서 마리는 파스퇴르의 말을 떠올렸다.

인류에게 유용한 발견들이 제군들의 마음을 감동시킨다면, 전신(電信)기술과 은판 사진과, 마취법과 그 밖의 감탄스러운 발견 뒤에 찾아오는 놀라운 결과 앞에서 제군들이 망연해진다면, 그리고 제군들의 정부가 그 놀라운 성과를 이룩하는 데 기여하기를 강력히 바란다면, 나는 제군들이 '실험실'이라는 의미심장한 이름으로 불리는 저 신성한 건물에 관심을 갖길 바란다. 실험실을 늘리고 내실을 키우도록 신경 써 주기를 바란다. 그곳이 바로 인류의 부와 안녕의 전당이기 때문이다. 그곳에서 인류는 더욱 위대해지고 강건해지며 풍족해질 수 있다. 그곳에서 인류는 자연의 작품을, 진보와 보편적 조화의 작품을 배우고 이해할 수 있다. 인류가 만든 작품은 너무나 많은 부분이 야만과 광신과 파괴로 가득하기 때문이다……

눈부신 햇살이 쏟아지는 7월, 피에르 퀴리 거리에 '미래의 전당'이 드디어 완성되었다. 연구소는 이미 준비를 다 마치고 라듐과 소장과 일할 사람들을 기다리고 있었다.

그런데 공교롭게도 그날은 1914년 7월이었다.

제1차 세계대전

마리는 여름휴가를 보내기 위해 브르타뉴에 별장을 빌렸다. 이렌과 에브는 가정교사와 가정부와 함께 한발 먼저 별장으로 향했고, 마리는 학년말의 바쁜 업무로 파리를 떠나지 못했으므로 8월 3일에 가기로 약속했다.

퀴리 부인은 더위가 기승을 부리는 한여름에 베튄 강변로의 텅 빈 아파트에서 집안일을 돌봐줄 사람도 없이 혼자 생활하는 일에 이미 익숙해져 있었다. 낮에는 연구소에서 지내고 밤늦게 집에 돌아오므로 그 집도 경비원이 적당히 관리만 해 주고 있을 뿐이었다.

마리가 딸들에게(1914년 8월 1일)

사랑하는 이렌, 사랑하는 에브, 사태가 점점 악화되고 있단다. 이쪽은 당장이라도 동원령이 떨어질 것만 같구나. 엄마가 그곳에 갈 수 있을지도 확신할 수 없단다. 하지만 너무 걱정하지 말고 차분하게 마음 든든히 먹고 기다리고 있으렴. 전쟁이 나지 않으면 월요일에는 갈 수 있으니까. 하지만 반대의 경우라면 엄마는 여기 남아서 상황이 허락하는 대로 너희들도 돌아올 수 있도록 손을 쓰마. 이렌, 너와 나는 이런 때일수록 사람들에게 도움이 되도록 애쓰자꾸나.

8월 2일

사랑하는 딸들아. 동원이 시작되고 독일군은 선전포고도 없이 프랑스로 쳐들어 왔단다. 당분간은 편지도 맘대로 주고받지 못할지도 모르겠다.

파리는 조용하단다. 여기저기서 출정하는 사람들을 배웅하는 가슴 아픈 사람들이 보이지만 그래도 아직은 대체로 괜찮은 듯하다.

8월 6일

사랑하는 이렌, 나도 어떻게 해서든지 너희들을 여기로 부르고 싶지만 당분간은 불가능할 것 같구나. 당분간은 힘들어도 참고 있거라.

독일군은 벨기에를 공격하며 진격하고 있단다. 작은 나라지만 용감한 벨기에는 독일군의 통과를 쉽게 허용하지 않을 거야…… 프랑스인은 모두 아무리 고전하더라도 충분히 이길 수 있다고 믿고 있단다.

폴란드는 독일군에 점령되어 버렸어. 그 나라는 이제 어떻게 되는 걸까. 외삼촌과 이모들의 소식도 아직 듣지 못하고 있구나.

이상한 공허가 마리 주위에 퍼져나가고 있다. 동료들과 연구소 직원들도 모두 각 연대에 소집되었다. 마리의 주위에는 심장병 때문에 동원에 참가하지 못한 기계 담당의 투이 라고와 키가 아주 작은 심부름하는 여자아이밖에 남지 않았다.

이 폴란드 여성은 프랑스가 자신의 귀화국에 지나지 않음을 잊고 있었다. 엄마로서 자식들 곁으로 가고 싶은 마음도 한쪽에 접어두었다. 아직 병약한 상태였지만 그런 것을 핑계 삼을 때가 아니었다. 학자로서의 연구도 잠시 미뤄두었다. 마리는 오로지 제2의 조국에 봉사해야 한다는 생각밖에 하지 않았다. 비상사태가 닥치자 마리의 직관력과 독창력이 다시 고개를 들었다.

마리는 연구소를 폐쇄했다. 그러나 다른 많은 프랑스의 용감한 여성들처럼 백의의 천사가 될 생각은 없었다. 마리는 구호시설 조직을 조사하여 당국에서 아직 발견하지 못한 치명적인 결함을 찾아냈다. 전선은 물론 후방에도 병원마다 X선 설비를 거의 설치하지 않았던 것이다.

1895년에 뢴트겐이 X선을 발견한 이후 인류는 수술을 하지 않고도 인체 내부를 살펴보고 골격이나 내부 기관을 보고 촬영할 수 있게 되었다. 하지만 1914년에 프랑스에서는 아직 뢴트겐 설비가 활성화되지 않았다. 방사선 사진을 찍을 줄 아는 몇몇 의사만이 쓰고 있을 뿐이었다.

육군의무당국에서도 전쟁이 나자 이러한 값비싼 물건을 둘 만하다고 판단한 몇몇 중추기지에만 시설을 설치했다. 그런데 몸 안에 박힌 작은 총탄 파편을 '투시'하여 찾는 장치가 과연 사치품인가? 마법이라고 한다면 또 모르지만 말이다.

마리는 지금껏 X선을 연구한 적은 한 번도 없었지만 소르본에서는 매년 몇 차례씩 X선 강의를 했었다. 따라서 마리는 X선에 대해 잘 알고 있었고, 또 자신의 과학 지식을 바탕으로 대량살육이 자행되는 전쟁에서 무엇이 가장 필요한지도 알 수 있었다. 그것은 지금 당장 'X선 치료소'를 곳곳마다 설치하는 것이 필요했다.

마리는 대충 구상이 끝나자 바로 활동을 개시했다. 불과 몇 시간 만에 자신의 연구실을 포함한 대학의 각 실험실에 있는 X선 장치 목록을 만들었다. 그리고 제조업자들을 일일이 방문했다. 쓸 수 있는 X선 재료를 모두 모아 파리 근교의 각 병원에 배포하고 교수와 기사와 학생들 가운데서 장치를 다룰 지원자를 모집했다.

하지만 아직 그 설비를 갖추지 못한 야전병원에 무서운 기세로 쏟아져 들어오는 부상자들은 어떻게 구해야 하는가. 야전병원에는 X선 설치에 필요한 전기장치조차 없는 곳도 많았다.

퀴리 부인은 해결책을 생각해 냈다. 프랑스 여성협회의 원조로 'X선 치료차'라는 이동 치료소를 고안한 것이다. 일반 자동차에 뢴트겐 장치를 달고 차의 모터를 돌려 필요한 전류를 발생시키는 발전기를 설치했더니 완전한 이동식 진료소가 되었다. 이 차는 1914년 8월부터 각 병원을 돌며 활약했다. 특히 장기전으로 이어진 마른 전투(The 1st Battle of Marne)에서는 파리로 이송된 부상자들의 진료를 이 차 한 대로 모두 수용했다.

독일군의 질풍 같은 진군에 마리는 양심을 찌르는 문제로 고민했다. 딸들이 있는 브르타뉴로 가야 할지 파리에 남아 있어야 할지, 또 침입자들이 수도를 점령하면 구급대와 함께 퇴각해야 할 것인지를 고민했다.

마리는 다양한 경우를 냉정하게 고려해 본 뒤 어떠한 일이 있어도 파리에 남기로 결정했다. 전쟁에 공헌하기 위해 그녀가 막 시작한 박애의 일 때문만은 아니었다. 마리는 연구소를, 퀴비에 거리에 있는 깨지기 쉬운 실험기구들과 피에르 퀴리 거리의 새로운 연구소를 생각했던 것이다.

'내가 있으면 독일군도 실험실을 엉망으로 파괴하진 않을 거야. 하지만 내가 파리를 떠나면 모든 것이 사라져버릴 것이 뻔해.'

마리는 이렇게 생각했지만, 물론 여기에 자신을 위한 이유가 없었던 것도

아니다. 어쩌면 그녀를 이끄는 본능에 논리적인 변명을 댔을 뿐인지도 모른
다. 고집 세고 완고한 마리는 달아나는 행위가 싫었던 것이다. 겁을 먹으면
적에게 지고 만다. 어떠한 일이 있어도 마리는 독일군이 승리에 취해 텅 빈
퀴리연구소에 침입하는 기회를 줄 수 없었다.

마리는 이별을 각오하고 딸들을 자크 퀴리에게 맡겼다.

마리가 이렌에게 (1914년 8월 28일)

……어쩌면 파리가 포위될지도 모르겠구나. 그렇게 되면 이제 편지도
주고받지 못하게 될 거야. 그래도 용기를 내고 꾹 참아주길 바란다. 우리
의 개인적인 소망 같은 건 현재 벌어지는 전쟁 앞에서는 아무것도 아니기
때문이야. 그리고 내 예상보다 우리가 더 오랫동안 떨어져 있어야 하는 경
우에는 네가 동생을 책임지고 잘 보살펴야 한다. 알겠니?

8월 29일

사랑하는 이렌, 물론 아직 우리가 편지도 하지 못한다고 정해진 건 아니
야. 하지만 어떤 일이 일어나더라도 받아들일 수 있도록 마음의 준비를 해
두라는 말이야. ……파리는 국경과 가깝기 때문에 독일군이 쳐들어오기가
쉬워. 그렇다고 해서 프랑스가 최후의 승리를 쟁취한다는 희망을 버릴 필
요는 없단다. 그러니까 용기를 내고 믿음을 가지렴. 이런 때일수록 언니
역할이 무엇인지 잘 생각해보렴.

8월 31일

토요일 소인이 찍힌 너의 상냥한 편지 잘 받았다. 당장이라도 달려가 너
를 안아 주고 싶어서 눈물이 날 뻔했단다.

사태가 좋아질 기미는 보이지 않고 모두들 슬픔과 불안에 빠져 있다. 이
럴 때일수록 기운을 내야 하고 앞으로도 계속 그럴 수 있기를 바란다. 궂
은 날이 지나면 반드시 맑은 날이 온다는 믿음을 굳게 가져야 해. 사랑하
는 딸들아! 나는 그런 희망을 품은 가슴으로 너희를 꼭 껴안아 주고 싶구
나.

비록 파리가 포위되어 폭파되고 공격당해도 마리가 태평하게 그곳에 머물겠다고 생각한 까닭은 연구소에 있는 1그램의 라듐을 침략자의 손으로부터 지키고 싶었기 때문이다. 그녀는 그 귀중한 보물을 다른 누구에게도 맡길 생각이 없었다. 그래서 결국 마리가 직접 그것을 보르도로 가져가기로 결심했다.

마리는 검은 알파카 외투를 입고 작은 여행가방과 라듐 1그램을 들고 정부 직원들과 관리들로 북적대는 열차에 올라탔다. 라듐 1그램을 옮기는 일은, 즉 아주 작은 시험관에 든 라듐을 보호하는 납으로 만든 무거운 상자를 옮기는 일이었다.

겨우 구석에 걸터앉을 만한 빈자리를 발견한 마리는 그 무거운 짐을 자기 앞에 내려놓았다. 객차 안을 가득 채운 비관론에는 결코 귀를 기울이지 않겠다고 다짐하며 햇빛이 쏟아지는 환한 들판을 창밖으로 바라보았다. 하지만 그곳에서도 패배의 그림자가 드리워진 광경이 눈에 들어왔다. 철도를 따라 뻗어 있는 국도에는 서쪽으로 피란 가는 자동차의 행렬이 끊임없이 이어지고 있었다.

보르도는 피난 온 프랑스인으로 가득했다. 역의 짐꾼도 택시도 호텔방도 어느 것 하나 남아 있는 것이 없었다. 밤이 되었는데도 마리는 역 앞 광장에서 혼자 힘으로는 도저히 나를 수 없는 무거운 짐 옆에 서 있어야만 했다. 마리는 군중 속에서 이리저리 치이고 있었다. 하지만 그녀는 싫은 기색 하나 보이지 않았고, 오히려 그런 상황이 재미있기까지 했다. 어쩌면 날이 샐 때까지 여기서 백만 불의 가치가 있는 이 상자를 지켜야만 하는 걸까?

하지만 구원의 손길은 있었다. 고맙게도 기차에서 만난 한 관청 직원이 마리를 발견하고는 일반 가정집의 방 하나를 얻어주었다. 이제 라듐도 안전하게 되었다. 다음날 날이 밝자 마리는 그 골칫덩이 보물을 은행 금고에 맡기고 가뿐하게 다시 파리로 돌아왔다.

떠날 때는 아무도 그녀를 눈여겨보지 않았는데 파리로 돌아올 때는 소문이 무성하게 퍼졌다. '그곳으로 돌아가려는 부인' 주변으로 갑자기 사람들이 몰려들었다. '부인'은 자신이 누구인지는 끝까지 밝히지 않았지만, 평소보다도 능숙한 언변으로 무성한 유언비어를 잠재우려고 애쓰며, 파리는 '견뎌낼 것'이고 시민에게 조금의 위험도 없을 것이라고 조용히 설득했다.

유일한 '민간인'인 마리를 태운 군용열차는 믿기 어려울 만큼 느릿느릿 움직였으며, 몇 번이나 평야 한가운데서 몇 시간씩 멈춰 서곤 했다. 한 병사가 군용 가방에서 커다란 빵을 꺼내 마리에게 건넸다. 마리는 전날 연구소를 나온 이후로 아무것도 먹지 못했으므로 참기 어려울 만큼 허기져 있었다.

적군의 위협을 받고 조용해진 파리는 9월 초의 황홀한 햇빛 속에서 전에 없이 아름답고 귀중하게 느껴졌다. 이렇게 아름다운 보석을 잃고 마는 걸까? 하지만 벌써 새로운 소식이 해일처럼 온 시가지를 휩쓸고 있었다. 퀴리 부인은 여행의 피로를 풀 새도 없이 그 소식에 촉각을 곤두세웠다. 독일군의 공격을 저지하며 마른에서 전투가 시작되었다는 내용이었다.

마리는 고등사범학교로 가서 친구 아펠과 보렐을 만났다. 그들이 만든 의료조직인 '국민구호회'에서 당장부터 일하고 싶었기 때문이다. 그러나 회장인 폴 아펠은 지칠 대로 지쳐 보기에도 안쓰러운 마리가 걱정되어 억지로 긴의자에 눕혔다. 그러고는 4, 5일쯤은 제발 쉬라고 부탁했다. 하지만 마리는 그의 말을 듣지 않았다. 마리는 일해야겠다는 생각밖에 없었다. 일하고 또 일하고 싶을 뿐이었다.

"……창백한 얼굴에 움푹 꺼진 눈만 반짝이며 긴 의자에 누워 있는 그녀는 타오르는 불꽃같았소."

나중에 폴 아펠은 이렇게 말했다.

마리가 이렌에게 (1914년 9월 6일)

……지금은 전투 장소가 바뀌었단다. 적군이 파리에서 멀어져가는 것 같아. 우리는 모두 희망을 갖고 마지막에는 승리를 거두리라고 믿고 있단다.

이렌, 어린 페르낭 샤반에게 물리학 공부를 시키거라. 네가 지금 곧바로 프랑스를 위해 일하지 못한다면 앞으로 열심히 일하면 된단다. 슬픈 일이지만 이 전쟁이 끝나면 일손이 많이 부족해질 테니 우리가 그 자리를 대신해야 할 거야. 되도록 물리학과 수학을 열심히 공부해 두거라.

파리는 수복되었다. 마리는 피신해 있기를 강하게 거부했던 딸들을 다시 파리로 불러들였다. 에브는 학교로 돌아갔고 이렌은 간호사 면허를 취득했다.

퀴리 부인은 전쟁이 길어지면 사상자가 많이 나올 것이고, 부상자를 그 자리에서 수술하는 일이 얼마나 중요하며, 외과의사와 방사선의사가 전선의 야전병원까지 출장을 가야 하므로 방사선차가 상상할 수 없을 만큼 활약하리라는 사실을 이미 다 예측하고 있었다.

군인들 사이에서 '작은 퀴리'라는 별명이 붙은 그 방사선차를, 마리는 관료들의 냉담함과 은근한 적대감도 무시하면서 연구소에서 하나씩 하나씩 만들어갔다. 내성적인 여성이 갑자기 온갖 요구를 하며 다짜고짜 밀어붙이는 사람으로 변한 것이다. 마리는 게으른 관리들을 설득하여 그들에게 통행증과 주문전표와 검사증을 제공하라고 요구했다. 관리들은 규칙을 구실 삼아 난색을 표했다. '민간인 주제에 건방지게 나서지 말라'는 것이 그들의 본심이었다. 그러나 마리의 집요함에는 손을 들어야 했다. 그 문제로 토론이 벌어졌고 결국 마리가 승리를 거두었다.

마리는 또한 개인적인 원조도 열심히 요청했다. 가네 후작부인이나 뮈라 공작부인처럼 마음씨 좋은 부인들은 자신들의 리무진 자동차를 마리에게 기증하거나 빌려주었다. 마리는 그 차들을 곧장 방사선차로 개조했다.

"전쟁이 끝나면 차를 돌려 드릴게요. 못쓰게 되어 버리지 않는 한 꼭 돌려 드리겠습니다."

순진한 마리는 자신 있게 약속했다. 이렇게 모은 차가 모두 20대였는데, 마리는 그중 한 대를 자신의 전용차로 썼다. 앞부분이 평평하고 차체가 배송 트럭처럼 생긴 르노^(프랑스 최대의 자동차 회사) 자동차였다. 규정대로 회색으로 칠한 차체에 적십자 마크와 프랑스 국기를 직접 그려 넣었다. 퀴리 부인은 그 차를 타고 다니며 모험가나 위대한 지휘관과 같은 나날을 보냈다.

부상자로 넘치는 야전병원에서 방사선 설비를 급하게 보내달라는 전보나 전화가 퀴리 부인에게 전달된다. 그러면 마리는 먼저 차의 설비를 점검한다. 운전병이 가솔린을 넣고 있는 동안 마리는 집으로 달려가서 수수한 외투와 색이 바래고 모양도 일그러진 둥글고 부드러운 여행모자와 금이 가고 해진 노란 가죽가방을 가지고 온다. 그러고 나서 운전사 옆에 앉으면 용감한 차는 제한속도를 넘지 않게 주의하면서 전속력으로 아미앵이나 이프르, 또는 베르댕으로 달려간다.

몇 번이나 검문을 받고 의심 많은 보초병에게 이런저런 설명을 해가며 겨우 병원에 도착한다. 자, 이제 시작이다! 퀴리 부인은 방사선치료실로 쓸

방 하나를 재빨리 골라 여러 개의 상자를 나른 뒤 직접 기구를 꺼내 부품을 조립했다. 전선을 풀어서 차 안에 있는 발전기와 방사선 장치를 잇고 운전사에게 신호를 하여 발전기를 가동시킨다. 전류의 세기를 검사하고 진료를 시작하기 전에 '방사선 형광판'을 준비했다. 그 밖에 장갑, 위생안경, 부호 표시를 하기 위한 특별한 연필, 탄환의 위치를 탐지하는 추 등도 손닿는 곳에 늘어놓는다. 그리고 나서 검은 커튼이나 병원 모포로 창을 가리고 방을 어둡게 했다. 옆방에 설치된 임시 암실에서는 건판의 현상액을 몇 개씩 준비해 둔다. 마리가 도착하고 나서 30분 안에 모든 준비가 갖춰졌다.

이윽고 측은한 일련의 작업이 시작되었다. 외과의사가 퀴리 부인과 함께 어두운 방안으로 들어갔다. 방안에는 가동하기 시작한 여러 장치가 신비한 광채에 둘러싸여 있다. 괴로워하는 부상자들이 들것에 차례차례 실려 왔다. 마리는 상처 부위에 장치를 대고 또렷한 영상을 보기 위해 더욱 미세하게 장치를 조절한다. 이윽고 뼈와 장기의 형태가 드러나고 그 사이로 작은 총알과 포탄 파편이 시커멓게 나타났다.

조수가 의사의 관찰 결과를 기록한다. 마리는 총알을 끄집어낼 때 외과의사에게 도움이 되도록 영상을 본뜨기도 하고 사진을 찍기도 했다. 때로는 'X선 아래에서' 바로 수술이 이루어질 때도 있었다. 의사는 방사선 형광판의 영상을 보면서 핀셋을 상처 부위에 넣고 뼈를 피해 탄환이 있는 곳까지 찾아갔다.

그러한 부상자 10명, 50명, 100명……. 몇 시간, 때로는 며칠씩 걸리기도 했다. 그러나 환자가 있는 한, 마리는 몇 시간이고 그 어두운 방안에서 지냈다. 마리는 병원을 나서기 전에는 어떻게 하면 그곳에 고정 방사선 치료반을 배치할 수 있을지 여러모로 고민했다. 그리고 자신의 도구들을 가방에 넣고 '마법의 차'에 올라 다시 파리로 돌아왔다.

마리는 얼마 뒤 그 야전병원을 다시 찾았다. 사방으로 손을 써서 겨우 찾아낸 X선 장치를 병원에 설치하려고 되돌아온 것이다. 물론 자신이 교육 시킨 X선 기사도 함께 데리고 왔다. 이로써 X선실과 기사를 보유하게 된 그 병원은 더 이상 그녀를 부르지 않아도 되었다.

마리는 방사선 치료차 20대 외에 방사선 치료실을 200개나 만들었다. 고정반과 이동반을 합치면 총 220개였다. 퀴리 부인이 혼자 힘으로 만들어 설비한 그 장치로 목숨을 건진 부상자의 수는 백만이 넘었다.

마리가 그런 큰일을 해낼 수 있었던 원동력은 학식과 용기만이 아니었다. 마리는 유사시에 적절하게 대응하는 재능을 가졌다. 그래서 전쟁을 통해 'D 방식(요령 좋은 방식)'이라는 별명을 얻을 만큼 훌륭하게 자신의 임무를 수행한 것이다.

운전사를 구하지 못할 때는 마리가 직접 자동차 핸들을 잡고 울퉁불퉁한 길을 달려 목적지로 향했다. 혹독한 추위 속에서 잘 돌아가지 않는 발전기의 크랭크를 힘껏 돌리는 모습도 가끔 볼 수 있었다. 뿐만 아니라 타이어를 갈기 위해 기중기를 누른다든지, 미간을 찌푸리고 조심스럽게 기름 찌꺼기가 남아 있는 기화기를 학자다운 손놀림으로 청소하기도 했다.

방사선 장치를 기차로 운반할 때는 마리가 직접 화물칸에 실었고, 목적지에 닿아서도 화물이 분실되는 일이 없도록 주의하면서 마리가 직접 내렸다.

마리는 쾌적한 생활을 요구하지도 않았고 특별한 존경이나 좋은 대우를 바라지도 않았다. 유명한 여성 가운데 마리만큼 소탈한 사람은 아무도 없었다. 마리는 식사를 하는 것도 곧잘 잊었고 아무데서나 가리지 않고 잠을 잤다. 간호사들의 작은 방이나 오구스타드 병원에서는 옥외의 캠핑 텐트에서도 잤다. 예전에 다락방에서 살 때 추위에도 아랑곳 않던 그 여학생은 이번에도 아무런 갈등 없이 전쟁터의 병사가 된 것이다.

마리가 폴 랑주뱅에게 (1915년 1월 1일)

……출발할 날짜는 아직 결정되지 않았지만 꾸물대고 있을 수만은 없어요. 생폴 지방에서 활동하고 있는 방사선치료차가 파손되었다는 통지를 받았거든요. 이것은 북부지방 전체에 방사선 치료 설비가 하나도 없다는 걸 의미해요. 모든 수단을 다 동원해서라도 빨리 가봐야겠어요. 지금은 1세기가 넘도록 괴로움을 당하고도 피바다로 물든 내 조국 폴란드를 위해서 아무것도 할 수가 없으니 적어도 내가 택한 제2의 조국에라도 온 힘을 다해 봉사하기로 결심했어요.

이렌과 에브도 군인의 딸들과 거의 똑같이 생활했다. 어머니가 신장병 때문에 어쩔 수 없이 며칠 동안 자리에 누워 있을 때를 제외하고는 결코 쉬지 않았기 때문이다. 마리는 병이 도졌을 때만 집에 있었고 그 외에는 쉬프, 랭스, 칼레, 포페링에 등 프랑스와 벨기에의 3백 내지 4백여 병원 가운데 어느 한 곳에 가 있었다. 따라서 에브가 역사와 작문에서 좋은 성적을 받았다고 마리에게 편지를 보내는 주소는 언제나 특이하고 심금을 울리는 곳뿐이었다.

벨기에 퓌르네 시 노블 로즈 호텔 퀴리 부인 앞

오랭 현 모르비야르 시 제11부속병원 퀴리 부인 앞

······제112병원 퀴리 부인 앞

이러한 군 야영지에서 퀴리 부인은 엽서에 간단한 소식만 급하게 갈겨써서 파리로 보냈다.

1915년 1월 20일
사랑하는 딸들아, 아미앵에 도착해서 머물고 있다. 타이어는 두 개밖에 터지지 않았어. 다른 사람들에게도 인사 전해주렴. 엄마가.

같은 날
아브빌에 도착했다. 장 페랭이 자동차로 나무를 들이받았는데, 다행히 큰 사고는 아니었어. 이 길로 불로뉴에 간단다. 엄마가.

1915년 1월 24일
사랑하는 이렌. 이런저런 힘든 상황을 겪고 드디어 포페링에에 도착했다. 그런데 병원을 좀 개조한 뒤에나 일을 시작할 수 있을 것 같구나. 자동차를 주차해 둘 곳과 커다란 병실 안에 방사선 치료실을 만들어야 하거든. 그래서 일이 좀 늦어지겠지만 달리 좋은 방법이 없구나.
됭케르크에서는 독일군 비행기가 폭탄을 투하하여 몇 명이 죽었는데 사람들은 그다지 공포를 느끼지 않는구나. 포페링에에서도 이런 일이 있었지만 이곳만큼 심하진 않았어. 여긴 포성이 거의 끊이지 않고 울려대는구

나. 비는 내리지 않지만 얼음이 조금 얼었어. 병원에서 나를 크게 환영해 주었단다. 좋은 방도 얻고 난로도 피워주었어. 퓌르네에서보다 대우가 좋구나. 식사는 병원에서 하고 있다. 애정을 담은 키스를 보내며, 엄마가.

1915년 5월

샤론에서 8시간이나 발이 묶이는 바람에 베르댕에는 오늘 새벽 5시에야 닿았단다. 자동차도 도착했으니 곧 준비를 시작해야겠다. 엄마가.

1915년 4월 어느 날 밤, 마리는 여느 때보다 한층 창백한 얼굴로 기운 없이 집에 돌아오더니 자기방에 들어가 방문을 잠가버렸다. 걱정이 되어 이유를 물어보았지만 어머니는 아무런 대꾸도 없었다. 기분이 매우 나빠 보였다.

그 원인은 포르지 병원에서 돌아오는 길에 있었다. 운전사가 급커브를 도는 바람에 차가 도랑에 빠져버린 것이다. 자동차는 빙그르르 돌았고 많은 기구 사이에 겨우 끼어 앉아 있던 마리는 상자더미에 깔렸다. 마리는 심하게 마음을 졸였다. 죽을 뻔해서가 아니라 방사선 사진원판이 박살났을까봐 염려되어서였다. 자신의 목숨보다 그 생각을 제일 먼저 한 것이다. 무겁게 짓누르는 상자더미 밑에서 마리는 가까스로 '후' 하고 숨을 내쉬었다. 당황한 젊은 운전사가 부서진 자동차 주위를 맴돌면서 "부인! 부인! 살아 계세요?" 하고 낮은 소리로 물었다.

마리는 그런 사고를 당하고도 우리에게는 아무 말도 하지 않은 채 자기 방으로 들어가서 몰래 상처를 치료했던 것이다. 다행히 상처는 가벼웠다. 가족들은 신문 보도와 화장실에 있던 피 묻은 속옷을 보고 그 사실을 알았다. 그러나 이미 마리는 노란 손가방과 둥근 모자, 그리고 전쟁 중에 쓰기 위해 구입한 남성용 검은 가죽가방을 들고 다시 병원으로 떠나버린 뒤였다.

1918년에 마리는 그 가방을 서랍 깊숙이 넣어두었다. 그리고 마리가 세상을 떠난 해인 1934년까지 아무도 그 가방을 만지지 못했다.

그 가방 안에는 '퀴리 부인, 방사선 치료부 부장'이라고 적힌 신분증명서와 '퀴리 부인에게 군용자동차 사용을 허락함'이라고 적힌 포병탄약국 차관의 허가증, 그리고 프랑스 부인협회의 '특별사명' 등 10장쯤의 임명장이 들어 있었다. 사진도 4장 들어 있었다. 마리 자신의 사진과 아버지 사진, 그리고 어머니 스쿼도프스카 부인의 사진이 두 장 있었다. 그리고 빈 씨앗주머니가 2개 있었는데, 씨앗은 여행 중에 연구소 화단에 뿌려졌을 것이다. 주머니에는 '약용 로즈마리, 4월부터 6월 사이 파종'이라고 씌어 있었다.

퀴리 부인은 이런 생활을 할 때도 옷차림에는 전혀 신경을 쓰지 않았다. 낡은 옷소매에 적십자 완장을 대충 핀으로 고정시켰을 뿐이었다. 간호사용 모자도 쓰지 않았다. 마리는 연구소에서 입던 흰 덧옷을 입고 모자도 쓰지 않은 채 일했다.

보쿠아에서 포병으로 있던 조카 모리스 퀴리가 다음과 같은 편지를 마리에게 써 보냈다.

이렌의 말로는 숙모가 베르댕 부근에 계시다고 하더군요. 길을 지나가는 구호자동차는 빠짐없이 살펴보고 있습니다만, 장식 끈이 잔뜩 달린 군모밖에 보이지 않았습니다. 규정에 벗어난 숙모의 복장을 군 당국이 바꿔 놓았을 리는 없다고 생각하는데…….

마리는 동분서주하느라 집안일은 거의 손도 대지 못했다. 이렌과 에브는 어머니 대신 병사들에게 위문품으로 보낼 스웨터를 짰다. 그리고 식당 벽에 커다란 지도를 붙여놓고 전투 중인 지점에 작은 깃발을 꽂으며 군대의 이동을 쫓아갔다.

마리는 딸들만이라도 억지로라도 휴가를 갖도록 했지만 마리가 할 수 있는 일은 거기까지였다. 덕분에 두 딸은 독일군 폭격기가 공격해 와도 지하실로 대피하여 두려움에 떠는 대신 침실에 있었고, 1916년에는 전쟁에 동원된 남자들 대신에 브르타뉴의 농민단에 참가하여 2주일 동안 농작물을 묶거나 탈곡기를 다루며 일했다. 1918년에는 장거리로 폭격을 퍼부었지만 둘 다 파리에 남았다. 애당초 마리는 딸들이 지나치게 조심스럽거나 예민해지기를 원하지 않았다.

에브는 아직 할 수 있는 일이 없었지만, 17세인 이렌은 방사선치료의 기초를 익히는 한편 소르본의 강의를 들으며 학사시험 준비도 게을리 하지 않았다. 이렌은 처음에는 방사선 장치의 '조작기사' 정도였지만 나중에 독립하여 구급반에 합류했다. 마리는 이렌을 각 병원에 파견했지만 책임을 지기에는 이렌이 아직 어리다고 생각하여 퓌르네, 오구스타드, 아미앵 같이 군대가 있는 지방에 머물며 일하는 편이 좋겠다고 판단했다.

퀴리 부인과 성장한 이렌 사이에는 어느새 친밀한 동료애가 싹텄다. 마리는 이제 혼자가 아니었다. 일 문제든 개인적인 걱정거리든 서로 친밀하게 얘기를 나눌 수 있는 협력자이자 친구가 생긴 것이다.

전쟁 초기에 마리는 이렌과 중요한 상담을 했다.

"정부에서 국민들에게 기부를 호소하고 있고 곧 공채를 발행할 거야. 나도 얼마 안 되는 돈이지만 기부하려고 생각한단다. 과학상 메달도 가지고 있어봐야 소용없으니 같이 헌납할 생각이다. 그리고 우리가 가진 돈의 대부분인 두 번째 노벨상 상금은 여전히 스웨덴 크로나로 스톡홀름에 예치되어 있는데, 그 돈도 송금 받아서 공채를 사는데 쓸 생각이란다. 국가가 필요로 하니까 말이야. 다시 말하지만, 이건 결코 투자가 아니란다. 아마도 그 돈은 모두 사라져버릴 테니까. 그러니 네 동의 없이는 그런 '바보 같은 짓'을 하고 싶지 않구나."

스웨덴 크로나는 프랑으로 환전되어 공채증서와 '국민기부금', '자유헌금' 등으로 쓰였고, 마리가 예상한 대로 조금씩 줄어들었다.

퀴리 부인은 프랑스 은행에 기부금을 가지고 갔다. 담당직원은 화폐는 받았지만 명예의 상징인 메달을 녹이는 일은 완강하게 거절했다. 그러나 마리는 조금도 기쁘지 않았다. 오히려 그런 주물숭배는 어리석은 짓이라 생각하고 메달을 전부 연구소로 가지고 돌아왔다.

퀴리 부인은 조금이라도 시간이 있으면 좋아하는 보리수나무가 자라고 있는 피에르 퀴리 거리의 정원 벤치에 앉아 있곤 했다. 그리고 새로 지어졌지만 아무도 없이 텅 빈 라듐연구소를 바라보았다. 마리는 전장에 나가 있는 동료들과 제일 아끼던 폴란드 출신의 조수 장 다니쉬를 생각했다. 다니쉬는 장렬하게 전사했던 것이다. 퀴리 부인은 한숨을 내쉬었다. 이 피비린내 나는 전쟁은 언제 끝날까? 언제쯤 과학연구를 다시 시작할 수 있을까?

그러나 마리는 막연하고 무익한 공상에 빠져 있지는 않았다. 쉬지 않고 전쟁터를 누비면서도 평화가 찾아왔을 때를 대비한 준비도 하고 있었다. 마리는 퀴비에 거리의 연구소를 피에르 퀴리 거리로 옮길 방법을 궁리했다. 짐을 꾸려 싣고 다시 내리고 방사선 치료차를 타고 군대를 쫓아 이곳저곳으로 옮겨 다니며 부지런히 일했다. 그 노력이 드디어 결실을 맺었다. 새로운 연구소가 생긴 것이다! 마리는 방사능 물질이 보관되어 있는 별관을 모래주머니로 확실히 방어하여 자신의 일을 완수했다. 그리고 1915년에는 보르도의 은행 금고에 맡겨 둔 라듐을 가지고 돌아와 국가를 위해 썼다.

라듐은 X선과 마찬가지로 인체에 여러 가지 치료 효과가 있다. 마리는 그 1그램의 라듐을 '방사물 치료'에 이용했다. 일주일마다 라듐에서 발생하는 가스를 추출해 용기에 넣어 그랑 팔레 병원이나 다른 큰 병원으로 보냈다. 그것은 악성 욕창이나 여러 피부질환 치료에 도움이 되었다.

방사선 치료차, 방사선 치료반, 방사물요법…… 그러나 아직 충분하지 않았다. 마리는 전문 치료자가 부족하다는 사실이 마음에 걸렸다. 그래서 방사선의학 교육을 확립해야 한다고 정부에 요청했다. 곧 라듐연구소에서 첫 강의가 열리자 20여 명의 수강생이 몰렸다. 강의과목은 전기학과 X선에 대한 이론과 실습 및 해부학이었으며, 퀴리 부인과 이렌 퀴리, 그리고 아름답고 박식한 클라인 양이 강의를 맡았다.

마리는 1916년부터 1918년 사이에 다양한 계층으로 이루어진 방사선 치료 간호사 150명을 양성했다. 그중에는 전혀 교육을 받지 못한 사람들도 있었다. 그들은 처음에는 퀴리 부인의 명예에 압도되어 망설였지만 곧 그녀의 친절한 태도에 마음을 열었다. 마리에게는 교육을 받지 못한 사람들에게도 과학을 이해시키는 천부적인 재능이 있었다. 또한 그녀는 고생스러운 일을 이루어낸 만족감을 누구보다 잘 알고 있었으므로, 어느 날 청소부 일을 하는 학생이 처음으로 방사선 사진건판을 완벽하게 현상해내자 자기 일처럼 기뻐했다.

프랑스 연합국에서도 퀴리 부인에게 원조를 요청했다. 1914년부터 마리는 벨기에의 여러 병원을 자주 방문했고 1918년에는 북이탈리아에 가서 방사성 물질 자원을 조사하라는 사명을 완수했다. 그리고 얼마 뒤 마리는 미국 파견군 20여명을 연구소로 초대해 방사능의 기초를 가르치기도 했다.

마리는 새로운 일을 통해서 여러 방면의 사람들을 만났다. X선의 효능을 잘 아는 외과의사들은 마리를 중요한 협력자이자 위대한 동료로서 대우해

주었다. 그러나 아직 그 중요성을 이해하지 못한 의사들은 마리의 장비를 의심스러운 눈으로 바라보았다. 물론 그들도 X선 투시를 두 눈으로 직접 확인하고는 곧 생각을 고쳐먹었다. 그들은 '정말로 비친다'며 놀라워했다. 고통스러워하는 환자의 몸 어디에 박혀 있는지 알지 못했던 탄환 파편이, 마리가 가르쳐준 곳에 메스를 대자 어김없이 나타나 눈을 의심할 정도였다. 그러자 태도를 바꾸어 그것을 기적이라고 말하는 것이었다.

병원의 수호천사로 있는 잘 차려입은 간호사들은 이름도 밝히지 않고 허름한 복장으로 일하는 마리를 겉모습만 보고 곧잘 아랫사람처럼 대했다. 마리는 그런 오해가 오히려 재미있었지만, 가끔 불쾌해질 때면 오구스타드 병원에서 함께 일했던 과묵하고 성실한 간호사와 병사를 떠올리면서 마음을 가라앉혔다. 간호사는 벨기에의 엘리자베트 여왕이고 병사는 알베르 왕이었다.

마리 퀴리는 다소 차갑고 쌀쌀한 면이 있었지만 부상자를 대할 때만큼은 놀랍도록 상냥했다. 농부나 노동자들은 뢴트겐 장치에 지레 겁을 먹고 그것으로 진찰을 받으면 아프지 않느냐고 물었다. 그럴 때마다 마리는 이렇게 대답하며 그들을 안심시켰다.

"전혀요. 이건 사진과 똑같은 것이랍니다."

마리는 사람들이 친근하게 여기는 고운 목소리와 재빠른 솜씨, 강한 인내심, 그리고 사람의 목숨을 소중히 여기는 마음을 가지고 있었다. 한 사람이라도 구할 수 있다면, 그 사람의 고통을 덜어 주고 신체를 절단하거나 불구가 되는 것을 막기 위해서라면 마리는 아무리 고달픈 노력도 아끼지 않았다. 모든 가능성을 시험해 보기 전에는 결코 단념하지 않았다.

마리는 또한 자신의 괴로움이나 위험에 대해서는 한 마디도 입 밖에 내지 않았다. 이루 말할 수 없는 온갖 피로와 죽을지도 모르는 모험, X선과 라듐이 그녀의 쇠약해진 몸에 끼친 잔혹하고 혹독한 영향을 절대 이야깃거리로 삼지 않았다. 오히려 동료들에게 천연스러운 모습을 보이기까지 했다. 여태껏 이렇게 즐거운 적이 없었다는 듯 밝은 얼굴을 보였다. 전쟁을 통해서 마리는 용기 있는 모습 가운데 가장 아름다운 '기분 좋은' 얼굴을 갖게 된 것이다.

그러나 사실 마리의 마음속은 결코 평온하지 않았다! 숨통을 조이는 온갖 고뇌—중단된 연구와 소식이 끊긴 폴란드에 있는 식구들에 대한 걱정이 머리에서 떠나지 않았다—와 세계대전이라는 어리석은 광기를 견디기 힘들었다. 갈가리 찢긴 수많은 육체에서 터져 나오는 신음소리와 흐느낌이 그 뒤로 오래도록 마리의 삶에 검은 그림자를 드리웠다.

드디어 휴전을 알리는 포성(砲聲)이 울렸다. 연구소에 있던 마리는 기뻐서 어쩔 줄 몰랐다. 마리는 라듐연구소를 프랑스 국기로 장식하려고 같이 일하는 마르트 클라인 양과 함께 온 시내의 상점을 돌아다니며 프랑스 국기를 찾았다. 그러나 어느 가게에도 국기는 남아 있지 않았다. 결국 궁여지책으로 세 가지 색깔의 천 조각을 사왔다. 허드렛일을 하는 바르지네 부인이 그 조각들을 황급히 꿰매어 삼색 깃발을 만들어서 창마다 늘어뜨렸다.

마리는 흥분과 기쁨으로 몸이 떨려 가만히 있을 수가 없었다. 마리는 클라인 양과 함께 4년 동안 대활약으로 인해 여기저기 상처를 입은 방사선 치료차에 올라탔다. PCN에 다니는 남학생이 운전대를 잡고, 그들은 행복하면서도 엄숙한 모습의 사람들이 북적거리며 나와 있는 거리들을 마음껏 돌아다녔다. 그러나 콩코르드 광장에서 많은 군중들에게 길을 막혀 퀴리 부인의 자동차는 꼼짝도 하지 못했다. 사람들은 자동차 흙받기 위에 올라타거나 지붕 위로 기어오르기도 했다. 마침내 퀴리 부인의 차가 다시 움직이기 시작했을 때에도 10명쯤 되는 사람들이 차 지붕 위에 올라탄 채 해가 질 때까지 내려오려고 하지 않았다.

마리는 전쟁으로 두 가지 승리를 거머쥐었다. 조국 폴란드가 잿더미 속에서 소생하여 한 세기 반에 걸친 종속 상태에서 벗어나 독립을 되찾은 것이다.

마리는 옛날 마냐 스쿼도프스카였던 시절을 되돌아보았다. 압제 밑에서 보낸 소녀시절과 젊은 시절의 투쟁을 돌이켜 보았다. 러시아 황제의 하수인들에게 본심을 감추고 책략을 써서 몰래 저항하던 일과, 바르샤바의 허름한 방에서 동지들과 이동대학에 참여했던 일, 쉬추키에서 농부의 자녀들에게 읽기와 쓰기를 가르친 일이 모두 허사가 아니었던 것이다. 몇 십 년 전에 자신의 사명과 피에르 퀴리의 사랑까지도 희생할 뻔했던 '애국의 꿈'이 마침내 정말로 실현된 것이다!

마리가 유제프에게(1920년 12월)

'태어나면서부터 노예였고 요람에서부터 사슬에 묶여 있던' 우리는 드디어 오랫동안 꿈에 그리던 조국 폴란드의 부활을 보게 되었어. 그 순간을 살아생전에 볼 줄은 꿈에도 몰랐는데. 우리 자식들 세대에나 볼 수 있겠다고 생각했지. 그런데 지금 그 일이 정말로 실현됐어! 이 행복을 위해 우리나라가 아주 값비싼 대가를 치렀고 또 앞으로도 계속 치러가야 할 거야. 하지만 전쟁이 끝나고도 폴란드가 여전히 사슬에 묶여 있고 몇 동강으로 나뉘어져 있었다면 우리가 느끼는 쓰라림과 실망은 지금의 걱정과는 비교도 안 되겠지. 오빠와 마찬가지로 나도 미래에 대한 믿음을 갖고 있어.

그러한 희망과 꿈이 없었다면 퀴리 부인은 개인적인 문제로 아주 힘들었을 것이다. 전쟁은 그녀의 과학연구를 엉망진창으로 만들었고 건강도 앗아가 버렸다. 경제적인 손실도 타격이 컸다. 마리가 국가에 기탁한 재산은 봄날 눈 녹듯 순식간에 사라져 버렸다. 자신의 재정상황을 살펴보고 마리는 큰 충격을 받았다. 50세를 넘긴 나이에 거의 가난뱅이와 다름없었기 때문이다. 생활비와 딸들 양육비로 1만 2천 프랑의 교수 연봉밖에 남은 게 없었다. 무엇보다 정년퇴임할 때까지 강의를 계속하고 연구소를 관리할 체력이 남아있을까?

마리는 전쟁 때 시작한 일을 전쟁이 끝난 뒤에도 계속했다. 라듐 연구소에서는 전후 2년 동안 학생들에게 방사선 의학을 계속 가르쳤다. 또한 마리는 필생의 학문인 물리학에 다시 몰두했다. 또한 〈방사선 의학과 전쟁〉에 대한 책을 써 달라는 의뢰도 받았다. 그 책에서 마리는 과학상의 발견이 가져다준 은혜와 그 인류적 가치를 칭송했다. 그녀는 비극적인 체험을 통해 자신이 과학을 사랑하는 새로운 이유를 깨달았던 것이다.

전시(戰時)의 X선 치료는 이전까지 순수하게 과학의 세계에만 속했던 발견의 응용분야가 얼마나 광범해질 수 있는지를 보여주는 실례라고 할 수 있다.

X선은 전쟁 전에는 아주 국한된 범위에서만 이용되었다. 그러나 대참사가 인류를 휩쓸어 어마어마한 희생자를 낳자, 우리는 구할 수 있는 생명은 모두 구하고 그들을 보호하기 위해 모든 수단을 활용해야 한다는 강력한 욕망에 사로잡혔다.

곧바로 X선을 최대한 이용하려는 노력이 퍼지기 시작했다. 그때까지 까다롭게만 생각했던 것이 유용해지고 어려운 문제들이 빠르게 해결되었다. 물자도 인재도 마술처럼 속속 나타나 무지했던 사람들이 배우기 시작하고 무관심했던 사람들도 헌신적으로 몸을 바쳤다. 이리하여 과학상의 발견이 스스로 활동할 무대를 찾은 것이다. 라듐요법이나 방사성원소에서 발생하는 방사선을 의료에 응용하는 방법도 마찬가지로 쾌거를 이루었다.

19세기말에 과학이 우리에게 보내준 새로운 방사물에서 생각지도 못했던 행운을 얻었지만, 과연 우리는 어떤 결론을 이끌어 낼 수 있는가? 그 새로운 방사선은 우리로 하여금 사사로운 의심을 버리고 연구에 대한 숭배와 감탄을 점점 더 크게 느끼도록 했다.

전문적이고 무미건조한 이 저술 내용 가운데 어느 부분에도 모든 것이 퀴리 부인의 발상으로 이루어졌다는 구절은 없었다. 이 얼마나 철저한 '무인칭'의 표현인가! 자신을 내세우지 않기 위해 얼마나 단호히 노력하고 있는가! 마리가 '나'라는 존재를 싫어했기 때문이 아니다. 그런 것은 처음부터 존재하지 않았다. 이 저서를 보면, 마리가 한 일들은 '구호조직'이나 '사람들', 혹은 더 넓게 '우리'라는 모호한 실체에 의해 이루어진 듯하다. 라듐의 발견조차 '과학이 19세기말에 우리에게 보내준 새로운 방사물'이라는 말로 얼버무리고 있다. 어쩔 수 없이 자신을 언급해야 할 때도 마리는 자신을 무명으로 편입시키려고 애썼다.

……우리가 어려움을 헤쳐 온 지난 몇 년간, 다른 많은 사람들과 마찬가지로 국방에 도움이 되고자 나는 방사선 치료에 뛰어들었다…….

그래도 마리가 프랑스를 위해 온 힘을 쏟았다는 사실을 스스로 인정한 증거가 하나 있다. 마리는 예전에는 물론 이번에도 레지옹도뇌르 훈장을 사양했지만 그녀와 친한 사람들은 만약 1918년에 육군 5등 훈장을 수여했다면 기꺼이 받았을 것이라는 사실을 알고 있었다.

그러나 마리의 평소 신념에 위배되는 이 사사로운 훈장 수여는 결국 실현되지 않았다. 다른 많은 '부인들'은 훈장과 포상을 받았지만 내 어머니 마리는 하나도 받지 못했다. 커다란 비극 속에서 애썼던 그녀의 역할은 몇 주 만에 사람들의 기억 속에서 사라져 갔다. 나라를 위해 그토록 특출한 공훈을 세웠음에도 퀴리 부인의 가슴에 공을 세운 병사에게 수여하는 작은 십자훈장 하나 달아주려는 생각을 아무도 하지 못했던 것이다.

랄퀘스트에서의 휴가

세계에 다시 평화가 찾아왔다. 마리는 평화를 확립하고자 애쓰는 사람들을 멀리서 믿음을 가지고 지켜보았다. 그러나 그 믿음은 서서히 약해져 갔다.

이상주의자인 마리는 당연히 윌슨의 14개조 평화원칙에 마음이 끌렸으며 국제 연맹에도 희망을 걸었다. 원한과 증오를 완전히 없애버릴 조약을 꿈꾸었다.

"독일인을 마지막 한 사람까지 멸하겠습니까. 하지만 나는 그러한 일에는 찬성할 수 없어요. 그러니 독일인이 받아들일 수 있는 평화조약을 그들에게 제공해야 합니다."

마리는 기회가 있을 때마다 말했다.

학자들 사이에서도 전쟁에서 이긴 나라와 진 나라 사이의 교류가 다시 시작되었다. 퀴리 부인은 전쟁의 생생한 기억을 애써 잊으려는 의지를 보였다. 그러나 몇몇 동료들이 내보인 것과 같은 우애와 열정의 표현은 하지 않았다. 독일 물리학자를 만날 때면 퀴리 부인은 먼저 이렇게 물었다. "그분은 '93명의 독일 옹호선언서'에 서명하셨습니까?" 서명했으면 단지 예의를 갖춰 손님으로만 대접했다. 하지만 서명하지 않았으면 훨씬 친근감 있는 태도로 전쟁 따위는 없었다는 듯이 자유롭게 학문상의 대화를 나누었다.

이 작은 예를 통해서도 우리는 사회가 어지러워졌을 때 지식인의 의무가 무엇인지에 대한 마리의 숭고한 정신을 엿볼 수 있다. 그러나 아무리 위대한 정신을 지닌 사람이라도 '혼란을 초월'할 수는 없다고 마리는 생각했다. 4년 동안 마리는 충실하게 프랑스에 봉사했고 많은 사람의 생명을 구했다. 또한 마리는 세상의 지식인이 공범자가 되는 것을 허락하지 않았다.

퀴리 부인은 독일군의 중립국 벨기에 침공을 옹호한 그 불쾌한 선언서에 서명한 독일인 작가와 학자들을 비난했고, 나중에는 소비에트 경찰의 수법을 공공연하게 시인한 러시아 학자들을 마찬가지로 비난했다. 마리는 지식인이 문명과 사상의 자유를 수호하지 않는다면 스스로의 사명을 저버리는 셈이라고 생각했다.

그러나 마리는 전쟁에 참가했지만 결코 호전적이지도 광신적이지도 않았다. 1919년에 다시 연구소 소장으로 돌아온 마리는 오직 순수한 과학자였다.

마리는 피에르 퀴리 거리에 있는 건물이 문을 열고 기계들이 웅웅거리며 돌아가는 순간만을 간절히 기다렸다. 무엇보다 전쟁 중에 이루어 놓은 일들이 무산되지 않기를 바랐다. 그래서 '효력이 있는' 에머네이션 앰플을 각 병원에 공급하는 일을, 전쟁이 끝난 뒤 생물학부의 주임으로 다시 돌아온 르고 박사에게 맡겨 계속하도록 했다. 물리학부에서는 퀴리 부인과 직원들이 1914년에 멈춘 실험에 다시 몰두하기 시작했다.

평범한 일상이 시작되자 마리는 이렌과 에브의 장래에 대해서도 신경을 쓸 수 있게 되었다. 건실하게 자란 두 딸은 벌써 키가 엄마와 비슷할 정도였다. 언니 이렌은 21세가 되었고, 조용하고 원만하며 자신의 천직을 한순간도 의심하지 않는 학생이었다. 물리학자가 되는 것이 꿈이었으며 정확히는 라듐을 연구하고 싶어 했다.

이렌 퀴리가 마리와 피에르 퀴리가 걸었던 길을 스스로 택한 것은 매혹적일 정도로 아주 자연스럽고 솔직한 선택이었다. 이렌의 생애가 어머니 못지 않게 빛나게 될 지 아닐지는 전혀 중요하지 않았다. 또한 이렌은 너무나 위대한 어머니의 이름에 압박을 느끼는 일도 없었다.

과학에 대한 진지한 사랑과 천분에서 생겨난 이렌의 소망은 단 하나였다. 완공을 앞두고 있는 연구소에서, 1918년부터 '임시 조수'로 있는 그 연구소에서 언제까지나 공부하는 것이었다.

그렇게 이렌의 일이 술술 풀렸으므로 마리는 젊은이들이 인생의 미로에 서서 조금도 고민하지 않고 방향을 정할 수 있다고 단순하게 믿어버렸다. 그 때문에 에브가 고뇌하고 진로를 바꾸는 모습을 보며 낭패감을 느꼈고 당혹스러웠다.

마리는 아이들의 자유의지를 너무 높이 평가하고 중요시했다. 결코 딸들에게 부모로서의 권위를 내세우는 일이 없었다. 마리는 에브가 의사가 되어 의료 방면에서 응용 라듐 연구에 종사해 주기를 바랐지만 결코 강요하지는 않았다. 오히려 에브가 일시적이고 변덕스러운 계획을 세울 때마다 늘 변함없이 지지해 주었다. 에브가 음악을 공부하는 모습을 기쁜 마음으로 지켜보며 스승과 공부 방법을 선택하는 문제도 딸의 자유에 맡겼다. ……즉 어떻게 해야 할지 갈피를 잡지 못해 확실하게 이끌어 주기를 바라는 아이에게 지나치게 자유를 주어 오히려 당혹스럽게 하는 것이다. 하지만 하늘이 부여한 본능이 명하는 대로 모든 어려움을 물리치고 자신의 천명(天命)을 완수하며 살아 온 마리가 어떻게 그런 실수를 깨달을 수 있었겠는가?

이처럼 마리가 낳은 두 딸은 서로 완전히 달랐지만, 마리는 조금도 차별하지 않고 마지막까지 애정을 쏟으며 돌보았다. 이렌과 에브에게 어머니는 언제 어느 때나 자신들의 든든한 보호자였으며 열렬한 협력자였다. 세월이 흘러 이렌이 아이를 낳았을 때도 마리는 변함없이 배려와 애정 어린 마음으로 두 세대를 끌어안았다.

마리가 이렌과 프레데릭 졸리오퀴리에게 (1928년 12월 29일)

사랑하는 아이들아!

좋은 새해가 되기를 바란다. 건강하고 기분이 상쾌하며, 일이 잘 풀리고 날마다 사는 기쁨을 느끼고 미래에 희망을 걸며 헛되이 세월이 흘러가기만을 기다리고 있지 않는 해가 되기를. 나이가 들수록 점점 현재를 즐길 수 있다는 것이 하느님의 은혜를 입는 것처럼 귀중한 선물이라는 생각이 확실하게 느껴지는구나.

너희들의 작은 이렌을 생각하며 그 애의 행복을 빌고 있단다. 그 아이가 너희들을 한없이 신뢰하고 모든 것을 너희들에게 맡기며, 괴로울 때는 꼭 부모들이 도와주리라 믿으며 자랄 것을 생각하면 마음이 뿌듯해진다. 너희들이 실은 그렇게 전능하지 않다는 사실을 그 아이도 언젠가는 알게 되겠지. 하지만 세상의 부모들은 자식을 위해서 할 수 있는 모든 일을 다 해주고 싶은 법이란다. 적어도 아이들의 건전한 믿음이 되도록 오래 이어지도록 애정이 넘치는 환경에서 자식이 건강하고 평온한 어린시절을 보낼 수 있도록 부모들이 최대한 노력해야 한단다.

마리가 딸들에게 (1919년 9월 3일)

……나는 우리가 함께 일할 날들을 자주 생각한단다. 너희들을 각각 떠

올리고 나에게 준 상냥함과 기쁨과 걱정을 하나하나 그려보곤 하지. 너희들은 정말이지 내겐 커다란 보물이란다. 앞으로도 오랫동안 너희들과 행복한 생활을 함께 보내는 것이 내 바람이란다.

인간의 정신까지 고갈시킨 몇 년 동안의 전쟁이 끝난 뒤, 건강이 회복된 덕분인지 노년의 평안함 때문인지 퀴리 부인은 이전보다 훨씬 편안해 보였다. 남편과 사별한 슬픔과 병에 대한 긴장의 끈도 느슨해졌고 세월이 흐름과 더불어 수많은 괴로움도 많이 줄어들었다.

마리가 브로냐에게(1921년 8월 1일)
……지금까지 살면서 너무나 괴로웠기 때문에 이제는 괴로움의 끝을 본 것 같아. 이제는 단 하나의 진짜 슬픈 결말만이 남아 있을 뿐이야. 체념이 무엇인지도 배웠고, 단조로운 일상 속에서도 작은 즐거움을 찾으려고 노력하고 있어.
언니는 집을 짓고 나무를 심고 꽃을 재배하고, 그것들이 성장해 가는 모습을 바라보면서 다른 일은 아무것도 생각하지 않고 지낼 수 있어? 우리에게 남은 생은 그리 길지 않아. 그런데도 왜 번민 따위에 휩쓸리는 걸까?

이렌과 에브는 괴로움과 싸우는 어머니를 보며 자랐다. 그러나 지금 어머니는 얼굴에 주름이 좀 졌지만, 마음과 육체는 전보다 더 젊어져서 새 사람이 된 것만 같았다. 운동을 좋아하는 이렌은 자신이 하는 것을 어머니도 같이 즐기길 바랐다. 이렌은 어머니와 함께 장거리 여행을 하고 스케이트장에도 같이 갔으며, 승마를 하거나 때로는 스키도 타러 다녔다.
여름이 되면 마리는 브르타뉴에서 딸들과 함께 지냈다. 세속적인 인간들로 붐비지 않는 아름다운 랄퀘스트에서 사이좋은 세 친구들은 동화 같은 휴가를 보냈다.
랄퀘스트는 도버해협을 마주한 작은 마을로, 정말로 해안의 팽폴이 가장 가까운 도시였다. 이 작은 마을에 주민이라고는 어부와 농부, 그리고 소르본의 교수들뿐이었다.

1895년에 역사학자 샤를 세뇨보스와 생물학자 루이 라비크가 이 랄퀘스트를 발견한 일은, 대학교수들 사이에서는 콜럼버스의 신대륙 발견에 견줄 만한 대사건이었다. 재치 있는 저널리스트가 '과학의 성채'라고 이름 붙인 이 과학자들의 '식민지'에 뒤늦게 합류한 마리는 처음에는 민가를 빌렸지만 얼마 안 있어 별장을 빌렸고 나중에는 아예 그 별장을 사버렸다. 랄퀘스트에는 크고 작은 섬들이 여기저기 흩어져 있었다. 마리는 바다가 보이는 모래언덕 위에 외따로 떨어져 있는 조용한 별장을 골랐는데, 그곳에서는 먼 바다에서 파도가 해안까지 잔잔하게 밀려오는 모습이 한눈에 내려다보였다.

　마리는 등대 같은 집을 무척 좋아했다. 여름 한 철을 지내기 위해 빌린 곳도 나중에 마리가 지은 별장도 모두 하나같이 넓은 대지에 작은 집이 오도카니 서 있는 모습이었다. 별장은 어느 방이나 손질이 안 된 채 거의 엉망으로 방치되어 있었고 조잡한 가구들이 너저분하게 흩어져 있었지만 전망만은 아주 훌륭했다.

　아침마다 마주치는 사람은 몇 안 되는 그곳 주민들뿐이었다. 허리가 굽은 노파, 느릿느릿 일하는 농부, 웃으면 썩은 이가 보이는 아이들…… 그들은 말을 길게 늘이는 독특한 브르타뉴 사투리로 "안녕하세요. 퀴—리 부인?"이라고 인사한다. 그러면 마리도 생긋 웃으며 똑같은 투로 인사한다. "안녕하세요. 르—고프 부인? ……안녕하세요, 캥—탱 씨?" 상대의 이름이 생각나지 않을 때는 부끄러워하며 "안녕하세요?"라고만 인사했다.

　마을 사람들은 그녀가 누구인지 알고 있으면서도 서슴없이 이런 간단한 인사를 나누었다. 그들이 뻔뻔스럽다거나 말이라도 한 번 걸어 보고 싶은 호기심 때문이 아니라, 단지 친애하는 마음을 표현했을 뿐이었다. 그들이 마리에게 인사하는 것은 라듐—'라아—듐'—때문도 아니고, '신문에 난 사람'이기 때문도 아니었다. 머리에 하얀 삼각 두건을 쓴 브르타뉴 아낙들은 2, 3년쯤 같이 지내면서 마리를 자기네와 똑같이 흙을 사랑하는 농사꾼 아낙으로 받아들였던 것이다.

　퀴리 부인의 별장은 주변에서 흔히 보이는 별장과 조금도 다르지 않았다. 랄퀘스트의 집들은 '식민지'의 중심인 사교클럽을 포함하여 모두 나지막하게 이엉을 얹었고, 지붕의 끄트머리까지 온갖 종류의 덩굴줄기가 벽을 타고 기어 올라와 있었다. 그 초가집은 브르타뉴 말로 '타셴 비한(과수원의 작은

밭)'이라고 불렀다. 타셴에는 완만하게 경사진 뜰이 있고 아무렇게나 심어진 화초가 몇 줄씩 길게 늘어서 아름다운 빛깔을 뿜내고 있었다. 동풍이 불지 않을 때는 타셴의 문들은 언제나 활짝 열려 있었다. 그 타셴 가운데 하나에 70세인데도 몰라보게 젊고 마법사처럼 매력적인 소르본의 역사학 교수 샤를 세뇨보스가 살고 있었다.

세뇨보스는 키가 꽤 작았지만 몸놀림이 경쾌한 노인으로, 조금 굽은 새우 등에 언제나 검고 가는 줄무늬가 있는 흰 플란넬 양복을 입고 있었다. 하지만 양복은 누렇게 바래고 여기저기 기운 자국도 있었다. 이 지방 사람들은 그를 '세-뇨 씨'라 불렀고 친구들은 '대장'이라 불렀다. 그가 주위 사람들로부터 얼마나 존경받고 있으며, 또한 그가 과연 존경받을 만한 인물인지는 말할 필요가 없을 정도다. 독신이며 소년의 마음을 가진 이 노인은 모든 남자들의 존경을 한 몸에 받았으며, 터키의 총독 이상으로 여자들의 사랑을 독차지했다. 두 살짜리 어린아이부터 여든 노인에 이르기까지 여자 친구가 3, 40명이나 되었다.

마리는 꾸불꾸불한 오솔길을 따라 타셴으로 내려갔다. 집 앞에는 벌써 15명쯤의 사람들이 모여 섬으로 가는 배를 기다리면서 천천히 거닐고 있었다. 마치 이민 가는 사람들 무리나 집시처럼 보이는 그들은 퀴리 부인이 나타나도 별로 반기는 기색도 없이 태연하기만 하다. 그런데 샤를 세뇨보스가 안경 너머로 아름다운 눈을 빛내며 무뚝뚝하면서도 상냥하게 인사를 건넸다.

"아이고 퀴리 부인 잘 오셨습니다. 안녕하시지요?"

그러자 다른 사람들도 인사한다.

"안녕하세요?"

마리도 땅바닥에 털썩 주저앉으며 그 무리에 끼어들었다.

마리는 빛바랜 모자를 쓰고 낡은 치마와 검고 튼튼한 모직 재킷을 입고 있다. 그 재킷은 마을 양장점에서 앨리자 레프가 바느질삯만 조금 받고서 남자나 여자, 학자나 어부 모두에게 똑같은 모양으로 만들어준 옷이다. 그리고 맨발에 삼베로 된 신발을 신었다. 발밑에 놓여 있는 가방은 주변의 풀밭에 흩어져 있는 열다섯 개의 가방과 마찬가지로 수건과 수영복으로 불룩하게 부풀어 있었다.

만일 신문기자가 갑자기 이 조용한 무리 속에 들어와 취재해도 좋다는 허락을 받는다면 얼마나 좋아할까? 아마도 그는 털퍼덕 땅바닥에 한가로이 주저앉아 있는 아카데미 회원들을 밟기라도 하면 어쩌나, 노벨상 수상자들과 부딪치면 어쩌나 하며 살얼음판 걷듯 조심해야 했으리라. 모든 분야의 권위자들이 여기에 다 모여 있던 것이다.

물리학에서는 장 페랭, 마리 퀴리, 앙드레 드비에른, 빅토르 오제가 있었다. 수학과 적분에 관한 얘기라면 로마 황제처럼 커다란 로브로 몸을 둘둘 말고 있는 에밀 보렐에게 들으면 된다. 생물학과 천체물리학은 루이 라비크와 샤를 모랭이 답해줄 것이다. 그리고 마법사 같은 세뇨보스는 그 '식민지'의 아이들도 '세뇨보스 씨는 역사에 대해서라면 모르는 게 없다'며 크게 탄복하고 있었다.

그런데 이 대학교수들의 모임에서 아주 이상한 점은, 그들은 절대 이곳에서는 물리학이나 사학, 생물학, 수학 등에 관련된 얘기를 하지 않는다는 사실이다. 또한 그들 사이에는 경의나 계급, 예의범절도 없었다. 스승도 없고 제자도 없으며, 노인과 청년의 구별도 없이 단지 네 종류의 사람들만 있었다.

첫 번째는 '속인(俗人)'으로, 이들은 지나가다 들렀을 뿐인 이방인이므로 이런 사람들은 되도록 빨리 추방하는 것이 바람직하다. 두 번째는 '코끼리'로서, 모임의 일원이지만 바다 생활에 대한 재능이 없어 사람들로부터 몹시 놀림을 당한다. 세 번째는 랄퀘스트 주민이라는 이름에 어울리는 '뱃사람'들이다. 네 번째가 우수한 뱃사람들로, 해안의 조류(潮流)에 대한 전문가이자 수영과 조정의 명인인 '악어'가 있다.

퀴리 부인은 결코 '속인'은 아니었지만, '악어'의 칭호를 바라지도 못했다. 한동안 '코끼리'로 지내다가 지금은 '뱃사람'으로 승격되었다.

샤를 세뇨보스는 자신의 신도수를 세더니 출발 신호를 내렸다. 잡역 선원인 에브 퀴리와 장 모랭은 해안에 정박해 있는 요트 두 척과 노를 젓는 보트 대여섯 척 가운데에서 '큰 보트'와 '영국 보트'를 노 저어 부서진 바위가 천연의 선착장 역할을 하는 곳까지 끌고 온다. 항해자 무리는 이미 바닷가까지 나와 기다리고 있었다. 세뇨보스가 들뜬 목소리로 "타시오, 어서들 타요!"하고 카랑카랑하게 외쳤다. 보트에 사람들이 다 타면 또다시 크게 소리를 질렀다. "자, 어느 쪽이 먼저 도착할까요? 내가 조정을 맡아야겠어. 퀴리 부인은 작은 노를, 페랭과 보렐은 큰 노를, 그리고 프랑시스는 키를 맡으시오!"

보통 때의 그들이라면 이러한 무조건적인 명령에 눈을 동그랗게 떴을 테지만 여기서는 누구 하나 불평하지 않는다. 노를 젓는 네 소르본 교수가 각자의 자리에 앉아 키를 쥐고 선장 격인 젊은 프랑시스 페랭의 '출발' 명령을 얌전히 기다리고 있다.

드디어 명령이 떨어지자 샤를 세뇨보스가 먼저 노를 저어보이며 조타수들에게 노 젓는 요령을 가르쳐 주었다. 그런데 바로 뒤에 있던 장 페랭이 너무 힘껏 노를 젓는 바람에 보트가 빙그르르 돌았다. 페랭 뒤에는 에밀 보렐, 보렐 뒤의 제일 선두에는 마리 퀴리가 박자를 맞춰가면서 있는 힘껏 노를 저었다.

흰색과 초록색으로 칠해진 보트는 햇볕이 내리쬐는 바다 위를 기세 좋게 내달렸다. 번득이는 눈으로 감시하는 타수(舵手)의 목소리가 주위의 고요함을 깨며 널리 울려 퍼졌다.

"배 오른쪽 두 번째가 좋지 않아."

에밀 보렐이 말대꾸하려다 이내 참고 더 분발하여 노에 힘을 주었다.

"맨 앞이 조정과 맞지 않아."

마리 퀴리도 깜짝 놀라 노 젓는 방법을 바로잡으며 박자에 맞추려고 애를 썼다.

샤를 모랭 부인이 아름답고 활기찬 목소리로 '뱃노래'의 첫 소절을 부르자 배에 탄 다른 사람들도 다함께 노래를 합창했다.

아버지가 집을 지으셨지
(자 저어라, 노를 저어)
젊은 미장이들이 팔십 명……

가벼운 북서풍이 느릿한 선율을 다음 보트까지 싣고 간다. 앞서 떠난 보트가 해안을 향해 나아가고 있다. 지금쯤이면 건너편 해안에서도 배가 보일 것이다. 이번에는 영국 보트에서 다른 뱃노래가 들려온다. '식민지'에는 예부터 전해오는 뱃노래가 3, 4백여 곡이 있는데 그것을 모두 샤를 세뇨보스가 랄퀘스트의 주민들에게 가르쳐 주었다.

사내아이 셋이 섬에 갔다네
섬에 갔다네
섬에 갔다네
사내 아이 셋이……

두세 곡의 노래가 끝나자 큰 보트가 트리니테 곶에 닿았다. 타수가 시계를 보고 "교대!" 하고 외쳤다. 마리 퀴리와 페랭과 보렐, 그리고 세뇨보스는 다른 네 명의 교수들과 자리를 바꾸었다. 해협의 강한 조류를 비스듬히 가로질러 로슈 블라스까지 가려면 배를 젓는 사람들을 다른 사람들로 교체해야 했다. 로슈 블라스는 보랏빛 바위로 이루어진 무인도로, 랄퀘스트 주민들이 거의 매일 아침 수영하러 가는 곳이다.

남자들은 갈색 해조가 엉겨 붙은 벼랑 위의 빈 보트 옆에서 옷을 갈아입었다. 여자들은 부드러운 풀이 두툼하게 쌓여 '여성용 탈의실'이라 불리는 한쪽 구석에서 옷을 갈아입었다. 마리가 제일 먼저 검은 수영복을 입고 나타나 바다 속으로 뛰어 들었다. 벼랑은 깎아지른 듯 높이 솟아 있어 뛰어들면 발이 바닥에 닿지 않았다.

로슈 블라스는 차고 깊었으며, 그 깨끗하고 맑은 물속을 헤엄치는 마리 퀴리의 모습은 내 어머니에 대한 추억 가운데 가장 아름다운 모습으로 꼽힌다. 마리는 딸들과 동료들이 주로 하는 '평영'이나 '구식 자유형'은 하지 않았다. 이렌과 에브에게 정식으로 배운 '오버암 스트로크'로 멋지게 헤엄쳤다. 마리의 타고난 아름다움과 우아함이 그 모습을 더욱 눈부시게 빛냈다. 사람들은 수영모자 속에 감춰져 있는 회색 머리카락과 주름진 얼굴조차 잊고 마리의 날씬하고 유연한 몸매, 희고 아름다운 팔 등과 마치 젊은 딸들처럼 활달하고 사랑스러운 몸놀림을 멍하니 바라보았다.

퀴리 부인은 자신이 민첩하며 바다생활에 적응이 빠른 점을 매우 자랑스럽게 생각했다. 마리는 소르본의 동료들에게 스포츠에 대한 경쟁심을 몰래 품고 있었다. 마리는 로슈 블라스의 얕은 바다에서 교수와 교수 부인들이 '구식 자유형'이나 '평영'으로 헤엄을 치거나 지쳐서 더 이상 나아가지 못하고 파닥거리면서 물위로 떠오르는 모습을 물끄러미 바라보았다. 그리고 자신의 라이벌이 헤엄친 거리를 집요하게 측정해 두었다가 공공연하게 시합을 신청하진 않았지만, 대학교수들이 작성한 시간과 거리 기록을 깨려고 몰래 숨어서 연습했다. 딸들은 마리의 선생이기도 했고 의논 상대이기도 했다.

"내가 보렐 교수보다 수영을 더 잘한대."

마리가 가끔 천진하게 말했다.

"그럼요, 엄마가 훨씬 잘하죠. 비교가 안 되는 걸요."

"장 페랭 교수는 오늘은 아주 잘하더라. 하지만 내가 어제 그보다 훨씬 더 멀리까지 갔었어. 기억하니?"

"봤어요. 아주 멋졌어요. 작년보다 훨씬 늘었어요."

마리는 그런 말을 들으며 매우 기뻐했다. 진심에서 우러나온 말임을 잘 알기 때문이다. 사실 마리는 동년배 부인들 가운데 수영을 가장 잘했다.

물 밖으로 나오면 마리는 볕을 쬐다가 보트가 다시 떠날 시간을 기다리며 아무것도 바르지 않은 두꺼운 빵 조각을 먹어댔다. 마리는 자주 "정말 즐거워!"라며 짧은 행복의 탄성을 질렀다. 그러고는 벼랑과 하늘과 바다가 어우러진 경치를 바라보며 감탄했다. "어쩜 이리도 아름다울까!"

이주민들은 랄퀘스트에 대해 그런 짧은 비평밖에 하지 않았다. 이 지방이 세상에서 가장 매력적이고 어느 바다보다 푸르며—지중해만큼 푸르다—가장 마음 편히 있을 수 있는 데다 변화무쌍하기 그지없는 곳이라는 사실을 모두가 굳게 믿고 있으므로 새삼 그런 말을 하는 사람은 없었다. 랄퀘스트에 사는 저명한 주민들의 과학적인 재능을 아무도 말 하지 않는 것과 마찬가지다. 다만 '속인'들만이 그 아름다운 광경을 각종 미사여구를 동원하여 칭찬하다가 그들의 빈정거림에 입을 다물고 만다.

정오가 되자 일행이 바다에서 올라왔다. 보트는 좁은 '앙테랑 물길'을 지나 젖은 목장처럼 보이는 해조 사이를 조심스럽게 지나간다. 노래가 계속 이어지고 몇 번씩 교대하면서 보트가 타셴 아래의 승선장, 즉 썰물 때 선착장 대신 쓰는 해조 더미에 닿았다.

그러자 마리는 치맛자락을 걷어 올리고 복사뼈까지 빠지는 비린내 나는 거무튀튀한 갯벌을 맨발로 걸어 육지까지 간다. 한 손으로는 신발과 수건을 흔들흔들 흔들어 대면서. 그녀의 나이를 생각해서 누군가가 도와주려고 하면 깜짝 놀라며 거절했다. 랄퀘스트에서는 자기 일은 자기가 해야 했다. 랄퀘스트 주민의 법률 1조는 '쓸데없는 참견은 하지 말라'는 것이었다.

뱃사람들은 흩어져서 각자 점심을 먹으러 갔다가 2시가 되면 하얀 돛을 단 요트 '에글란틴'호를 타고 뱃놀이에 나서기 위해 다시 타센 앞으로 집결한다. 에글란틴 호가 없는 랄퀘스트는 상상할 수도 없다.

그러나 마리 퀴리는 언제나 그 놀이에는 빠진다. 아무 일도 하지 않고 배에 앉아만 있으면 오히려 피곤하기 때문이다. 따라서 마리는 혼자 등대 같은 집에 남아 논문 초고를 검토하거나 삽과 호미를 들고 정원을 손질하기도 한다. 그렇게 가시금작화나 가시나무와 씨름하거나 알 수 없는 식물을 심느라 몸 여기저기가 긁혀서 피가 나고 다리에는 상처가 생기고 진흙투성이의 손에 가시가 박힌 채로 돌아온다. 하지만 그만하면 양호한 수준이었다. 이렌과 에브가 돌아와 보면, 앞뒤 생각 없는 엄마가 발목을 삐거나 쇠망치를 잘못 내리쳐서 손가락이 반쯤 찢어진 채 나타나는 일도 가끔 있었다.

6시 무렵에 마리는 두 번째 해수욕을 위해 다시 선착장에 나갔다. 그러고는 하루 종일 열려 있는 타센 안으로 들어갔다. 한 부인이 해안을 향해 난 커다란 창 아래의 긴 의자에 앉아 있었다. 나이를 많이 먹었으나 아름답고 활달한 부인이었다. 집주인인 그 부인은 매일 저녁이면 이곳에서 뱃사람들이 돌아오기를 바라보곤 한다. 마리도 부인 곁에 서서 푸른 바다 위에서 황금빛 석양에 물든 에글란틴 호가 나타나기를 기다렸다.

이윽고 배가 해안에 닿자 뒷정리를 마치고 한 무리의 사람들이 좁은 언덕길을 올라오고 있었다. 그중에는 구릿빛으로 그을린 팔에 정원의 빨간 카네이션으로 머리를 장식한 이렌과 에브의 모습도 보인다. 샤를 세뇨보스가 뱃놀이를 가기 전에 아마도 두 아이에게 꺾어준 꽃이리라. 딸들의 빛나는 눈동자는 배를 타고 트리유 강 하구 끝까지 달리고 모데스 섬에 들러 작은 풀밭 위에서 '사람 뺏기 놀이'를 하며 놀았던 일들이 얼마나 재미있었는지를 말해 주고 있다.

이 '사람 뺏기 놀이'에는 일흔 살의 대장까지 모두가 합류했다. 그 놀이에는 학위나 노벨상은 아무런 의미가 없었다. 발이 빠른 학자가 제일 위대하며, 못 달리는 사람은 '병영 대장'이 시키는 대로 해야 하고, 포로를 교환할 때는 마치 노예나 다름없었다.

반 벌거숭이로 바다와 대기 속에서 마치 어린애나 토인같이 지내는 이 풍습은 나중에 곳곳에서 빈부귀천과 상관없이 유행하게 되었다. 그러나 1차 세계대전이 끝난 무렵에는 우리를 이해하지 못하는 사람들에게 빈축을 사기도 했다. 우리는 유행을 15년이나 앞당겨 무인도에서 뱃놀이와 수영 경주, 일광욕, 캠핑 등을 즐겼던 것이다. 우리는 몸단장 같은 데는 신경 쓰지 않았다. 오래 입어서 낡은 수영복과 마로 만든 신발 두 켤레, 직접 만든 옷옷 두세 벌이 여름을 날 때 필요한 전부였다.

하지만 어느새 '속인'들이 침입하기 시작하여 모터보트 엔진의 굉음에 시정(詩情)을 잃고 타락한 랄퀘스트가 완전히 변해버린 것은 그로부터 훨씬 뒤의 일이었다.

저녁식사가 끝나자 퀴리 부인은 이미 15년인가 20년쯤은 입어 보풀이 인 두툼한 모직 외투를 입고 딸들과 팔짱을 끼고 산책을 했다. 세 그림자가 어두운 고갯길을 더듬어 타셴으로 간다. 목적지는 언제나 타셴이었다.

넓은 거실에서 랄퀘스트 주민들이 하루 중 세 번째 모임을 갖고 있다. 그들은 탁자 주위에 모여 '문자놀이'를 하고 있었다. 마리는 주머니에서 두꺼운 종이를 꺼내 거기에 적힌 글자로 복잡한 낱말을 만들어 내는 이 놀이를 가장 잘해서 언제나 우승을 차지했다. 마리를 보자 사람들이 앞 다투어 그녀에게 도움을 청했다.

다른 사람들은 석유램프 주위에 모여 책을 읽거나 체스를 두곤 했다.

축제일에는 배우겸 작가인 초보자들이 나무랄 데 없는 관객 앞에서 연극을 했다. 또 수수께끼 놀이도 하고 몸을 잔뜩 흔들어대며 독창을 하거나 그 여름의 용감한 사건들을 기념하는 비평의 시간도 가졌다. 용감한 사건이란 말하자면, 보트 두 척이 격렬하게 경주를 벌인 일이나, 배를 옆으로 대는 데 방해가 되는 큰 바위를 위험스럽게 피했던 일, 그리고 단단히 벼르던 전문가들이 훌륭히 해낸 범선의 돛달기 작업과 모두가 싫어하는 돌풍으로 인한 온갖 재난, 눈물과 웃음을 자아내는 난파사고, 타셴의 야채밭을 주기적으로 망치러 오는 괘씸한 오소리 얘기 등이었다.

빛과 노래와 천진스러운 웃음과 아름다운 침묵이 자아내는 독특한 매혹, 세대차를 느끼지 못할 만큼 자유스럽고 유쾌한 동료애, 정답게 어울리던 그 마법같은 시간을 다시 불러낼 수는 없을까? 아무런 사건도 일어나지 않고 판에 박은 듯 똑같이 되풀이되는 하루하루가 마리 퀴리와 딸들에게는 가장 풍요한 추억을 가져다 준 날들이었다. 모든 사람들이 수수하고 검소했지만 나에게는 더할 나위 없이 호사스럽고 화려한 생활이었다.

어떤 해변에서도 어떤 백만장자라 해도 저 브르타뉴의 시골에서 지내던 소르본의 총명한 운동가들만큼 발랄하고 세련되며 독특한 기쁨을 대양의 신 오케아노스로부터 얻어내지는 못하리라. 그러나 이런 모험은 어디에나 흔히 있는 한적한 마을에서 벌어졌으므로 그 멋진 추억은 당연히 그곳에 모인 학자들이 만들어낸 성과였다.

독자 여러분! 이 기억을 쓰면서 몇 번이나 생각했는데, 나는 여러분이 다른 읽을거리를 떠올리고 코웃음을 치며 이 책을 덮지 말았으면 한다. "사람들이 참 소박하기도 하지…… 어쩌면 다들 이리 정직하고 협동하고 서로 믿을까."

바로 그렇다…… 이 이야기에는 '호감이 가는 사람들'이 얼마든지 있다. 그러나 내가 일부러 그렇게 꾸민 것이 아니다. 나는 그들의 모습을 있는 그대로 묘사했을 뿐이다.

마리를 둘러싸고 있는 주변 인물들, 그녀의 탄생부터 죽음까지 함께한 많은 친구들이 칙칙한 현대 소설가들에게는 따분한 분석 대상일지도 모르겠다. 스쿼도프스키 집안이나 퀴리 집안도 이상한 가족으로 비칠 것이다. 부모와 자식이 서로 미워하지 않고, 애정으로 모두를 이끌며, 남의 말을 엿듣는 사람도 없고 배반이나 유산상속 따위를 생각하는 사람, 살인을 저지르는 따위의 인간은 단 한 명도 없이 근본부터 정직하기만한 가족이라니! 마찬가지로 다른 모든 인간 집단이 그렇듯 완벽하진 않지만 고뇌와 고난으로 가득한 시대를 살면서도 결코 변하지 않고 한결같은 이상에 몸을 던진 저 프랑스와 폴란드의 대학교수들의 세계 또한 얼마나 드물고 독특한가.

나는 브르타뉴에서의 행복을 숨김없이 다 말했다. 꿈만 같았던 휴가가, 다툼이나 상류층의 특권의식으로 얼룩져 있지는 않았느냐고 어깨를 으쓱해 보이는 사람도 있을 것이다.

그러나 랄퀘스트에서는 아무리 날카로운 눈을 가진 사람이라도 위대한 학자와 평범한 연구생, 가난한 사람과 부자를 가리지 못했을 것이다. 날씨가 화창하건 비가 내리건 브르타뉴에서 금전과 관련된 이야기는 단 한 번도 들은 적이 없다. 우리의 대장 샤를 세뇨보스는 매우 귀중한 교훈을 아주 조심스럽게 일깨워 주었다. 이 너그러운 노인은 어떤 이론이나 주의 주장은 조금도 내세우지 않고 자신의 재산을 무엇이든 우리와 공유했다. 언제나 열려 있는 문과 요트 에글란틴 호, 여러 척의 보트도 모두 그의 소유물이었지만 지금도 여전히 '소유자'는 샤를도 아닐뿐더러 그 누구도 아니다.

그리고 등잔불을 밝힌 샤를 세뇨보스의 집에서 무도회가 열릴 때면 아코디언이 반주하는 폴카와 카드리유와 브르타뉴 지방의 독특한 민요에 따라 하인과 주인, 아카데미 회원과 농사꾼의 딸, 브르타뉴 뱃사람과 파리 사람들이 모두 함께 손을 잡고 춤을 추었다.

어머니 마리는 그런 행사에는 조용히 참석만 했다. 내성적이고 조심성 많고 엄숙해 보이는 어머니가 실은 상처 받기 쉬운 성격이라는 것을 잘 아는 여자 친구들은 "이렌이 춤을 잘 추네요", "에브의 옷이 참 예쁘네요" 하면서 마리에게 꼬박꼬박 말을 걸어 주었다. 그러면 피곤해 보이던 마리 퀴리의 얼굴에 별안간 딸들을 자랑스러워하는 아름다운 미소가 번졌다.

라듐 1그램의 인연

1920년 5월의 어느 날 아침, 라듐연구소의 조그마한 휴게실에 한 부인이 찾아왔다. 미국 뉴욕에서 큰 잡지를 발행하고 있는 윌리엄 브라운 멜로니 부인이었다. 그러나 겉으로는 도저히 그런 사업을 하는 여성실업가로 보이지 않았다. 부인은 키가 작고 몸이 매우 말라서 마치 환자 같은 데다 어릴 때 당한 사고로 다리를 조금 절었다. 잿빛 머리칼과 아름다운 하얀 얼굴에 커다란 검은 눈동자가 매우 시적으로 보이는 부인이었다. 부인은 그 큰 눈동자를 더욱 크게 뜨고, 문을 연 하녀에게 퀴리 부인이 혹시 오늘 자신과 만나기로 한 약속을 잊어버리신 것은 아니냐며 떨면서 물었다.

멜로니 부인은 그 약속을 몇 년 동안이나 기다리고 있었던 것이다. 그 무렵 마리 퀴리의 생애와 업적에 감명을 받은 사람들이 해마다 늘어났는데, 멜로니 부인도 그중 한 사람이었다. 미국의 이상주의자이자 훌륭한 탐방기자인 그녀는 자신의 우상에 어떻게든 접근하려고 부단히 노력을 거듭했다.

멜로니 부인은 몇 번이나 취재를 요청해도 회답을 받지 못하자 마침내 한 물리학자 친구에게 부탁하여 마지막 탄원을 마리에게 보냈다.

······의사였던 제 아버지는 언제나 인간이란 결국 하찮은 존재라고 말씀하셨습니다. 그러나 부인은 20년 전부터 제게는 대단한 분이셨습니다. 단 몇 분이라도 좋으니 부인을 만나 뵙기를 간절히 청합니다.

마리는 다음날 연구소에서 그 부인과 만났다.
멜로니 부인은 다음과 같이 썼다.

문이 열리면서 한 부인이 들어왔다. 창백하고 수줍은 듯한 그 얼굴은 지금까지 본 적이 없는 슬픈 표정을 하고 있었다. 부인은 검은 무명옷을 입고 있었다. 참을성 많고 온화한 얼굴에는 연구에 몸을 바친 사람들 특유의 초연하고 해탈한 분위기가 어려 있었다. 나는 갑자기 내가 불청객이라는 생각이 들었다.

나는 퀴리 부인보다도 훨씬 주눅이 들어 버렸다. 20년 넘게 탐방기자 생활을 해왔는데 검은 무명옷을 입은 가녀린 부인에게 질문 하나 제대로 하지 못했다. 나는 많은 미국 여성들이 부인의 위대한 업적에 큰 관심을 가지고 있다는 사실을 그녀에게 간신히 설명하고, 귀중한 시간을 방해한 점을 사과했다. 퀴리 부인은 내 마음을 편안하게 해주려고 미국 이야기를 시작했다.

"미국에는 약 50그램의 라듐이 있어요. 볼티모어에 4그램, 덴버에 6그램, 뉴욕에 7그램……."

퀴리 부인은 소량의 라듐이 있는 곳을 하나하나 열거했다.

"프랑스에는요?"

내가 물었다.

"제 연구소에 1그램쯤 있습니다."

"부인께서 라듐을 1그램밖에 가지고 있지 않다는 말씀이세요?"

"저요? 저는 라듐을 전혀 갖고 있지 않아요. 그 1그램은 제 것이 아니라 연구소 소유예요."

……나는 특허 문제와 퀴리 부인이 큰 부자가 될 수 있는 권리에 대해 이야기했다. 그러자 부인은 조용히 대답했다.

"그 누구도 라듐으로 돈을 벌어서는 안 됩니다. 라듐은 하나의 원소일 뿐이에요. 모든 사람의 것이죠."

"만약 이 세상에서 무엇이든 원하는 것을 한 가지 얻을 수 있다고 한다면 무엇을 원하시겠습니까?"

나는 충동적으로 물었다.

어리석은 질문이었지만 후에 예언과도 같은 말이 되었다.

……그 주에 나는 라듐 1그램의 시장가치가 십만 달러라는 사실을 알았다. 또한 퀴리 부인의 연구소는 비록 세운 지 얼마 되지 않았지만 연구비가 충분하지 않으며, 라듐으로 얻은 수익은 모두 치료용 방사물 앰풀 제조에 쓰였다는 것을 알았다.

이 교양 있는 미국 여성의 놀라움과 낭패감은 떠올리기 어렵지 않았다. 멜로니 부인은 궁전과 같은 에디슨연구소를 비롯하여 미국의 풍부한 자본력을 자랑하는 연구소를 여러 군데 방문한 적이 있어 잘 알고 있었다. 그런 위풍당당한 연구소와 비교하면, 새롭고 멀끔하기는 해도 프랑스대학 건축물답게 검소한 라듐연구소는 매우 빈약해 보였을 것이다. 멜로니 부인은 또한 라듐광석을 정제하는 피츠버그의 공장들도 몇 군데나 알고 있었다. 부인은 그 공장에서 뭉글뭉글 솟아오르는 검은 연기와 귀중한 물질이 들어 있는 카르노광석을 실은 광물운반차의 긴 행렬을 머릿속으로 그려보았다.

그 부인이 지금 가구도 제대로 갖춰져 있지 않은 파리의 사무실에서, 라듐을 발견한 마리 퀴리와 마주앉아 있다. 멜로니 부인이 마리에게 물었다.

"부인은 무엇을 가장 갖고 싶으세요?"

그러자 퀴리 부인이 조용히 대답했다.

"연구를 계속하기 위한 라듐 1그램이 꼭 필요한데 제 힘으론 도저히 구할 수가 없네요. 라듐은 너무 비싸거든요."

멜로니 부인은 기막히게 좋은 생각을 해냈다. 미국인들이 라듐 1그램을 퀴리 부인에게 증정하는 것이다.

부인은 뉴욕으로 돌아가자마자 돈 많은 부인 열 명에게 각각 만 달러씩 받아서 그 선물을 사려고 했다. 그러나 계획은 실패했다. 협력하겠다는 후원자가 세 사람밖에 나타나지 않았기 때문이다.

'어째서 부자들만 찾으러 다녔을까? 모든 미국 여성들을 대상으로 모금을 해보면 어떨까?'

멜로니 부인은 생각했다.

미국에서 불가능한 일은 없었다. 멜로니 부인은 모금위원회를 만들었다. 그 위원회에 열성적으로 참가한 위원은 극작가이자 시인인 윌리엄 무디의 부인, 로버트 G. 미드 부인, 니콜라스 F. 브레이디 부인 및 방사선치료의 선구자 로버트 어비 박사와 암 연구의 프란시스 카터우드 박사 등이었다.

멜로니 부인은 미국의 각 도시에서 '마리 퀴리 라듐기금 모금'이라는 이름으로 대대적인 모금운동을 벌였다. 그리고 '검은 무명옷을 입은 마리 퀴리'를 방문한 지 1년이 채 되기도 전에 퀴리 부인에게 편지를 썼다. "돈이 마련되었습니다! 라듐은 이제 부인의 것입니다."

미국의 여성들은 퀴리 부인에게 너그러운 도움을 베풀었다. 대신 공손하고 친절한 태도로 마리에게 요청했다. "왜 부인은 우리를 만나러 오시지 않으십니까? 우리들은 부인과 가까워지고 싶습니다."

마리는 망설였다. 그녀는 언제나 대중을 두려워했다. 게다가 세상에서 대중매체로 떠들어대기를 가장 좋아하는 미국과 같은 나라를 방문하면 호화스러운 시련이 끊이지 않으리란 생각에 불안했던 것이다.

그러나 멜로니 부인은 강경한 태도로 마리의 구실을 하나씩 꺾어 갔다.

"부인이 따님들과 헤어지기 싫다고 하시면 따님들도 함께 초대하겠습니다. 성대한 행사가 부담스러우시다면 모든 환영 프로그램을 되도록 간소하게 줄이겠어요. 그러니 부디 꼭 와 주세요. 부인께 즐거운 여행이 되도록 애쓰겠습니다. 그리고 라듐은 백악관에서 미국 대통령이 부인께 직접 전달하도록 하겠습니다."

퀴리 부인은 감동했다. 그리하여 마리는 불안한 마음을 억누르고 54세의 나이에 태어나서 처음으로 공식 여행의 의무를 받아들였다.

딸들은 이 뜻밖의 여행을 매우 기뻐하며 준비했다. 에브는 어머니에게 새 옷을 두세 벌 사고 어머니가 좋아하는 낡아서 빛이 바랜 옷은 파리에 두고 가라고 설득했다.

세상은 퀴리 부인 이야기로 들끓었다. 신문과 잡지는 대서양 건너에서 마리를 기다리고 있는 미국의 접대방식을 크게 다루었고, 행정당국은 이 여성 과학자의 명성에 상응하는 지위를 가지고 미국에 가게 하려면 어떠한 명예를 부여해야 좋을지 고심했다. 미국 사람들은 퀴리 부인이 파리 과학아카데미 회원이 아니라는 사실을 이해하기 어려울 것이다. 또한 그녀가 레지옹도뇌르 훈장을 받지 않았다는 사실에도 놀랄 것이다……. 당국은 서둘러 마리에게 훈장을 수여하려고 했지만 마리는 또다시 사양했다. 그녀는 오히려 그 훈장을 멜로니 부인에게 수여하도록 요청했다.

〈주 세 투〉지의 주최로 1921년 4월 27일, 마리 퀴리의 송별회가 오페라 극장에서 라듐연구소를 위해 개최되었다.

정치가 레옹 베라르와 장 페렝 교수, 클로드 르고 박사가 연설을 했다. 이어서 인기 연출가이자 영화감독인 사샤 기트리가 섭외한 유명 배우와 음악가들의 공연이 차례로 진행했다. 이미 노령인데다 병약한 여배우 사라 베르나르와, 사샤의 아버지인 유명배우 뤼시앵 기트리도 경의를 표하기 위해 예식에 참가했다.

며칠 뒤 퀴리 부인은 대형여객선인 올림픽 호에 올라탔다. 두 딸도 함께였다. 그러나 세 사람의 옷을 넣은 트렁크는 오직 하나뿐이었다. 그녀들은 배에서 가장 호화스러운 선실에 들었다. 마리는 지나치게 사치스러운 가구와 호사스러운 식사를 보고 시골뜨기 아낙처럼 소심해졌다. 마리는 귀찮은 사람들을 피하기 위해 선실 문을 꼭 걸어 잠그고 자기 방에 틀어 박힌 채 검소하고 조용한 일상을 떠올리며 공식 임무를 잊으려고 노력했다.

퀴리 부인이 장 페랭 부인에게(1921년 5월 10일)

친애하는 앙리에트, 정성이 담긴 편지를 배 안에서 받아 보았어요. 덕분에 마음이 한결 가벼워졌답니다. 프랑스를 떠나 내 취미와 습관에도 전혀 맞지 않는 이 먼 여행을 나서려니 왠지 무서운 생각이 들었거든요.

실은 이런 항해는 하고 싶지 않았어요. 바다는 음산하고 어둡고 거칠어요. 나는 병에 걸리지도 않았는데 왠지 피곤해서 거의 온종일 선실에 틀어박혀 있답니다. 딸들은 이 여행이 무척 즐거운 것 같아요. 동행하는 멜로니 부인은 딸들이 여행에 익숙해지도록 할 수 있는 모든 일을 다해줘요. 정말로 상냥하고 친절하신 분이에요.

……나는 랄퀘스트를 생각하고 있어요. 오래지 않아 친구들과 함께 지내게 될 즐거운 시간과 당신이 두세 시간 조용히 지내러 오셨던 정원과 우리가 무척 좋아하는 푸르고 고요한 바다, 이 무뚝뚝하고 찬 대서양보다도 훨씬 상냥하게 환영해 줄 바다를 생각하고 있어요. 그리고 부인의 따님이 곧 낳을 아기 생각도 해요. 그 아기는 우리 모임에서 가장 어린 사람이자, 새로운 세대로는 첫 타자가 되겠죠. 그 아기의 뒤를 이어 우리의 후손도 많이 태어났으면 해요.

활기차고 분망하고 아름다운 뉴욕이 맑은 하늘 아래 옅은 안개에 감싸여 나타났다. 멜로니 부인은 마리에게 신문기자와 사진사들이 기다리고 있다고 귀띔해 주었다. 많은 군중이 선창에 모여 여성물리학자의 도착을 기다리고 있었다.

호기심 많은 사람들은 신문에서 '인류의 은인'이라고 대서특필한 그 여성을 보려고 5시간 전부터 발을 동동 구르며 기다리고 있었다. 걸스카우트와 학생 단체도 여럿 있었고 여성대표단 300명이 흰 장미와 붉은 장미를 손에 들고 있는 모습도 보였다. 그들은 미국의 폴란드인 단체를 대표해서 나왔다. 밀치락달치락하는 수많은 군중들의 머리 위에는 미국의 성조기와 프랑스의 삼색기, 폴란드의 국기가 선명하게 펄럭이고 있었다.

마리는 시키는 대로 올림픽 호의 갑판 위에 마련된 안락의자에 앉았다. 누군가가 그녀의 모자와 핸드백을 빼앗았다. "여기를 보십시오. 퀴리 부인! 머리를 오른쪽으로 돌리십시오! ……고개를 들고! 이쪽을 보세요! 이쪽이요, 이쪽!" 사진기자들의 명령적인 고함소리가 40여 대나 되는 카메라와 활동사진기의 끊임없는 셔터 소리를 압도하고 있었다. 사진기들은 마치 위협하듯 마리의 주위를 반원형으로 둘러서서 놀라고 지쳐 있는 마리의 얼굴에 파인더를 들이댔다.

이렌과 에브는 몇 주일 동안 재미있기는 했지만 너무나 힘이 드는 어머니의 경호 역할을 했다. 이동은 특별 승용차로 했고 만찬회에는 500명이 참석했으며, 어디를 가나 군중의 환영을 받고 탐방기자들에게 갑작스런 취재를 당했다. 그러다보니 미국이 어떤 나라인지 두 딸들은 도무지 알 수가 없었다. 그 나라의 좋은 점을 알려면 더 자유롭고 조용해야 했다. 마치 '바남 서커스'의 순회공연 같은 여행으로는 결코 미국에 대해서 자세히 알지 못할 것이다. 대신 그 순회 덕분에 두 딸은 지금까지 어머니에 대해서 알지 못했던 새로운 사실을 알게 되었다.

프랑스에서 퀴리 부인은 되도록 드러나지 않게 살려고 노력했고, 그 노력은 어느 정도 성공을 거두었다. 마리는 대학자라고 해서 특별히 대단한 사람이 아니라는 사실을 프랑스 사람들과 친구와 가족들에게 이해시켰던 것이다. 그런데 뉴욕에 도착하자마자 눈 깜짝할 사이에 장막이 걷히고 진실이 드러났다. 이렌과 에브는 언제나 곁에 있는 이 수수한 여성이 세상에서 어떤 인물로 비춰지는지를 갑자기 깨달은 것이다.

가는 곳마다 환영연설과 대중의 움직임과 신문 기사들이 한결같이 똑같은 메시지를 전하고 있었다. 미국 사람들은 퀴리 부인을 만나기도 전부터 그녀를 진심으로 존경하고, 당대 제일의 석학으로 손꼽았다. 그런데 이번에 그녀를 실제로 접하면서 많은 사람들이 '피로한 손님의 소박한 매력'에 감동하고 '내향적이고 몸집이 자그마한 여성'이며 '검소한 복장의 여성과학자'에게 다시 한 번 경탄했던 것이다.

나는 한 나라의 국민 정신을 가볍게 정의 내릴 생각은 추호도 없다. 한낱 신문 제목만으로 미국이라는 나라를 판단하려는 것도 아니다. 하지만 마리 퀴리를 맞이하는 미국 국민들의 끓어오르는 열광에는 깊은 뜻이 들어 있지 않을까? 라틴 민족은 미국인의 현실적인 정신은 인정하지만, 이상주의와 감수성은 자신들의 전유물이라고 생각한다. 그러나 마리에게 몰려든 것은 이상주의의 물결이 아니었던가.

설령 퀴리 부인이 과학적 발견으로 갑자기 유복해져서 거드름을 피우는 여성이었다고 해도 미국 사람들의 호기심을 끌기에는 충분했을 것이다. 하지만 이처럼 나라 전체에 감동을 불러일으키지는 못했으리라. 미국 사람들은 겁먹은 여과학자가 이익에 휘둘리지 않고 지적인 정열에 헌신하고 봉사해 온 훌륭한 삶의 자세에 감격하여 박수갈채를 보낸 것이다.

멜로니 부인의 방에는 라듐 덕분에 암을 극복한 한 원예가가 마리에게 주려고 2개월 전부터 정성스레 재배한 아름다운 장미꽃이 가득 장식되어 있었다. 그 방에서 여행 일정을 짜는 회의가 열렸다. 미국의 모든 도시와 대학이 퀴리 부인을 초대했고 산더미 같은 상패와 명예박사 학위가 수여될 계획이었다.

"교수 가운은 당연히 가지고 오셨죠? 그런 의식에는 꼭 입어야 하거든요."

멜로니 부인이 물었다.

그러나 마리의 수줍은 미소를 보고 그들은 당황했다. 마리는 교수복을 가지고 오지 않았다. 아니 애당초 예복을 가지고 있지 않았기 때문이다. 소르본의 교수들은 가운을 가지고 있어야 하지만 유일한 여교수인 퀴리 부인은 그 옷을 주문하는 기쁨을 남자교수들에게 양보했던 것이다.

급하게 재단사를 불러 벨벳으로 안을 대고 검은 명주로 만든 장중한 느낌의 옷을 한 벌 지었다. 그 위에 박사 칭호에 맞는 눈부신 망토를 걸쳤다. 가

봉할 때 마리는 소매가 거북하다든지 옷감이 너무 무겁다는 얘기를 솔직하게 전했다. 특히 비단이 라듐 화상을 입은 손가락을 자극한다며 끊임없이 지적했다.

5월 13일, 마침내 모든 준비가 끝났다. 앤드류 카네기 부인 댁에서 점심을 먹고 서둘러 뉴욕을 방문한 뒤 퀴리 부인과 멜로니 부인, 이렌과 에브는 황홀한 여행길에 나섰다.

흰 옷을 입고 볕이 쨍쨍 내리쬐는 도로 양쪽에 울타리처럼 늘어선 소녀들. 퀴리 부인이 탄 차를 맞이하려고 잔디밭을 가로질러 뛰어오는 많은 소녀들. 만세를 부르거나 일제히 합창하며 꽃과 깃발을 흔드는 소녀들…… 처음 며칠 동안 스미스 배시, 브린모어, 마운트 홀로크 같은 동부의 여자전문학교를 방문했을 때의 풍경이다. 무엇보다도 마리 퀴리를 열성적으로 환호하는 젊은 처녀들, 마리와 같은 부류의 여학생들을 만나게 함으로써 마리의 마음을 사로잡은 일은 정말로 멋진 생각이었다.

각 전문학교의 대표자들은 일주일 뒤 뉴욕의 카네기 홀에서 여자대학생협회가 주최하는 대환영회에 참석했다. 그들은 마리에게 인사를 하고 차례차례로 백합과 장미꽃 가운데 으뜸 품종인 '아메리칸 뷰티'를 선사했다. 또한 미국의 여러 대학에서 선발된 교수들과 프랑스와 폴란드 대사, 그리고 어릴 적 친구로서 마리에게 박수를 보내려고 찾아온 이그나치 파데레프스키가 지켜보는 앞에서 마리는 칭호와 부상과 상패, 그리고 '뉴욕시 특별시민권'이라는 파격적인 영예도 받았다.

다음날과 그 다음날에는 미국의 여러 과학협회 대표자 573명이 마리를 환영하기 위해 월도프 아스토리아 호텔에 모여 환영식을 열어주었는데, 마리는 이미 지쳐서 비틀거리고 있었다. 수도원과 같은 생활에서 끌려나온 가냘픈 여성은 소란스럽고 활기찬 군중을 상대로 전혀 승부가 되지 않았다. 마리는 요란한 환호에 정신이 아득해졌다. 자신을 쳐다보는 수많은 눈길과 서로 밀치며 길을 막아버리는 군중의 난폭함에 위협마저 느꼈다. 마리는 이 소용돌이 속에 휘말려 자신의 몸이 부서질 것만 같았다. 어쩌면 너무나 열광한 숭배자가 흥분하여 악수를 하려다 힘을 너무 주는 바람에 그녀의 손목을 꺾어버릴지도 몰랐다. 그래서 명예의 부상을 안고 팔을 수건으로 싸맨 채 여행을 마쳐야 될지도 몰랐다.

드디어 그날이 왔다. "천재에 대한 경의 …… 백악관에 모인 전국의 명사가 고명한 한 여성을 칭송하다……" 5월 20일, 워싱턴에서 하딩 대통령이 퀴리 부인에게 1그램의 라듐을, 정확히는 그것을 상징하는 대용물을 증정하는 날이 왔다.

납으로 만든 상자는 라듐이 든 유리 용기를 넣기 위해 특별히 주문해서 만들었다. 그러나 실제로 라듐이 든 용기는 아주 귀중한 물건인데다 방사선 때문에 매우 위험하므로 공장의 안전한 곳에 보관해 두고, 상자에는 '모조 라듐'을 넣은 것이다. 그리고 그 모조품은 외교관과 정부 및 육·해군 고관과 각 대학 대표자들이 모인 동쪽 방의 중앙 탁자 위에 놓여 있었다.

4시. 출입문이 양쪽으로 열리며 하딩 대통령의 영부인이 프랑스 대사 쥐스랑과 팔짱을 끼고 들어왔다. 그 뒤에는 멜로니 부인, 이렌과 에브 퀴리, 그리고 '마리 퀴리 위원회'의 여성들이 들어왔다.

행사가 시작되었고, 미국 대통령이 마지막을 장식했다. 대통령은 친애하는 마음으로 "숭고한 여성, 헌신적인 아내, 자애로운 어머니로서 막중한 업무 외에도 여성으로서의 책무를 다한 사람'을 치하했다. 그리고 퀴리 부인에게 프랑스 국기와 같은 3색 리본으로 맨 양피지를 건네주고 조그만 황금 열쇠가 달린 비단 목걸이를 목에 걸어 주었다. 상자의 열쇠였다.

사람들은 경건하게 마리의 짧은 인사말에 경건한 표정으로 귀를 기울였다. 그런 다음 손님들은 즐겁게 떠들면서 푸른 방으로 건너가 퀴리 부인에게 인사를 하기 위해 줄을 섰다.

퀴리 부인은 의자에 앉아서 순서대로 다가오는 사람들에게 조용히 미소를 보냈다. 두 딸이 대신 악수를 하고 영부인이 소개해주는 상대의 국적에 따라 영어나 폴란드나 프랑스어로 인사말을 했다. 마지막으로 사람들은 들어올 때와 마찬가지로 줄을 지어 사진사들이 기다리고 있는 정면 입구 계단으로 나갔다.

그런데 이 행사에 참석한 고관들과 "라듐의 발견자, 미국의 벗들에게서 귀중한 선물을 받다"라고 떠들썩하게 보도하는 신문기자들도, 만약 마리가 하딩 대통령에게 건네받은 라듐 1그램의 소유권을 사전에 거절했다는 사실을 알면 얼마나 놀라겠는가? 행사 전날 멜로니 부인이 양피지 기증 증서를 보여주며 승인을 요구하자 마리는 그 내용을 주의 깊게 읽고 침착하게 말했다.

"이 증서는 고쳐야 되겠습니다. 미국이 제게 증정해 주시는 라듐은 영구히 과학의 소유가 되어야 합니다. 내가 살아 있는 동안은 두말 할 필요 없이 과학연구를 위해서만 쓰겠습니다. 하지만 이 증서대로라면 내가 죽은 뒤에는 라듐이 내 딸들, 곧 개인의 재산이 되는군요. 그건 안 됩니다. 라듐은 제 연구소로 기증받고 싶습니다. 변호사를 불러주시겠습니까?"

"그야…… 불러올 수는 있지만……."

멜로니 부인은 조금 어리둥절한 기색으로 말했다.

"부인의 의향이 정 그러시다면 다음 주에라도 절차를 밟도록 하겠습니다."

"다음 주는 안 됩니다. 내일도 안 돼요. 오늘 저녁에 곧바로 절차를 밟았으면 합니다. 기증 증서는 곧 효력을 발휘할 테고 나는 몇 시간 뒤에 죽을 수도 있으니까요."

이미 늦은 시간이라 어렵게 겨우 찾아서 데리고 온 변호사와 함께 마리는 부가증서를 작성했다. 그리고 즉시 거기에 서명을 했다.

다음은 필라델피아에서 칭호와 박사학위를 받았다. 퀴리 부인과 이 도시의 과학 및 산업 대표자들 사이에 선물 교환이 이루어졌다. 어떤 공장주는 마리에게 메소토륨 50밀리그램을 선사했다. 유명한 미국 철학협회 회원들은 마리에게 존 스코트 상패를 선사했다. 마리는 감사의 표시로 연구 초창기에 직접 만들어서 썼던 '역사적인' 수정판 피에조 전기계를 협회에 기증했다.

그녀는 선사받은 라듐 1그램을 정제한 피츠버그의 라듐공장도 방문했다. 그곳 대학에서도 역시 박사학위를 받았다. 마리는 자신에게 잘 어울리고 착용감도 좋은 교수 가운은 입었지만 전통적인 사각모로 자신의 회색머리를 감추는 것은 아무래도 싫었다. 모자가 볼품없고 무엇보다 '잘 씌어지지 않는다'고 비난했다. 결국 빳빳하고 검은 사각모를 쓴 많은 학생들과 교수들 사이에 있을 때도 마리는 모자를 쓰지 않고 손에 들고 있었다. 가장 예쁘게 차려입은 여자가 가장 눈에 띄는 것은 아니라는 사실을 훌륭하게 증명한 것이다. 모자라는 틀에 갇힌 많은 얼굴들 가운데 유일하게 틀을 벗은 마리의 얼굴에 정신적인 아름다움이 얼마나 짙게 배어 있는지 마리는 인식하지 못했다.

마리는 식이 진행되는 도중에 정신을 잃지 않으려고 긴장하면서 꽃다발을 받거나 연설과 국가를 듣기도 했다. 그러나 이튿날 아침이 되자 뉴스가 나왔다. 퀴리 부인이 너무 지쳐서 더 이상 여행을 계속하지 못하게 되었다고. 그녀는 서부도시 순회를 멈추었다. 그 때문에 이들 도시에서 예정되었던 수많은 환영회는 모두 취소되었다.

미국의 기자들은 자책감에 사로잡혀 자기네 나라가 나이 많고 연약한 퀴리 부인에게 너무 힘에 겨운 시련을 안겨주었다고 비난했다. 그들이 쓴 기사에는 진심이 담겨 있었다.

어떤 신문은 굵은 글씨로 "접대가 지나쳤다!"고 보도했다. "미국 여성들은 이 여성과학자에게 따뜻한 도움의 손길을 내밀어 주었다. 그러나 냉정하게 평가해 보면, 우리는 단지 우리의 잘난 자존심을 만족시키기 위해 퀴리 부인의 육체를 희생시키며 선물을 떠넘겼다는 비난을 받아야 마땅할 것이다."

또 다른 신문에서도 단호하게 말했다. "어떤 서커스나 극장의 주인이라도 퀴리 부인에게는 라듐 1그램보다 훨씬 비싼 출연료를 지급하고 일은 그 절반밖에 시키지 않을 것이다." 비관적인 논조도 실었다. "우리들은 이미 마른 전투에서 승리한 조프르 사령관을 지나치게 열광하여 죽일 뻔했던 경험이 있다. 지금은 또다시 퀴리 부인을 죽이려고 하는가!"

마리는 숭배자들과 정정당당하게 맞섰다. 그리고 제1라운드에서는 숭배자들이 이겼다. 그러나 이번에는 어떻게든 퀴리 부인에게 휴식을 주기 위해 여행 주최자들이 온갖 방법을 동원했다.

퀴리 부인은 플랫폼에서 기다리고 있는 흥분한 군중을 피해 선로 반대편으로 내려 레일을 건너 모습을 감추기도 했다. 버펄로에서는 이미 마리의 도착이 일반인들에게 알려졌을지도 모른다고 걱정해 혼자서 목적지보다 한 정거장 앞에 있는 나이아가라 폭포역에서 내렸다. 마리는 유명한 나이아가라 폭포를 조용히 구경하고 싶었다. 그러나 그마저도 쉽지 않았다! 버펄로의 환영위원회는 마리 퀴리를 찾아내려고 눈에 불을 켰다. 자동차가 몇 대나 나이아가라 폭포에 밀려들더니 마리를 찾아내고야 말았다.

이렌과 에브는 처음에는 단순히 일행을 따라다니기만 했지만 어느새 연극에서 말하는 '대역'이 되어버렸다. 이렌이 퀴리 부인 대신 대학교수 가운을 입고 명예박사 칭호를 받았다. 아직 16세 소녀인 에브는 엄숙한 연설자들이 퀴리 부인을 위해 준비한 연설과 '훌륭한 업적'과 '오랜 인고의 노력'을 치하하는 말을 들었다. 그리고 사람들은 에브에게 인사말까지 기대하기도 했다. 어떤 도시에서는 위원회 여성들이 마리를 자기 집으로 모시는 영광을 서로 누리려고 다투는 바람에 이렌과 에브를 막무가내로 양보하지 않는 부인들의 집에 각각 보내 머물게 하기도 했다.

두 딸은 너무 유명한 어머니의 대리노릇을 하지 않을 때는 그들 나이에 맞는 오락을 즐겼다. 테니스를 치거나 보트를 타고 롱아일랜드에서 멋진 주말을 보내기도 했다. 미시건 호수에서 수영도 하고, 저녁에는 극장에 가거나 코니아일랜드의 유원지에서 정신없이 놀기도 했다.

그러나 무엇보다도 가장 즐거웠던 기억은 서부여행이었다. 멜로니 부인은 퀴리 부인에게 미국 전체를 구경시키려던 계획은 단념했으나, 이 나라에서 최대의 관광지로 손꼽히는 콜로라도의 그랜드캐니언만은 꼭 보여주고 싶었다. 마리는 너무 지쳐 있었으므로 썩 즐거운 표정이 아니었지만 딸들은 좋아서 어쩔 줄 몰랐다. 산타페 철도를 타고 사흘간 텍사스의 사막을 지나거나, 인적이 드문 작은 역에 멈춰 에스파냐의 태양처럼 강렬한 햇볕 아래에서 점심식사를 하는 등, 두 딸은 모든 것이 즐겁기만 했다. 그랜드캐니언 호텔은 이 장대한 지각의 단층 근처에 자리한 쾌적하고 평온한 작은 섬 같았다. 단층은 길이 100킬로미터, 너비 15킬로미터의 절벽으로 바라만 보아도 기가 질려 목소리가 안 나올 정도였다.

이렌과 에브는 걸음이 느린 선주민의 노새를 타고 그 심연을 끼고 있는 산등성이를 오르면서 산과 바다와 모래로 된 움직이지 않는 혼돈을 바라보았다. 정상에 서자 빛에 따라 그림자가 움직이며 암벽이 보라색에서 붉은색으로, 오렌지색에서 엷은 주황색으로 바뀌었다. 이번에는 노새를 타고 다시 조금 전에 올라왔던 길을 따라 단층 맨 밑까지 내려갔다. 그곳에는 콜로라도 강 상류에서 진흙과 자갈을 실어온 강물이 격렬하게 소용돌이치면서 흘러가고 있었다.

퀴리 부인의 환영 행사는 중요하고 생략할 수 없는 것만 진행되었다. 하지만 그래도 건장한 운동선수조차 지쳐 쓰러질 만큼 고된 일정이었다.

5월 28일 뉴욕에서 퀴리 부인은 콜로라도 대학 명예박사 학위를 받았다.

시카고에서는 시카고 대학의 명예회원으로 임명되고 여러 가지 칭호를 받았으며, 세 차례 환영회에도 참석했다. 첫 번째 환영회에서는 울타리 대신 폭이 넓은 리본으로 보호막을 쳐서 끊임없이 앞으로 몰려드는 군중들로부터 퀴리 부인과 두 딸을 보호했다. 두 번째 행사에서는 '라마르세예즈'와 폴란드 국가, '성조기여 영원하라'를 불렀는데, 마리는 사람들이 발밑에 바친 꽃 무더기에 거의 파묻힐 정도였다.

마지막 환영회가 그중에서 가장 열렬했다. 시카고의 폴란드인 거리에서 폴란드인만을 위해 열린 이 행사에서 이민자들이 환영한 상대는 평범한 여과학자가 아니었다. 그녀는 멀리 있는 조국 폴란드를 상징했다. 남녀노소 모두가 눈물을 흘리며 마리의 손에 입을 맞추고 그녀의 옷을 만지려고 했다.

6월 17일, 퀴리 부인은 또다시 건강이 좋지 않음을 고백해야 했다. 모든 일정은 다시 멈추었고 혈압이 크게 떨어져 의사들도 그녀의 건강을 염려했다. 그러나 마리는 휴식을 취하고 다시 어느 정도 건강을 회복하자, 보스턴과 뉴헤븐에 가서 웰슬리, 예일, 하버드 시몬스 래드클리프 같은 유명 대학을 방문했다. 그리고 6월 28일에 올림픽 호에 승선했는데, 선실에는 전보와 꽃다발이 산더미처럼 쌓여 있었다.

이제 프랑스에서 온 또 다른 '스타'의 이름이 퀴리 부인 대신 신문의 헤드라인을 장식하기 시작했다. 굉장한 인기를 얻고 있던 권투선수 조르주 칼판티에가 미국에 온 것이다. 신문기자들은 칼판티에와 미국의 유명 권투선수 뎀프시의 시합에 대해 퀴리 부인으로부터 한 마디 예견도 듣지 못해 실망감에 빠졌다.

마리는 매우 지쳐 있었지만 한마디로 말하면 매우 만족스러웠다. 그 시절의 편지를 살펴보면 '미국이 프랑스와 폴란드에 보여준 우정에 대해서 조금이나마 보답할 수 있었다'고 기뻐하며 자신의 두 조국에 대해 하딩 대통령과 클리지 부통령이 한 말을 인용했다. 그러나 아무리 겸손하려 해도 미국에서 그녀의 개인적인 인기가 매우 높았다는 점과 그녀가 수백만 미국 사람들의 마음과 그녀를 가까이한 모든 사람의 진실한 애정을 독차지했다는 사실을 숨길 수는 없다. 멜로니 부인은 마리 퀴리가 눈을 감는 마지막 날까지 가장 헌신적이고 정다운 친구로 남았다.

마리 퀴리에게는 그 여행의 인상이 너무나 복잡하고 혼란스러웠으므로 특히 강렬하게 각인된 몇 가지 추억밖에 남아 있지 않았다. 마리는 미국의 대학생활이 생기에 넘치고 전통적인 행사가 화려하고 즐거우며, 특히 대학 체육시설이 아주 잘 되어 있는 점에 크게 감동했다.

여행을 시작할 때부터 마칠 때까지 지나는 곳곳에서 그녀를 환영해준 여성단체의 크나큰 힘에도 강한 인상을 받았다.

그리고 과학연구소와, 암 치료에 라듐요법을 이용하는 많은 병원의 완벽한 설비를 보고 나서는 조금 우울해지기까지 했다. 같은 1921년에 프랑스에는 아직 라듐치료 전문병원이 한 곳도 없다는 점을 생각하니 마음이 무거워졌던 것이다.

퀴리 부인이 기증받은 라듐은 복잡한 자물쇠가 달린 배의 금고 안에 엄중히 보관되어 마리와 함께 미국을 떠났다. 이 상징적인 라듐 1그램은 마리가 선택한 삶에 대해 여러 가지 생각을 하게 한다. 이 조그마한 물질을 손에 넣기 위해 마리는 미국 대륙을 두루 다니며 은혜를 베풀어 준 도시에 일일이 감사를 표해야 했다.

이젠 이미 돌이킬 수 없는 옛 일이 되었지만, 그 무렵 라듐에 대한 특허만 받아 두었더라면 이런 긴 여행은 하지 않아도 되었을 것이다. 마리 퀴리가 부유했더라면 프랑스에 연구소와 병원을 몇 채나 지을 수 있었을 것이다. 투쟁과 인고의 20년을 마리는 후회하지 않았을까? 자신의 독자적인 판단으로 재산을 대수롭지 않게 여긴 탓에 과학연구의 발전을 희생시켰다고 깨닫지 않았을까?

미국에서 돌아와서 쓴 짧은 자서전식 책에서 퀴리 부인은 스스로 이 질문에 대답했다.

……만일 피에르 퀴리와 내가 일찌감치 우리들의 권리를 확보해 두었더라면 우리 두 사람은 물론 지금까지 내 앞을 가로막는 여러 장해물에 부닥치는 일 없이, 만족스럽게 라듐연구소를 세울 수 있는 자금을 확보했을 것이라고 많은 친구들이 말한다. 물론 맞는 말이다. 하지만 나는 지금도 피에르 퀴리와 내가 내린 선택이 옳았다고 확신한다.

물론 인류에게는 자기 일의 결과를 최대한 이용하여 인류 전체의 행복을 추구하면서 개인적인 이익도 지키는 현실적인 인간이 필요하다. 그러나 일이 그 자체만으로도 매혹적이어서 이해관계를 넘어 자신의 물질적인 이익에는 전혀 관심을 두지 않는 몽상가도 역시 필요한 법이다.

그런 몽상가는 당연히 부를 얻지 못한다. 그들 스스로 원하지 않았기 때문이다. 그렇지만 올바른 사회라면 반드시 이런 근면한 몽상가들이 물질적인 걱정 없이 자유롭게 연구에 몰두할 수 있도록 기본적인 생활을 보장해주고 그들이 사명을 완수할 수 있도록 충분한 자금을 지원해야 한다.

마침내 뜻을 펴다

미국여행이 어머니에게는 좋은 교훈이 되었다고 나는 믿는다.

어머니 스스로 고독 속에 틀어박히려 한 것이 잘못이라는 사실이 이 여행으로 증명되었기 때문이다. 학생이라면 책을 가지고 다락방에 틀어박혀도 괜찮다. 무명의 연구가라면 세속을 떠나 자신의 연구에 전념해도 상관없다. 아니, 오히려 그렇게 해야 한다. 그러나 55세의 퀴리 부인은 그런 학생이나 연구가와는 다르다. 마리에게는 새로운 과학과 새로운 치료법에 대한 책임이 있다. 이제 마리의 빛나는 명성은, 작은 행동을 보이거나 잠깐 얼굴을 비추기만 해도 그녀가 원하는 공익에 관계되는 계획을 성취할 수 있는 경지에 이르렀다. 마리는 미국에서 돌아온 뒤로 자신의 생활에 그러한 교류와 사명을 위한 자리를 남겨 두기로 했다.

마리가 했던 여행은 대체로 비슷했으므로 일일이 기록할 생각은 없다. 과학 학회와 강연, 대학 행사와 연구소 방문 등으로 퀴리 부인은 많은 대도시에 초대받았다. 그리고 가는 곳마다 환영과 박수를 받았다. 마리는 남에게 도움이 되는 사람이 되고자 노력했다. 그러나 한편으로는 병약한 몸으로 쓰러지지 않도록 끊임없이 싸워야 했다.

공식적인 의무가 모두 끝나자 마리는 아름다운 자연경치를 보러 다니거나 대자연에 대한 호기심을 충족시키며 큰 즐거움을 누렸다. 30년 동안 무미건조한 연구생활에 몰두하면서도 세상의 아름다움을 이교도처럼 찬미하는 마리의 열렬한 사랑은 더욱더 강렬해지기만 했다. 작고 조용한 이탈리아 기선을 타고 남대서양을 건널 때 마리는 어린아이처럼 기뻐하며 에브에게 편지를 썼다.

날치를 보았단다…… 내 그림자가 거의 사라지는 현상도 겪었어. 태양이 머리 바로 위에 떠 있었거든. 그리고 우리가 늘 보는 북극성과 큰곰자리 같은 별들이 바다 속으로 사라지는 것도 보았어. 남쪽에서 남십자성이 떠오르는데 정말 아름답더구나. 하지만 나는 이쪽 밤하늘에 보이는 별에 대해서는 아무런 지식이 없구나…….

마리는 강연 때문에 이렌과 함께 브라질의 리우데자네이루에 가서 4주 동안 머물면서 느긋하게 휴식도 취했다. 매일 아침 바닷가에서 아무도 몰래 조용히 헤엄을 치고 오후에는 걷거나 자동차로, 때로는 수상비행기로 유람을 하며 시간을 보냈다.

마리는 이탈리아와 네덜란드 그리고 영국에도 여러 번 초대받아 갔다. 1931년에는 에브와 함께 뜨거운 태양이 내리쬐는 에스파냐에 가서 잊을 수 없을 만큼 멋진 여행도 했다. 마리처럼 시골을 사랑하는 체코슬로바키아의 마사리크 대통령은 시골에 있는 자신의 별장으로 마리를 초대했다.

1911년부터 브뤼셀에서 열린 물리학 학회인 솔베이 회의에도 마리를 정기적으로 초대하여, 저명한 외국인 명사가 아니라 늘 함께하는 동료로 대우했다. 마리도 어느 편지에서 "물리학을 사랑하는 사람들"이라고 지칭한 학자들이 새로운 발견이나 학설을 토론하는 그 모임을 사랑했다. 그리고 그곳에 머무는 동안에는 매번 왕족을 방문하거나 만찬에 참석했다. 예전에 벨기에 전선에서 만났던 알베르 왕과 엘리자베트 왕비는 마리에게 경의를 표하며 깊은 우정을 보여주었다.

이제 세상에서 그녀의 이름을 모르는 곳은 없었다. 중국 어느 지방의 오래된 도시 태안부(泰安俯)의 '공자묘'에도 퀴리 부인의 초상이 있다! 이 나라 학자들은 '인류의 은인들', 즉 데카르트와 뉴턴, 부처와 중국의 위대한 황제들의 초상 사이에 마리의 것도 모셔 놓은 것이다.

1922년 5월 15일 국제연맹 이사회가 만장일치로 '퀴리 스쿼도프스카'를 국제지적협력위원회 회원에 임명했다. 이에 '퀴리 스쿼도프스카 부인'은 수락했다.

이날은 마리의 생애에서 아주 중요한 날이었다. 마리가 유명해진 뒤로 수많은 사업과 연맹과 협회에서 이름을 올려달라고 요청해 왔다. 하지만 마리는 한 번도 승낙한 적이 없었다. 마리는 자기가 관여할 틈이 없는 모임에는 참석하고 싶지 않았고, 어떠한 경우라도 정치적으로 엄정한 중립을 지키고 싶었다. 그녀는 정치판에 뛰어들어 순수한 '학자'라는 아름다운 직함을 더럽히고 싶지 않았으므로 아무리 온건해도 정치적 선언이나 성명서에는 서명하지 않았다.

따라서 국제연맹의 노력으로 퀴리 부인이 연맹에 가입했다는 사실은 특별한 의미를 갖는다. 그 일은 마리가 유일하게 과학연구가 아닌 다른 일에 몰두한 경우였다.

국제지적협력위원회에는 프랑스 철학자 베르그송과 영국 고전문학자 길버트 머레이, 벨기에 비평가 쥘 데스트레를 비롯한 뛰어난 사람들이 많이 모여 있었다. 마리는 나중에 이 위원회의 부위원장이 된다. 그 밖에 많은 전문가들의 위원회와 파리 지적협력연구소 지도위원회에 참석했다.

그런 마리를 추상적인 사상의 헛된 광대놀음에 정신이 팔려 있다고 비판한다면 이 현실적인 이상주의자를 잘 모르고 하는 말이다. 마리는 제네바에서도 일하면서 과학에 거듭 공헌했다.

마리는 이른바 '세계 과학연구의 무정부상태'와 싸우면서, 겉으로는 대수로워 보이지 않지만 실제로는 지식의 진보를 좌우하는 몇 가지 정확한 문제에 대해 동료위원들의 동의를 구하고자 힘썼다. 바로 연구자가 자신의 연구영역에서 이미 다른 사람이 얻은 결과를 단번에 살펴볼 수 있게 해줄 합리적인 저술목록 작성 같은 문제들이었다. 그러기 위해 과학상의 기호와 용어, 간행물의 형태, 잡지에 발표된 논문을 요약한 책자 등을 통일시키고 정수표(定數表)도 만들었다.

또한 대학과 연구소의 교육문제도 오랫동안 관심을 기울였다. 마리는 그 구조를 완벽하게 만들고자 했다. 연구자의 노력을 바로잡아 줄 '지도하의 연구'를 주장하면서 유럽대륙 전체의 과학 활동을 이끄는 작전 참모격인 지도자들끼리 서로 연락을 취하도록 권했다.

그리고 무엇보다 한평생 마리의 머리를 떠나지 않았던 생각이 있다. 경제적인 혜택을 누리지 못해 지적재능을 깨우치거나 발휘하지 못하는 사람들에 관한 것이다. 농부나 노동자들 속에도 작가, 학자, 화가, 음악가가 숨어 있을지 모른다…… 자신의 활동에 제약을 받아온 마리는 국제적인 과학 연구 장학제도를 발전시키는 데 힘을 쏟았다. 그녀는 어떤 보고서에 이렇게 적었다.

사회의 이익이란 무엇일까? 사회가, 과학상의 천부적인 재능이 활짝 피어나도록 도와주어야 하지 않는가! 갓 자란 싹을 꺾어버릴 만큼 사회는 풍요로운가? 참된 과학적 자질을 갖춘 재능이야말로 무한히 귀중하고 고귀하며, 그것을 낭비하는 것은 어리석고 있을 수 없는 일이다. 따라서 그 재능이 활짝 피어날 기회를 주고 자상하게 보살펴야 한다……

이때까지 물질적인 이익을 스스로 거부해 온 이 여성물리학자는 동료들을 위해 스스로 '과학상의 소유권'을 옹호하기 시작했다. 이 얼마나 모순된 일인가! 마리는 공업응용의 기초가 되는 순수 연구에 보답하기 위해 발견의 '저작권'을 설정하려 했다. 상업상의 이익에서 연구 보조금을 거두어들여 연구소를 빈곤에서 구하는 것이 마리의 희망이었다.

단 한 번, 이런 현실적인 문제를 떠나 '문화의 장래'에 대한 토론회에 사회를 보러 1933년에 마드리드에 간 적이 있다. 이 토론회에는 거의 모든 나라의 작가와 예술가들이 참석했는데, 이 모임을 제안한 시인 폴 발레리의 말을 빌리자면 '자신들의 풍차와 싸우는 정신적인 돈키호테들'이었다.

마리 퀴리는 단정하고 위엄 있는 태도와 독창적인 발언으로 그들을 놀라게 했다. 토론회 참가자들은 과학에 대한 경고를 부르짖고 '전문화', '획일화'의 위험을 고발했으며, 세계가 봉착한 '문화적 위기'에 대한 책임 일부가 과학에 있다고 지적했다. 참석한 돈키호테들 가운데 가장 '돈키호테'에 가까운 마리 퀴리는 예전과 다름없는 신념을 가지고 연구에 대한 사랑과 도전하는 모험심, 진취적인 정신, 그리고 자신의 일생을 지배한 정열을 감명 깊게 옹호했다. 마리는 질문자들에게 다음과 같이 대답했다.

저는 과학에 크나큰 아름다움이 깃들어 있다고 생각하는 사람입니다. 연구실에 있는 과학자는 단순한 기술자가 아닙니다. 그는 옛날이야기를 들을 때처럼 두근거리는 가슴을 안고 자연 현상을 바라보며 눈동자를 빛내는 어린아이기도 합니다. 우리는 모든 과학의 진보가 장치와 기계, 톱니바퀴 등에만 그친다고 쉽게 생각해서는 안 됩니다. 물론 그러한 것에도 나름대로 독특한 아름다움이 있습니다만.

……저는 현재도 우리가 모험심을 잃어간다고 생각하지 않습니다. 우리

주위에 생명력이 넘치는 것이 있다면, 바로 결코 사라지지 않으며 호기심과도 일맥상통하는 '모험심'입니다······.

각 나라의 독자적인 문화를 존중하는 국제문화를 위한 투쟁, 온 인류의 인격과 재능을 옹호하고 '세계적으로 과학의 숭고한 정신력을 공고히 하기' 위한 투쟁, '정신적인 무장해제'와 평화를 위한 투쟁······ 퀴리 부인은 이러한 투쟁을 위해 몸을 던졌다. 그러나 그녀는 순식간에 승리를 거두리라는 조급한 자만심은 갖지 않았다.

마리가 에브에게 (1929년 7월)

국제적인 일들은 매우 골치 아프지만 어떠한 노력과 희생을 치르더라도 조금씩 경험을 쌓아가는 일이 중요하단다. 제네바에서 이룬 일이 아무리 미흡하더라도 사람들이 지지할 만한 가치가 분명히 있단다.

그리고 폴란드 여행이 두 번, 세 번, 네 번······.

하지만 퀴리 부인이 가족을 찾아간 까닭은 휴식을 취하거나 기분전환을 위해서가 아니었다. 폴란드가 자유를 되찾은 이후로 마리는 어떤 큰 계획을 세우고 있었다. 바르샤바에 과학연구소와 암 치료의 중심이 될 라듐연구소를 세우는 일이었다.

그러나 마리가 아무리 애를 써도 극복하지 못하는 어려움이 있었다. 오랜 식민지 상태에서 겨우 벗어난 폴란드는 너무 가난했다. 돈도 없고 기술자도 없었다. 게다가 마리에게는 자금을 모으거나 운동을 할 시간이 없었다.

그런데도 마리의 한 마디 부탁에 선뜻 동조자로 나선 이는 다름 아닌 마리의 언니 브로냐였다. 이제 나이가 들어 몸이 무거워졌지만 30년 전과 똑같이 열성적이고 씩씩한 그녀는 지체없이 그 일에 착수했다.

브로냐는 건축과 교섭과 회계까지 혼자서 맡았다. 머지않아 폴란드에는 마리의 초상을 인쇄한 전단지와 카드가 넘쳤다. 그 인쇄물들로 돈을, 아니 구체적으로 벽돌을 모았다. "마리 스쿼도프스카 퀴리 연구소를 위해 벽돌을 한 장 사자!"는 내용의 그림엽서가 대량으로 제작되었기 때문이다. 그리고 엽서에는 마리가 자필로 "바르샤바에 라듐연구소를 세우는 것이 저의 간절한 소원입니다"라고 쓴 글이 인쇄되어 있었다.

이 운동은 국가와 바르샤바 시(市), 폴란드의 여러 단체의 전폭적인 이해와 지지를 받았다.

벽돌 수는 점점 늘어났다. 마침내 1925년 마리는 연구소의 기초공사를 시작하기 위해 바르샤바로 갔다. 과거의 추억과 미래의 약속이 담긴 개선과도 같은 방문이었다……. '우리 아름다운 국가 폴란드 공화국에서 가장 명예로운 여성'의 연설에 온 국민이 열광했다. 많은 대학과 각종 학술원 및 도시들이 마리에게 훌륭한 칭호를 수여하고 국가원수를 지냈던 피우스츠키도 며칠 만에 마리와 친교를 맺었다.

태양이 눈부시게 빛나는 어느 날 아침, 공화국 대통령이 연구소의 첫 벽돌을 쌓고 퀴리 부인이 두 번째 벽돌을, 그리고 바르샤바 시장이 세 번째 벽돌을 쌓았다.

그 정초식에는 공식적인 딱딱함이 조금도 없었다. 오랜 외국 생활에도 마리의 폴란드어가 완벽한 점을 대통령 스타니스와프 보이체호프스키가 칭찬한 것은 단순한 인사치레가 아니었다. 대통령은 다름아닌 옛날 파리에서 만난 스쿼도프스카 양의 친구였다. 금세 스스럼없이 옛날이야기가 쏟아져 나왔다.

"내가 33년 전 비밀스런 정치적 사명을 띠고 폴란드로 떠날 때 당신이 작은 여행용 베개를 빌려 주신 일을 기억합니까? 그때 그 베개가 아주 큰 도움이 됐어요."

대통령이 말했다.

"기억하고 있어요. 대통령께서 그것을 되돌려주는 일을 잊으신 것까지도 기억하는걸요."

마리는 웃으며 응수했다.

또한 사람들로 가득 찬 민중극장 무대에서 퀴리 부인에게 경의를 표한 유명한 노배우 코타르빈스키 씨도 일찍이 즈볼라에서 어린 마냐가 기쁜 마음으로 들꽃을 꺾어 화관을 만들어 준 그 사람이 아닌가?

세월이 흘러 벽돌은 마침내 거대한 벽이 되었다. 그러나 마리와 브로냐의 고생은 끝나지 않았다. 두 사람은 이 사업에 각자의 저금을 대부분 쏟아 부었지만, 정작 암 치료를 위해 라듐을 살 돈이 모자랐던 것이다.

마리는 낙담하지 않았다. 지평선 너머의 먼 서쪽 하늘…… 예전에 자신에게 성대한 원조를 베풀어 주었던 멜로니 부인이 있는 미국 쪽으로 눈길을 돌렸다. 그 이해심 많은 미국 부인은 마리에게는 바르샤바의 연구소가 파리에 있는 연구소 못지않게 소중하다는 사실을 잘 알고 있었다. 멜로니 부인은 또다시 기적처럼 퀴리 부인에게 라듐 1그램을 살 만한 자금을 모아주었다. 미국이 마리에게 기증한 두 번째 라듐이었다.

모든 일이 한 번 더 되풀이되었다. 1921년과 마찬가지로 마리는 1929년 10월에 다시 뉴욕으로 건너갔다. 이번에는 조국 폴란드의 이름으로 미국에 감사를 표하기 위해서였다. 이번에도 헤아릴 수 없는 영예에 시달렸으며, 후버 대통령의 초청으로 여러 날 동안 백악관에 머물기도 했다.

마리는 에브에게 편지를 썼다.

상아로 만든 매우 작고 귀여운 코끼리와 또 다른 아주 조그마한 것을 선물 받았단다. 코끼리는 공화당의 상징이라서, 백악관에는 크고 작은 코끼리 조각상이 장식되어 있단다. 한 마리씩 떨어져 있거나 떼를 지어 있기도 해.

미국은 경제공황 때문에 1921년보다 사회 분위기가 더 어두웠다. 그러나 마리를 환영하는 사람들의 열성은 사그라질 줄을 몰랐다. 마침 생일을 맞이한 퀴리 부인은 이름도 모르는 사람들로부터 수많은 축하 선물을 받았다. 꽃과 책, 장식품과 연구소를 위한 수표, 그리고 물리학자들의 선물인 갈바니 검전기와 '라돈' 앰풀 몇 개와 희토류의 표본까지 받았다.

돌아오는 배에 오르기 전에 마리는 그 무렵 제너럴일렉트릭 사의 회장이며 독일 배상회의에서도 실력을 발휘한 오웬 D. 영의 친절한 안내를 받아 그의 모교인 세인트로렌스 대학을 방문했다. 대학 정문에는 퀴리 부인의 초상이 돌에 훌륭하게 새겨져 있었다.

마리는 에디슨의 전등 발명 50주년 기념축제에도 참석했다. 모든 연설과 심지어 남극을 탐험 중인 버드 소장이 보낸 전언에서도 퀴리 부인에게 깊은 존경의 뜻을 표하고 있었다.

1932년 5월 29일 드디어 마리 퀴리와 브로냐 도우스카, 그리고 폴란드 국가의 공동사업이 완성되었다. 마리의 친구이자 같은 화학자이기도 한 대통령 모시츠키 씨와 퀴리 부인, 르고 교수가 출석한 가운데 당당한 바르샤바 라듐 연구소의 개소식(開所式)이 거행되었다. 연구소는 브로냐의 현실적인 판단력과 취향에 따라 널찍하고 조화를 이룬 선으로 만들어졌다. 그곳에는 이미 몇 개월 전부터 라듐치료를 필요로 하는 많은 환자들이 수용되어 있었다.

마리가 폴란드와 고향의 거리, 비스툴라 강을 본 것은 그때가 마지막이었다. 마리는 돌아올 때마다 그리움과 양심의 가책을 느끼며 비스툴라 강을 바라보았다. 그녀는 에브에게 보내는 편지에서 거의 본능처럼 강한 애착을 느끼는 그 물, 그 땅, 그 들녘을 몇 번이나 반복해서 묘사했다.

어제 아침엔 비스툴라 강으로 혼자서 산책을 갔단다. 널찍한 강이 유유히 굽이치며 흘러가는데 가까운 곳은 검푸른 빛을 띠고 먼 곳은 하늘빛이 그대로 비쳐 파랗게 보이더구나. 아름다운 모래톱이 군데군데 드러나 햇빛에 반짝이고 그 사이를 따라 강물이 이리저리 제멋대로 흐르고 있어. 모래톱 주위에는 눈부신 빛이 선을 그어 깊은 물과 경계를 표시하고 있다. 그 아름답게 빛나는 강가를 거닐고 싶어 못 견딜 지경이었단다. 하지만 그 강은 배로 다닐 수 있는 강의 풍경과는 많이 다르단다. 언젠가는 그 아름다움을 해치고 제멋대로 흐르는 물줄기를 바로잡아야 하겠지……

비스툴라 강을 노래한 크라코 지방의 민요에 이런 가사가 있단다. "이 폴란드 강에는 깊은 매력이 있어 반한 사람은 무덤에 들어 갈 때까지 계속 그 강을 사랑한다네." 내가 바로 그런 것 같아. 왜 이 강에 그렇게 애착을 느끼는지 나도 모르겠단다.

잘 있거라. 이렌에게도 나의 키스를 전해주렴. 두 딸에게 내 온 마음을 담아 입 맞춘다. 내 마음은 늘 너희들과 함께 있다는 사실을 잊지 마렴.

엄마가

프랑스에서는 1920년에 독지가(篤志家) 앙리 드 로트실트(로스차일드) 남작의 호의로 퀴리 재단이 창립되었다. 기부와 보조금을 받아 라듐연구소의 과학과 의학 사업을 지지하는 독립 기관이었다.

또한 1922년에는 파리의학아카데미 회원 35명이 동료들에게 다음과 같은 청원서를 제출했다.

　아래 서명한 회원은 라듐 발견과 새로운 치료법인 라듐치료법에 대한 감사의 표시로 퀴리 부인을 저희 아카데미의 자유회원으로 선출하는 일을 아카데미의 무한한 영광으로 생각합니다.

　이 청원서의 문구는 혁명적이었다. 아카데미의 회원들이 관례를 깨고 입후보하지도 않은 여성을 선출하려고 한 것이다. 그러나 그 단체의 회원 65명이 선언문에 열성적으로 서명했다. 이 일은 과학아카데미 동료들에게 큰 교훈을 주었다. 공석의 후보자들은 모두 퀴리 부인을 위해 입후보를 사퇴했다.
　1922년 2월 7일, 눈부신 선거 날 회장 쇼파르 씨는 연단에서 마리에게 말했다.

　우리는 위대한 학자이자 오로지 과학연구를 위해 남다른 헌신과 희생으로 일관해 오신 애정 깊은 부인에게, 또한 전시와 평시를 가리지 않고 언제나 자기 의무보다 더 큰 일들을 해 오신 애국자에게 경의를 표하는 바입니다. 부인은 이 자리에 함께 하심으로써 우리에게 부인의 모범적인 정신적 은혜와 명예를 나누어 주셨습니다. 그 점을 깊이 감사드리며, 또한 부인이 우리의 일원이 되신 것을 자랑스럽게 여깁니다. 부인은 프랑스에서 아카데미에 들어오신 최초의 여성입니다만, 부인만큼 이 자리에 어울리는 사람은 어디에도 없습니다.

　1923년 퀴리 재단은 라듐 발견 25주년 기념식을 성대히 거행하기로 했다. 정부도 이 축제에 참가했으며, 양원(兩院)은 만장일치로 '국가포상'으로 퀴리 부인에게 연 4만 프랑의 연금을 주는 법안을 가결했다. 그 연금은 퀴리 부인이 죽은 뒤 두 딸 이렌과 에브 퀴리가 상속할 수 있었다.
　피에르 퀴리와 마리 퀴리와 G. 베몽이 1898년 12월 26일 과학아카데미 정례회에 '피치블렌드에 들어 있는 강력한 방사능을 가진 새로운 물질에 대하여'라는 보고서를 발표한 뒤 25년이 지난 같은 날, 소르본 대학의 계단식 강의실에 많은 군중이 몰려들었다. 프랑스와 외국의 여러 대학과 학회, 관청과

군 당국, 의회, 고등전문학교, 학생단체, 신문사 등에서 저마다 대표자를 보냈다. 연단에는 프랑스공화국 대통령 알렉상드르 밀랑 씨, 문교부 장관인 레옹 베라르 씨, 파리 아카데미 원장과 퀴리 재단 이사장 폴 아펠, 외국 학자 대표로 연설을 할 로렌츠 교수, 이과대학 대표인 장 페랭 교수, 그리고 의학 아카데미를 대표하는 앙투안 베크렐 박사가 앉아 있었다.

저명한 내빈들 가운데 근엄한 얼굴을 한 백발의 남자와 끊임없이 눈가를 닦고 있는 두 노부인이 있었다. 헬라와 브로냐, 그리고 유제프가 마냐의 눈부신 성공을 기리는 자리에 참석하기 위해 멀리 바르샤바에서 달려온 것이다. 스쿼도프스키 집안의 막내딸에게 쏟아진 영광은 형제간의 우애를 조금도 비뚤어지게 하거나 손상시키지 않았다. 감동과 자랑스러움으로 세 사람의 얼굴은 어느 때보다도 환하게 빛났다.

퀴리 집안의 친구이자 공동연구자인 앙드레 드비에른이 예전에 발표했던 방사성물질 발견 보고서를 낭독했다. 라듐연구소의 실험부장 페르낭 홀베크는 이렌 퀴리의 도움을 받아 몇 가지 라듐 실험을 선보였다. 대통령은 "퀴리 부인에게 바치는 전 국민의 열성과 존경과 감사의 뜻을 담아 보잘것없지만 진심어린 마음의 표시로서" 국가연금을 퀴리 부인에게 수여했다. 레옹 베라르 씨는 "정부 및 양원은 프랑스 각 분야의 대표자들이 서명한 이 연금안을 제출하고 가결하기 위해 연금을 사양하는 퀴리 부인의 겸손과 청렴을 인정하지 않기로, 즉 법률용어로 '무효' 처리하기로 결정했습니다"라고 재치 있게 설명했다.

마지막으로 퀴리 부인이 그칠 줄 모르는 박수를 받으며 자리에서 일어났다. 그녀는 낮은 목소리로 자기에게 경의를 보내주고 있는 많은 사람들에게 감사의 말을 전했다. 그리고 지금은 이 세상에 없는 피에르 퀴리에게도 깊은 감사의 뜻을 표했다. 다음으로 마리는 미래에 대해서도 말했다. 얼마 남지 않은 자신의 장래가 아니라 라듐연구소의 장래에 대한 이야기였다. 퀴리 부인은 라듐연구소에 끊임없는 원조와 지지를 보내달라고 호소했다.

나는 마리 퀴리가 말년에 대중의 감탄과 선망의 대상이 되었고, 세계 각국의 원수와 대사와 국왕들로부터 극진한 대접을 받았다고 이야기했다.

하지만 그러한 환대와 환영인파들을 생각할 때마다 언제나 마음속에 떠오르는 모습이 있다. 바로 창백하고 무표정으로 거의 무관심해 보이는 어머니 마리의 얼굴이다.

퀴리 부인은 일찍이 말했다. "과학에서 우리가 관심을 기울여야 하는 대상은 사물이지 사람이 아니다." 그러나 오랜 세월을 살아오는 동안 국민들은 물론 정부까지도, 사람을 통해 사물에 관심을 가진다는 사실을 마리는 깨달았다. 결국 퀴리 부인은 자신의 전설이 과학사(科學史)에 이바지하고 연구소를 발전시키는 데 쓰이는 것을 수락했다. 스스로 자신에게 한없이 소중한 보물을 사람들에게 알리는 도구가 된 것이다.

그러나 정작 마리 퀴리에게는 아무것도 달라진 점이 없었다. 군중에 대한 생리적인 두려움으로 손끝까지 차가워지고 목이 바짝 타는 소심함, 그리고 도무지 자신을 꾸밀 줄 모르는 점도 여전했다. 또한 성실하게 노력하면서도 마리는 영광과 손을 잡지 않았다. 마리는 '물신숭배'의 증거를 결코 허락하지 않았던 것이다.

여행 중 마리 퀴리는 이런 편지를 나에게 보내왔다.

나는 지금 너희에게서 멀리 떠나 좋아하지도 않고 바람직하다고 생각하지도 않는 수많은 행사에 참석해야 한단다. 이런 행사는 참으로 피곤하구나. 그래서 오늘 아침은 조금 슬프단다.

베를린에서는 정거장 플랫폼에 모인 군중들이 같은 차에서 내린 권투선수 뎀프시를 환영하기 위해 달려오며 소리를 지르더구나. 뎀프시는 아주 만족스러운 표정이었어. 뎀프시를 환영하는 것과 나를 환영하는 것이 실상 무슨 차이가 있겠니? 상대가 어떤 사람이든 그런 식으로 환영하는 것 자체가 바람직하지 않다고 생각해. 그렇다면 어떤 방법을 취해야 할까? 또 인물과 그 인물이 대표하는 관념을 혼동하는 걸 어느 정도까지 허용해야 할까? 나도 잘 모르겠구나.

25년 전에 이룩한 발견에 대해 아무리 열화와 같은 찬사를 받았다고 한들, 이 노부인의 마음속에 살아 있는 열정적인 젊은 여학생을 어찌 만족시킬 수 있겠는가? 명예라는 이름으로 서둘러 장례식을 치러 버리려는 듯한 사람들에 대한 반발심이 그녀의 낙심한 말속에 잘 나타나 있었다.

"그들이 내 '눈부신 업적'을 이야기할 때면 나는 왠지 내가 이미 죽은 것 같은, 죽어 있는 나 자신을 보는 듯한 느낌이야."

어머니는 곧잘 투덜거렸다. 그리고 이렇게도 말했다.

"그들은 내가 앞으로 이룩할 일에는 별로 관심이 없고, 나를 칭찬하기 위해 내가 하루빨리 사라지기를 바라는 것 같아."

이 저항과 거부감이야말로 퀴리 부인이 대중에게 미친 유례없는 영향력의 비결이었다고 나는 생각한다. 정치가라든가 군주, 연극이나 영화배우처럼 대중의 인기를 모으는 사람들이 연단에 올라서는 순간 추종자들의 기대에 부응하여 감정에 호소하고 일체감을 조성하는 것과 달리, 마리는 그녀가 참석한 성대한 의식에서 도망쳐 버렸다. 검은 옷을 입고 꼼짝도 하지 않는 마리의 모습이 자아내는 강렬한 인상은 바로 대중과 마리 사이에 전혀 연결점이 없다는 데서 오는 것이다.

명예를 얻은 사람들 가운데 마리 퀴리처럼 표정 없는 얼굴과 흔들림 없는 모습을 보여준 사람은 아마 없을 것이다. 폭풍 같은 환호 속에서 고독하게 보인 사람은 마리 외에는 아무도 없었다.

생루이 섬

마리가 화려한 여행에서 돌아올 때쯤이면 딸들 가운데 하나가 역 플랫폼에 마중 나와, 기차 특별실 차창에 수수한 복장을 하고 바쁘게 움직이는 마리의 모습이 나타나기를 기다린다. 퀴리 부인은 마지막까지 조금도 변함이 없었다. 학자인 그녀는 오래전 폴란드의 한 여성단체가 선물한 커다란 밤색 가죽가방을 소중히 들고 있었다. 그 가방은 서류와 지갑, 안경집 같은 것들로 불룩했다. 마리의 손에는 이미 시들어버린 꽃다발이 하나 들려 있었다. 오는 길에 어디에선가 받은 것이리라. 흔한 꽃다발로, 부피가 커서 짐스러운데도 버리지 않고 꼭 가지고 돌아온다.

무거운 짐에서 해방되어 홀가분한 몸으로 마리는 생루이 섬에 있는 집에서 승강기도 없는 계단을 걸어 3층으로 올라갔다. 마리가 우편물을 살펴보고 있는 동안 에브는 바닥에 앉아 가방을 열고 짐을 정리했다.

눈에 익은 옷 사이에 새로운 명예박사학위의 상징인 벨벳과 명주로 만든 긴 덧옷이 있고, 메달이 여러 개 들어 있는 상패함, 동그랗게 말린 증서, 그리고 가장 귀중한 축하연 메뉴판이 있다. 마리는 이 메뉴판을 소중하게 간직해둔다. 두껍고 튼튼한 메뉴판의 뒷면은 수학이나 물리학의 계산을 갈겨쓰기에 안성맞춤이었던 것이다!

마지막으로 바스락거리며 얇은 포장지를 풀면 이렌과 에브에게 줄 선물과 마리가 사온 '기념품'이 고개를 내민다. 그 기념품들은 하나같이 특이하고 검소했는데, 바로 그런 점이 마음에 들어서 고른 것들이다. 마리는 곧 그것들을 꺼내어 오래도록 썼다.

텍사스의 '나무화석' 덩어리는 문진(文鎭)으로 썼다. 에스파냐 톨레도의 금은세공이 돋보이는 칼은 과학책 책갈피로 쓰였으며, 폴란드 산악지방 사람들이 짠 성긴 양털 깔개는 둥근 탁자 위에 깔았다. 마리의 검은 블라우스 깃에는 그랜드캐니언에서 사온 조그마한 장신구가 달려 있다. 가공하지 않은 은에 인디언들이 번개모양을 새긴 것이다. 그 브로치는, 보헤미아 지방의 작은 석류석 브로치와 금줄로 세공된 목걸이, 그리고 유행은 지났지만 매우 아름다운 자수정 브로치와 함께 어머니가 가진 몇 안 되는 장신구였다. 아마 그것을 전부 팔아봐야 3백 프랑도 되지 않을 것이다.

베튄 강변로에 있는 이 아파트는 넓긴 하지만 별로 쾌적하지 않고, 복도와 계단이 터무니없이 많은 공간을 차지하지만 퀴리 부인이 22년째 살아 온 정든 집이다.

17세기에 지어진 이 건물의 널따란 방들은 크기와 양식에 어울리는 훌륭한 안락의자와 긴 소파로 장식되기를 기다렸지만 그런 일은 결코 일어나지 않았다. 오로지 닥터 퀴리에게서 상속받은 마호가니 가구만이 넓은 거실 여기저기에 아무렇게나 놓여 있을 뿐이었다. 거실은 50명쯤은 너끈히 들어갈 수 있었지만 실제로는 네 사람 이상일 때도 좀처럼 없었다. 스케이트장같이 반들거리는 훌륭한 마룻바닥은 걸을 때마다 뻐걱 거리는 소리가 났다. 양탄자도 없고 커튼도 없었다. 다만 망사로 된 얇은 '창문 가리개'가 높고 긴 유리창을 겨우 가리고 있을 뿐이었다. 덧문을 닫는 일도 없었다. 마리는 커튼을 드리우거나 카펫을 깔아놓는 것을 싫어했다. 그녀는 반짝거리는 마룻바닥에 햇볕이 그대로 쏟아지는 유리창을 좋아했다. 또 센 강과 강기슭, 그리고 오른쪽에 보이는 시테 섬의 노트르담 대성당이 한눈에 바라보이는 것을 좋아했다. 창밖의 전망은 아주 훌륭했다.

마리는 오랫동안 가난하게 살았으므로 집을 아름답게 꾸밀 돈이 없었다. 지금은 이미 그렇게 하고 싶은 마음도 없을뿐더러 간소한 살림살이를 바꿔 볼 여유도 없었으므로 결국 평생 그러한 환경에서 살았다. 대신 선물이 끊임없이 들어와 밝고 텅 빈 방안을 화려하게 채색했다. 이름 모를 어느 숭배자에게서 받은 꽃 수채화 몇 점과 도자기공방에서 가장 크고 아름다운 것을 골라 보내준 파르스름한 광택이 도는 코펜하겐의 도자기 꽃병, 루마니아의 어떤 공장에서 선사받은 연두색과 갈색으로 된 카펫, 그리고 화려한 문자가 새겨진 은으로 된 꽃병······.

마리가 산 유일한 물건은 에브의 검은 그랜드 피아노뿐이었다. 퀴리 부인은 어린 딸이 날마다 몇 시간씩 연습하며 단조로운 아르페지오를 연속으로 쳐대도 불평 한마디 하지 않았다.

이렌은 어머니의 무심함을 고스란히 물려받아서 결혼할 때까지 그 살풍경한 집에 놀랄 만큼 잘 순응했다. 실내장식에 관심이 많은 에브는 집안을 꾸미기 위한 이런저런 시도를 해보았지만 오히려 이상해지기만 했다. 그래도 에브는 주머니 사정이 허락할 때마다 매번 실내장식을 바꾸곤 했다.

그 아파트에서 유일하게 사람이 살고 있는 느낌이 들고 마음이 따뜻해지는 방은 마리의 서재였다. 피에르 퀴리의 사진과 과학책들이 진열된 넓은 책장, 낡은 가구들이 그 방의 고상한 분위기를 만들어 냈다.

이 집은 여러 후보 가운데서도 조용하다는 이유 하나만으로 선택하긴 했지만 정작 세상에 둘도 없을 만큼 시끄러웠다. 계속 되풀이되는 피아노의 음계, 쨍쨍하게 울리는 낡은 전화기 소리, 마치 기병대가 돌격하듯 복도에서 까만 고양이가 달음박질 하는 소리, 출입문의 시끄러운 초인종 소리가 높은 벽을 타고 더욱 크게 울려 퍼졌다.

어린 에브는 혼자 집에 있을 때면 센 강을 지나는 예인선의 기적 소리에 이끌려 오랫동안 창가에 붙어 있었다. 유리창에 이마를 대고 증기선과 범선을 구별해 보거나, 배를 종류 별로 나누어 이름을 붙였다. '삼총사'의 이름을 따서 아토스 호, 포르토스 호라고 이름을 부르거나 새의 종류를 따서 마르티네(칼새) 호, 리노트(홍작) 호, 이롱델(제비) 호라고 불러보기도 했다.

아침 8시 전. 주위 사정에 아랑곳하지 않는 가정부가 요란하게 부엌일하는 소리와 퀴리 부인이 종종거리며 돌아다니는 가벼운 발소리에 온 집안이 눈을 뜬다. 9시 15분에 수수한 검은 '자가용' 한 대가 강가의 집 앞에 멈춰 경적을 3번 울린다. 그러면 마리는 모자와 외투를 들고 서둘러 계단을 내려간다. 연구소에 갈 시간이었다.

정부의 국가연금과 너그러운 미국사람들이 주는 연금 덕택에 물질적인 걱정은 없어졌다. 퀴리 부인의 수입은 어떤 사람들에게는 매우 하찮은 금액일지도 모르지만 그녀가 안락한 생활을 하기에는 충분했다. 하지만 마리는 그나마도 마음대로 쓰려고 하지 않았다. 심부름꾼을 고용해서 집안일을 맡기려는 생각도 결코 하지 않았다. 운전사를 몇 분 이상만 기다리게 해도 무슨 죄를 지은 것처럼 미안해 했다. 에브와 함께 물건을 사러 갈 때도 마리는 가격도 보지 않고 예리한 통찰력으로 제일 검소한 옷과 값이 싼 모자를 힘줄이 드러난 손가락으로 가리켰다. 마리의 마음에 드는 것은 온통 그러한 것들뿐이었다.

그러나 마리는 나무와 돌과 별장에 관해서는 돈을 아끼지 않았다. 마리는 별장을 두 채 지었다. 한 채는 랄퀘스트에, 또 한 채는 지중해 연안에 지었다. 나이가 들면서 그녀는 브르타뉴보다 햇볕이 더 뜨겁고 바다가 잔잔한 남쪽의 카발레르 지방을 찾았다. 카발레르의 별장 테라스에서 따뜻한 햇볕 아래 잠을 자거나, 해안과 이엘 섬들을 내려다보거나, 시골정취가 물씬 풍기는 유칼리나무와 미모사와 측백나무를 심는 것이 마리의 새로운 즐거움이었다.

이웃집에 사는 사르나브 부인과 클레망 양은 둘 다 좋은 사람들로 마리와 친구가 되었다. 그들은 약간 놀란 눈으로 감탄하며 마리가 헤엄치는 모습을 바라보았다. 마리는 해안에서 해수욕을 하거나 바위틈 사이로 헤엄치며 겪은 소소한 이야기들을 딸들에게 자세히 적어 보냈다.

해수욕은 즐겁지만 헤엄치기 좋은 곳까지 가려면 꽤 멀리까지 나가야 한단다. 오늘은 비지 곶이 그림자를 드리우고 있는 바위틈에서 헤엄을 쳤어. 하지만 거기까지 가려면 산길을 얼마나 걸어야 하는지! 사흘 전부터 바다가 고요해서 오랫동안 멀리까지 헤엄칠 수 있다는 사실을 깨달았단다. 파도만 치지 않으면 3백 미터쯤 헤엄을 쳐도 전혀 겁나지 않았어. 어쩌면 그보다 더 멀리까지도 갈 수 있을 거야.

마리의 꿈은 파리를 떠나 옛날처럼 소오에서 겨울을 지내는 것이었다. 실제로 마리는 소오에 땅을 사고 집을 지을 계획이었다. 그러나 구체적인 결정은 내리지 못한 채 세월만 흘러갔다. 그리하여 날마다 점심때면 연구소에서 걸어서 돌아오는 마리를 볼 수 있다. 마리는 옛날과 변함없는 활기찬 걸음으로 투르넬 다리를 건너 조금 숨을 헐떡이며 생루이 섬에 있는 낡은 집 계단을 올라온다.

이렌이 퀴리 부인의 젊은 조수로서 연구소에서나 집에서나 늘 어머니와 함께 일할 때 에브는 아직 어린아이였다. 그래도 집 식당의 큼직한 원탁에 둘러앉으면 여성과학자와 그녀의 맏딸은 주로 과학에 대해 이야기를 나누었다. 어린 에브의 귀에도 자연스럽게 전문용어가 들려오자 그런 별세계의 용어를 자기 나름대로 해석하여 이해하고 혼자 흡족해 했다.

예를 들면 어머니와 언니가 '베베 프림(Bb)'이니, '베베 캬레(Bb²)'니 하는 기하학 용어를 쓰는 것이 무척 재밌었다. 아직 만난 적은 없지만 그 아기들(베베)은 마리와 이렌이 끊임없이 얘기하는 것으로 보아 틀림없이 귀여울 거라고 생각했다. 그런데 어째서 '제곱 아기'일까? 그리고 '첫째 아기(베베 프림)'는 어떤 특권을 가지고 있을까?

1926년의 어느 날 아침 얌전한 이렌이 프레데릭 졸리오와 약혼한 사실을 가족들에게 알렸다. 그는 라듐연구소에서 가장 우수하고 건강한 연구원이었다. 갑자기 집안에 혼란이 일었다. 지금까지 앙드레 드비에른이나 모리스 퀴리, 페랭, 보렐, 모랭네 집 사람들 같이 아주 친한 몇몇 친구들을 제외하고는 아무도 침범한 일이 없는 여자들만의 집에 남자가, 그것도 젊은 남자가 불쑥 나타난 것이다.

이렌과 프레데릭 부부는 처음에는 베튄 강변로에서 함께 살다가 나중에 다른 집으로 분가했다. 마리는 딸이 행복해 하는 모습을 보고 크게 기뻤지만 한편으로는 가장 가까운 동료와 함께 살 수 없다는 실망감을 감추지 못했다.

그러나 사위가 된 제자 프레데릭 졸리오와 가까이 지내면서 그가 말도 잘하고 생기가 넘치는 데다 비범한 재능이 있는 훌륭한 청년임을 알고, 마리는 모든 일이 아주 잘 되었다는 사실을 깨달았다. 그것은 지금까지 한 사람이었던 조수가 둘로 늘어나서 자신의 걱정을 덜어주고 진행 중인 연구를 함께 토론하며, 자신의 충고에 귀를 기울이고 나아가 새로운 발상을 가지고 올 것이기 때문이다. '졸리오 부부'는 아주 자연스럽게 일주일에 네 번은 퀴리 부인의 집에서 점심을 먹게 되었다.

그리고 또다시 둥근 탁자에 둘러앉아 '제곱 아기'니 '첫째 아기'니 하는 이야기를 주고받았다.

"엄마, 연구소에 안 가세요?"

얼마 전부터 바다거북 껍질로 테를 두른 안경을 쓰게 된 마리의 회색 눈이 온화하게 에브를 쳐다본다.

"이제 곧 갈 거야. 하지만 그 전에 의학아카데미에 들러야 한단다. 정례회가 3시부터니까 …… 그래, 꽃시장에 들러서 꽃을 사고…… 그러고 나서 잠깐 뤽상부르 공원에 갈지도 모르겠다."

집 아래에서는 벌써 자동차 경적이 3번 울렸다. 몇 분 뒤 마리는 화분과 거름흙이 든 상자 사이를 이리저리 돌아다니며 연구소 뜰에 심을 화초를 골라 신문지에 싸서 자동차 시트 위에 조심스럽게 내려놓았다.

마리는 정원사나 원예가들과는 친하게 지냈지만 꽃가게에는 한 번도 가지 않았다. 어머니는 본능적으로 그런 건지, 가난하던 시절 몸에 밴 습관 때문인지 잘 모르지만 비싼 꽃에는 눈길을 주지 않았다. 장 페랭이나 모리스 퀴리같이 아주 친한 사람들은 친절하게도 곧잘 꽃다발을 한 아름 안고 퀴리 부인의 집에 찾아왔다. 그러면 마리는 커다란 카네이션이나 아름다운 장미를 마치 보석이라도 바라보듯 멈칫하며 놀란 눈으로 바라보았다.

2시 반에 자동차는 뤽상부르 공원의 쇠창살문 앞에 마리를 내려주었다. 마리는 약속 장소인 '왼쪽 사자상 옆'으로 서둘러 발걸음을 옮겼다. 공원에서 놀고 있는 많은 아이들 가운데 한 여자아이가 마리를 보고 조르르 달려온다. 이렌의 딸 엘렌 졸리오였다.

퀴리 부인은 언뜻 보면 감정을 겉으로 드러내지 않는 무뚝뚝한 할머니였다. 하지만 사뭇 명령조로 "할머니, 어디 가? 왜 나하고 안 놀아주는 거야?" 하고 묻는 붉은 옷을 입은 꼬마아이와 몇 분이라도 이야기를 하기 위해 일부러 많은 시간을 내거나 먼 길을 돌아가기도 했다.

공원 시계가 3시 10분 전을 가리켰다. 이제 엘렌과 모래집을 떠나야 할 시간이다. 마리는 보나파르트 거리의 엄숙한 회의실에 들어가 오랜 친구인 세균학자 루 박사 옆자리에 평소와 다름없이 앉는다. 그리고 위대한 16명의 동료 가운데 유일한 여성회원으로서 의학아카데미 업무에 힘을 쏟는다.

"아이고, 피곤해."

매일 밤 과로로 여위어서 더욱 늙어 보이는 마리가 창백한 얼굴로 중얼거린다. 연구소에는 7시 30분까지, 때로는 8시까지 남아 있다. 돌아올 때도 자동차가 집까지 데려다 주었지만 3층까지 이어진 계단이 평소보다 훨씬 부담스럽다. 마리는 실내화로 갈아 신고 두껍고 검은 모직 웃옷을 걸친 채 가정부가 식사시간을 알리러 올 때까지 집안을 이리저리 돌아다녔다.

"엄마는 일을 너무 많이 해요. 보통 여자는 65세가 되면 하루에 열 두 시간이나 열 네 시간씩 일을 하지는 않아요. 일을 하면 안 된다고요."

딸이 걱정하며 말해도 아무 소용이 없었다. 물론 에브도 퀴리 부인이 결코 일을 줄이지 못한다는 사실과 일을 줄이는 것이 곧 마리가 늙었다는 증거라는 사실을 잘 알고 있었다. 그러므로 딸로서 그녀가 바라는 유일한 소망은 어머니가 앞으로도 오래오래 하루에 열 네 시간씩 일할 만한 체력을 유지해 주는 것이었다.

이렌이 베튄 강변로를 떠난 뒤로 식탁에는 퀴리 부인과 에브 두 사람만 앉게 되었다. 그 시각에는 긴 하루 동안 연구하면서 일어난 여러 가지 일들이 아직 마리의 머릿속에 복잡하게 남아 있어서, 마리는 그 일들을 큰소리로 이야기하지 않고는 그냥 있을 수가 없었다. 매일 밤 그 두서없는 온갖 이야기를 듣고 있으면, 에브는 마리가 몸과 마음을 다 바치는 연구소의 왕성한 활동들이 신기하게도 머릿속에 생생하게 떠올랐다. 덕분에 지금까지 본 적도 없는 여러 가지 장치도 아주 친숙하게 느껴졌다. 마리가 특히 '나의'라고 강조하면서 애정을 담아 열심히 얘기해 주는 마리의 친구들도 역시 에브에게 친숙한 사람들이 되었다.

"'나의' 젊은 그레고리는 정말 뛰어난단다. 전부터 그 친구가 재능이 있는 줄은 알고 있었지……."

포타주를 다 먹고 나서 이야기를 이었다.

"글쎄, 오늘은 물리학 강의실에서 '나의' 중국인 친구를 만났지 뭐니. 영어로 오랫동안 이야기를 했는데 도저히 끝나지 않는 거야. 중국에서는 남의 말을 부정하는 것이 실례란다. 그래서 내가 제시한 가설을 그가 틀렸다고 검증했는데도 그는 예의바르게 내 말에 긍정하는 거야. 그러니까 반론할 말이 있다고 내 쪽에서 눈치껏 알아채야 한단다. 동아시아에서 온 학생들을 만나면 내 무례함이 부끄러워진단다. 그들은 우리보다 훨씬 문명인이야……."

마린은 설탕을 넣고 조린 과일을 먹으면서 덧붙인다.

"아, 에브야. 언제 올해의 '내' 폴란드 친구를 초대해야겠다. 파리에서 너무 외로워지지나 않는지 걱정이구나……."

라듐연구소라는 바벨탑에는 여러 나라에서 연구생들이 끊임없이 몰려들었다. 그리고 그중에는 반드시 폴란드인이 한 사람씩 있었다. 퀴리 부인은 다른 우수한 후보자에게 장학금이 돌아가 모국인 폴란드인을 지원해주지 못할 때는 자신이 직접 바르샤바 청년들의 학비를 지불해 주었다. 물론 당사자들에게는 결코 그 사실을 알리지 않았다.

갑자기 마리가 말을 멈추고 집요하게 따라다니는 일에 대한 생각을 멀리 쫓아냈다. 그러고는 딸 쪽으로 몸을 기울이며 지금까지와는 다른 목소리로 말한다.

"에브야, 무슨 얘기라도 좋으니 좀 들려다오. 세상 돌아가는 사정 좀 말해보렴."

어떤 이야기를 하든 마리는 기뻐했다. 아무리 어린애 같은 이야기일지라도 아니 오히려 그런 이야기를 마리는 더 좋아했다. 에브가 마리의 자동차를 타고 '시속 70킬로미터'로 달려서 아주 재미있었다고 얘기해도 마리는 그 기분을 잘 이해해 주었다. 한때 조심스러우면서도 정열적으로 자동차를 운전했던 퀴리 부인은 자기 자동차의 뛰어난 성능을 흥미진진하게 듣고 있었다. 손녀 엘렌의 이야기는 아무리 하찮은 내용이라도 젊은 아가씨마냥 눈물이 날 만큼 깔깔대며 웃었다.

마리는 정치 이야기도 차분하게 했다. 마리는 함께 있으면 힘이 솟아나는 자유주의자였다. 만일 프랑스 사람들이 그녀 앞에서 독재자를 찬양하면 마리는 조용히 대답했다.

"나는 압제정치 밑에서 살아보았지만 당신들은 그런 경험이 없습니다. 당신들은 자유의 나라에서 생활하는 행복을 깨닫지 못하고 있어요……."

폭력혁명에 찬성하는 사람들도 마리에게서 똑같은 항의를 받았다.

"프랑스혁명 때 화학자 라부아지에를 단두대에 보낸 일이 유익했다고는 결코 생각하지 않습니다……."

마리는 자기 딸들에게 완벽한 교육자가 되어줄 시간은 없었다. 그러나 이렌과 에브는 매일 그녀에게서 더할 나위 없는 은혜를 입고 있었다. 재능이 뛰어날 뿐만 아니라 온갖 속되고 비열한 것을 거부하는 훌륭한 인간성을 타고난, 세상에 보기 드문 인물과 한 집에 산다는 특별한 환경을 부여받았기 때문이다.

퀴리 부인은 세상의 모든 사람들이 인정하는데도 자신이 다른 여성들의 모범이 된다는 사실에 털끝만큼의 자부심도 갖지 않았다. 오히려 마리는 급진적인 여성숭배자들에게 곧잘 이렇게 말했다.

"모든 사람이 저처럼 부자연스러운 생활을 할 필요는 없습니다. 내가 많은 시간을 과학에 바친 까닭은 단지 내가 그렇게 하고 싶었으므로, 연구가 마냥 좋았기 때문입니다…… 내가 부인들과 젊은 여성들에게 바라는 점은 따뜻한 가정을 갖고 스스로 좋아하는 일을 찾는 것입니다."

조용한 저녁식사 시간에, 퀴리 부인과 에브는 연애 이야기를 하기도 했다. 일찍이 비극적이고 부당하게 마음의 상처를 입었던 마리는 연애를 그다지 중요하게 여기지 않았다. 어쩌면 그녀는 프랑스의 어느 유명한 대작가의 "남녀 간의 사랑은 결코 고귀한 감정이 아니다"라는 말에 동의했던 듯하다.

마리는 에브에게 다음과 같은 편지를 썼다.

나는 우리가 이상주의를 통해 정신적인 힘을 추구해야 한다고 믿는다. 이상주의 덕분에 우리는 오만해지지 않으면서 자신의 희망과 꿈을 높여간 단다. 인생의 모든 관심사를 연애와 같은 격렬한 감정에 맡긴다면 환멸을 초래할 뿐이라고 엄마는 믿는다……

많은 사람들이 퀴리 부인에게 자신의 속내를 털어놓았지만, 그녀는 그 비밀을 절대 다른 사람에게 말하지 않았고 들은 적도 없다는 듯이 시침을 뗐다. 또한 가까운 사람들에게 위험이나 불행이 닥치면 한달음에 달려가서 도와주었다. 하지만 누군가가 자신의 연애담을 털어놓고 마리의 얘기도 듣고자 한다면 헛수고일 뿐이었다. 그녀의 판단과 철학은 언제나 객관적이었으며, 어떤 경우에도 교훈이나 추억을 끄집어내려고 괴로웠던 과거의 문을 다시 열어 보이는 일은 없었다. 그곳은 어느 누구도, 아무리 마리와 마음으로 가까운 사람일지라도 침입할 권리가 없는 그녀만의 은밀한 영역이었다.

마리가 딸들에게 조금이나마 보여준 것이 있다면 깊은 애정으로 이어진 조국 폴란드에 있는 오빠와 두 언니에게서 멀리 떨어져 혼자 늙어가는 외로움에서 오는 향수(鄕愁)뿐이었다. 처음에는 외국유학을 위해, 다음에는 남편을 잃음으로써 마리는 가정의 단란함을 두 번이나 빼앗겼다. 그녀는 몽펠리에에 사는 자크 퀴리와 폴란드에 있는 유제프, 헬라, 브로냐 같은 친한 사람들에게 좀처럼 만나지 못하는 슬픔을 한탄하는 편지를 보냈다. 브로냐의 삶도 마리와 마찬가지로 큰 상처를 입었다. 그녀는 일찌감치 두 아이를 잃고 1930년에는 남편 카지미에시 도우스키마저 잃었다.

마리가 브로냐에게(1932년 4월 12일)

사랑하는 브로냐 언니, 우리가 서로 떨어져 있는 건 나도 슬퍼. 하지만 언니는 아무리 외로워도 곁에 유제프 오빠와 헬라 언니가 있잖아. 다들 바르샤바에 있으니까 자주 만나서 이야기도 할 수 있고 힘들 땐 서로 돕기도 하니 얼마나 좋아? 서로 정을 나눌 가족이 있다는 건 정말이지 세상에서 둘도 없는 재산이야. 내겐 그런 재산이 없으니까 잘 알아. 그러니 거기서 위안을 얻고 기운 내. 그리고 파리에 있는 이 동생을 잊지 마. 우리 되도록 자주 만나자…….

저녁식사 뒤 에브가 음악회 등에 가기 위해 외출준비를 할 때면 퀴리 부인은 에브의 방에 와서 긴 의자에 누워 딸이 옷을 갈아입는 모습을 지켜보았다.

옷과 화장, 여성의 아름다움에 대한 두 사람의 생각은 정반대였다. 그러나 마리는 꽤 오래 전부터 자신의 의견을 강요하는 것을 단념하고 있었다. 두 사람 사이에서는 오히려 에브가 어머니에게 늘 입는 검은 옷이 너무 닳아서 옷 솔기까지 드러나기 전에 어서 새로 지으라고 재촉하곤 했다. 따라서 두 사람의 논쟁은 단순히 형식에 지나지 않았다. 마리가 딸에게 잔소리하는 것을 포기하고 재미삼아 농담만 할 뿐이었다.

"어유, 애야, 구두 뒤축이 왜 그렇게 흉측하니? 꼭 죽마(竹馬)를 타고 있는 것 같구나…… 그리고 등을 훤히 드러낸 그 새 유행은 또 뭐니? 앞이 파인 것은 그래도 이해를 하겠다만 등을 그렇게 넓게 드러내다니. 첫째로 기품이 없고 둘째로 늑막염에 걸릴 위험이 있으며 셋째로 아주 보기 흉하구나. 첫째와 둘째는 그렇다 쳐도, 마지막 이유는 너도 꽤 신경 쓰이지 않니? 다른 옷들은 모두 참 예뻐. 그런데 너는 검정 옷만 너무 자주 입더구나. 검정색은 네 나이에 어울리는 색이 아니란다."

제일 괴로운 것은 화장할 때였다. 오랜 시간을 들여 겨우 다 되었다고 생각한 찰나에 어머니가 얄궂게 불러댄다.

"자 조금 옆으로 돌아보렴, 얼마나 예쁜지 좀 보자."

퀴리 부인은 에브를 꼼꼼히 살펴보고는 실망감을 드러낸다.

"어머나, 난 네가 그렇게 얼굴에 덕지덕지 바르는 것을 원칙적으로 반대하는 건 아니란다. 어느 시대든 그렇게들 했으니까. 고대 이집트 여자들은 더 흉측한 것도 생각해냈거든…… 하지만 내 눈엔 네가 화장한 것이 너무보기 흉하구나. 눈썹을 그렇게 못살게 굴고 입술을 두껍게 칠하면 조금도 예쁘지 않아."

"아니에요, 엄마, 이렇게 하는 게 더 나아요."

"더 낫다고? 마음대로 하려무나. 내일 아침에는 네가 그런 흉측한 걸 얼굴에 덕지덕지 바르기 전에 일어나자마자 침대로 키스하러 갈 테니. 그래야 내 속이 편하지. 난 네가 얼굴에 아무것도 바르지 않는 게 더 좋으니까…… 자, 이제 그만 가보렴. 재밌게 잘 놀고…… 참, 애야 혹시 네 방에 내가 읽을 만한 책은 없니?"

"있어요. 어떤 책을 읽고 싶으세요?"

"특별히 이렇다 할 건 없지만…… 마음이 울적해지지 않는 것이면 좋겠다. 괴롭고 고통스러운 내용의 소설은 너희 또래가 아니면 읽기 힘드니까."

마리는 예전에 무척 좋아했던 러시아 작가 도스토예프스키의 소설은 한번도 다시 읽지 않았다. 에브와 마리는 문학 취향이 전혀 달랐지만, 영국 작가 키플링이나 프랑스 여류소설가 콜레트처럼 간혹 두 사람이 같이 좋아하는 작가도 있었다. 《정글북》, 《새벽》, 《사도》, 《킴》 등의 작품을 읽으며 마리 퀴리는, 활력의 원천이자 그녀가 편히 숨을 쉴 수 있는 곳인 대자연의 장엄하고 생동감 있는 묘사를 깊게 음미했다. 그 밖에 마리는 프랑스와 독일, 러시아, 영국, 폴란드의 시도 많이 외우고 있었다.

마리는 에브가 골라 준 책을 들고 자신의 서재로 가서 붉은 벨벳을 댄 긴 의자에 누워 푹신한 쿠션을 베고 책장을 넘긴다. 그러나 30분, 또는 한 시간도 채 되지 않아 책을 내려놓는다. 그러고는 자리에서 일어나 연필과 공책과 과학서적들을 몇 권 꺼내들고 여느 때처럼 새벽 2시나 3시까지 공부를 했다.

집에 돌아온 에브는 좁은 복도 유리창으로 어머니 방에 불이 켜진 것을 보고 복도를 가로질러 가서 방문을 연다.

매일 밤 똑같은 광경이었다. 종이쪽지와 계산용 자와 소책자에 둘러싸인 채 퀴리 부인은 마룻바닥에 그대로 앉아 있다. 그녀는 옛날부터 '사색가'답게 책상 앞 안락의자에 앉아서는 도저히 집중해서 일하거나 공부를 할 수가 없었다. 참고 서류와 그래프용지들을 잔뜩 늘어놓으려면 되도록 넓은 장소가 필요하기도 했다.

마리는 어려운 이론 계산에 몰두하느라, 딸이 돌아온 것을 알면서도 얼굴을 들지 않고 미간을 찌푸린 채 그 일에 집중하고 있었다.

무릎 위에 공책을 한 권 펼쳐놓고 연필로 기호와 공식을 갈겨쓰고 있었다. 입술을 달싹거리며 무슨 말을 중얼거린다.

퀴리 부인은 작은 소리로 숫자와 번호를 세고 있었다. 60년 전 시코르스카 부인의 기숙학교 시절 수학시간 때처럼 소르본 대학 교수가 된 지금도 마리는 여전히 폴란드어로 수를 셌다.

나의 모든 것, 퀴리연구소

"퀴리 부인 계십니까?"

"퀴리 부인을 만나 뵙고 싶은데, 나오셨습니까?"

"퀴리 부인 못 보셨어요?"

흰옷을 입은 젊은 남녀 연구원들이 라듐연구소로 이어지는 현관홀에서 서로 묻고 있다. 마리가 지나는 길목에서 매일 아침 다섯 명 내지 열 명의 연구생들이 모여서 마리가 나타나기를 기다리는 것이다. 모두 '폐가 되지 않도록' 조심하면서 퀴리 부인에게 조언을 구하거나 짧은 격려나 지시를 받고자 모인 사람들이었다. 그리하여 마리가 웃으면서 '평의회'라고 부르는 회의가 그 자리에서 개최되었다.

평의회는 오래 기다리지 않았다. 아침 9시에 낡은 자동차가 피에르 퀴리 거리의 철책문을 지나 현관 앞길을 돌아 들어온다. 자동차 문을 여닫는 소리가 들리고 이어서 뜰 쪽으로 난 출입문에 퀴리 부인이 나타난다. 그러면 기다리고 있던 연구생들이 마리 주위로 우르르 모여든다. 그들은 정중하고 조심스런 목소리로 "그 '측정'이 완료되었다"고 알리거나, 폴로늄 수용액에 대해 보고하거나, "혹시 윌슨 장치를 구경하러 오신다면 재미있는 결과를 보실 수 있을 텐데요" 하며 에둘러 그녀를 초대하곤 했다.

때때로 마리는 도저히 견디기 힘들 때는 가끔 푸념을 하기도 했지만, 아침부터 맞이하는 이 열성과 호기심에 찬 습격을 매우 좋아했다. 그래서 그들을 피해 자신의 연구실로 달아나거나 하지 않고 외투와 모자도 벗지 않고 연구생들 한가운데에서 발걸음을 멈추었다. 지식욕에 불타는 연구생들의 얼굴을 하나하나 보고 있으면, 마리가 피에르를 잃고 홀로 남았을 때 생각해 본 실험이 자연스레 떠올랐다.

"푸르니에 씨 당신이 말씀하신 걸 생각해 보았어요. 착상이 좋긴합니다만 제안하신 방법은 아마 실행되기가 힘들 거예요. 그래서 좋은 결과가 나올 만한 다른 방법을 찾았으니 나중에 가서 이야기해 드릴게요. 코텔 부인, 어떤 숫자가 나왔습니까? 계산은 틀림없나요? 어젯밤 나도 그 계산을 해 보았는데 좀 다른 숫자가 나오더군요. 아무튼 나중에 살펴보기로 해요."

마리의 의견에는 혼란스럽거나 엉성한 점이 전혀 없었다. 한 연구생에게 할애하는 몇 분 동안 마리 퀴리는 그가 연구하고 있는 문제에 완벽하게 집중했다. 그 문제를 구석구석까지 모두 파악하고 있었던 것이다. 그리고 다음 순간에는 또 다른 제자와 다른 문제에 대해 이야기를 나누었다. 마리의 두뇌는 놀랄 만큼 비상했다. 많은 젊은 연구생들이 쩔쩔매고 있는 연구소에서 그녀는 마치 장기판을 들여다보지도 않고도 한 번에 서른 판, 마흔 판의 승부를 겨루는 장기의 명수(名手) 같았다.

새로운 사람들이 계속 찾아와 마리에게 인사를 하고 그 무리에 합류한다. 평의회는 점점 커진다. 마리는 격식을 전혀 차리지 않는 이 회의를 끊지 않으면서 자연스럽게 계단에 걸터앉는다. 주위에 서 있거나 벽에 기대고 있는 연구생들을 올려다보는 그녀의 모습에서 연구소장의 권위적인 모습은 그림자도 찾을 수 없었다. 하지만……!

그들의 적성을 꼼꼼하게 검사하고 연구생으로 뽑은 사람은 다름 아닌 마리이다. 그들에게 연구를 지시하는 일도 대부분 그녀가 했다. 그리고 학생들은 어려운 문제에 부닥치면 자신을 미궁에 빠뜨린 실험상의 오류를 퀴리 부인이 반드시 찾아 주리라는 확신을 가지고 그녀에게 조언을 구하러 왔다.

40년 동안 연구생활을 하면서 백발이 된 여성과학자는 놀랄만한 지식을 축적하고 있었다. 그녀는 라듐에 관한 한 살아있는 도서관이었다. 자유자재로 구사하는 5개 국어로 연구소에서 진행 중인 연구와 관련된 간행물은 모두 읽었다. 그리고 여러 가지 현상에서 새로운 면을 발견하거나 갖가지 기술을 고안하기도 했다. 무엇보다 마리는 복잡하게 뒤얽힌 지식과 가설을 해명하는 데 꼭 필요한 분별력을 갖고 있었다. 간혹 제자들 가운데에는 애매한 이론이나 매혹적이지만 독단적인 가정을 주장하는 사람이 있다. 그러나 그들은 마리의 냉철한 이성 앞에서 눈 깜짝할 사이에 자신의 주장에 대해 꼬리를 내리고 만다. 대담하고 신중한 스승과 함께 연구하는 것은 얼마나 든든한 일인가!

계단에 모여 있던 사람들이 하나둘씩 흩어졌다. 마리에게 그날의 지시를 받은 사람들은 성과를 얻기 위해 서둘러 자기 자리로 돌아갔다. 퀴리 부인은 그중 한 사람과 '물리실'이나 '화학실'까지 걸음을 옮겨 기계 장치 앞에 서서 이야기를 계속했다. 이윽고 거기서 벗어나면 자신의 연구실로 가서 커다란 검정색 작업복을 걸치고 자신의 연구에 몰두한다.

하지만 연구에 전념할 수 있는 시간은 그리 길지 않았다. 금세 누군가가 문을 두드린다. 연구생 하나가 원고 뭉치를 들고 들어왔다. 그 뒤에도 다른 연구생이 순서를 기다리고 있다. 오늘은 매주 과학아카데미의 정례회가 열리는 월요일이므로 오후에 제출할 보고서를 작성한 연구생이 퀴리 부인에게 검토해 달라고 가지고 온 것이다.

마리는 이러한 원고를 읽을 때면 서재로 자리를 옮긴다. 그 방은 매우 밝지만 평범하고 아주 좁아서, 보통 사람들이 보면 도저히 저명한 여성과학자의 서재라고 생각하지 못할 정도였다. 참나무로 만든 사무용 책상과 서류꽂이, 서가, 낡은 타자기, 그리고 어디서나 볼 수 있는 가죽의자 하나 만이, 눈에 띄지 않는 이 방의 품위를 말해주고 있다. 책상 위에는 대리석 잉크병과 한 무더기의 소책자들, 만년필과 잘 깎은 연필이 잔뜩 꽂힌 연필꽂이, 어떤 학생단체에서 선물로 받은 '장식품' 하나와 그리고 놀랍게도 이탈리아 남부의 이스키아 섬에서 발굴된 광택이 없는 아름다운 항아리가 놓여 있었다.

퀴리 부인에게 아카데미의 보고서를 내미는 연구생의 손이 떨리고 있었다. 마리의 검사가 엄격하다는 사실을 모두가 잘 알고 있기 때문이다. 그러나 마리의 눈으로 보면 연구생들이 제출한 보고서가 충분히 또렷하게 잘 정리된 경우가 거의 없었다. 그녀는 내용상 오류를 지적할 뿐만 아니라 문장 전체를 새로 쓰거나 어법을 바로잡아 주기도 했다.

"이렇게 하면 좀더 나을 거예요."

그녀는 사색이 된 젊은 학자에게 보고서를 돌려주면서 말했다. 하지만 제자의 보고서가 만족스러우면 마리는 환하게 웃으며 그의 수고를 치하했다.

"매우 잘 썼군요. 훌륭해요."

그러면 연구생은 페랭 교수의 연구실까지 단숨에 날아갈 날개를 얻은 듯 든든해진다. 라듐연구소의 보고서는 늘 페랭 교수가 아카데미에 제출하기 때문이다.

장 페랭 교수는 누구에게나 곧잘 이렇게 말했다.

"퀴리 부인은 물리학자로서 뿐만 아니라 연구소 소장으로서도 내가 아는 한 가장 훌륭한 분입니다."

이처럼 소장으로서 신뢰를 쌓을 수 있었던 비결은 무엇일까? 그것은 무엇보다 마리의 마음에 넘치는 라듐연구소에 대한 남다른 '애정'이었다. 그녀는 자신이 사랑하는 연구소의 명성과 이익에 열성적인 옹호자요, 봉사자였다.

또한 마리는 대규모적인 연구에 필요한 방사성물질을 끈기 있게 모았다. 퀴리 부인과 벨기에의 라듐공장, 오카탕가 위니옹미니에르사(社) 사이에 기분 좋은 대화가 오가면 언제나 똑같은 결과가 나왔다. 위니옹미니에르사에서 퀴리 부인에게 광석 찌꺼기 몇 톤을 무료로 제공하면 마리는 기쁜 마음으로 손꼽아 기다리던 원소의 추출을 곧바로 시작하는 것이다.

해를 거듭하면서 연구소는 점차 부유해졌다. 마리는 장 페랭과 함께 여러 정부기관을 돌아다니며 연구소 보조금과 장학금을 요청했다. 요청하는 사람이 다름 아닌 '퀴리 부인'이므로 정부도 그녀의 말에 귀를 기울였다. 그리하여 1930년에는 50만 프랑의 특별 연구비를 모을 수 있었다.

마리는 그러한 활동을 자신의 의무로 여겼지만, 그래도 때로는 지치기도 하고 창피한 생각도 들어서 에브에게 자신의 괴로움을 토로하기도 했다.

"어쩌면 우리는 언젠가 거지처럼 쫓겨날지도 모른다는 생각이 들어……."

하지만 퀴리연구소의 연구생들은 이처럼 든든한 지도자에게 인도되어 방사능이라는 미지의 영역을 하나하나 탐구해 갔다. 1919년부터 1934년 사이에 라듐연구소의 화학자와 물리학자가 발표한 연구보고는 483건에 이르렀고, 그중 34건은 졸업논문과 학위논문이었다. 또한 그 483건의 연구 가운데 31건이 퀴리 부인의 것이었다.

31건도 결코 적은 수는 아니지만 여기에는 설명이 필요하다. 퀴리 부인은 만년(晩年)에 도가 지나칠 정도의 희생정신을 발휘해 다음 시대를 위한 준비에 몰두했다. 그리고 자신의 최고시기를 연구소 소장과 스승이라는 역할에 바쳤다. 만일 그녀가 주위의 젊은 사람들처럼 자신의 시간 전부를 연구에 바쳤더라면 퀴리 부인은 보다 큰 업적을 남길 수 있었을 것이다. 뿐만 아니라 그녀가 처음부터 끝까지 지시하고 지도했던 연구들을 생각해 볼 때 마리의 공적이 얼마나 클지 짐작하고도 남으리라.

하지만 마리는 스스로 그런 생각을 한 적이 없었다. 그녀는 퀴리 연구소를 '내 연구소'라고 부르는 일도 없었다. 다만 은근한 자부심을 느끼며 그저 '연구소'라고 부르던 마리는 연구생들을 한 가족처럼 여기며 그들의 성공을 마치 자신의 일처럼 진심으로 기뻐했다. 그녀가 '연구소'라고 말할 때, 그 말이 퀴리연구소가 아닌 다른 연구소를 지칭하는 일은 결코 없었다.

고독한 여성과학자는 심리적, 인간적인 천성 덕분에 훌륭한 조언자가 되었다. 퀴리 부인이 사람들과 허물없이 지내는 성격이 아니다보니 몇 해째 같이 일한 연구생이라도 늘 존칭을 붙여 부르며 일정한 거리를 두었지만, 그래도 그들은 마리를 동경하고 숭배했다.

마리는 무언가 과학 문제에 몰입하면 30분이 넘도록 정원 벤치에 걸터앉아 있곤 했다. 깜짝 놀란 조수가 애정 어린 목소리로 부르면 그제야 퍼뜩 정신을 차렸다. "선생님, 감기 드시겠어요…… 제발 부탁이니 방으로 들어가세요." 식사하는 것조차 가끔 잊는 퀴리 부인 옆에다 연구생들이 빵과 과일을 조심스레 놓고 가는 일도 있었다.

연구소 사환이나 노동자들까지도 연구생들과 마찬가지로 마리의 숨겨진 매력에 흠뻑 빠져 있었다.

연구소의 만능 일꾼으로, 힘쓰는 일은 물론 기계를 손보고 운전을 하고 정원까지 혼자서 돌보던 조르주 브와티에는 마리가 전속 운전사를 고용하자, 앞으로는 자기가 아닌 다른 사람이 매일 퀴리 부인을 피에르 퀴리 거리에서 베룅 강변로까지 태워다 준다고 생각하고는 눈물을 쏟아내기도 했다.

마리는 이 대가족 같은 집단에서 자신과 함께 분투하는 열성적이고 뛰어난 정신의 소유자들에게 애정을 보이기는 했지만 애착을 갖지는 않았다. 따라서 1932년 8월에 아끼던 제자 하나가 갑작스럽게 죽었다는 소식을 들었을 때 슬퍼하는 어머니의 모습은 나에게도 큰 충격으로 다가왔다.

마리는 이렇게 쓰고 있다.

파리에 돌아와서 큰 슬픔을 맛보았다. 내가 가장 좋아하고 아끼던 젊은 화학자 레이몽이 아르데쉬 강에서 익사한 것이다. 나는 머릿속이 새하얘졌다. 그의 어머니가 보낸 편지에는 그가 일생에서 가장 즐거운 시간을 연구소에서 보냈다고 적혀 있었다. 하지만 결국 이렇게 끝나고 말 바에야 그게 다 무슨 소용인가! 그렇게도 훌륭한 젊음과 우아함, 기품과 매력, 그리고 뛰어난 지적 재능이 그 차디찬 물살에 휩쓸려 사라져 버리고 말았는데.

그녀의 명철한 눈은 제자들의 과학적 자질과 함께 단점도 잘 찾아내어, 훌륭한 학자가 되는 것에 지장을 주는 연구생들의 약점을 엄하게 꾸짖었다. 그녀는 잘난 체하는 사람보다 일 처리에 서툰 사람을 경계했다. '조정(調整)'을 잘못해서 기구를 망가뜨리거나 실험을 실패하면 그녀는 무척 화를 냈다. 마리는 언젠가 가까운 사람들에게 실험이 서투른 사람에 대해 이런 말을 했다.
"만일 모든 사람들이 그 사람 같다면 물리학이 전혀 발전하지 못할 거예요."

한편 연구생들의 졸업논문이나 학위논문이 통과되거나 무슨 상을 받거나 하면 그 일을 축하하는 '연구소 다과회'가 열렸다. 여름에는 뜰의 보리수 그늘 밑에서 열렸고 겨울에는 연구소에서 가장 넓은 방인 도서실에서 열렸다. 조용한 도서실에서 요란하게 그릇 부딪는 소리가 울려 퍼지는 것이다. 그런데 그 그릇들이 참으로 특이했다. '비커'가 찻잔과 샴페인 잔이 되고 용액을 휘젓는 실험용 막대가 숟가락 대용이 되었다. 여학생들이 동료들과 선생들 및 다른 연구소 직원들에게 과자며 음료수 따위를 가져다준다. 다과회에 참석한 사람들 가운데에는 라듐연구소 조교수인 앙드레 드비에른과 실험부장 페르낭 홀베크, 그리고 많은 사람들 틈에서 자신의 찻잔을 들고 흥겹게 떠들고 있는 마리의 모습도 보였다.
갑자기 모두가 잠잠해진다. 퀴리 부인이 합격자나 수상자에게 축하 인사를 할 시간이었다. 마리는 열성적으로 그 연구의 독창성을 칭찬하고 그가 극복한 여러 가지 어려웠던 문제를 설명했다. 사람들은 따뜻한 마음이 깃든 축사에 열렬한 박수를 보낸다. 그녀는 수상자의 부모나 그가 외국 사람인 경우에는 멀리 떨어진 조국에 대해 자상한 배려를 담아 말했다.
"당신의 아름다운 조국은 저도 잘 알고 있습니다. 당신의 동포들은 저를 열렬히 환영해 주었지요. 그 조국에 돌아간 뒤에도 부디 이 라듐연구소에서 지낸 날들을 그리운 추억으로 기억해 주시기 바랍니다. 저희가 많은 일들을 하고 있고, 또 최선을 다하고 있다는 사실을 잘 아실 겁니다……."

이런 '다과회'에서 마리가 특별히 감동적인 경우가 있었다. 딸 이렌과 사위 프레데릭 졸리오의 박사학위 논문을 각각 축하할 때였다.

퀴리 부인은 자신의 가르침 아래 이 두 과학자의 천부적인 재능이 활짝 피어나는 과정을 지켜보았다. 1934년에 이들 젊은 부부는 눈부신 성공을 거두었다. 이렌과 프레데릭 졸리오는 원자의 변환현상을 연구하여 '인공 방사능'을 발견한 것이다. 예를 들어, 알루미늄 같은 물질에 방사성원소에서 방출되는 방사선을 쪼이면 그 물질은 그때까지 알려지지 않은 새로운 방사성원소로 바뀌는 것이다. 그리고 이 변화된 물질은 스스로 방사선의 원천이 된다. 이 놀라운 원자의 창조가 화학과 생물학과 의학에 미칠 영향을 상상하기란 그다지 어렵지 않다. 방사선치료를 위해 라듐의 특성을 지닌 물질을 공업적으로 대량 생산할 날도 멀지 않은 것이다.

이렌과 프레데릭 부부가 그 연구를 물리학협회의 정례회에서 공개할 때 마리는 청중 속에서 자부심을 느끼며 주의 깊게 그 발표를 들었다. 일찍이 피에르 퀴리와 자신의 조수였던 알베르 라보르드를 만났을 때 마리는 전에 없이 들떠 있었다고 한다.

"안녕하세요…… 저 두 아이들이 보고를 확실하게 잘하지 않았나요? 당신을 만나 뵈니까 옛날 연구소에서 함께 하던 그리운 시절로 돌아간 것만 같네요."

그날 밤 마리는 너무 흥분하고 감격해서 좀처럼 자리를 뜨지 못했다. 그녀는 몇몇 동료들과 함께 강둑을 걸어 느지막이 집으로 돌아왔다. 그리고 '자신의 젊은 아이들'의 성공을 이야기하고 또 이야기했다.

피에르 퀴리 거리의 정원 맞은편에서는 마리가 스스럼없이 '이웃 사람들'이라고 부르는 르고 교수와 그 협력자들이 연구와 치료 면에서 암과 싸우고 있었다. 1919년부터 1935년까지 8,319명의 환자가 라듐연구소에서 치료를 받았다.

클로드 르고 교수도 역시 퀴리연구소를 더없이 사랑했다. 그는 자신의 일에 필요한 무기, 즉, 라듐과 기계장치와 실험장소와 병원을 원조 받으려고 열심히 뛰어 다녔다. 이미 많은 환자를 치료했고 긴급한 요청도 있으므로, 위니옹미니에르사에서 그에게 10그램이나 빌려주었는데도 모자라는 라듐을 더 구입해야 했고, 정부 보조금과 개인의 기부금도 구해야 했다. 앙리 드 롯실드 남작과 실업가 라자르 형제가 그 대표적인 후원자들이었다. 또한 너그러운 한 부호(富豪)가 익명으로 퀴리 재단에 340만 프랑을 기부하기도 했다.

이렇게 해서 프랑스에서 학문적으로도 가장 수준 높은 라듐치료와 X선 치료 센터가 만들어졌다. 그 명성은 대단했다. 온 세계에서 2백 명이 넘는 의사들이 암 치료 기술을 배우기 위해 연수를 받고 싶다며 몰려들었다.

퀴리 부인은 생물학과 의학 연구에는 전혀 관여하지 않았지만 두 학문이 진보해 가는 발자취를 열심히 지켜보았다. 마리는 뛰어난 동료이자 도덕적이고 매우 청렴한 르고 교수와 마음이 잘 맞았다. 그도 마리처럼 명성을 추구하지 않는 사람이었다. 또한 물질상의 이익도 거부했다. 개인병원을 개업하면 막대한 재산을 모을 수 있지만 그런 생각은 전혀 하지 않았다.

뛰어난 전문가가 라듐치료를 할 때 놀라운 효과가 나타나는 것을 잘 알고 있는 두 공동 소장은 한 가지 공통된 근심거리로 골머리를 앓았다. 세계 곳곳에서 라듐이 비양심적으로 이용되고 있다는 점이다. 두 사람은 이러한 상황을 분개하면서도 그저 바라볼 수밖에 없었다. 어떤 곳에서는 무지한 의사들이 이 '치료법'의 위험성은 이해하지도 못한 채 방사성물질로 무턱대고 환자들을 치료하고 있었다. 또 다른 곳에서는 '라듐을 주성분으로 한' 약품과 화장품이 퀴리 부인의 이름을 연상케 하는 상표를 달고 일반인들에게 버젓이 판매되었다.

그런 것들을 이 자리에서 비판하지는 않겠다…… 하지만 내 어머니는 물론 퀴리 집안과 르고 교수, 라듐연구소 모두 그런 사업에는 아무런 관련도 없다는 사실만큼은 분명히 말해 두겠다.

"뭔가 중요한 게 있을지도 모르니까 좀 확인해 주세요."

언제나 시간에 쫓기는 마리가 똑똑하고 상냥한 비서 라제 부인에게 어제 도착한 우편물을 가리키며 말했다.

봉투의 수신자명은 주로 '파리, 퀴리 부인'이라든가 '프랑스, 학자, 퀴리 부인' 등 매우 간단하게 씌어 있었다. 대체로 그런 우편물은 마리의 사인을 요구하는 편지거나 정신병자의 편지였다. 사인 수집가에게는 "퀴리 부인은 사인을 보내거나 사진에 사인하는 것을 즐기지 않으므로 죄송하지만 깊은 양해 바랍니다"라고 인쇄된 엽서가 보내진다.

8장 또는 10장이나 되는 편지를 여러 가지 색깔의 잉크로 써서 보내는 열광적인 숭배자들, 빛을 보지 못한 발명가와 박해 망상에 빠진 사람들, 그리고 사랑을 고백하거나 협박하는 사람들에게는 회답하지 않고 오로지 '침묵'으로 일관했다.

그리고 다른 편지는…… 지푸라기라도 잡는 심정으로 퀴리 부인이라면 어떤 병이든 고칠 수 있고 어떤 괴로움이든 가라앉혀 줄 것이라고 여기는 사람들이 필사적으로 호소하는 것이기에, 마리는 비서에게 내용을 받아쓰게 하여 답신을 보냈다. 외국 동료들에게는 짤막한 메시지를 보냈다. 또한 그밖에 기계업자들의 편지와 견적서 및 계산서, 대학에서 보내는 '이과대학 교수, 퀴리 미망인에게'라는 회람문서에 회답하는 등 공무상의 서류가 산더미 같았으므로 마리는 47개나 되는 서류철에 따로 분류하여 놓았다.

마리는 대학의 관례를 엄격히 지켰다. 자신의 명성과 재능과 여성이라는 특성도 대수롭지 않게 여겼으므로 자연히 공식적인 편지 끝에는 단지 부하로서 겸손한 상투어로 마무리했다. 학부장에게는 "귀하게 충성한다"라고 쓰고 총장에게는 "충심으로 경의를 표한다"라고 썼다.

그러나 이 47개의 서류철만으로도 퀴리 부인과 바깥세상을 잇기에는 충분하지 않았다. 편지뿐만 아니라 면회 요청도 끊이지 않았던 것이다. 화요일과 금요일 오전에 마리는 제일 좋은 검정 옷을 입었다.

"단정하게 입어야 해. 오늘은 나의 날이니까."

마리는 침울한 얼굴로 말했다.

연구소 현관홀에는 무엇인가를 부탁하러 온 사람들과 신문기자들이 북적대고 있었다. 기자들은 비서 라제 부인에게서 미리 다음과 같은 통고를 받은 상태였다.

"퀴리 부인께서는 전문분야에 관련된 것만 물으신다는 조건으로 만나 주실 것이며, 개인적인 질문에는 답하지 않으실 겁니다."

마리의 태도는 친근하고 정중했지만 회견을 오래 끌고 싶어 하는 기색은 전혀 없었다. 엄숙한 분위기가 감도는 좁은 방에 의자는 딱딱하고, 나이든 과학자는 초조한 듯 손가락을 떨면서 살그머니 시계를 들여다보기 때문이다.

마리는 월요일과 수요일에는 늘 일어나자마자 신경이 곤두섰다. 5시에 강의가 있기 때문이다. 점심식사가 끝나면 베튄 강변로의 서재에 틀어박혀 강의 준비를 하고 흰 종이에 오늘 다룰 단원의 제목을 쓴다. 4시 30분에 연구소로 가서 다시 좁은 휴게실에 틀어박혔다. 불안하고 잔뜩 긴장한 듯 보였으므로 아무도 그녀에게 선뜻 다가가지 못했다. 마리가 교편을 잡은 지 벌써 25년이 되었다. 그런데도 여전히 스무 명이나 서른 명쯤의 학생들이 기다리고 있는 작은 계단식 강의실에 들어서서 학생들이 일제히 일어나 인사하는 것을 보면 몹시 '겁'을 먹었다.

그렇더라도 얼마나 지칠 줄 모르는 왕성한 활동력인가. 마리는 '남는 시간'에 과학 논문과 책까지 썼다. '동위성과 동위원소' 개론이라든가, 짧지만 감동적인 피에르 퀴리 전기, 그리고 자신의 강의를 완벽하게 정리한 새로운 과학개론서 등이었다.

찬란하고 풍요로운 세월은 한편으론 극적인 투쟁의 시기이기도 했다. 퀴리 부인은 한때 실명의 위기에까지 몰렸다.

1920년 안과의사는 그녀에게 백내장 때문에 양쪽 시력이 점차 흐려질 것이라고 말했다. 그러나 마리는 절망감을 겉으로 드러내지 않았다. 태연하게 그 소식을 딸들에게 알리고 치료법이 있으며, 2, 3년 뒤에는 수술을 받을 수 있을지도 모른다는 말을 덧붙였다. 하지만 그때까지는 죽음과 같은 고통스런 기다림 속에서 눈의 수정체가 점점 흐려져 그녀와 세상 사이에, 또한 그녀와 일 사이에 영원히 사라지지 않는 안개가 떠돌게 된 것이다.

퀴리가 브로냐에게(1920년 11월 10일)

제일 큰 병은 눈과 귀에 있어. 눈이 아주 많이 약해졌는데 이제 어떻게 손을 쓸 도리가 없는 것 같아. 귀에서도 끊임없이 윙윙거리는 소리가 들리는데 이따금 너무 심하게 울려서 견디기 힘들 때도 있어. 요즘 난 그런 것들 때문에 아주 걱정이야. 머지않아 일에도 방해가 될 것 같아. 어쩌면 연구를 아주 못하게 될지도 몰라. 어쩌면 라듐이 이 병과 관련이 있을 수도 있지만 확실하게 장담은 못 해.

　이게 내가 고민하는 것들이야. 하지만 아무한테도 말하지 마. 소문이 나
는 건 특히 싫으니까. 그럼 이제 다른 얘기를 할게…….

　"아무한테도 말하지 마……." 마리가 속마음을 털어놓을 수 있는 몇 안
되는 상대인 이렌과 에브, 그리고 언니들과 오빠에게 이야기할 때마다 늘 당
부하는 말이다. 마리가 늘 이렇게 조심했으므로 그 일이 부주의하게 확대되
어 신문에 "퀴리 부인 불구(不具)가 되다"라는 기사를 막을 수 있었던 것이
다.

　치료를 맡은 모락스 박사와 프티 박사도 그녀의 뜻을 헤아리고 협력해주
었다. 그래서 마리는 가명을 썼다. 양쪽 눈에 백내장을 앓고 있는 노년의 검
소한 부인은 퀴리 부인이 아니다. '카레 부인'이었다. 에브는 안과에서 카레
부인의 안경을 받아 왔다.

　눈이 제대로 보이지 않아 마치 구름 속을 헤매고 있는 듯한 마리는 큰길을
건너거나 계단을 올라가야 할 때면, 딸들이 그녀의 팔을 잡고 부축하며 살그
머니 신호를 보내 위험이나 장애물의 존재를 알렸다. 식사 때면 가엾은 마리
가 보이는 척하며 식탁보 위를 손으로 더듬어 찾는 소금병 같은 것들을 그녀
에게 건네주어야 했다.

　하지만 연구소에서는 어떻게 이 비장하고도 애처로운 연극을 이어 갈 수
있을까? 에브는 어머니에게 친한 친구들에게만은 비밀을 솔직히 털어놓고
현미경이나 정밀기계 다루는 일을 대신 해 달라고 부탁하면 어떨지 물어보
았다. 그러나 마리는 딱 잘라 대답했다.

　"내 눈이 못쓰게 되었다는 걸 아무도 알 필요가 없다."

　마리는 정밀한 연구를 위해 스스로 '맹인의 기술'을 생각해 냈다. 커다란
돋보기를 쓰고, 기계 눈금에는 잘 보이는 색으로 표시를 해 놓았다. 또한 강
의 중에 쓰는 노트도 큰 글씨로 써서 어두운 강의실에서도 잘 읽을 수 있도
록 했다.

　마리는 그밖에도 온갖 방법을 동원하여 병을 숨겼다. 어떤 학생이 가느다
란 선(線)이 찍힌 실험건판을 가져오면, 그녀는 머릿속에 그 선의 모양이
그려질 때까지 일부러 교묘한 질문들을 퍼부었다. 그러고 나서 마리는 건판

을 들고 진지하게 바라보면서 선이 보이는 척했다.

이렇게 조심해 가며 비장한 연극을 했음에도 연구생들은 마리의 비극을 눈치챘다. 그러나 그들도 모두 입을 다물었다. 함께 모른 체하며 마리와 똑같이 능숙하게 연기를 했던 것이다.

마리가 딸 에브에게(1923년 7월 13일)

18일 목요일 아침에 수술을 받을 생각이다. 너는 그 전날 저녁에 오면 충분하단다. 여긴 너무 더워서 네가 더위에 지치지나 않을지 걱정이다.

랄퀘스트의 친구들한테는 우리가 함께 작성하고 있는 원고 일 때문에 바빠서 내가 빠져나갈 수가 없고 일이 급해서 너까지 부르는 거라고 말해 두렴.

너에게 키스를 보낸다. 엄마가.

추신 : 그 사람들한테도 되도록 아무 말도 하지 말거라.

찌는 듯이 무더운 병원에서 크게 다친 사람처럼 온 얼굴에 붕대를 감고 꼼짝 없이 누워 있는 '카레 부인'에게, 에브는 며칠 동안 작은 숟가락으로 음식을 떠먹여 주었다. 그런데 예기치 못한 합병증이 생기고 출혈이 심해지자 몇 주일 동안은 불안에 시달리며 회복의 희망을 거의 생각조차 못 할 정도였다. 1924년 3월에는 재수술을 두 번이나 했다. 1930년에는 네 번째 수술을 했다. 붕대를 풀자마자 마리는 수정체가 잘려나가 '조절' 능력을 상실한 눈을 어떻게 써야 할지 고민했다.

마리는 첫 번째 수술을 받은 지 몇 개월 뒤 카발레르에서 에브에게 이런 편지를 썼다.

요즘에는 안경을 쓰지 않고 걷는 연습을 하고 있는데 지금은 많이 나아졌단다. 작은 돌멩이로 울퉁불퉁한 오솔길을 두 차례나 산책했는데 미끄러지거나 넘어지거나 하는 큰 사고 없이 빨리 잘 걸을 수 있었단다. 가장 힘든 건 물건이 이중으로 겹쳐 보이고 그 때문에 다가오는 사람을 잘 분간하지 못한다는 점이야. 매일 읽기와 쓰기 연습도 하고 있는데 지금으로선

이게 걷기보다 더 어려운 것 같구나. 브리태니커 백과사전의 원고 정리는 네가 꼭 좀 도와줘야 할 것 같다.

마리는 서서히 자신의 불행한 운명을 정복해 갔다. 두꺼운 안경을 쓰면 거의 보통 사람처럼 사물을 볼 수 있어서 혼자서 외출도 하고 자동차까지 운전했으며 연구소에서도 다시 세밀한 측정을 할 수 있게 되었다. 마리 퀴리의 기적 같은 생애에서의 마지막 기적이었다. 마리는 암흑 속에서 나와, 죽을 때까지 일을 하기에 충분한 빛을 다시 찾아낸 것이다.

1927년 9월에 마리가 브로냐에게 보낸 짧은 편지에 그 승리의 비밀이 쓰여 있다.

때때로 용기를 잃을 때면 일을 그만두고 시골에 가서 평생 화초나 가꾸며 살아야 하는 건 아닌가 생각하기도 해. 하지만 여러 관계들을 끊지도 못하고, 언제 그렇게 할 수 있을지도 모르겠어. 게다가 과학과 관련된 책을 저술한다고 해도 내가 과연 연구소를 떠나서 지낼 수 있을지 정말 모르겠어……

"연구소를 떠나서 지낼 수 있을지 정말 모르겠어……"

이 외침을, 이 고백을 이해하려면 하루도 빠짐없이 잡다한 업무를 마치고 마침내 자기 일에 몰두할 수 있게 되어 실험장치 앞에 앉아 있는 마리 퀴리의 모습을 알고 있어야 한다. 중요한 실험이 아니더라도 무엇인가에 전념할 때면 그녀의 야윈 얼굴에 환희에 넘친 숭고한 표정이 떠올랐다. 어려운 '유리세공'을 전문가처럼 능숙하게 해치울 때나 실험 측정이 잘 되었을 때에도 마리의 가슴속에는 한없는 기쁨이 솟구쳤다. 주의 깊고 감수성 풍부한 협력자였던 사미에 양은 뒷날 어떤 사진에도 찍혀 있지 않은 퀴리 부인의 그러한 일상 모습을 묘사했다.

……퀴리 부인은 온도 변화를 피하기 위해 난방도 하지 않은 춥고 어둠침침한 방에서 실험장치 앞에 앉아 측정을 한다. 부인은 장치를 열고 크로노미터를 작동시키거나 저울추를 올리는 일과 같은 일련의 작업을 훌륭한

솜씨로 질서 있고 조화롭게 진행해 갔다. 어떤 피아니스트도 퀴리 부인의 손놀림만큼 정교하지는 못할 것이다. 개인의 오차를 영으로 끌어내릴 만큼 완벽한 기술이었다.

결과를 비교하기 위해 퀴리 부인은 열심히 계산을 끝내고는 가슴속에서 우러나오는 기쁨을 숨김없이 드러냈다. 오차가 허용치보다 훨씬 적었기 때문인데, 그것은 곧 측정이 정확했다는 뜻이었다.

마리가 일에 매달려 있을 때는 우주의 다른 부분은 모조리 사라져 버렸다. 1927년에 이렌이 중병에 걸려 마리가 걱정으로 가슴을 졸이고 있을 때, 한 친구가 연구소로 찾아와 이렌의 안부를 물었다. 그러나 그는 마리의 간단한 대답과 차가운 눈길만을 받았을 뿐이었다. 그가 방을 나가자마자 마리는 화를 내며 비서에게 말했다.

"내가 조용히 일 좀 하게 왜 그냥 내버려 두지 않는 걸까요?"

샤미에 양은 마리가 중요한 실험에 몰두해 있는 모습도 그렸다. '알파선 스펙트럼을 위한 악티늄 X 제조'에 관한 실험으로, 마리가 죽기 직전에 완성한 마지막 연구였다.

악티늄 X는 순수하고 방사물을 발산하지 못하는 화학적 상태여야 한다. 그것을 하루 만에 분리하기에는 시간이 모자랐다. 퀴리 부인은 식사도 거르고 밤늦게까지 연구소에 남았다. 그러나 이 원소의 분리 속도는 매우 느리므로 준비해 둔 강한 방사선원이 너무 '감소'하지 않도록 밤새워 일해야 했다.

새벽 2시가 되어서야 특수받침대 위에서 원액을 원심분리기에 넣고 한 시간쯤 돌리는 마지막 작업만이 남았다. 그 원심분리기는 시끄러운 소리를 내면서 돌아갔지만, 퀴리 부인은 방을 나가려고도 하지 않고 곁에서 계속 지켜보고 서 있었다. 마치 실험의 성공을 바라는 자신의 뜨거운 욕망으로 암시를 주어 악티늄 X의 침전을 촉진시킬 수 있기나 한 듯이 원심기를 뚫어지게 지켜보았다. 그때의 퀴리 부인에게는 원심분리기 외에는 아무것도 존재하지 않았다. 다음날의 생활도 피로도 없었다. 완전한 무아의 경지에 빠져 일을 성취하고자 온 영혼을 집중하고 있었다……

실험이 생각대로 되지 않으면 마리는 마치 불행의 기습을 당한 사람 같았다. 팔짱을 끼고 등을 구부린 채 멍하니 의자에 걸터앉은 모습이 마치 갑자기 초상을 당해 할 말을 잃은 늙은 시골 아낙네 같았다. 그 모습을 본 연구생들은 무슨 사고가 생겼거나 아니면 매우 비극적인 일이라도 일어났는지 걱정이 되어서 그녀에게 묻는다. 그러면 마리는 모든 것을 요약하는 짧은 말로 침울하게 말한다.

"악티늄 X를 침전시키지 못했어요……."

공공연히 자신의 적을 꾸짖기도 했다.

"폴로늄이 날 싫어해요."

그러나 실험이 성공하면 마리는 쾌활한 모습으로 흥분을 감추지 못했다. 명랑한 얼굴로 정원으로 나가곤 했는데, 마치 장미와 보리수와 태양을 향해 '나는 정말 행복해!'라고 고백하러 가는 듯했다. 마리는 이렇게 과학과 화해를 하고 금세 웃으며 감격하곤 했다.

마리가 기분 좋은 때를 이용하여 연구생이 자신의 실험을 보여주겠다고 하면, 마리는 기꺼이 그 연구생을 따라 원자량을 '계산'하고 있는 장치까지 가서 라듐의 작용으로 '규산아연광'이 갑자기 방사선을 내뿜는 광경을 들여다본다.

이런 눈에 익은 기적 앞에서 그녀의 회색 눈동자는 더할 나위 없는 행복으로 빛났다. 마치 보티첼리나 베르메르의 작품처럼 이 세상에서 가장 감동적인 그림을 바라보고 있는 사람 같았다.

"아! 이 얼마나 아름다운 현상이야! ……"

마리는 무심결에 이렇게 중얼거렸다.

사명의 끝

퀴리 부인은 자신의 죽음에 대해 자주 말했다. 겉으로는 아무렇지 않은 듯 피할 수 없는 일이라고 이야기하거나 그 뒤에 올 실제적인 결과를 깊이 생각하곤 했다.

조금의 동요도 보이지 않고 이렇게 말했다.

"난 이제 앞으로 얼마 살지 못할 게 분명해. 내가 죽으면 라듐연구소가 어떻게 될지 걱정이야."

그러나 사실 마리는 평온하지도 않았고 죽음을 받아들이지도 못했다. 마리는 온갖 본능으로 마지막 순간을 밀쳐내고 있었다. 마리를 멀리서 우러러 보는 사람들은 그녀가 비할 바 없이 훌륭한 생애를 살아왔다고 생각한다. 그러나 퀴리 부인이 보기에 자신의 생애는 보잘것없으며 현재 진행하고 있는 연구와 비교하면 아무것도 아니었다.

피에르 퀴리는 30년 전, 우연히 찾아올 죽음을 예감하고 비장하게 일에 몰두했었다. 그리고 이번에는 마리가 그 음산한 도전을 시작했다. 두려운 죽음의 공격을 막기 위해 주위에 계획과 의무의 벽을 미친 듯이 쌓았다. 그런 가운데 날이 갈수록 심해지는 피로와 시력 감퇴와 어깨 관절염, 욱신거리는 귀울림 같은 만성질병을 무시해 버렸다.

그까짓 것이 다 무엇인가? 그보다 더 중요한 일이 있지 않은가!

마리는 얼마 전에 파리 남부 공업도시 아르쾨유에 라듐 광석을 대량으로 처리하는 공장을 세우게 했다. 꿈에 그리던 그 공장에서, 마리는 감격하며 최초의 시험적 처리를 거행했다. 또 퀴리 부인이 죽으면 아무도 쓸 사람이 없는, 과학사에 길이 남을 기념비적인 저서를 쓰는 일에도 전념했다. 그런데 악티늄족원소 연구는 생각처럼 빨리 진행되지 않았다. 게다가 알파선(線)의 '미세구조' 연구도 시작해야 한다. 마리는 아침 일찍 일어나서 연구소로 달려갔고 그것도 모자라 저녁을 먹은 뒤에도 다시 연구소로 돌아갔다.

마리는 이상할 만큼 일을 급히 서두르느라 부주의해졌고, 이상하게도 그것이 습관이 되었다. 방사성 물질이 들어 있는 관은 핀셋으로 다룰 것, 드러난 시험관은 만지지 말 것, 해로운 방사물질을 막기 위해 납으로 된 '보호막'을 쓸 것 등, 제자들에게 엄중히 지키라고 지시한 이러한 여러 주의사항들을 스스로는 가볍게 생각했다.

라듐연구소의 규정인 혈액검사에 응하는 것이 고작이었다. 마리의 혈액 수치는 정상이 아니었다. 퀴리 부인은 30년이 넘도록 라듐을 다루었고, 라듐 방사물(가스)을 호흡했다. 더구나 제1차 세계대전이 벌어진 4년 동안은 그보다 더 위험한 뢴트겐 장치의 방사선에 몸을 내맡기고 있었다. 그러고 보면 혈액의 미약한 변질과, 어떤 때는 마르고 어떤 때는 고름이 나서 견디기 어려울 만큼 아픈 손의 화상 따위는 그토록 큰 위험을 무릅쓴 데 비하면 그리 혹독한 벌은 아닌 셈이었다.

1933년 12월에 퀴리 부인은 병에 걸려 얼마 동안 입원했는데 그 일로 내심 충격을 받았다. 뢴트겐 사진을 통해 담낭에서 제법 큰 결석이 발견된 것이다. 아버지 스쿼도프스키 씨의 목숨을 빼앗은 바로 그 병이었다. 마리는 그 무서운 수술을 받지 않으려고 식이요법을 병행한 치료를 시작했다.

그리고 오래 전부터 꿈꾸어 왔던 작은 계획들, 소오에 별장을 짓고 파리에서 아파트를 사는 일을 서둘러 실행에 옮겼다. 마리는 견적서를 살펴보고 막대한 비용에도 망설이지 않고 계약을 했다. 소오 별장은 여름에 완공될 예정이었다. 1934년 10월에 마리는 베튄 강변로를 떠나 대학도시에 새로 지은 건물 안의 현대적인 아파트로 옮기기로 했다.

마리는 피로를 느끼고 있었으므로 어떻게든 자신의 육체가 쇠약해지지 않았다는 증거를 보이고 싶어 했다. 마리는 베르사유로 스케이트를 타러 가기도 하고 이렌과 중간에서 만나 사보아 지방에 있는 스키장에 가기도 했다. 그러면서 아직도 자신의 손발이 자유롭고 민첩한 것을 기뻐했다. 부활절에는 브로냐가 프랑스에 와서 함께 남부 지방으로 자동차 여행을 떠나기도 했다.

그런데 이 여행이 화근이 되고 말았다. 마리는 브로냐에게 아름다운 경치를 보여주려고 이곳저곳으로 돌아다녔다. 그리하여 카발레르의 별장에 도착했을 때는 감기에 걸린 채 기진맥진해 버렸다.

도착했을 때 별장 안은 얼음장 같았다. 서둘러 방에 불을 지폈지만 마리의 몸은 좀처럼 따뜻해지지 않았다. 마리는 추위에 덜덜 떨면서 갑자기 절망적인 발작에 사로잡혔다. 그녀는 브로냐의 팔에 안겨 마치 병든 어린아이처럼 흐느껴 울었다. 마리는 아직 다 쓰지 못한 책이 마음에 걸렸다. 기관지염 때문에 그 저술을 완성할 기력을 잃을까봐 겁을 먹고 그 생각에서 헤어나오지 못했다.

브로냐는 마리를 간호하면서 마음을 가라앉혀 주었다. 다음날 마리는 마음의 균형을 되찾고 다시는 그러한 발작을 일으키지 않았다.

티 없이 맑은 날씨가 이어지자 마리도 점점 기운을 되찾았다. 파리에 돌아왔을 때는 건강이 많이 좋아져 있었다. 한 의사가 유행성 감기라며 40년 전부터 모든 의사들이 입을 모아 말했듯 과로가 원인이라고 진단했다. 미열이 좀처럼 내려가지 않았지만 마리는 전혀 신경쓰지 않았다. 브로냐는 막연한 불안을 느끼면서 폴란드로 돌아갔다. 두 자매는 그토록 자주 다니던 플랫폼의 바르샤바행 열차 앞에서 마지막으로 서로의 뺨에 입을 맞추었다.

마리는 아프다가 회복되기를 되풀이했다. 다행히 몸 상태가 좋은 날에는 연구소에 갔다. 기운이 없고 피곤할 때는 집에서 글을 썼다. 일주일에 몇 시간씩은 새집을 꾸미거나 소오의 별장을 설계하기도 했다.

1934년 5월 8일, 마리는 브로냐에게 이런 편지를 썼다.

점점 더 정원이 있는 집이 갖고 싶어서 이 소망이 원만하게 이루어지기를 간절히 바라. 건축비를 내 수입에 맞게 적당한 금액으로 깎을 수 있었어. 이제 곧 기초 공사를 시작하게 될 거야.

그러나 마리가 두려워하던 음험한 적은 이미 그녀를 앞질러버렸다. 열이 높아지고 오한도 점점 더 심해졌다. 에브는 어머니가 다시 한 번 진찰받도록 하기 위해 참을성 있게 설득해야 했다. 마리는 '귀찮다'든지, '치료비를 지불할 방법이 없다'는 핑계로 줄곧 주치의를 두지 않았다. 프랑스의 의사들은 아무도 퀴리 부인에게서 치료비를 받으려고 하지 않았기 때문이다. 이 진보적인 여과학자는 마치 농사꾼 아낙네처럼 의사의 치료를 싫어했다.

르고 교수가 친구로서 마리를 찾아왔다. 교수는 자기 친구인 라보 박사의 소견을 들을 것을 권했고 라보 박사는 임상학자인 불랭 교수를 소개했다. 불랭 교수는 마리의 핏기 없는 얼굴을 보자마자 이렇게 말했다. "자리에 누워 있어야 합니다. 당신에게는 휴식이 필요해요."

하지만 그 말은 퀴리 부인이 지금까지 지겹도록 들어온 말이었다. 그녀는 조금도 의사의 충고를 개의치 않았다. 그리고 베튄 강변로의 힘든 계단을 오르내리며 거의 매일 연구소에서 일했다.

1934년 5월의 어느 눈부시게 화창한 오후, 마리는 오후 3시 반까지 물리 실험실에 남아서 자신의 충실한 친구인 샬레와 실험 장치를 하염없이 만지고 있었다. 연구생과도 두세 마디 이야기를 나누다가 마리가 중얼거렸다.

"열이 있어서 집으로 돌아가야겠어요."

마리는 밖으로 나와 알록달록한 꽃이 눈부시게 피어 있는 아름다운 정원을 한 바퀴 돌았다. 시든 장미 앞에서 발을 멈추고 마리는 정원사를 불렀다.

"조르주, 이 장미를 좀 보세요. 지금 당장 손질을 해야겠어요."

한 학생이 마리 곁으로 와서, 제발 밖에 있지 말고 베튄 강변로의 집으로 돌아가시라고 권했다. 그녀는 곧 그 말에 따랐지만, 차에 오르기 전에 다시 한 번 뒤를 돌아보았다.

"잊지 말아요, 조르주. 장미나무를……."

그러면서 시든 꽃을 걱정스러운 눈으로 바라보았다. 그것이 연구소로 보내는 그녀의 마지막 인사가 되었다.

그녀는 이제 병상에서 일어나지 못했다. 정확한 병명도 모른 채 의사들이 유행성 감기라고 하거나 기관지염이라고도 하는 애매한 병과 싸우기 위해 온갖 번거로운 치료를 받아야 했다. 그러나 마리는 별안간 얌전하게 그 치료들을 견뎌냈고 정밀검사를 위해 병원으로 옮기는 것도 승낙했다.

뢴트겐 사진을 두 번 찍고 수차례 분석해 보았지만 여과학자 곁에 모인 의사들은 고개를 갸웃거릴 뿐이었다. 모든 기관에 전혀 이상이 없고 어떤 징후도 보이지 않았다. 그러나 옛날 병을 앓았던 흔적과 약간의 염증이 폐 뢴트겐 사진에 나타났으므로 붕대로 가슴을 싸매고 부항을 붙였다.

회복되지도 악화되지도 않은 채 마리가 다시 베튄 강변로의 집으로 돌아오자 주변 사람들은 '요양원'이라는 말을 언급하기 시작했다.

에브가 조심스럽게 파리를 떠나는 이야기를 마리에게 했다. 마리는 이번에도 순순히 요양원으로 가겠다고 동의했다. 스스로도 도회의 소음과 먼지 때문에 병이 회복되지 않는다고 판단하고 맑은 공기에 희망을 건 것이다. 가족들은 여러 가지 계획을 세웠다. 먼저 에브가 어머니를 요양원에 모시고 가서 몇 주일 동안 함께 머무르고, 다음에는 마리의 오빠와 언니가 폴란드에서 와서 간호를 한다. 그리고 8월 내내 이렌이 어머니와 함께 지내기로 했다. 그러면 가을쯤에는 마리가 회복할 것이다.

이렌과 프레데릭 졸리오가 병실에 와서 마리와 함께 연구소 일과 소오의 집, 마리가 얼마 전에 집필을 마친 책의 교정 등에 대해서 함께 얘기를 나누었다. 르고 교수의 젊은 협력자 조르주 그리쿠로프도 거의 매일 병문안을 와서 요양소의 쾌적함과 효과를 설명했다. 에브는 새 집의 실내장식을 맡아 벽지 색을 고르고 있었다.

마리는 딸의 안색을 살피면서 가볍게 웃으며 몇 번이나 말했다.

"어쩌면 헛수고만 하고 보람도 없겠네……."

이런 말을 하더라도 에브는 굳이 부정하거나 농담으로 얼버무리지 않았다. 단지 퀴리 부인을 위로하기 위해 건설업자들을 더욱 다그쳤다. 하지만 마리는 운명을 거스르려고 하지 않았다. 의사들의 견해가 비관적이지도 않았고, 가족들도 걱정스런 얼굴을 보이지 않았는데도 마리는 이렇다 할 이유 없이 최악의 경우를 피할 수 없다고 직감했다.

찬란한 햇빛이 쏟아지는 따스한 어느 봄날, 별 수 없이 한가하게 지내는 어머니 곁에서 에브는 오붓한 시간을 오래오래 보냈다. 에브는 마리의 순결한 영혼과 연약하고 너그러운 마음, 지금 이 순간에도 견딜 수 없이 그립기만 한 자애로운 사랑을 한없이 느꼈다.

마리는 예전의 '상냥한 어머니' 그대로였다. 아니, 46년 전에 폴란드어로 다음과 같은 편지를 쓴 소녀로 되돌아가 있었다.

나처럼 뭐든지 강렬하게 느끼는 데다가 이런 성격을 바꾸지도 못하는 사람은 되도록 남에게 숨기는 게 좋다고 생각하기 때문이야.

이 말은 조신하고 감수성이 무척 풍부하며 속내를 겉으로 드러내지 않고 상처받기 쉬운 성격의 비밀을 푸는 열쇠이다. 마리는 위대하고 눈부신 일생을 살아오는 동안 언제나 솟구치는 정열을 솔직하게 발산하지 못했고 나약한 소리나 목구멍까지 차오르는 구원을 바라는 부르짖음도 억눌러 왔다.

이때에도 역시 마리는 자신의 속마음을 거의 드러내지 않았고 괴로움을 한탄하지도 않았다. 한탄한다고 해도 아주 미미하거나 소극적이었다. 마리는 미래의 이야기밖에 하지 않았다. 연구소의 미래와, 바르샤바 연구소의 미래, 아이들의 미래에 대해 이야기했다. 이렌과 프레데릭 졸리오가 몇 달 뒤 노벨상을 타리라는 희망을 품었으며 확신까지 하고 있었다! 또한 새로 지었지만 소용없게 된 집과 결국 짓지 않기로 한 소오의 별장에서 지낼 미래에 대해서도 이야기했다.

마리는 부쩍 쇠약해졌다. 요양원으로 옮기기 전에 에브는 대학에 있는 네 전문가, 즉 프랑스에서 가장 뛰어나고 훌륭한 의사들에게 마지막으로 어머니를 진찰해 달라고 부탁했다. 그들을 비난하거나 배은망덕한 행위로 보일 수 있으므로 그들의 이름은 언급하지 않겠다. 그들은 불치병에 걸린 어머니를 30분 동안이나 진찰했다. 그러고는 확실히 알 수는 없지만 전에 앓던 결핵이 재발한 듯이 보인다며 산에서 요양하면 열이 내릴 것이라고 결론을 내렸다. 하지만 그것은 오진이었다.

길 떠날 준비를 급히 서둘렀던 점도 실수였다. 마리의 기력을 고려해서 아주 친한 사람 외에는 면회를 허락하지 않았지만, 마리는 그 금기를 어기고 몰래 실험실의 코텔 부인을 방으로 불러서는 여러 가지 지시를 잔뜩 내렸다.

"악티늄은 잘 밀폐해 놓아야 해요. 내가 돌아올 때까지 안전한 곳에 보관해 놓으세요. 모든 일 처리는 당신에게 맡기겠어요. 휴가가 끝나면 다시 그 일을 시작하도록 해요."

마리의 병은 급속도로 악화되었지만 의사들은 곧 떠나라고 했다. 그 여행은 이루 말할 수 없을 만큼 고통스러운 것이었다. 열차가 생제르베에 닿았을 때 마리는 에브와 간호사의 팔에 쓰러져 정신을 잃었다. 가까스로 상셀모스 요양원에 닿아 제일 깨끗한 방에 눕힌 뒤 다시 수차례 뢴트겐 사진을 찍고 온갖 검사를 받았다. 그 결과 폐에는 아무런 문제가 없기에, 거기까지 데리고 간 일이 아무 소용없다는 사실을 알았다.

열이 40도를 넘었다. 마리는 학자답게 체온계의 수은주가 가리키는 숫자를 언제나 직접 확인했으므로 사실을 숨길 수가 없었다. 마리는 거의 아무 말도 하지 않았지만 그녀의 창백한 눈에는 헤아릴 수 없는 불안감이 어리고 있었다.

제네바에서 급히 달려온 로크 교수가 지난 며칠 동안 계속해서 했던 혈액 검사 결과를 검토했더니, 백혈구와 적혈구 수가 급격하게 줄고 있었다. 진단 결과는 매우 위험한 악성 빈혈증이었다. 교수는 끊임없이 담낭 결석을 두려워하는 마리를 위로하며 절대로 수술을 하면 안 된다고 딱 잘라 말하고는 성심성의껏 치료를 했다. 그러나 생명은 이미 약해질 대로 약해진 몸에서 빠져나가고 있는 중이었다.

보기에도 고통스럽고 비참한 투쟁이 시작되었다. 소멸되어가는 것을 거부하는 육체가 미칠 듯이 몸부림치며, 이른바 '자연사(自然死)'가 시작된 것이다. 어머니 곁에 있던 에브도 다른 투쟁을 시작했다. 아직 의식이 분명한 어머니의 머릿속에는 죽음이라는 중대한 관념이 침입하지 못했다. 따라서 이 기적을 되도록 오래 끌어야 했고, 어떤 체념으로도 덜어줄 수 없는 엄청난 고통을 없애주어야 했다. 무엇보다도 육체적인 고통을 덜어 주어야 했고 몸과 함께 마음도 안정시켜 주어야 했다. 괴롭기만 한 치료나 쓸데없이 병자를 놀라게 할 뿐인 때늦은 수혈도 필요 없었다. 머리맡에 가족들을 급히 불러 모으지도 않았다. 집안사람들이 모인 것을 보고 병자가 별안간 자신의 죽음을 확신하고 충격을 받을지도 모르기 때문이었다.

무서워서 견딜 수 없었던 며칠 동안 나는 내 어머니를 도와준 사람들의 이름을 영원히 사랑하며 기억하리라. 요양원장인 토베 박사와 피에르 로뷔스 박사는 단순히 그들의 지식만을 바쳤던 것이 아니었다. 요양원 생활은 "퀴리 부인이 죽어 가고 있다"는 슬픈 소식으로 갑자기 모든 것이 얼어붙어 움직임을 멈춘 것 같았다. 요양원 전체가 존경과 열의, 그리고 침묵으로 가득 찼다. 두 의사는 교대로 마리의 방에 와 주었다. 두 사람은 마리를 격려하고 위로했다. 그리고 에브도 돌봐주며 마리에게 거짓말을 하는 그녀의 투쟁도 도와주었다. 또한 에브가 부탁하지도 않았는데 최면제와 주사로 마리의 마지막 괴로움을 가라앉혀 주겠노라고 약속했다.

7월 3일 아침. 퀴리 부인은 떨리는 손으로 체온계를 들고 마지막으로 체온이 갑자기 내려간 것을 알았다. 죽음 직전에 반드시 일어나는 체온저하였다. 그러나 그녀는 기쁨의 미소를 띠었다. 에브도 힘주어 말했다.

"나아가고 있다는 증거예요. 이제 점점 건강해질 거예요."

마리는 활짝 열린 유리창을 바라보며 희망과 비장한 욕망을 품고 태양과 미동도 하지 않는 산들을 바라보며 말했다.

"나에게 효험이 있었던 것은 약이 아니야. 이 대자연의 대기와 고도야……."

그녀는 임종을 맞이하면서 애절하고 괴로운 신음소리와 꿈을 꾸는 듯한 탄성을 거듭 질렀다.

"이제 말도 제대로 할 수가 없구나…… 머리가 돌아가지 않아……."

마리는 사람의 이름은 입 밖에 내지 않았다. 전날 남편과 함께 상셀모스에 닿은 맏딸 이렌과 둘째딸 에브의 이름도, 또 다른 가족들의 이름도 부르지 않았다. 단지 연구에 대한 크고 작은 걱정만이 그녀의 놀라운 머릿속을 계속 헤맸으며 단편적인 말로 튀어나왔을 뿐이다.

"각 장(章)의 문단은 모두 똑같게 해야 해. 내가 이 책 출판을 생각하며……."

그러고 나서 찻잔을 가만히 들여다보며 숟가락을 움직이려고 했다. 아마도 마리에게 그것은 숟가락이 아니라 연구소의 조그마한 실험기구였을 것이다.

"이건 라듐으로 만들었니? 아니면 메소토륨으로 만들었니?"

마리는 사람들에게서 멀어져갔다. 그녀는 자신이 생애를 바쳐 가장 사랑한 그 '물질'과 영원히 하나가 되었다. 그녀는 이제 알아들을 수 없는 말밖에 하지 못했다. 그런데 갑자기 주사를 놓으러 온 의사에게 몹시 지쳐 약해진 목소리로 소리를 질렀다.

"이제 됐어요. 날 가만히 내버려 두세요."

마지막 순간이 다가오자 겉보기에 약한 듯이 보이는 사람에게서 무서운 힘과 저항력이 나타났다. 서서히 식어 가는 육체 속에서 여전히 지칠 줄 모르고 끈기 있게 뛰는 튼튼한 심장의 저항력이었다. 16시간 동안 피에르 로뷔스 박사와 에브는 삶과 허무의 경계에서 어느 쪽으로도 받아들여지지 못하는 이 여인의 차가운 손을 하나씩 쥐고 있었다.

이윽고 날이 밝았다. 태양이 산맥을 장밋빛으로 물들이며 맑게 갠 하늘 위로 떠올랐다. 밝은 아침 햇살이 방안 가득 퍼지면서 여윈 뺨 위에 죽음의 손길이 닳아 유리알로 변한 무표정한 회색 눈동자를 비출 때 마리의 심장이 멎었다.

마리의 시체 앞에서 과학은 다시 일어섰다. 일반적인 악성빈혈증과는 다른 이상한 증상들과 혈액검사 결과로 그녀의 사인(死因)이 '라듐'때문이라는 사실을 고발한 것이다.

르고 교수는 뒷날 이렇게 적었다.

퀴리 부인은 자신의 남편과 함께 발견한 방사성 물질의 장기적인 희생자 가운데 한 사람으로 볼 수 있다.

상셀모스에서는 토베 박사가 일지에 다음과 같이 기록했다.

피에르 퀴리 박사의 부인 마리 퀴리가 상셀모스에서 1934년 7월 4일 세상을 떠났다.

병은 고열을 동반한 재생불능성 악성빈혈증이었다. 피를 만들어내는 골수가 아무런 반응을 하지 않게 된 것은 아마 오랜 세월 동안 축적된 방사능 때문일 것이다.

퀴리 부인이 죽었다는 소식이 조용한 요양원에서 새어나와 세상에 퍼지자 여기저기서 쓰라린 고통이 일었다. 바르샤바에서는 헬라에게, 베를린에서는 프랑스로 급히 달리는 열차에 탄 유제프 스쿼도프스키와 브로냐에게. 브로냐는 늦기 전게 상셀모스에 가서 그리운 여동생의 얼굴을 보려고 했지만 허사였다. 그리고 몽펠리에의 자크 퀴리와 런던에 있는 멜로니 부인, 그리고 파리의 충실한 친구들에게도……

라듐연구소에서는 움직이지 않는 실험장치 앞에서 젊은 학자들이 흐느껴 울고 있었다. 마리가 가장 아끼던 제자인 조르주 푸르니에는 나중에 이렇게 썼다.

"우리는 모든 것을 잃었다."

퀴리 부인은 이런 괴로움과 동요와 마지막 작별인사에서 완전히 단절된 채 상셀모스의 요양원 침대 위에서, 그녀와 같은 과학자와 헌신적인 사람들이 마지막까지 그녀를 보호해 주었던 그곳에서 평온하게 쉬고 있었다. 관계 없는 사람은 살짝 들여다보기만 해도 평온한 그녀의 휴식에 방해가 되므로 그런 일은 허락되지 않았다. 그녀가 먼 길을 떠나면서 얼마나 초자연적인 아름다움으로 몸을 감쌌는지를 아는 호기심 많은 구경꾼은 한 사람도 없었다. 흰 옷을 입고 백발을 뒤로 쓸어 넘겨 넓은 이마를 드러냈으며, 마치 기사(騎士)와 같이 늠름한 얼굴을 한 그녀는 지금이야말로 세상에서 가장 아름답고 가장 숭고한 존재였다.

거칠어지고 단단하게 못이 박여 있으며, 라듐으로 화상을 심하게 입은 그녀의 손은 더 이상 예전처럼 떨리지 않았다. 이불 위로 길게 뻗어 있는 그 손은 경직되어 꼼짝도 하지 않았다.

그토록 수많은 일을 해 왔던 퀴리 부인의 손이.

1934년 7월 6일 금요일 정오. 퀴리 부인은 추도연설이나 행렬도 없이, 그리고 정치나 공직에 있는 중요한 인물도 참석하지 않은 채 죽은 자가 있어야 할 곳으로 조심스럽게 옮겨졌다.

퀴리 부인은 그녀를 사랑했던 가족과 친구들, 그리고 연구생들이 지켜보는 가운데 소오의 묘지에 묻혔다. 그녀의 관은 피에르 퀴리의 관 위에 겹쳐져 안치되었다. 브로냐와 유제프 스퀴도프스키가 무덤 안에 폴란드의 흙을 한 줌 던져 넣었다. 묘비에는 다음의 새 비명이 추가되었다.

"마리 퀴리 스퀴도프스카 1867~1934년"

그리고 1년 뒤. 마리가 모습을 감추기 전에 집필을 끝낸 책이 젊은 '물리학을 사랑하는 사람들'에게 마지막 메시지를 전했다.

다시 일을 시작한 라듐연구소에도 두꺼운 책이 한 권 도착하여 밝은 도서실에, 다른 과학서적들과 나란히 진열되었다. 회색 표지에 저자의 이름이 적혀 있다.

"피에르 퀴리 부인 소르본대학 교수 노벨 물리학상 및 노벨 화학상 수상자"

책의 제목은 위엄스럽고도 빛나는 한 단어로 되어 있었다.

《방사능(放射能)》

순수의 이상 그 인스피레이션으로 빛나는 생애

영혼 위에 뜨는 별

많은 여성들은 여성에 대한 모든 구속을 뛰어넘은 용감한 퀴리 부인에게서 큰 영감을 얻는다. 그녀는 여성이 무슨 일이든지, 그것도 완벽하게 해낼 수 있음을 보인 실례로서 칭송받아 왔다. 사람들은 직관적으로 그녀가 눈부신 업적을 이루어 냈을 뿐만 아니라 두 딸을 키우면서 시대를 훨씬 앞서 강건한 신체, 고등교육, 자유로운 인생관의 중요성을 강조한 어머니의 모범이었다고 인정한다. 이 역시 퀴리 신화의 일부가 되었다. 마리 퀴리는 확실히 그녀의 임무를 다했다. 이것으로 충분했을까?

마리가 세상을 떠난 지 3년 뒤인 1937년, 둘째 딸 에브는 그녀의 어머니에 대한 전기를 썼고, 이 책은 나중에 상을 받기도 했다. 에브는 자신이 어머니의 전기를 쓴 것에 대해 다음과 같이 말했다.

"나는 한 번도 책을 써 본 적이 없어요. 내가 책을 쓸 수 있을지 확신도 없었고요. 하지만 사람들이 어머니에 대해 전기를 쓸 것이 너무도 뻔했고, 어머니를 잘 아는 사람이 거의 없었기에 내가 쓸 수밖에 없었지요. 나는 책 제목을 에브 퀴리의 《퀴리 부인》이라고 지었는데 한 번도 에브 퀴리의 《마리 퀴리》라고 하는 게 맞다고는 생각하지 않았죠. 그랬다면 너무 가깝게 느껴졌을 테니까 말이에요."

이 말은 에브와 어머니 사이가 얼마나 서먹했는지 말해 주고 있다.

이 책에도 나와 있듯이, 마리와 깊은 교우를 가졌다고 한 알베르트 아인슈타인의 말에 의하면, 퀴리 부인은 "얼음장처럼 차갑다"고 했다. 이런 모습이 그녀의 두 딸 이렌과 에브가 알고 지낸 어머니였다. 그런 성격은 피에르 퀴리가 사고로 죽었을 때부터 더 심해졌다고 에브는 쓰고 있다. 그러나 이런 얼음장 같은 영혼도 두 딸들이 어렸을 때 삐뚤삐뚤한 글씨체로 쓴 편지들을 제과점 리본으로 묶어 한 장도 빠짐없이 깊이 간직하고 있었다. 이 편지들은 퀴리 부인이 세상을 떠난 뒤 발견됐는데, 이것으로 보아 그녀는 겉으로 드러내지는 않았지만 암묵적으로 사랑을 표시하는 것이었다.

퀴리 부인이 살던 때에는 여성은 단지 '연약한 존재'였고, 운동이나 고등 교육, 사업이나 정치, 연구와 같은 세계에 참여하는 것 등은 집안일을 배우는 것보다 바람직하지 못하게 여기던 때였다. 하지

마리 퀴리(1867~1934)

만 마리는 자라면서 자기만의 규범을 만들어 내고 그렇게 행동하고, 사랑하고, 자식을 교육시키고, 자신의 영감을 현실로 승화시키며 인생을 펼쳤다. 그녀는 두뇌가 우수한 천재이면서 순수하고 용기 있고 성실하고 정열적이며 사랑이 풍부한 여인이었다.

순수한 영혼이란 과연 무엇이며, 위인이란 어떤 사람을 말하는 것인가. 또 용기와 성실함이란 무엇인가. 그 물음에 해답을 찾을 수 있는 감동적인 일화가 이 책에는 넘치도록 들어 있다. 거의 100년 전 일이지만 치밀하고 조용하면서도 정열이 느껴지는 어투 때문인지, 실제로 주고받은 편지가 많이 인용되어서인지 파란만장하고 아름다운 영화 같은 이야기들이 끊임없이 펼쳐진다. 그리고 그 주인공—소녀 시절의 마냐 스쿼도프스카, 파리로 온 마리 스쿼도프스카, 그리고 결혼한 마리 퀴리, 퀴리 부인—의 목소리가 귓가에 차례차례 울리며 그녀의 눈물과 사랑, 그리고 목표를 향해 분투하는 모습이

눈앞에 그려진다.

"인생에서 두려워할 것은 아무것도 없다. 단지 이해해야 할 것이 있을 뿐이다." 이것은 마리 퀴리가 한 말이다. 또한 "삶을 꿈으로 만들고 꿈을 현실로 만드는 것이 중요하다"고 피에르 퀴리가 말했다. 하지만 이 말들은 서로의 생각과 들어맞는 것으로, 그들에게 있어서 삶의 이정표와 다를 바가 없었다.

마리 퀴리의 인생이 영감으로 충만했다는 사실은 의심할 여지가 없다. 그녀는 과학계에서는 유니콘처럼 희귀한 경우였다. 그녀는 폴란드의 가난한 집안 출신으로 소르본 대학교에서 공부하기 위해 8년 동안 일해 돈을 모았다. 그리고 믿기 어려울 만큼 역경을 이겨 내고, 1893년 마리 퀴리는 소르본 대학교에서 물리학 박사학위를 받은 최초의 여성이 되었다. 이듬해에는 수학에서 두 번째 학위를 받았다. 뒤이어 그녀는 그 소르본 대학교에서 교수로 임명된 최초의 여성이었고, 노벨상을 두 번이나 받은 최초의 여성이 되었다.

첫 번째 노벨상은 물리학에서 방사능을 발견한 공로로 남편 피에르 퀴리, 앙리 베크렐과 함께 받았고, 두 번째는 8년 뒤에 폴로늄과 라듐 원소를 분리해 낸 공로로 화학상을 받았다. 그녀는 224년 역사의 프랑스 의학 아카데미 회원으로 뽑힌 최초의 여성이 되었다. 이처럼 마리 퀴리에게는 '최초'라는 수식어가 계속 따라다녔다. 또한 그녀는 과학계의 잔다르크로 기억되고 있다. 파리의 거리는 퀴리 부인과 그 남편 피에르의 이름을 따서 명명된 곳도 있다. 프랑스의 500프랑짜리 지폐에는 마담 퀴리의 얼굴과 '궁핍한 오두막' 실험실이 그녀의 삶 몇몇 장면과 함께 인쇄되어 있다. 뿐만 아니라 우표와 동전에도 그녀의 이미지를 담고 있다.

이처럼 이 책에는 퀴리 부인의 삶과, 활약했던 시대의 역사와 그의 사랑과 사상들이 감동적으로 펼쳐져 있다.

혼자만의 시절

루이 파스퇴르는 '행운은 준비된 사람에게 찾아온다'고 했다. 하지만 중요한 성취는 과학적 준비 이상의 것을 필요로 한다. 그 임무에 딱 맞는 인물이 필요한 것이다. 차별과 박탈, 부모의 압박과 야망, 애국심과 감정의 절제 등으로 인해 독특한 성격을 갖게 된 마리 퀴리가 바로 그런 인물이었다.

퀴리 부인의 생가
폴란드 바르샤바

　아버지 블라디슬리프 스쿼도프스카와 어머니 브로니슬라바 보구스키는 결혼해서 6년 동안 5명의 아이를 낳았다. 첫째는 조피아(조시아), 둘째는 요제프, 셋째는 브로니슬라바(브로냐), 넷째는 헬레나, 막내가 마리(마냐)이다. 스쿼도프스카 집안의 아이들은 모두 머리가 좋고 성적이 우수했지만 마리가 가장 뛰어났다. 네 살 때 언니 브로냐가 쩔쩔매면서 책을 읽는 것을 보고, 그녀는 언니 책을 뺏어 들고 첫 줄을 술술 읽어 버렸다. 그러자 놀라서 쳐다보는 주위 사람들의 표정을 보고는 그만 울음을 터뜨렸다. 자신이 용서받지 못할 잘못이라도 저질렀다고 생각한 것이었다. 마리는 훌쩍이면서 말했다. "그냥 너무 쉬웠어요."

　이때부터 마리는 뛰어난 직관력과 집중력을 보이며 남들과 다른 기질을 보였던 것이다. 네 살 때의 어느 날, 마리는 유리 장식장 앞에서 못에 박힌 듯 꼼짝도 않고 서 있었다. 그 안에는 그동안 보지 못했던 진기하고 우아한 물건들이 놓여 있었다. 유리관, 작은 자, 몇몇 종류의 광물 견본, 심지어 유리병으로 된 금박 검전기도 있었다. 아버지는 어린 딸에게 그것들은 과학실험을 하기 위한 '물리학 기구'라고 말해 주었다. 나중에 세계적으로 유명한 과학자가 된 마리는 그 때는 이 말이 무슨 뜻인지 전혀 알지 못했지만 '잊지는 않았다'고 한다.

　이때부터 마리는 과학에 눈을 뜨게 된 것이다. 사실은, 아버지가 물리와 화학을 가르치는 교사였는데, 폴란드 유혈 폭동 뒤 러시아 당국이 폴란드인

교사가 과학을 가르치지 못하게 금하였기에 학교의 과학 기구들을 집에 옮겨다 놓은 것이었다. 어찌 되었건 마리는 아버지의 영향을 받아 나중에 과학자가 되었다고 말할 수 있다.

1871년 마리가 네 살 때부터 마리의 어머니는 연신 기침을 해대는 전형적인 폐결핵 징조를 보였다. 그런 연유라고는 하지만 마리의 기억으로는 어머니와 입맞춤을 하거나 어머니가 그녀를 껴안아 준 적이 한 번도 없었기에 애정을 갈망했을 막내딸에게는 그 거리감이 가슴 아팠다. 그 무렵의 관습으로는 부모와 자식 사이에는 적당한 거리를 두는 것을 원칙으로 했으며, 특히 마리의 부모는 권위적이었기에 격식을 갖춰 대화를 했던 터라 마리는 늘 어머니의 사랑에 목말라했다. 그래서 여섯 살짜리 마리는 일요일마다 교회에 가서 어머니를 낫게 해달라고 빌었다. 그러면 어머니가 자신을 안아주리라고 생각했던 것이다. 또한 마리는 어머니가 치료될 수만 있다면 자신의 목숨을 가져가도 좋다고 애원했다.

그러나 어머니는 자신을 간호해 주던 맏딸 조시아가 발진티푸스로 먼저 죽자, 그 고통을 이기지 못하고 애통해 하다가 결국 결핵으로 세상을 등지고 말았다. 이때 마리는 평소처럼 교회에 가서 무릎을 꿇었지만, 다시는 신의 자비심을 믿지 않겠다고 맹세했다. 이때부터 마리에게는 '우울증' 증상이 나타났고, 그 병은 일생 내내 이어졌다.

나중에 그녀가 퀴리 부인이 되고 세계적으로 주목받는 인물이 되자, 그녀는 이런 감정을 약간 꾸며서 '피곤하다'거나 '지쳤다'거나, 또는 '나의 신경 과민문제'라고 말하곤 했다. 오늘 날 전문가들은 그녀의 상태를 슬픔이나 상실로 인한 심각한 습관성 우울증이라고 진단한다. 몇 달 동안이나 그녀는 사람이 없는 장소에 숨어들어가 남몰래 울곤 했지만 식구들에게나 학교 친구들에게는 이런 사실을 숨긴 것이다. 전혀 슬픈 기색 없이 학교 공부를 잘해냈고 여전히 최고 우등생이었다. 어머니가 세상을 뜬 뒤에도 마리는 몇 시간이고 며칠이고 책에만 정신이 팔린 것처럼 보였다. 그녀는 말수가 적어졌다. 그녀가 견딜 수 있는 유일한 길은 그저 세상을 들여다보고 한 주제에 강박적으로 몰두하는 것뿐이었다. 그렇게 그녀는 폐허와 같은 마음을 구석으로 몰아붙이곤 했던 것이다. 이 우울증과 침잠하는 습관은 어린 시절부터 시작되

소르본 대학교 프랑스 파리, 파리 대학교

어 결혼을 해서 딸이 어른이 되었을 때도 이어졌다.

열여섯 살이 된 마리는 과학자나 또는 세상에서 중요한 인물을 의미하는 '누군가'가 되고 싶었다. 그래서 그녀는 공부를 끊임없이 했고 과학, 정치학, 문학 책들을 읽었다. 또한 그녀는 어린아이처럼 열정적으로 폴란드를 사랑했다. 그러나 이때쯤 그녀의 시각은 냉정해졌고 좀더 이성적으로 되었다. 마침 프랑스 철학자인 오귀스트 콩트는 고전철학의 추상적 학풍에 반발해 실증주의라는 용어를 처음 도입했다. 과학과 기술은 사회를 변화시키기 시작했다. 콩트의 철학은 지도층으로 하여금 보다 나은 미래를 이끌라고 요구했다. 그는 교육의 질을 높이고 사람들의 도덕의식을 개선시킨다면 사회 전체가 발전할 것이라고 믿었던 것이다. 콩트는 여성의 권익이나 성적 평등, 여성의 해방을 지지하지는 않았지만, 폴란드의 실증주의자들은 이러한 주의주장을 신봉했고, 자신의 철학 안에서 불필요한 유혈 사태를 일으키지 않고 민족주의를 심어 줄 수 있는 방법을 발견했다.

이 모든 것이 마리의 마음에 와 닿았고 뒷날 그녀는 이렇게 말했다.

"나는 여전히 우리를 고무시키는 '실증주의자들의' 아이디어가 진정한 사회적 진보를 이끄는 길이라고 믿는다. 개인들이 발전하지 않는다면 더 나은 세상을 건설할 수 있다는 희망도 사라질 것이다."

또한 그 뒤 과학자로서의 일생 동안 그녀는 모든 주장과 결론은 '확인 가능한 증거에 입각해야 한다'는 실증주의적 믿음을 굳게 유지했다. 그녀의 삶에서 종교를 대체한 이 믿음은 그녀의 성공을 가져온 열쇠 가운데 하나가 되었던 것이다.

또한 폴란드의 이 실증주의자들은 여성을 위한 비밀학교를 열었는데, 1년 내에 200명이 넘는 여성들이 등록해 몰래 모임을 가졌다. 3년 뒤 이 학교는 일명 '이동대학교(the Flying University)'로 불리게 되었고 1천 명이 넘는 여성들이 등록했다. 마리와 브로냐도 그들 가운데 하나였다. 그녀들은 이동대학에 다니면서 그들도 자립해야 됨을 깨달았다. 그래서 브로냐가 먼저 소르본 대학교 의대로 가면, 마리는 가정교사 자리를 얻어 언니에게 봉급의 절반을 부쳐 주겠다는 계획을 세웠다. 나중에 브로냐가 의사가 되면 또 그때는 마리를 파리로 불러 소르본 대학을 다니도록 도울 수 있으리라는 것이다. 아버지는 별 도움을 주지 못할 것이기 때문이다.

드디어 브로냐가 의대를 졸업했다. 총학생 1천 명 가운데 단 3명에 지나지 않는 여학생들 가운데 하나였다. 그녀는 곧 사회주의적 성향이 강한 폴란드 망명의사 카지미에서 도우스키를 만나 결혼한다. 1891년 9월, 마리는 브로냐 언니에게 소르본 대학교에 입학하겠다고 편지를 쓴다. 그녀가 개인교사를 시작한 지 8년이라는 세월이 지난 뒤였다.

이때부터 마리는 공부, 자유, 독립이라는 자신의 꿈을 실현했던 것이다. 이 '혼자만의 시절'에 그녀는 과학을 공부했고 계속 프랑스어 악센트를 완벽하게 하기 위해 갈라진 벽에 대고 큰 소리로 연습했다. 마리는 예전보다 1천 배는 더 공부하고 집에 편지를 부지런히 보냈다. 이때는 편지로 모든 통신수단을 해결하고 있던 터라 편지글이 많다.

그녀는 거의 2천여 명이나 되는 자연과학대학 학생 가운데 유일한 스물세 살의 젊은 여성이었다. 하지만 이런 불균형에 대해 한마디의 불평도 말하지 않았다. 오직 노벨상을 받은 가브리엘 리프만 교수와 같은 훌륭한 교수들로부터 배우고 있는 데에만 주목했던 것이다. 마리는 자신이 '연약한 성'에 속한다는 사실을 염려하지도 인식하지도 않았다. 그 무렵 사회는 여성을 비하하는 상황이었던 터라 《여성의 생리학적 의지박약》이라는 책이 인기를 모았던 분위기였다. 한 프랑스 비평가는 '여성의 본분은 오직 섹스와 자녀의 생산'이라고 공연히 말할 정도였다. 그러므로 그 무렵의 문학 역시 남성 정복자를 찬양하고 반대로 '매여 있지 않은 여성'은 비난받던 시대였다.

그러나 그 어떤 것도 온통 공부에만 사로잡혀 있는 마리에게는 아무런 영향을 끼치지 못했다. 목이 타는 대지와도 같이 그녀는 생기의 원천이나 되듯이 교육을 빨아들였다.

마리(왼쪽)와 언니 브로냐(오른쪽)

늘 그랬듯이 그녀가 공부할 때면 주변 세상은 모두 사라져 버리고 없었다. 그녀는 먹는 것도 자는 것도 잊은 사람처럼 공부에만 열중한 것이다. 그런 마리에게 행운이 드디어 손을 내밀었다. 그녀의 교수인 가브리엘 리프만이 부성애적인 도움으로 국가산업진흥학회에 주선해 가난한 자신의 학생에게 600프랑을 주고 '다양한 금속의 자기적 성질을 연구하고 분석하도록' 배려한 것이다. 마리는 곧 소르본 대학교 리프만 교수의 실험실에 실험 장비를 마련했다. 그러나 장비들은 다루기가 불편했고, 장소도 너무 좁아 연구는 잘 진척되지 않았다.

피에르와의 만남

이러한 난처한 사정을 들은 언니 브로냐의 한 친구가 자신과 같이 일하는 한 물리학자를 만나 보라고 마리에게 조언했다. 그는 잘 알려지지는 않았지만 '자기법칙'에 관한 한 프랑스 최고의 전문가였다. 더욱 중요한 것은, 마리가 피에르 퀴리라는 그의 이름을 들었을 때, 그가 자신의 연구에 도움이 될 만한 정밀한 기기들을 많이 고안한 인물이라는 것을 알아차렸다.

"방에 들어서자마자 나는 발코니 쪽으로 열린 프랑스식 창문 곁에 서 있는, 적갈색 머리에 크고 맑은 눈을 가진 키 큰 청년을 알아보았다. 그의 표정은 진지하고 부드러운 인상이었고, 그의 태도에는 어떤 초연함 같은 것이 있었는데, 자기 생각에 푹 빠진 몽상가 같은 느낌이었다. 그는 내게 몇 가지 간단한 충고를 해 주었는데 무척 공감 가는 것이었다. 처음 만난 뒤 그는 다시 만나 그날 저녁에 이야기했던 과학적, 사회적 화제에 대해 계속 대화를 나누고 싶다고 했다. 이런 주제에 우리는 둘 다 관심이 있었고 비슷한 생각을 가진 것 같았다."

마리가 피에르 퀴리를 처음 만난 지 30년이 지난 뒤에 쓰여진 이 글은 마리가 사랑하게 될 남자에 대한 회고를 표현한 것이다. 사실 이 첫 번째 만남에서 마리의 관심사는 아주 실질적인 것으로, 피에르 퀴리라는 이 남자가 실험 공간과 전문적 조언을 제공해 줄 수 있는지에 대해 알아보려는 것이다. 마리는 가정교사를 할 때 첫사랑 대상자였던 남자에게 실패한 뒤로 열정에 휩싸여 할 일을 못하는 상황은 절대 용납하지 않으리라고 맹세한 터였다.
반면에 피에르의 경우는 그 시대의 사회 분위기가 그러하듯 여자에 대한 편견이 심했다.

'여자들은 남자보다 훨씬 더 살아가는 일 자체를 위해 인생을 사랑한다……… 그리고 우리가 뭔가에 헌신하게끔 놔두지를 않는다. ……우리가 싸워야 할 대상은 여성이고, 이 싸움은 거의 늘 불공평하다. ……천재성을 가진 여성은 드물다.'

이처럼 천재성을 가진 여성이 없다고 보는 그는 여성에 대한 시각이 부정적이었다. 그러고 보면 이 두 사람은 인연이라고 말할 수밖에 없다. 즉, 서로가 찾는 성향을 가진 이성이기 때문이다.
어쨌든 피에르 퀴리는 마리에게 실험 공간을 제공해 줄 수 없었고, 그 자신의 실험실도 없었다. 그러나 그는 최첨단 사분면전위계(四分面電位計, 전압을 정밀하게 측정하는 기구)를 쓰는 방법에 대해 조언해 주었다. 피에르와 그의 형 자크는 함께 사분면전위계를 개량하는 연구를 한 바 있었다. 피에르는 이미 과학적 재능이 뛰어났지만 자기 자신을 내세우는 사람이 아니었다. 그는 엔지니어나 화학자들을 양성하는 산업대학 EPCI에서 10년 전부터 학생들에게 물리학을 가르치기 시작했는데 그때 나이는 스물셋으로 학생들보다 나이가 겨우 많을까 말까한 정도였다.

피에르 퀴리(1859~1906)
마리와 결혼, 딸 둘을 둔다. 1903년 부인 마리와 함께 노벨물리학상을 공동수상했다.

피에르와 마리가 만난 날 밤에는 그들은 서로가 얼마나 공통점이 많은지 알지 못했다. 그러나 그날 피에르는 '천재성을 가진', '그의 천성과 영혼을 이해하는' 여성을 만난 것이다. 그는 마리를 만날수록 자신이 젊은 시절 얼마나 여성들을 경멸했는지 떠올리고 "요즘은 10년 전부터 지켜오던 내 삶의 원칙에서 벗어나고 있다"고 했다. 마리도 피에르도 그 무렵 관습에 얽매이지 않았다. 그녀는 피에르에게 주소를 주고, 자신의 텅 빈 방에서 혼자 아무렇지도 않게 그를 만났다. 그녀는 트렁크 한 개를 꺼내 그에게 앉으라고 주고는 차를 마시면서 과학적 문제에 대해 토론했다. 그들은 출신국은 달랐지만 배경은 비슷했기에 스스럼없이 다가서게 된 것이다. 둘 다 지적 수준이 높고 겸손한 집안에서 자라난 것이다.

이렇게 해서 피에르는 마리를 자신의 아내로 또한 자신의 곁을 떠나 다른 곳으로 떠난 형 대신 공동연구자로 생각했다. 하지만 퀴리는 피에르와 자신은 언제든 친구가 될 수는 있지만 자기 목표가 흔들려서는 안 된다고 굳게 결심한다. 그리고 자신에게 구혼한 피에르에게 언젠가는 스스로 생계를 이어가야 한다는 사실을 인식시키려 했다. 피에르는 그 방면으로는 생각이 미치지 않는 듯 보였기 때문이었다.

그녀의 헌신적인 도움으로 피에르는 수년째 소르본 대학교 박사학위 논문을 끝내지 못하고 질질 끌고 있던 것을 드디어 마무리하고 논문을 제출했다. '다양한 온도에서의 물질의 자기특성'이라는 제목으로, 고온에서 자기장의 미세한 차이를 측정하는 내용이 뛰어난 분석연구였다. 그는 자기특성이 없는 물질은 열에 민감하지 않지만 자기특성을 가진 물질은 특정 온도에서 자기특성이 크게 변화하는 사실을 발견한 것이다. 과학자들은 지금도 이를 '퀴리 온도'라고 부른다.

그들은 1895년 7월 26일 드디어 결혼식을 올렸다. 피에르는 연봉 6천 프랑을 받는 EPCI의 교실로 돌아왔다. 그리고 그는 같은 건물에 마리를 위한 작은 공간을 마련해 다양한 금속을 측정하고 수치화하는 작업을 계속하도록 도와 주었다. 또한 자기(磁氣)에 대한 뛰어난 지식을 나누어 주었을 뿐만 아니라 그녀에게 필요한 민감한 장치들을 제공하고 조절해 주었다. 퀴리 부부는 이미 공동연구를 하고 있었고, 이는 그들의 미래를 예시하는 것이었다. 피에르는 "우리는 사람들이 없는 세상에서 살기를 꿈꾼다"고 했는데, 이는 두 사람 성격의 핵심이었다. 그들은 '반자연적' 존재로 사는 것에 행복을 느꼈던 것이다.

역청 우라늄

1896년에 그다지 명성이 없었던 물리학 교수인 빌헬름 콘라트 뢴트겐이 우연히도 새로운 종류의 빛을 발견했다. 그는 이 광선을 'X선'이라고 이름 붙였다. 뢴트겐의 발견은 순식간에 의학적으로 적용될 수 있었다. 인체의 내부를 들여다볼 수 있는 획기적인 방법을 열어줄 수 있기 때문이다. 생체조직은 X선이 아무 방해도 받지 않고 통과할 수 있지만, 총알이라든가 잘못 삼킨 핀 같은 전자밀도가 높은 금속은 X선이 통과할 수 없었다. 뢴트겐은 1901년 최초의 노벨물리학상을 받았다. 하지만 노벨상 수상 연설에서 뢴트겐은 "이 에너지 방출이 구체적으로 무엇으로 이루어져 있는지 아직 모른다"고 밝혔다.

마리와 피에르 퀴리는 둘 다 일에 몰두했다. 피에르는 저녁에 뭘 먹었는

지, 아니 저녁을 먹었는지 안
먹었는지조차 모를 정도였다.
그의 삶은 마치 부모님과 함
께 살 때처럼 평온하게 지나
고 있었다. 마리는 과학에 대
해서처럼 결혼생활에도 열심
이었다. 그녀는 과학적 연구
계획이라도 되는 듯이 집안일
을 배워 나갔다. 수프조차 끓
일 줄 모르던 학생이 이제는
구스베리 젤리를 만들 줄 알
았고, 일정한 양의 재료로 몇
인분을 만들 수 있는지 그 비
율 공식까지 적어 놓았다. 뿐
만 아니라 가계부에 소소한
지출까지 일일이 기록하기도
했다.

앙투안 앙리 베크렐(1852~1908)
방사선을 발견한 공로로 피에르 퀴리, 마리 퀴리와 함께
1903년 노벨물리학상을 받았다.

1897년 9월 12일, 큰딸 이렌을 낳았다. 마리는 출산하는 동안 외마디 소
리 한 번 지르지 않고 이를 악문 채 버티었다고 시아버지 외젠 퀴리가 말했
다. 마리는 이렌 역시 또 하나의 과학적 연구 계획인 것처럼 딸의 성장을 지
켜보면서 일지를 기록하기 시작했다. 즉, 이렌의 머리둘레라든가 키울 때 특
별한 점, 아기가 물체를 쥐는 능력 같은 것을 기록했다. 그러는 중에도 마리
는 박사 논문을 쓸 준비를 했다. 그녀 역시 다른 과학자들처럼 뢴트겐의 'X
선'에 관심이 많았다. 파리과학아카데미에서 강독된 논문의 65% 이상이 이
주제에 쏠려 있었다.

그러자 피에르는 그것보다는 그냥 방치되고 있는 베크렐선을 연구해 보라
고 제안했다. 베크렐은 연구 막바지 단계에 피에르의 전위계를 썼지만, 이
섬세한 장비에 익숙하지 못한 것 같았다. 베크렐은 실험을 포기해 버렸고 다
른 과학자 몇몇이 이 우라늄선(우라늄과 광물로부터 나오는 극도로 강한
빛)을 연구했지만 측정이 불가능했다.

마리는 베크렐선 연구가 자기가 했던 금속 측정과 비슷하지만 좀 더 어려울 것이라고 여겼다. 처음에는 마리의 실험 결과도 이전의 연구자들이 했던 것보다 나을 게 없었다. 그러자 피에르가 나서서 보름 동안 집중적으로 자신과 형 자크가 만든 전위계를 수정해 미약한 전류도 측정할 수 있게끔 민감하게 만들었다. 여기에 피에르는 또 다른 발명품도 추가했다. 바로 압전(壓電) 수정으로, 수정을 누르면 '작은 전하량이나 약한 전류도 그 절대치를 측정할 수 있다'라고 마리가 적은 것처럼 추가된 이 장치가 결정적이었다. 마리는 이를 '전기전도율 장치'로 썼다.

이 연구를 하던 중 마리는 우라늄이나 그 화합물뿐만 아니라 토륨도 비슷하게 강력한 빛을 만들어 낸다는 것을 발견한다. 그녀는 자신의 연구 범위를 넓혀 다양한 화합물을 실험해 보았다, 그중에는 역청 우라늄도 있었다. 이것은 매우 무겁고 검은 광물로서, 여기서 우라늄을 뽑아서 보헤미안 유리와 도자기를 만드는 데 쓰였다. 이것은 우라늄이 제거된 상태에서도 역청 우라늄은 빛을 냈는데 우라늄 자체보다 더 강했다. 마리는 측정을 수없이 되풀이했다. 완전한 확인을 하기 위해서였다. 이로써 역청 우라늄은 가장 강한 빛을 발산했는데, 우라늄보다 4배나 전류가 강했던 것이다.

1898년 3월, 마리는 몇몇 광물들이 순수 우라늄보다 더 강한 빛을 발산한다는 가설을 수립했다. 4월 그녀는 독창적인 논문을 쓰기 시작했는데 방사능을 측정하는 것이 새로운 원소를 발견하는 완전한 새로운 방법이 될 수 있다는 것이 결론이었다. 원자물리학이라는 새로운 학문의 문을 열어젖힌 것이었다. 마리가 쓴 논문을, 그녀의 전 지도교수이자 멘토인 가브리엘 리프만이 권위적인 과학아카데미에서 강독했다.

"……이 시점에서 우라늄과 토륨 원소가 증명하고 있는 새로운 물질의 특성에 대한 용어가 필요하다. 나는 '방사능'이라는 용어를 제안한다. 나는 연구 과정 동안 소금이나 산화물같은 단순한 화합물뿐만 아니라 수많은 광물들을 실험했다. ……그래서 나는 우라늄과 토륨 광물이 그 자신보다 더 강한 방사능 물질을 소량 함유하고 있다는 가설을 세웠다. 이 물질은 알려진 원소가 아닐 것이다. 왜냐하면 알려진 원소들은 모두 조사를 다 했기 때문이다. 그러므로 이는 화학적으로 새로운 원소이어야 한다."

마리의 논문은 두 가지 혁명적인 관찰을 내포하고 있다. 그 하나는 방사능이 새로운 원소를 발견하는 수단이 될 수 있다는 점과, 방사능이 '원자의 고유 특성'이라는 주장이다. 그러나 마리 퀴리의 발견은 전혀 관심을 받지 못했다. 그녀는 한때 가정교사에 지나지 않는 폴란드 이민자였고, 산업대학 교수의 아내였으며, 무엇보다도 여자였기 때문이었다.

대개의 사람들 생각으로는 과학자들은 세속적인 환호나 보상으로부터 초연할 것이라는 생각을 많이

실험실에서 퀴리 부인과 피에르 퀴리

하지만 사실은 전혀 그렇지 않다. 다만 피에르 퀴리만은 예외였다. 그는 자기의 연구가 얼마나 빨리 진척되는지, 심지어 누가 그 공적을 차지하는지에 대해 전혀 무관심했다. 그러나 마리는 그렇게 낙천적이지는 않았다. 그녀는 복수의 세 여신이 등 뒤에 서 있기라도 하는 것처럼 "내 가설을 가능한 빨리 검증하고 싶은 욕망에 시달리고 있다"고 말했다.

그녀는 그즈음 이탈리아 과학자인 에밀리오 빌라리가 우라늄의 방사능을 측정, 마리처럼 이를 표준삼아 다른 물질에 대한 연구를 했다는 사실을 알고는 전전긍긍했다. 뒤이어서 게르하르트 카를 슈미트가 퀴리 부부보다 3주 앞서 토륨의 방사능을 발견했다는 소식이 들려왔다. 다른 누구보다 선두로 나서기 위해서 퀴리 부부에게는 더 많은 일손과 더 많은 돈이 필요했다.

그녀의 실험결과로 보면 순수 우라늄이나 토륨보다 방사능이 더 강한 것

으로 드러난 물질 가운데에서 역청 우라늄이 연구하기에 가장 쉬울 것 같았다. 마리는 '화학분석이라는 일반적인 방법으로' 다양한 원소들을 분리해 냈고, 피에르는 분리된 각각의 산물에서 방사능을 측정했다. 그리고 나서 퀴리 부부는 방사능이 강한 원소들만 남기고 나머지를 제거했다. 이러한 과정을 거칠 때마다 방사능은 점점 더 강해졌다. 분리가 진행될수록 역청 우라늄의 구성이 서서히 정체를 드러내기 시작했다.

"우리는 곧 방사능이 주로 2개의 화학적 요소에 집중되어 있다는 사실을 알게 됐다." 하나는 화학적 비스무트와 비슷했고, 다른 하나는 바륨과 비슷했다.

마리가 더 가벼운 원소를 제거하는 데에 곤란을 겪고 있을 때, EPCI 연구소장 구스타브 베몽의 조언을 받았다. 즉 증류액을 끓였다가 냉각시켜 보라는 것이었다. 과연 용액은 가벼운 물질부터 먼저 결정이 되었다. 그리하여 마리는 드디어 '분획'이라는 기술을 이용해 다른 온도에서 결정을 이루는 특성에 따라 원소들을 분리해 낼 수 있었다.

퀴리 부부는 연구를 거듭하였다. 피에르가 그들의 실험 노트에 휘갈겨 쓴 내용을 보면, '마리는 비스무트를 함유하면서 순수 우라늄보다 방사능이 17배나 센 물질을 만들었다. 2주 뒤에는 150배나 강한 물질을, 그리고 나선 300배, 330배나 강한 물질을 만들었다. 이 마지막 물질의 방사능은 너무나 강해서 마리는 그가 새로운 원소를 발견했다'고 확신했다. 하지만 어떻게 이를 확인할 수 있을까? 그 방법으로는 분광학을 쓰는 것이었다. 다행히 EPCI에 있는 외젠 드마르세가 이 분야의 전문가였다.

새로운 스펙트럼

분광학이란 원소를 가열해서 빛이 나는 가스로 만든 뒤 여기서 나오는 빛이 프리즘을 통과하게 해서 분산시키는 것이다. 그러면 무지개 같은 패턴 즉, 스펙트럼이 나타나는 것이다. 그러나 원소가 다르면 스펙트럼도 같을 수가 없다. 8종의 새로운 원소가 이 방법을 써서 발견됐다. 드마르세는 마리의 물질을 실험했지만 스펙트럼을 만들 만큼 순수하게 추출되지 않았다고 말했다. 그녀는 실망을 하고 자신의 실험실로 힘없이 돌아왔다.

그러나 더 기다릴 수가 없어서 마리는 서둘러 새로운 원소를 발견했다고 공표하고, 사랑하는 조국의 이름을 따서 이를 '폴로늄'이라고 이름을 붙였다. 이에 그치지 않고 마리는 두 번째 원소를 찾기 시작했다. 바륨과 거의 비슷하게 행동하는 원소였다. 바륨을 제거하기는 어려웠지만 4개월 뒤인 12월 어느 아침, 그녀는 마침내 순수 우라늄보다 방사능이 900배나 큰 물질을 만들어 낸 것이다. 마리는 이 막강한 에너지가 순식간에 사라질까 걱정이 되어서 계단을 뛰어올라 드마르세의 실험실에 들이닥쳤다. 이번에는 선명하고 전혀 새로운 스펙트럼선이 나타났다. 1898년 12월 19일, 퀴리 부부의 실험 노트에는 '라듐'(광선을 뜻하는 라틴어 라디우스에서 유래한 이름이다)이 표기되었다.

▲ 방사능 생성물을 담은 용기

▼ 방사능 측정에 쓰인 측정기구

6일 뒤에 퀴리 부부와 화학자인 구스타브 베몽이 쓴 논문은 '역청 우라늄석에 포함된 새롭고 강한 방사능 물질'이라고 하여 〈과학아카데미 보고서〉에 발표되었다. 라듐은 그녀의 '기념비적인 업적'이 되어 후세에 길이 남게 되었다.

하지만 사실 그녀의 가장 위대한 업적은 방사능을 측정함으로써 새로운 원소를 발견할 수 있다는, 완전히 새로운 방법론을 개척했다는 데에 있다. 그러나 연구는 끝난 것이 아니었다. 순수 라듐을 추출하겠다는 마리의 욕구가 그의 신화를 만들어 냈다. 퀴리 부인은 돈도, 조수도 없이 동료 과학자들의 무시를 견뎌 내며, 순수 라듐을 분리해 암의 치료에 적용하기 위해 수년 동안 고된 노동에 시달렸다.

세월이 흐르면서 이런 이야기는 전설이 되었지만, 그녀가 연구를 이어 가기 위해 돈을 구하러 다녔다. 측정이 가능할 만큼의 라듐을 만들려면 더 많은 양의 역청 우라늄이 필요했기 때문이다. 극소량의 라듐이 그렇게 강한 빛을 낸다면 라듐 자체를 추출해 내는 데에는 수 톤의 재료가 필요하리라는 것이 자명해졌다. 어느 날 처음으로 역청 우라늄석을 운송해 헛간 밖 정원에 놔두었을 때 마리는 '솔가지가 섞인 갈색 먼지 덩어리'를 한 줌 떠서는 얼굴 가까이에 갖다 대더니 감정이 북받쳐 어깨를 들썩이면서 실험실로 달려들어갔다. 연구를 더 하기 위해서였다.

노벨물리학상을 받다

집에서는 겉보기엔 별 문제가 없는 것 같았다. 이렌은 할아버지 외젠 퀴리와 강한 유대를 형성했다. 이렌이 세 살 반이 되었을 때 그녀는 할아버지에게 친구 엄마들은 다 집에 있는데 왜 우리 엄마는 늘 일하러 가고 없느냐고 물은 적이 있었다. 퀴리 박사는 엄마가 훌륭한 일을 하고 있다고 설명하느라고 애썼다. 그리고 이렌을 부모의 실험실로 데리고 가서 무슨 일을 하고 있는지 보여 주었다. 어린 딸은 놀라서 초라한 실험실을 "슬프고, 슬픈 곳"이라고 표현했다. 이렌은 엄마와 떨어져 지내는 여느 아이들처럼 마리의 관심을 원했다. 그녀는 마리가 집을 떠날 때면 울면서 치맛자락에 매달렸다. 그녀는 엄마가 키스해 주지 않으면 잠자지 않겠다고 고집을 부리기도 했다. 이렌은 이렇게 자라면서 차츰 엄마를 이해하기 시작했고, 그 일을 좋아하기 시작했던 것이다.

퀴리 집안에서의 대화의 내용은 늘 과학과 그들의 연구를 어떻게 지원할 것인가에 초점이 맞춰졌다. 켈러만 대로에 있는 집세는 연 4천500만 프랑이었다. 피에르는 2천 프랑을 받고 수업 하나를 더 맡기로 했다. 마리는 세브르에 있는 고등사범여학교의 물리학 선생님이 되었다. 이 학교는 교사나 과학자 등이 될 우수한 여학생들을 교육시키는 명문학교였다.

순수 라듐을 찾는 일은 3년째에 접어들고 있었다. 그동안 8톤의 역청 우라늄이 처리됐고 400톤의 물이 소요되고 수천 번의 화학 실험과 증류가 거듭됐다. 이 물질에서 방사성 원자가 방출되면 빛이 나오는데, 이 빛이 나

노벨물리학상 수상 100주년 기념 메달(1967)

오는 것을 보고 마리는 '은은한 요정의 빛처럼……정말 사랑스러운 광경'이라고 했지만, 퀴리 부부는 이 물질에 노출되면 건강에 나쁜 영향을 준다는 사실은 알지 못했다.

피에르는 그즈음 류머티즘을 앓고 있었는데, 그것 역시 방사성 물질 때문이었던 것이다. 1903년 6월 마리는 과학위원회 앞에서 박사학위 논문 심사를 받았다. 그녀는 이 학위까지 오른 프랑스 최초의 여성이었다.

1896년 12월 10일, 기업가인 알프레드 노벨은 죽으면서 문학과 의학, 물리학, 화학, 평화부문에서 위대한 업적을 남긴 이들에게 상을 주도록 왕립학술원에 재산을 남겼다. 그 최초의 물리학상은 앞에서도 언급했듯이, 1901년 뢴트겐이 받았다. 1902년 물리학상은 '방사 현상에 대한 자기장의 영향'을 규명한 공로로 헨드리크 안톤 로렌츠와 피테르 제만이 받았다. 아쉽게도 이 연구의 기초는 피에르가 쌓은 것이었다. 그 다음 해 1903년 노벨물리학상의 후보로 피에르 퀴리와 앙리 베크벨이 지명되었다. 그러나 퀴리 부인은 언급조차 되지 않았다. 과학계에서 여성의 존재란 어떤 것인가를 알려주는 현상이었다. 그러나 샤를 부샤르에 의해 부당성이 지적되자, 우여곡절 끝에 마리는 '물리학 연구의 새 장을 열었다'는 인정을 받았고, 그녀의 업적에 대해서는 '가장 방대한, 조직적이고 인내를 요하는 실험'으로 평가됐다.

1903년 11월, 퀴리 부부는 그들이 수상자로 선정되었다는 소식을 받았으

며, 12월 10일 오스카 2세 국왕이 주재하는 시상식이 스웨덴에서 열린다는 공식적인 통보를 받았다. 그러나 시상식에는 앙리 베크렐만 가고 퀴리 부부는 참석하지 못했다. 그것은 다시금 그녀의 습관성 우울증이 도진 것이다. 지난 여름 그녀는 임신 5개월의 상태에서 피에르와 자전거 여행을 하고 와서 유산을 한 것이다. 그 여행을 떠날 때 피에르가 꼭 같이 가야 한다고 강조했으므로 떠난 것이었다. 이때부터 퀴리 부인은 침대에 파묻혀 거의 말도 하지 않고 이렌도 돌보지 않았다. 겨우 세브르에 수업이 있을 때만 일어났다. 그런고로 시상식에는 갈 생각도 하지 않았다.

어쨌든 노벨상을 받고부터 퀴리 부부는 언론에 둘러싸여 주목을 받게 되었다. 그러나 노벨상이 방사능의 발견에 대해 주어진 것임에도 대중이 열광하는 것은 라듐뿐이었다.

라듐의 빛과 그림자

피에르는 계속해서 라듐이나 토륨과 같은 방사성 물질이 중력에 미치는 영향에 대해 실험을 했고, 온천수의 방사능도 연구했다. 그러나 그의 주된 관심사는 라듐을 의학적으로 쓸 수 있도록 개발하는 것이었다. 하지만 방사선 치료에 쓰이기 위한 라듐은 너무나 비싸서 의학적 응용은 1930년대까지도 매우 제한적이었다. 그 당시 라듐을 의학적으로 이용하는 것은 어려웠지만 사이비 라듐 시장은 수백만 달러 규모에 이를 만큼 놀랍게 급성장했다. 조지 버나드 쇼는 "세상은 라듐으로 미쳐 날뛰었다. 루르드의 환영에 잘 속는 가톨릭 신자들을 흥분시킨 것과 똑같이 라듐은 사람들을 현혹시켰다"고 세인들을 비꼬았다.

라듐은 마시는 차나 강장제, 화장품, 목욕 비누, 옷 등에 아주 적은 양의 라듐이 첨가되어서 밤에 빛을 냈다. 또한 라듐을 함유한 것으로 알려진 '라크렘 악티바(활성 크림)'는 피부가 젊음을 잃지 않도록 해 준다고 선전했다. '퀴리 헤어 토닉'은 머리카락이 빠지지 않는다고 큰소리를 쳤다. '리비거게이터'라는 것도 있었다. 라듐으로 줄을 쳐 놓은 플라스크인데, 매일 밤 다음 날 아침 마실 물을 담가 두는 것이었다. 황산아연과 라듐염이 6만 대 1의 비율로 들어 있는 음료인 '라디터'는 위암과 정신질환을 치유하고 정력과 활기를 북돋아 준다고 선전됐다.

라듐 관련 광고들

　그러나 미국의 사업가인 에번 바이엘은 4년동안 매일 한 번씩 마시다가 끝내 얼굴뼈가 부스러지는 턱뼈암으로 고통스럽게 죽었다. 폴리 베르제르(뮤지컬 쇼로 유명한 파리의 카바레)의 유명한 미국인 댄서인 로이 풀러는 퀴리 부인의 발견에 감탄을 하고 자기가 입을 의상을 만들 라듐을 요청하는 편지를 보냈다. 퀴리 부인이 거절하자, 로이는 퀴리 부부의 집에 와서 춤 공연을 펼쳤다. 그녀의 몸위로 푸른색 셀로판 필터를 씌운 색 조명이 비추어졌다. 라듐 효과에 가장 비슷하게끔 그녀가 머리를 짜낸 것이었다. 곧 파리, 뉴욕, 샌프란시스코 등의 공연장과 나이트클럽 평론가들은 옷 위에 그려진 라듐 빛밖에 보이지 않는 여배우들에 대한 공연평을 쓰기 시작했다.

　이러한 라듐은 상류층 인사들이 특히 좋아하는 물질이 됐다. 유행을 앞서 가는 사교계에서는 모임의 주최자들이 터무니없이 비싼 돈을 주면서까지 속칭 전문가를 불러 라듐 강연을 듣곤 했다. 상류사회의 남녀는 주머니나 안경집에 깨알 같은 브로민화 라듐을 갖고 다녔다. 피에르가 이 소식을 듣고 화상의 위험을 경고하는 논문을 썼지만, 유한 계층이 모르핀 주사나 코카인을 즐기는 것과 마찬가지로 장난기어린 위험은 더욱 그들을 부추겼다.

　중앙협회 덕분에 퀴리 부인은 라듐을 발견할 수 있을 만큼 충분한 역청 우라늄과 일꾼, 그리고 자금을 확보할 수 있었다. 하지만 이제 더 큰 보상에 대한 유혹의 손길이 뻗쳤다. 퀴리 부부의 연구를 위해 사업가인 드 리즐이 노장-쉬-마르네에 '라듐염' 공장을 짓고, 〈드 라듐〉이라는 간행물을 펴낸 것이다. 그것은 대중에게 이 기적의 물질에 대해 겉핥기식 정보를 제공하고 이것이 과학계와 산업계에서 어떻게 활용되고 있는지 언급해서 라듐의 대중적 인기를 부채질하고자 하는 것이었다. 라듐 가격은 예상했던 것보다 훨씬 높게 치솟았다. 이런 과정에서 퀴리 부부는 연구를 위해 드 리즐로부터 처리된 라듐을 받고 판매 로열티도 받았지만 부(富)와는 거리가 멀었다. 애초부터 라듐 제조공정에 대해 특허를 내지 않았기 때문이다.

1923년, 퀴리 부인은 연구비를 벌어 보려고 짧은 사전을 썼는데, 여기에 이렇게 쓰고 있다. "자신들도 특허를 낼까 생각했었고, 하지 않으면 '부를 희생하게 될 것'이라는 것을 알았다. 하지만 이런 일은 과학 정신에 반하는 것이다……우리의 발견이 미래에 상업화된다면 이건 재앙이다. 라듐은 질병 치료에 쓰일 것이다……이런 걸 이용한다는 것은 나한테는 안 될 말이다"라고 말했다. 피에르도 동의했다. 그는 "그건 안 되지. 그건 과학 정신에 반하는 일이 될 것"이라고 말했다.

사실 라듐이 이처럼 활성화되기 전에 미국 버펄로 자연과학협회에서 라듐 제조방법에 대해 문의하면서 특허를 따 두는 길이 있다는 얘기를 했었다. 퀴리 부인은 그 제안을 단박에 거절했었다. 그리고 퀴리 부부는 모든 정보를 아낌없이 무상으로 그 협회에 제공했다. 그러자 이 과학협회는 나중에 라듐 산업발전에 대한 간행물을 퀴리 부부에게 보냈는데, 거기에는 그 때 피에르 퀴리가 보낸 편지가 고스란히 사진으로 인쇄되어 있었다.

어쨌든 퀴리 부부는 돈 문제로 갈등을 겪었다. 대중들은 과학자들이 너무 헌신적이고 이상주의자들이어서 이슬만 먹고 살 것이라고 상상한다. 그런데 아이러니하게도 많은 과학자들에게도 이런 견해가 지배적이었다는 사실이다. 베크렐처럼 부유층 출신이거나 부유층과 결혼한 것이 아니라면 그들은 가난하게 살았고, 그러면서도 대다수가 그들의 발견으로부터 돈을 버는 것이 부도덕한 일이라고 생각했다. 과학적 지식은 인류 복지를 위해 무상으로 공유되었다. 그 예로 뢴트겐은 그의 노벨상 상금을 기부하고서 비참하리만치 가난하게 살다가 제1차 세계대전이 끝난 뒤에 죽었다. J.J. 톰슨이 과학자 러더퍼드에게 그의 발명으로 돈을 버는 것은 불명예스러운 일이라고 설득한 사실도 있다.

퀴리 부인 또한 어린 시절부터 조국, 위대한 이상, 그리고 자신의 일에 헌신적이지 않은 사람들을 경멸해 왔다. 그녀는 물질적 부가 아니라 지적 성취에 자긍심을 갖는 부류였다. 이러한 믿음으로 무장돼 있었기에 퀴리 부부는 자신들을 외면하고 무시하는 사회주류 사람들의 경멸과 상처를 잘 견뎌낼 수 있었다. 우표 한 장이나 석탄 한 통이 중요했던 젊은 시절을 보냈던 마리, 퀴리 부인은 안락하게 살 만한 돈이 충분히 있을 때조차도 여전히 검소했다. 평생토록 그녀는 실을 버리지 않고 모았고, 폐마분지에 계산을 했다. 그녀는 옷을 아예 못 입을 때까지 기워 입었다.

그녀는 유행의 세계를 경멸했다. 그녀는 딸 에브가 첨단 유행에 뒤지지 않는 미인이 되었을 때 잔인함과 보호 본능이 뒤섞인 조소를 보냈다. "이 최신 스타일은 뭐냐……등이 몇 킬러미터는 파였구나! 늑막염 걸리겠다" "너 설마 나한테 여자란 원래 젓가락 위에서 걸을 수 있다고 말하려는 건 아니겠지"라는 식으로 말했던 것이다.

"과학은 그것으로 벌어먹고 살 필요만 없다면 너무나 좋은 것"이라고 알베르트 아이슈타인은 말했다. 아무튼 넉넉하든 모자라든 돈은 마리의 일생 동안 중요한 갈등의 요인이었다.

퀴리 부부가 노벨상을 받은 지 16개월이 흘렀고 그들의 삶은 완전히 바뀌었다. 1905년 봄 피에르 퀴리는 한 편지에 이렇게 쓰고 있다.

'사실대로 말하면 나는 육체적 피로에 지치지 않도록 겨우 기력을 유지할 뿐이고 내 아내도 마찬가지라네. 우리는 더 이상 지난 시절의 위대한 연구는 꿈도 꿀 수가 없어.'

피에르는 실험실 동물이 라듐에 노출되어 죽는 것을 보았지만, 그들 두 사람은 자신의 건강 악화를 이 물질과 연관짓지 못했다. 노벨상을 받으면 통상 시상식 때 강연을 하도록 되어 있지만, 피에르와 마리가 스톡홀름까지 40시간이 걸려 여행할 기력을 찾은 것은 4월이 되어서였다. 피에르는 혼자 연설을 하도록 요청받았다. 그는 단상 위에 앉았고, 퀴리 부인은 청중석에 앉아 있었다. 모욕적인 일이었지만 오히려 남편이 연단 위에서 '마리의 발견'을 전적으로 그녀에게 돌릴 수 있었으므로 퀴리 부인에게는 득이 되었다. 〈방사성 물질, 특히 라듐〉이라는 강연에서 피에르는 퀴리 부인의 업적을 되풀이해서 설명했다.

"퀴리 부인은 1898년 실험실에 비치되고 쓰인 모든 화학 물질 가운데에서 오직 우라늄과 토륨을 함유한 물질만이 상당량의 베크렐선을 방출한다는 것을 보였습니다. 우리는 이 물질을 '방사능'이라고 이름지었습니다. 그러므로 방사능 자체가 우라늄과 토륨의 원자적 특성이라는 뜻입니다."

피에르는 마리가 혼자 이 원소들의 방사능을 발견했음을 지적하고 폴로늄이나 라듐같은 물질들이 역청 우라늄에 "그저 쥐꼬리만큼만 존재해도 엄청난 방사능을 갖고 있다"며 처음으로 마리의 발견이 재앙을 불러올 가능성이 있음을 언급했다. 그리고 연설을 끝맺으면서 이 이상주의는 선악이 균형을 이룰 것이라고 믿었다. 또한 "라듐과 방사능은 지구를 우리가 알고 있는 어떤 것보다도 더 강력한 폭발물로 가득한 창고로 바꾸어 놓았다"고 덧붙였다.

퀴리 부인은 라듐에 대한 숭배로 스타덤에 오르면서부터 자기 가족들을 가까이 두고 싶어했다. 그녀는 자신이 믿을 수 있고 진심으로 사랑하는 몇몇과 함께 있을 때만 마음을 열고 긴장을 풀 수 있었다. 그즈음 피에르는 다리의 통증이 너무 심해서 걸음을 잘 걸을 수 없을 뿐더러 허리통증까지 점점 심해져서 밤에 잠을 못 이룰 정도였다. 그처럼 심신이 지치고 아팠지만 피에르는 다시 일을 하기 시작했다. 드 리즐의 실험실에서 그는 이제 막 태동하려는 라듐의 임상 적용을 진척시키기 위해 몇몇의 의사들과 긴밀한 공동연구를 했다. 하지만 오직 과학에만 전념해 온 마리는 처음으로 그런 일방적인 헌신이 다소 누그러졌다. 그녀는 다시 한 번 임신을 했고, 이번에는 자신의 몸을 잘 보살피겠노라고 맹세했다.

드디어 1905년 12월 6일, 두 번째 딸 에브가 태어났고, 전보와 축하 샴페인에 대한 지불 항목이 그녀의 일지에 등장했다. 그동안 겪었던 우울증의 흔적은 자취도 없이 사라지면서 마침내 마리는 새 옷을 몇 벌 사는 사치를 부리기도 했다. 그리고 오귀스트 로댕의 작업실을 방문하기도 하고, 어느 날 밤은 새로 산 옷을 잘 차려 입고 피에르를 놀래켜 주기도 했다.

퀴리 부인이 이런 여유로운 면을 보인 것은 말 못할 이유가 있었다. 피에르의 신경질과 건강 상태가 악화되고 있었던 것이다. 그는 소르본 대학교의 물리학과 교수로 임용되긴 했으나 조수를 고용했으며, 계속 몸이 쇠약해지고 피로해 가끔 옷 입을 힘조차 없거나 뼈의 통증이 너무 심해 잠 못 드는 날이 이어졌다. 마리는 남편의 건강이 늘 걱정거리였다. 그녀는 몇 번이나 자신은 피에르 없이는 연구도 못할 것이라고 목소리를 높였고, 그럴 때마다 피에르는 그런 식으로 말하면 안 된다고 부드럽게 말하면서 그녀를 꾸짖었다.

"무엇이 되든지 계속하는 게 중요해."

1906년, 퀴리 부부의 명성은 전세계적으로 퍼져나갔다. 피에르에게는 늘 성가신 일이었지만 마리는 이렇게 인정을 받고 여기

두 딸 에브(왼쪽)와 이렌(오른쪽)을 안고 있는 퀴리 부인 (1908)

저기서 좋은 자리를 제안받자 원기를 되찾은 것처럼 보였다. 돈 문제가 해결되었기 때문이었다.

사랑을 잃다

1906년 4월 19일, 비 내리는 날이었다. 퀴리 부인이 이렌을 데리고 소풍을 갈지도 모른다고 하자, 피에르는 실험실에 같이 갔으면 좋겠다며 말렸다. 그러나 결국 피에르는 현관에서 우산을 챙겨 들고 파리의 쏟아지는 빗속으로 혼자서 걸어갔다. 그는 곧장 실험실로 갔다가 영향력 있는 과학자들의 모임인 과학교수협의회의 점심 모임이 있어 10시에 실험실을 떠났다.

점심이 끝났을 때 피에르가 우산을 펼쳐 들고 자신의 새 논문의 교정을 보러 〈콩트 랑뒤〉 사무실로 향하는 순간, 점심자리에서 느꼈던 온기는 사라지고 없었다. 퐁네프와 도핀 거리가 만나는 빗물고인 교차로는 교통 정체로 아수라장이었다. 모든 차량과 걸어가는 사람들이 파리에서 가장 혼잡한 교차로에서 엉켜 있었다.

일은 순식간에 일어났다. 피에르가 그 무렵에는 알지도 인정하지도 않았지만 방사능 노출로 인한 무릎뼈 손상으로 눈에 띄게 절룩이면서 교차로로 들어서던 바로 그 순간, 짐말 두 마리가 짐을 가득 실은 마차를 끌고 퐁네프에서 혼잡한 교차로로 껑충 뛰면서 달려들었다. 말 한 마리가 피에르 곁을 스치면서 어깨를 치고 지나갔다. 그는 무릎이 꺾이면서 말의 목을 붙잡았다. 그러자 두 말이 곧추섰고, 피에르는 그대로 미끄러져 말 한가운데로 넘어졌다. 마차가 피에르 위를 지나갔다. 앞바퀴는 그냥 지나쳐 갔지만 왼쪽 뒷바퀴에 그의 두개골이 으스러졌다. 그는 마흔한 살의 나이로 이렇게 무참히 스러져 버렸다.

뒤에 수사가 이루어졌고 결국 피에르 퀴리의 죽음은 나쁜 날씨와 우산, 그리고 그의 부주의 탓으로 돌려졌다. 다른 원인은 언급되지도 않았다. 찬란히 빛나는 은총과 죽음의 위험한 천사, 라듐에 대한 말은 전혀 없었던 것이다.

세월이 흘러 돌이 갓 지난 때에 아버지를 잃은 에브 퀴리는, 아버지의 죽음은 어머니의 인생의 본질이 드러나는 순간이었다고 말했다. 피에르가 죽자 마리는 세상으로부터 굳건히 문을 닫았다. 기쁨의 자취라곤 다시는 없었다. 피에르가 죽은 지 며칠이 지나자 퀴리 부인은 일기를 쓰기 시작했고 1년 가까이 세상에 보이는 무표정한 모습과는 다른 마음속 깊은 감정을 기록했다. 놀랍게도 그 일기의 기록 대부분은 마치 피에르가 살아 있기라도 한 것처럼 그에 대한 일기를 쓰고 있다.

사실 퀴리 부인은 피에르가 죽던 날, 그가 그녀에게 실험실에 같이 가자고 했는데도 따라 나서지 않고 큰 딸 이렌과 소풍을 간 것에 대해 두고두고 자신을 나무랐다. 그리고 마지막으로 남편에게 던진 날카롭고 부주의한 말 때문에 그녀는 괴로움에 시달렸던 것이다. 그녀는 일기에서 피에르에게 이렇게 적었다. "당신이 떠날 때 내가 건넨 마지막 말은 사랑과 온유의 말이 아니었어요. ……이보다 더 나를 고통스럽게 하는 말은 없답니다." 그녀는 심지어 이렌이 우스꽝스러운 말을 할 때마다 웃음짓는 것에도 죄의식을 느끼고 있었다.

이 일기를 읽을 수 있었던 극소수의 학자들은 있는 그대로의 마리 퀴리는 퀴리 부인이라는 우상이 아니라 복잡다단하고 정열적이고 집요하고 규제적이고 우울한 여성이라는 것을 알게 되었다고 했다.

1910년 그녀는 두 권짜리 《방사능》을 출판했다. 그 무렵 방사능에 대해 알려진 모든 지식이 명쾌하게 기술된 책이자 고된 연구의 산물이었다. 이를 보고 몇몇 과학자들은 시기하는 표정이 역력했다. 러더퍼드는 '자신이 이 책을 썼으면 얼마나 좋았을까'라면서 "'퀴리 부인이 방대한 양의 유용한 지식을 집대성했다. 그러나 너무 많은 지식을 긁어모았다'며 불쌍한 여성이 너무 고된 일을 했다. 그녀의 책은 앞으로 1, 2년 동안 연구자들이 자기 문헌

브로민화 라듐이 든 비커를 들고 있는 퀴리 부인

을 찾는 수고를 덜어 주는 데에나 유용할 것이다. 내 생각엔 전혀 이로울 게 없는 도움이다"라고 결론을 내렸다.

그러나 퀴리 부인의 한 제자가 이야기했듯이 그녀가 이 책을 쓴 이유는 "열정적인 연구자여서만이 아니었다……피에르 퀴리와 함께했던 연구에서 그녀를 그의 조수라고 여기는 이들에게 사실이 아니라는 것을 증명하기 위해서 쓴 것이었다"라고 말했다. 오늘날 이 뛰어난 저서는 방사능 연구의 초기 역사에서 가장 정밀한 기술로 여겨지고 있다.

전세계적으로 방사능 광물의 산지가 잇따라 발굴되면서 퀴리실험실은 그 중요성이 날로 높아졌지만 규모는 커지지 않았다. 그러나 드 리즐 공장 실험실은 장비들로 넘쳐 났지만 퀴비에 거리에 있는 퀴리실험실은 복작거리기는 했으나 정부에서 장비를 살 보조금을 주지 않았기에 장비는 그대로였다. 이런 기회를 노리던 오스트리아 정부는 퀴리 부인에게 최첨단 실험실을 만들어 주겠다고 제안했다. 그녀는 프랑스를 떠날 생각은 없었지만 이 제안을 계기로 오히려 파스퇴르연구소는 그녀를 위한 라듐연구소를 설립하기 시작했다. 연구소에는 새로운 시설이 들어섰고 퀴리관과 파스퇴르관이 정원을 사이에

두고 나란히 생겼다. 퀴리 부인은 이제 그의 경력에서 최고 절정에 올랐고, 그녀의 실험실은 마리와 피에르가 꿈꿔 왔던 그런 것이었다. 하지만 피에르는 죽고 없다. 역사를 통틀어 우상은 한번 창조되면 결국 파괴되기 마련이다. 마리 퀴리 앞에는 그리스 비극처럼 지독한 나락만이 기다리고 있었다.

명예와 치욕

1910년 퀴리 부인은 소위 말하는 '엄청난 스캔들'에 휘말렸다. 상대는 폴 랑주뱅으로서, 그는 피에르의 제자였으며 퀴리 부부의 친한 친구였으며 피에르가 EPCI의 자기자리를 물려줄 만큼 신임하는 후계자였다. 마리보다 다섯 살

▲1911년 솔베이학회 마리 퀴리와 23명의 남성 과학자가 참석했다. 퀴리의 왼쪽에 푸앵카레, 오른쪽에 페랭, 퀼 뒤 러더퍼드, 오른쪽으로 아인슈타인과 랑주뱅.

◀1911년 마리 퀴리가 받은 노벨화학상

어린 그는 군인 같은 몸가짐에 강렬한 눈빛, 단정한 헤어스타일, 멋스러운 콧수염을 가진 헌칠한 남자였다. 랑주뱅은 물리학자이자 명석한 수학자였다. 그는 퀴리 부인의 소르본 대학교 강의 준비를 도와 주었고 그녀의 발표를 보다 섬세하게 다듬어 주었다. 그녀는 그가 마음이 통하는 친구라는 사실을 알게 되었다. 그도 금세 마리에게 자신이 결혼한 여자 잔 데스포세의 실수담을 털어놓으며

노벨화학상 수상 100주년 기념메달(폴란드 2011년)

조언을 구했다. 잔 데스포세는 도자기를 만드는 집안의 딸로, 랑주뱅은 아내가 본성이 거칠고 끊임없이 돈을 벌어 오라고 닦달하는 바람에 도통 중요한 연구에 전념할 수가 없게 하는 훼방꾼이라고 여긴 것이다.

랑주뱅은 "빛에 끌리듯이 마리에게 끌렸다……나는 집에서는 누릴 수 없었던 다정함을 그녀로부터 조금이나마 얻고자 했다"라고 했다. 잔 데스포세 랑주뱅은 마리가 집에 오는 것을 환영했고, 마리는 그의 네 자녀를 만났다. 그 뒤 잔은 마리에게 폴 랑주뱅이 자기한테 얼마나 잔인하게 구는지 모른다고 불평을 했고 마리는 그를 꾸짖었다. 이렇듯 퀴리 부인은 그들 부부에게는 친구이며 조언자 역할을 한 것이다.

그러나 그 뒤 퀴리 부인과 랑주뱅의 관계에 대해서 알려진 것은 대부분 친구들의 서신에서 나온 것들이다. 그 편지를 통해 마리와 폴은 연인 사이로 발전했다는 사실이 드러난다. 친구이자 영적인 동반자, 그리고 피에르를 대신할 수 있는 잠재적인 동료가 나타난 것이다. 마리에게는 그녀가 지낸 가장 행복했던 순간을 되돌릴 수 있는 두 번째 기회가 될 수도 있었다. 그녀는 랑주뱅에게 이런 마음을 담아 편지를 보냈다.

"우리가 다양한 업무로 만나는 것만큼 서로를 자주 볼 자유가 있다면, 상황에 따라 함께 일하고 함께 산책하거나 여행을 할 수 있다면 정말 좋을 거예요. 우리 사이에는 원하는 생활을 추구하고자 하는 짙은 공통점이 있어요.

……우리를 서로에게 이끄는 본능은 너무나 강력했지요……이런 감정이 있으니 무슨 일인들 못하겠어요…….”

잔 랑주뱅은 남편의 지난 부정은 용서했지만, 유명한 퀴리 부인과의 관계를 의심하게 된 순간에는 마리를 죽여버리겠다고 협박할 만큼 분노에 사로잡혔다. 그녀는 마리에게 프랑스를 떠나든지 아니면 죽음을 택하라고 협박했다. 폴 랑주뱅도 퀴리 부인에게 프랑스를 떠나라는 말을 했다. 하지만 그녀는 거절했다. 마리가 피에르 퀴리와 결혼하기 전에는 피에르가 마리를 온갖 감언이설로 마리를 유혹했지만 지금은 마리가 그 역할을 하게 된 것이다.

“나의 폴, 애정을 가득 담아 당신을 껴안습니다……지금 너무 흥분해서 어렵기는 하지만 다시 연구실로 돌아가도록 노력해 볼게요.”

노벨화학상을 받다

하지만 마리의 이런 애정에도 불구하고 결국 폴 랑주뱅은 아내와 헤어지지도 않았고 마리와의 관계도 정리하지 않았다. 그런 와중에서도 1911년 솔베이학회에 참석하기 위해 그녀가 브뤼셀에 갔을 때, 퀴리 부인은 노벨위원회로부터 이번엔 화학에서 두 번째 노벨상을 받게 되었다는 전보를 받았다. 뒤이은 공식서한은 그녀의 수상이 ‘순수한 폴로늄과 라듐 표본을 원자량 등을 알아낼 수 있을 만큼 만들어 다른 과학자들이 검증할 수 있게 한 공로와 라듐을 순수 금속으로 제조한 업적을 인정한 것’이라고 설명했다. 그러나 호사다마라고, 퀴리 부인에게 파리에서 좋지 않은 소식이 전해졌다. 그녀가 랑주뱅에게 썼던 편지를, 그 남자의 부인 잔 랑주뱅이 공개했다는 소식을 받았다.

프랑스로 돌아 온 마리 퀴리는 독기서린 언론과 마주했다. 그들은 그녀를 가정 파탄의 주범, 타락한 여성, 폴란드의 요부, 유대인이라고 맹비난을 퍼부었다. 이로써 그 무렵 보수적인 타블로이드 언론은 마리에게 명성을 가져다 주었고, 과학계에서는 거의 주목받지 못했던 노벨상이 유명세를 타게끔 했다.

랑주뱅 부인은 원했던 것보다 훨씬 큰 상처를 마리에게 입히고 나서 마침내 그녀의 이름은 거론되지도 않은 채 그들 부부는 별거 계약에 서명했다. 그로부터 3년 뒤 랑주뱅 부부는 재결합했고, 폴은 이름 모를 비서를 또 다른 정부로 삼았다. 몇 년 뒤 그는 자기의 옛 제자와 사생아를 낳은 뒤 마리에게 실험실에서 일할 자리를 부탁했고 퀴리 부인은 그의 부탁을 들어 주었다.

그 뒤 마리는 신장질환으로 병원에 실려 갔다. 의사는 증상 없는 결핵을 앓고 있는 것 같다고 판단했다. 그녀는 음식을 거의 입에 대지 않았기에 몸무게는 56kg에서 47kg으로 줄었다. 그녀는 성 마리 수녀원으로 옮겨졌다. 이곳은 의학적, 정신적 장애가 있는 환자들을 볼보는 곳이었다. 그 해 2월에 그녀는 신장수술을 받았다. 그녀는 곧 죽을 것이라고 확신했고 드비에른과 조르주 구이에게 자신의 소중한 라듐을 어떻게 처분할 것인지에 대해서도 지시해 두었다. 퀴리 부인은 1년 내내 어둠침침한 침상에 누워 있는 동안 딸들도 만나지 못하다가 집으로 오면서 만나게 되었다. 그 뒤 차츰 건강을 회복해 다시 연구실과 공장 실험실 작업을 이어 갔다.

'이동 X선 장비'

1914년 7월 파스퇴르 연구소에 지어지는 '퀴리 실험실'이 거의 완성되어 갈 무렵 8월 3일에, 독일이 프랑스에 선전포고를 했다. 퀴리 부인이 육체적 정신적으로 회복하자마자 제1차 세계대전이 일어난 것이다. 파리는 어느새 폐허로 바뀌었다. 퀴리연구소의 업무는 멈춘 상태였다. 의사건 연구원이건 젊은이들은 모두 전선으로 보냈기에 사람도 없었다. 서부 전선에서는 끔찍한 대규모 전사소식이 연이어 파리에 떠돌았다. 불구가 된 병사들이 파리로 후송됐다. 사지는 잘려 나가고 몸통 역시 소식자(消息子)로 찔러 보느라 훼손된 상태였다. 야전병원에서는 X선 장비나 기술진이 없었던 탓이다.

몇 주안에 그녀는 실험실에서 안 쓰는 X선 장비와 병원에서 군대에 가고 없는 의사들의 X선 장비를 징발했다. 처음에는 이 장비들을 육군병원으로 옮겼다. 그러다가 곧 좋은 생각이 떠오른 마리는 전장의 병원에서도 병사들을 수술 진단할 수 있는 '이동 X선 장비'라는 기계를 착안했다. 그러자 프랑스여성연맹이 차량 2대를 기증했다. 이 차는 좁은 길도 누빌 수 있을 만큼 작아야 했고 장비는 가벼워야 했다. 차에는 전기를 쓸 수 없는 현장에서도 차 배터리에 이어 쓸 수 있도록 소형 발전기를 장착했다. 또 환부 쪽으로 쉽게 움직일 수 있는 이동 스탠드 위에 X선 튜브가 설치됐다. 뿐만 아니라 환자를 위한 여러 용품들을 구비해 놓았다.

퀴리 부인은 이 '이동 X선 장비'로 수많은 부상병들을 치료할 수 있도록 도와 주었다. '이동 X선 장비'의 출발은 더뎠다. 그리고 관료들은 여자 운전자와 기술자들이 전장으로 가지 못하게 금지했다. 하지만 퀴리 부인을 이길 수는 없었다. 그녀는 알파카 코트를 입고 팔에 적십자 완장을 찬 채 시속 30km로 야전 병원으로 달렸다. 그리고 재빨리 움직였다. 장비를 펼치고 소형 발전기에 전선을 꽂고, 창문을 가림과 동시에 테이블을 펴고, 라돈 병을 설치하고 기계를 가동했다.

그녀는 방사선이 수많은 부상자의 목숨을 구할 수 있다고 재빨리 판단하고 당국과 담판하여 자동차를 개조한 방사선치료 차량 20대를 만들었다. 게다가 그 치료 차량을 각지에 파견했을 뿐만 아니라 스스로도 종군하여 마치 자신이 군의관이 된 것처럼 목숨을 내놓고 끊임없이 실려 오는 부상병들의 치료에 전력을 기울였다. 이 때 퀴리 부인은 야전병원에 200여 개의 방사선치료실을 만들고 돌아와, 모두 백만 명이 넘는 부상자를 구했다. 그즈음 '이동 X선 장비'를 실을 수 있도록 개조된 자동차들은 '작은 퀴리'라고 불리기도 했다.

퀴리 부인은 더 많은 운전자와 기술자, 그리고 무엇보다 믿을 수 있는 사람이 절실하게 필요했다. 그녀는 큰 딸 이렌이야말로 적격이라고 판단했다. 이제 그녀는 이렌을 '나의 동료이자 친구'로 여겼다. 이제 이렌은 공동연구자로서 피에르 퀴리를 대신했다. 퀴리 부인은 열일곱이 된 이렌을 전장으로 데리고 갔고, 몇 달 뒤에는 이렌 혼자 벨기에 혹스타드 방사능 설비 책임자로 남았다.

이렌은 누구의 도움을 받지 않고 부상병들에게 X선을 써서 총알이 박힌 위치를 찾아냈다. 그리고는 의사에게 정확히 어디를 수술해야 하는지 그 부위를 지적해 주었다. 특히 이렌은 다른 전투지로 옮겨갈 때 간호사로 자리잡기 위해 열여덟 살 생일을 간호 훈련을 받으며 지냈다. 그리고 어머니에게 편지를 써서 생일날 자신이 어느 병사의 손에서 4개의 큰 포탄 파편 위치를 추적해 제대로 적출되도록 했다고 자랑을 하기도 했다. 이렌은 혼자 기계 고치는 법을 터득하고 간호사를 훈련시켰으며 병사들과 함께 지냈다. 1916년 그녀는 파리로 돌아와 에디스 카벨 병원에서 여성 X선 기술자 양성과정을 가르치기도 했다. 이 병원의 이름은 그 전해에 독일군으로부터 처형당한 영국 간호사의 이름을 딴 것이었다. 이 여성 X선 기술자들은 최종적으로 약

마리 퀴리의 **실험실** 이곳에서 퀴리 부인은 1934년 쓰러질 때까지 연구를 계속했다.

150명이 배출되어 야전 X선 초소로 파견되었다.

1918년 11월 11일 퀴리 부인과 이렌이 새로운 연구소에서 다른 과학자들과 함께 일하고 있을 때 환호 소리와 음악, 요란한 교회 종소리가 들려왔다. 4년 만에 전쟁이 끝난 것이다. 이 전쟁으로 1천만 명이 죽었고 2천 백만 명이 부상을 입었다. 프랑스에서는 동원된 군인 가운데 16%인 133만 3천 명의 소중한 젊은이들이 희생당했다.

라듐 1g을 위해

제1차 세계대전 뒤 마리는 허약해질대로 허약해진 상태로 연구소로 돌아왔다. 프랑스 정부는 공식적으로 이렌을 어머니의 조수로 임용했다. 다시 한번 퀴리 부인은 국가 연금을 제안받았고 이번에는 받아들였다. 하지만 이것으로 연구비 걱정을 덜기에는 턱도 없었다. 그녀에겐 평생토록 연구비 걱정을 안 해 보는 것이 지상 과제였다. 다른 국가들은 과학자들에게 풍족한 지원을 했지만 프랑스는 그렇지 않았다. 퀴리 부인은 그녀의 새 연구소가 커다

폴란드 우표

프랑스 우표

프랑스 우표

퀴리 부인 기념우표

란 명성을 쌓아서 자신이 죽고 난 뒤에도 사랑스런 이렌이 뒤를 이어 연구할 수단이 되기를 간절히 바랐다. 그런 이유로 퀴리 부인은 스스로 '시간 낭비'라고 했던, 연구소 기금 마련에 많은 시간을 보냈다.

이런 시기에 퀴리 부인에게 바다 건너 미국이 구원의 손길을 내밀어 주었다. 미국에서 오랫동안 퀴리 부인을 존경해 온 미국 출판인 멜로니 부인이 미국 여성들로부터 10만 달러를 모아 퀴리 부인의 연구소에 라듐 1g을 사 주겠다고 약속한 것이다. 퀴리 부인은 그녀의 말을 믿기 어려웠지만, 그녀의 진지함은 믿어 볼 만하다고 생각했다. 그래서 자기는 기금 마련에는 아무런 개입도 하지 않겠지만 멜라니 부인이 이 일을 해낸다면 '선물을 받으러' 미국을 방문하겠다고 말했다.

이에 멜라니 부인은 기금 마련에 눈부신 능력을 발휘했다. 그녀는 〈디리니에이터〉에 퀴리 부인을 가난하고, 돈이 없어 암을 뿌리 뽑기 위한 연구를 계속할 라듐을 살 수도 없을 지경이라고 묘사한 것이다. 이것만 보면 마치 퀴리 부인이 자신의 사비를 털어 연구를 하는 것처럼 여겨진다. 사실상 마리는 생 루이 거리의 넉넉한 아파트에서 안락한 생활을 하고 있었고, 공동 아파트 건물도 가지고 있었다. 그리고 프랑스 안에 별장도 마련하는 중이었다. 라듐이 암 치료가 아니라 연구를 위해 필요하다는 사실을 이해하는 미국인은 거의 없었다. 또 1921년에 라듐은 너무 비싸서 X선이 닿지 않는 부위에만 적용되는 최후의 치료 수단에 지나지 않는다는 사실도 거의 몰랐다.

퀴리 부인의 위대한 방사능은 설명하기가 어려웠고 일반 대중에게는 아무런 감흥도 불러일으키지 못하였다. 하지만 라듐 자체는 그 무렵에도 잘 알려졌고 시계 문자판, 미용 제품, 엉터리 의약품 등등 다양한 인기 제품에 아주 묽게 희석된 상태로 포함되었다. 하지만 멜라니 부인은 라듐이 암을 확실히 치료하는 수단이라고 단순화했다. 그녀

위 : 폴란드 지폐 2천 줄로티에 그려진 퀴리 부인 초상
아래 : 프랑스 지폐 5백 프랑에 그려진 퀴리 부인 초상

가 〈디리니에이터〉에 기금 마련을 위해 쓴 첫 번째 사설의 제목은 '수백만 명을 죽음으로부터 구해 낼 수 있다'였다. 이 사설은 '위대한 퀴리는 늙어가고 있으며, 비밀이 무엇인지 오직 신(神)만 알 뿐 세상은 모를 것이다. 매년 수백만 명이 암으로 죽어가고 있다'고 끝맺고 있다.

멜라니 부인은 2개의 기금마련회를 조직했다. 여성위원회는 미국암통제협회의 설립자가 이끌었다. 또한 암 연구자와 기술자들로 구성된 권위적인 남성 자문위원회가 있었지만, 많든 적든 마리 퀴리 기금에 돈을 낸 것은 여성들이었다. 미국 여성들은 바로 전년에 투표권을 획득했고 평등을 주장하기 시작했다. 퀴리 부인에게서 여성들은 영웅을 찾아냈지만, 그들이 도와야 할 영웅일 뿐이었다. 1년만에 멜라니 부인은 라듐 1g을 위한 10만 달러 목표가 이루어졌다고 보도했다. 퀴리 부인은 멜라니에게 '이 일은 내 연구소에 가장 값어치 있는 일이 될 것입니다'라고 편지로 화답했다. 몇 번의 설득이 오간 뒤 그녀는 약속했던 대로 직접 선물을 받으러 가기로 했다.

미국 기금마련 운동 소식이 전해지자, 프랑스에서도 언론 보도가 봇물 터지듯 쏟아졌다. 10년 전 그녀는 언론으로부터 거의 파멸될 뻔했지만, 이제

퀴리 부인의 위상은 제 위치를 회복한 것이었다. 드디어 퀴리 부인은 두 딸 이렌과 에브를 데리고 미국 방문길에 올랐다.

퀴리 부인이 두 딸과 함께 정기항해선 '올림픽호'를 타고 미국에 닿았을 때 부두에는 수백 명의 인파로 붐볐다. 폴란드의 애국지사들, 걸스카우트, 간호사와 의사들, 플래카드를 든 대학생들, 그리고 유명 인사들이었다.

만년의 퀴리 부인

마침내 모든 공식 인사를 끝내고 백악관 계단에서의 라듐 1g의 증정식이 있었다. 하딩 대통령은 라듐을 건네면서 퀴리 부인을 이렇게 칭송했다.

"숭고한 여성, 헌신적인 아내, 자애로운 어머니로서 막중한 업무 외에도 여성으로서의 책무를 다한 사람."

하지만 퀴리 부인 본인은 세상이 자신을 위대한 인물로 떠받드는 것을 좋아하지 않았다. 따라서 나중에 그녀는 이런 말을 남겼다.

"내가 과학에 많은 시간을 바친 까닭은 그러고 싶었기 때문이며, 연구가 좋았기 때문입니다……내가 여성들, 어린 소녀들에게 바라는 점은 따뜻한 가정생활과 자신이 좋아하는 일을 갖는 것입니다."

결코 '위인'이 되기를 바라지 않았고, 무엇보다 연구가 좋아서 매달렸던 퀴리 부인은, 실험장치 앞에서 마치 베르메르가 보티첼리의 그림을 바라보듯 과학 현상을 황홀하게 바라보았다. 부인이 과학을 얼마나 사랑했는지는 다음의 말에 잘 나타나 있다.

"저는 과학에 크나큰 아름다움이 깃들어 있다고 생각해요. 연구실에 있는 과학자는 단순한 기술자가 아닙니다. 그는 옛날 이야기를 들을 때처럼 두근거리는 가슴을 안고 자연 현상을 바라보며 눈동자를 빛내는 어린아이와 같아요."

폴란드 정부가 기증한 퀴리 부부 흉상 연구소 정원에 있다.

누에의 삶처럼

퀴리 부인은 칠전팔기의 위대한 삶을 누렸다. 아니, 불굴의 삶이었다. 그러나 퀴리 부인은 자신을 역사상의 위인이 아니라 딸 이렌이 키우던 작은 누에에 비유했다. 부지런히 고치를 만드는 누에를 보면서 퀴리 부인이 '나도 너희와 다름없구나'라고 중얼거리는 모습을 보면 가슴이 뭉클해진다. 다음은 퀴리 부인이 언니 헬라의 딸 한나에게 보낸 편지 내용이다.

'누에들처럼 나도 한 가지 목표를 바라보며 끈질기게 매달려 왔거든. 그곳에 진실이 있다고는 조금도 확신하지 못한 채 말이야. 인생은 덧없고 연약하며, 결국 아무것도 남지 않는다는 걸 알고 있기 때문이야. 물론 인생을 전혀 다른 시각으로 보는 사람들이 있다는 것도 알고 있어. 그래도 나는 누에가 고치를 만들듯 어떤 힘이 나를 그곳으로 이끌기 때문에 그 목표만 보고 가는 거야. 불쌍한 누에는 비록 완성하지 못한다 할지라도 고치 만드는 일을 멈추지 않고 무조건 열심히 일해야 돼. 그러나 완성하지 못하면 나비가 되어 날아오르지 못하고 덧없이 죽어 버리지. 한나! 우리가 각

자 저마다의 고치를 만들 수 있으면 좋겠구나. "왜"라든지 "무엇" 때문인지는 묻지 말고.'

이처럼 숭고할 만큼 '끈질기게' '한 가지 목표를 바라보며' 달려온 퀴리 부인이, 어른이 된 뒤에도 끓어오르는 감정을 주체하지 못하고 어린아이처럼 눈물을 쏟아낸 일이 세 번 있다. 먼저 가정생활과 연구에 치어 이미 과로로 힘든 상황에서 둘째 아이의 출산까지 닥쳐왔을 때, 두 번째는 피에르가 세상을 떠났을 때, 세 번째는 만년에 건강을 잃고 일을 완수하지 못할 수도 있다는 불안에 휩싸였을 때이다. 그러나 여성으로서, 인간으로서 쏟아내는 그 눈물과 비명 덕분에 그녀의 매력은 더욱 빛을 발하고 독자는 더욱 큰 위로를 얻는다.

과학계는 서서히 라듐 치료의 효능에 눈뜨기 시작했지만 활용은 매우 제한적이었다. 나중에 퀴리연구소에서 퀴리 부인과 이렌은 라듐 치료의 표준화 연구를 했다. 1950년대 중반까지 라듐 치료는 선택할 수 있는 치료법 가운데 하나가 되었다. 그 뒤로는 코발트가 라듐을 대체했다.

만년의 고요를

큰 딸 이렌은 1926년 10월 9일 퀴리연구소에 같이 있는 프레데리크 졸리오와 아롱디망스의 시청에서 결혼식을 올렸다. 에브가 결혼식 오찬을 준비했고 신혼부부는 바로 실험실로 돌아왔다. 퀴리 부인의 노력 때문에 졸리오 퀴리 부부는 퀴리연구소에서 자기들이 쓸 수 있는 라듐 2g을 확보했고, 이로부터 그들은 알파선을 방출하는 가장 강력한 물질인 폴로늄 200g을 추출했다. 마리는 성화를 다음 세대에 넘겨 주었고, 방사능과 원자핵에 대해 탐구하는 데 필요한 재료를 마련해 주었다.

1934년 7월 3일, 퀴리 부인은 혼수상태에 빠져들었다. 그리고 "나는 조용히 있고 싶어"라는 말을 마지막으로 남기고 눈을 감았다. 그녀의 나이 예순일곱이었다. 의사는 그녀가 그때까지 버틴 것만 해도 기적이라고 말했다. 사인(死因)은 '재생불량성 빈혈'이었다. 방사능으로 오래 손상을 입어 골수가 제대로 작동하지 않았을 것이라고 의사는 말했다. 마리는 소우에 있는 피에르 곁에 묻혔다. 두 사람은 판테온으로 이장되기까지 61년 동안 이 자리를 지켰다.

이렌은 퀴리 부인이 죽은 이듬해인 1935년에 부부 공동으로 노벨화학상을 수상했고, 소르본 대학 교수가 되었다. 그리고 딸 엘렌이 태어난 5년 뒤 아들을 낳고 피에르라 이름지었다. 엘렌은 성장하여 폴 랑주뱅의 손자와 결혼하여 엘렌 랑주뱅이 되었다. 앞서 언급했듯이 퀴리 부인과 폴 랑주뱅은 잠시 사랑하는 사이였으나 그들의 관계는 끝나고 말았다. 그런데 그 사랑이 세대를 건너 손주들 대에 결실을 맺게 된 것이다.

방사선 연구를 하던 이렌은 1956년에 쉰여덟의 많지 않은 나이로 백혈병에 걸려 세상을 떠났고, 이듬해에 프레데릭 졸리오가 이렌의 뒤를 따랐다.

이 책을 집필한 둘째 딸 에브는, 과학보다는 음악과 문학과 정치에 흥미를 가지고 콘서트 피아니스트로서 활약했다. 그리고 4년 뒤인 1938년에 이 책을 펴냈다. 1940년에는 영국으로 건너갔고, 1945년에는 제2차 세계대전 중의 일을 《Journey Among Warriors》라는 책에 담았다. 1952년에는 NATO(북대서양조약기구) 사무총장 특별보좌관으로 일했으며, 1954년에는 UNICEF (국제연합아동기금) 사무국장으로 있던 헨리 라부이스와 결혼했다. 1965년에는 유니세프가 노벨평화상을 수상하여 부부 동반으로 스톡홀름에서 열리는 수상식에 참석했다. 그리고 2007년 뉴욕 맨해튼의 서튼플레이스에 있는 자택에서 102세의 나이로 눈을 감았다.

퀴리 부인 연보

1867년	1월 7일, 폴란드 바르샤바에서 블라디슬라프 스쿼도프스키 (중등학교 물리학 교사)의 막내딸로 태어남(애칭은 마냐). 오빠 유제프(애칭은 유지오)와 세 언니—조피아(조시아), 브로니슬라바(브로냐), 헬레나(헬라)—가 있다.
1876년(9세)	1월, 언니 조피아가 장티푸스에 전염되어 죽음.
1878년(11세)	5월, 어머니가 오랫동안 앓던 폐결핵 악화로 죽음.
1883년(16세)	6월, 여자중등학교 졸업. 성적이 우수하여 금메달 수상함.
1884년(17세)	이 무렵부터 폴란드의 민족부흥을 꿈꿈. 그 무렵 폴란드는 러시아의 압정에 시달렸으며, 폴란드를 러시아화하기 위한 정책이 종교·사상·언어 영역에까지 두루 미쳐 있었음.
1885년(18세)	언니 브로냐, 의학공부를 하기 위해 파리로 유학함.
1886년(19세)	1월, 언니의 유학비를 원조하기 위해 입주 가정교사 일을 시작함. 그 집의 장남과 사랑에 빠지지만 신분의 차이로 파국에 이름.
1888년(21세)	바르샤바로 돌아와 입주 가정교사가 됨.
1890년(23세)	언니 브로냐는 파리에서 같이 공부하던 폴란드인 카지미에시 도우스키와 결혼함.
1891년(24세)	물리학과 수학을 공부하기 위해 파리로 떠남. 소르본 이학부 학생으로 등록하면서 이름도 프랑스식인 '마리' 스쿼도프스카 라고 씀.
1892년(25세)	언니 집을 떠나 라탱 지구에서 혼자 하숙함. 극도의 빈곤과 고독을 견디며 물리학과 수학 연구에 모든 생활을 바침.
1893년(26세)	물리학 학사시험에 수석 합격함.
1894년(27세)	봄, 피에르 퀴리와 만남. 피에르 퀴리는 1859년에 파리에서

태어난 프랑스 물리학자로, 소르본을 졸업한 뒤 1883년부터 파리시립물리화학학교 실험주임으로 있으면서 그 무렵부터 이미 피에조 전기 연구와 물질의 자성에 관한 연구(퀴리 법칙)를 하고 있었음.

여름, 수학 학사시험에 차석으로 합격한 뒤 폴란드로 귀국함.

10월, 피에르의 간청과 연구를 계속하기 위해 다시 파리로 돌아옴.

1895년(28세) 7월 26일, 피에르 퀴리와 결혼함.

5월, 뢴트겐이 X선을 발견함.

1896년(29세) 중등교사 선발시험에 수석 합격함.

이 해에 앙리 베크렐이 방사선을 발견함.

1897년(30세) 9월 12일, 맏딸 이렌 태어남.

연말, 전년에 발표된 베크렐의 연구에 주목하고 우라늄화합물의 방사선 연구를 박사논문 주제로 선택하여 물리화학학교 창고에서 실험을 시작함.

1898년(31세) 7월, 학회에서 피치블렌드(역청 우라늄석)에 강력한 방사능을 지닌 새로운 화학원소가 존재한다고 발표. 조국 폴란드의 이름을 따서 폴로늄이라 이름 붙임.

가을, 카지미에시와 브로냐 부부가 파리를 떠나 폴란드로 귀국함.

12월, 두 번째 방사성화학원소의 존재를 발표. 라듐이라고 이름을 지음.

1900년(33세) 경제적인 어려움 때문에 피에르는 고등이공과학학교의 보습교사가 되지만 곧 그만두고 소르본 부속 PCN(의학부 진학시험을 위한 일종의 예비학교)의 교사가 됨. 마리도 세브르 여자고등사범학교에서 물리 강의를 함.

이 해에 앙드레 드비에른이 폴로늄과 라듐의 '형제뻘'인 악티늄을 발견함.

1902년(35세) 순수 라듐염 추출 성공.

5월, 아버지가 위독하다는 소식을 듣고 폴란드로 귀국하나 임종에 맞추지 못함.

1903년(36세) 6월, 논문 〈방사능 물질에 관한 연구〉로 박사학위를 받음.

12월, 남편 피에르 퀴리 및 앙리 베크렐과 함께 노벨물리학상을 받음.

1904년(37세) 피에르, 소르본 이학부 물리학 교사가 됨.

11월, 소르본 이학부, 남편 연구실의 실험주임으로 임명됨.

12월 6일, 둘째 딸 에브 태어남.

1905년(38세) 7월, 피에르가 과학아카데미 회원이 됨.

1906년(39세) 4월 19일, 피에르가 마차사고로 급사함.

5월 1일, 소르본 이학부 물리학 강사가 됨.

11월 5일, 첫 강의 시작함.

1908년(41세) 남편의 후임으로 소르본 교수가 됨.

1910년(43세) 2월 25일, 피에르의 아버지 닥터 퀴리 죽음.

강의 내용을 정리하여 《방사능개론》을 출판함.

순수한 금속 라듐 추출에 성공함.

1911년(44세) 12월, 노벨화학상 받음.

1914년(47세) 7월, 파리의 피에르 퀴리 거리에 라듐연구소 퀴리관이 세워지고 마리가 소장으로 취임함.

7월 28일, 제1차 세계대전이 일어나자 방사능 치료반을 조직하여 부상병 간호에 전념함.

1920년(53세) 퀴리 재단 창립.

1921년(54세) 5월, 미국에서 일어난 '마리 퀴리 라듐 기금' 운동에 감사인사를 하기 위해 미국으로 건너감.

1922년(55세) 2월, 과학아카데미 회원이 됨.

1926년(59세) 맏딸 이렌이 프레데릭 졸리오와 결혼함.

1932년(65세) 5월, 바르샤바 라듐연구소 개소식에 참석함.

1934년(67세) 이렌과 졸리오가 인공방사능 발견함.

7월 4일, 여러 해에 걸친 방사능실험 때문에 백혈병에 걸려 세상을 떠남.

퀴리 부인이 받은 상

1898년   갸네 상, 파리과학아카데미
1900년   갸네 상, 파리과학아카데미
1902년   갸네 상, 파리과학아카데미
1903년   노벨물리학상(앙리 베크렐 및 피에르 퀴리와 공동 수상)
1904년   오시리스 상, 파리 신문조합
1907년   악토니안 상, 영국왕립과학연구소
1911년   노벨화학상
1921년   엘렌 리샤르 연구상
1924년   1923년도 아르장퇴유 후작대상
1931년   에든버러 대학 카메론 상

퀴리 부인이 받은 메달

1903년   베르텔로 상 메달(피에르 퀴리와 공동 수상)
         파리 시 명예상 메달(피에르 퀴리와 공동 수상)
         데이비 상 메달, 영국왕립협회(피에르 퀴리와 공동 수상)
1904년   마테우치 상 메달, 이탈리아 과학협회(피에르 퀴리와 공동 수상)
1908년   쿨만 상 금메달, 릴 공업협회
1909년   엘리엇 크레송 금메달, 프랭클린 협회
1910년   알버트 상 메달, 런던 왕립기술협회
1919년   에스파냐 알퐁소 12세 문관훈장 대십자 훈장
1921년   벤자민 프랭클린 상 메달, 필라델피아 미국철학협회
         존 스콧 상 메달, 필라델피아 미국철학협회
         국립사회과학학회상 금메달, 뉴욕
         윌리엄 깁스 상 메달, 시카고 미국화학협회
1922년   북미 '방사선학협회' 금메달
1924년   루마니아 정부 제1급 공로상 메달, 상장과 금메달
1929년   뉴욕 부인클럽연합회 메달

1931년 미국방사선학학회 메달

퀴리 부인이 받은 칭호

1904년 모스크바 제국 문화인류학민속학협회 명예회원
영국왕립과학연구소 명예회원
런던 화학협회 재외회원
바타비아 철학협회 통신회원
멕시코 물리학협회 명예회원
멕시코 과학아카데미 명예회원
바르샤바 통산장려협회 명예회원
1906년 아르헨티나 과학협회 통신회원
1907년 네덜란드 과학협회 재외회원
에든버러 대학 명예법학박사
1908년 상트페테르부르크 제국 과학아카데미 통신회원
브라운슈바이크 자연과학협회 명예회원
1909년 제네바 대학 명예의학박사
볼로냐 과학아카데미 통신회원
체코 과학문학미술아카데미 재외객원회원
필라델피아 약학학회 명예회원
크라쿠프 과학아카데미 간부회원
1910년 칠레 과학협회 통신회원
미국철학협회 회원
스웨덴 왕립과학아카데미 재외회원
미국화학협회 회원
런던 물리학협회 명예회원
1911년 런던 물리학협회 명예회원
포르투갈 과학아카데미 재외통신회원
맨체스터 대학 명예이학박사
1912년 벨기에 화학협회 명예회원

상트페테르부르크 제국 실험의학협회 객원회원

바르샤바 과학협회 보통회원

리보프 대학 철학명예회원

바르샤바 사진협회 회원

리보프 이공과학학교 명예박사

비르나 과학협회 명예회원

1913년 암스테르담 왕립과학아카데미 특별회원(수학·물리학)

버밍엄 대학 명예박사

에든버러 과학기술협회 명예회원

1914년 모스크바 대학 물리의학협회 명예회원

케임브리지 철학협회 명예회원

모스크바 과학협회 명예회원

런던 위생학회 명예회원

필라델피아 자연과학아카데미 통신회원

1908년 에스파냐 왕립의학전기학방사선학협회 명예회원

1919년 에스파냐 왕립의학전기학방사선학협회 명예회장

마드리드 라듐연구소 명예소장

바르샤바 대학 명예교수

폴란드 화학협회 회장

1920년 덴마크 왕립과학문학아카데미 통신회원

1921년 예일 대학 명예이학박사

시카고 대학 명예이학박사

노스웨스턴 대학 명예이학박사

스미스 단과대학 명예이학박사

웰슬리 단과대학 명예이학박사

펜실베이니아 여자의과대학 명예박사

컬럼비아 대학 명예이학박사

피츠버그 대학 명예법학박사

펜실베이니아 대학 명예법학박사

버펄로 자연과학협회 명예회원

뉴욕 광물학클럽 명예회원

북미방사선학협회 명예회원

뉴잉글랜드 화학교원협회 명예회원

미국자연사박물관 명예회원

뉴저지 화학협회 명예회원

공업화학협회 명예회원

크리스티아니아 아카데미 회원

녹스 기예과학아카데미 명예종신회원

미국 라듐협회 명예회원

노르웨이 의료라듐연구소 명예회원

뉴욕 아리앙스 프랑세즈 명예회원

1922년 파리 의학아카데미 자유객원회원

벨기에·러시아 학술단체 명예회원

1923년 루마니아 의료광수학기후학협회 명예회원

에든버러 대학 명예법학박사

체코슬로바키아 수학자물리학자연맹 명예회원

1924년 바르샤바 명예시민

뉴욕시민홀의 좌석 하나에(파스퇴르와 더불어) 이름을 기입

바르샤바 폴란드 화학협회 명예회원

크라쿠프 대학 명예의학박사

크라쿠프 대학 명예철학박사

리가 시 명예시민

아테네 정신과학협회 명예회원

1925년 폴란드 루블린 의학협회 명예회원

1926년 로마 '폰티피치아 티베리아나' 보통회원

브라질 상파울로 화학협회 명예회원

브라질 과학아카데미 통신회원

브라질 여권진흥연맹 명예회원

브라질 상파울로 약학화학협회 명예회원

브라질 약제사협회 명예회원

바르샤바 이공과학학교 화학과 명예박사
1927년 모스크바 과학아카데미 명예회원
보헤미아 문학과학협회 재외회원
소비에트연방 과학아카데미 명예회원
북미주연합의학연구과생협회 명예회원
뉴질랜드 아카데미 명예회원
1929년 폴란드 포즈나니 과학협회 명예회원
글래스고 대학 명예법학박사
글래스고 시 명예시민
세인트로렌스 대학 명예이학박사
뉴욕 의학아카데미 명예회원
재미 폴란드 법인 의학치과학협회 명예회원
1930년 프랑스 발명가학자협회 명예회원
프랑스 발명가학자협회 명예회장
1931년 제네바 세계평화연맹 명예회원
미국방사선학학회 명예회원
마드리드 물리학자연과학아카데미 재외통신회원
1932년 제국 할레 독일자연과학아카데미 회원
바르샤바 의학협회 명예회원
체코슬로바키아 화학협회 명예회원
1933년 영국방사선학 뢴트겐협회 명예회원

옮긴이 안응렬(安應烈)

가톨릭대학교 철학과를 졸업하고, 프랑스 소르본대학에서 불문학 연구, 서울대학교, 성균관대학교, 서강대학교, 한국외국어대학교 교수 및 명예교수를 지냈다. 프랑스 문화훈장 수여. 지은책에 《한불사전(공저)》《최신불작문(공저)》 등과 옮긴책에 파스칼 《팡세》, 데카르트 《방법서설》, A. 생텍쥐페리 《어린왕자》《인간의 대지》《야간비행》《전투조종사》《생텍쥐페리의 편지》, 앙드레 지드 《전원교향악》, 에브 퀴리 《퀴리부인》, 사를르 달레 《한국천주교회사》, 아드리앵 로네 《한국순교자 103위전》 등이 있다.

World Book
190

Ève curie
MADAME CURIE
퀴리부인

에브 퀴리/안응렬 옮김
1판 1쇄 발행/1987. 7. 1
2판 1쇄 발행/2012. 6. 20
2판 2쇄 발행/2016. 10. 1
발행인 고정일
발행처 동서문화사
창업 1956. 12. 12. 등록 16-3799
서울 중구 다산로 12길 6(신당동, 4층)
☎ 546-0331~6 (FAX) 545-0331
www.dongsuhbook.com

*

*

사업자등록번호 211-87-75330
ISBN 978-89-497-0784-6 04080
ISBN 978-89-497-0382-4 (세트)